大学入試シリーズ

346

東京都市大学

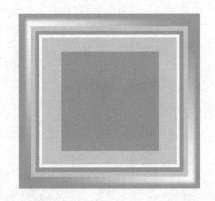

教学社

はしがき

入力した質問に対して，まるで人間が答えているかのような自然な文章で，しかも人間よりもはるかに速いスピードで回答することができるという，自然言語による対話型のAI（人工知能）の登場は，社会に大きな衝撃を与えました。回答の内容の信憑性については依然として課題があると言われるものの，AI技術の目覚ましい進歩に驚かされ，人間の活動を助けるさまざまな可能性が期待される一方で，悪用される危険性や，将来人間を脅かす存在になるのではないかという危惧を覚える人もいるのではないでしょうか。

大学教育においても，本来は学生本人が作成すべきレポートや論文などが，AIのみに頼って作成されることが懸念されており，AIの使用についての注意点などを発表している大学もあります。たとえば東京大学では，「回答を批判的に確認し，適宜修正することが必要」，「人間自身が勉強や研究を怠ることはできない」といったことが述べられています。

16～17世紀のイギリスの哲学者フランシス・ベーコンは，『随筆集』の中で，「悪賢い人は勉強を軽蔑し，単純な人は勉強を称賛し，賢い人は勉強を利用する」と記しています。これは勉強や学問に取り組む姿勢について述べたものですが，このような新たな技術に対しても，侮ったり，反対に盲信したりするのではなく，その利点と欠点を十分に検討し，特性をよく理解した上で賢く利用していくことが必要といえるでしょう。

受験勉強においても，単にテクニックを覚えるのではなく，基礎的な知識を習得することを目指して正攻法で取り組み，大学で教養や専門知識を学ぶための確固とした土台を作り，こうした大きな変革の時代にあっても自分を見失わず，揺るぎない力を身につけてほしいと願っています。

＊　＊　＊

本書刊行に際しまして，入試問題や資料をご提供いただいた大学関係者各位，掲載許可をいただいた著作権者の皆様，各科目の解答や対策の執筆にあたられた先生方に，心より御礼を申し上げます。

編者しるす

そもそも

赤本とは…

受験生のための
大学入試の過去問題集！

60年以上の歴史を誇る赤本は，600点を超える刊行点数で全都道府県の370大学以上を網羅しており，過去問の代名詞として受験生の必須アイテムとなっています。

Q. なぜ受験に過去問が必要なの？

A. 大学入試は大学によって問題形式や頻出分野が大きく異なるからです。

マーク式か記述式か，試験時間に対する問題量はどうか，基本問題中心か応用問題中心か，論述問題や計算問題は出るのか――これらの出題形式や頻出分野などの傾向は大学によって違うので，とるべき対策も大学によって違ってきます。
出題傾向をつかみ，その大学にあわせた対策をとるために過去問が必要なのです。

赤本で志望校を研究しよう！

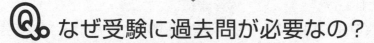

赤本の掲載内容

傾向と対策

これまでの出題内容から，問題の**「傾向」**を分析し，
来年度の入試にむけて具体的な**「対策」**の方法を紹介しています。

問題編・解答編

年度ごとに問題とその解答を掲載しています。
「問題編」ではその年度の試験概要を確認したうえで，実際に出題された過去問に取り組むことができます。
「解答編」には高校・予備校の先生方による解答が載っています。

ページの見方

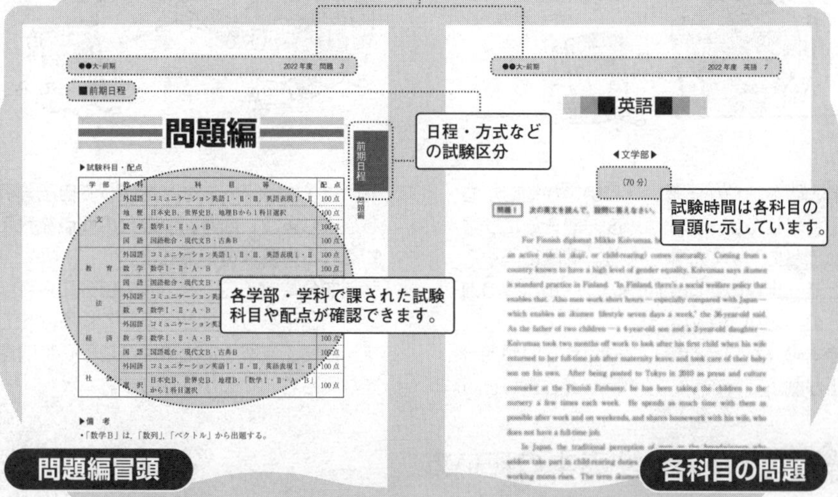
ページの上部に年度や日程，科目などを示しています。見たいコンテンツを探すときは，この部分に注目してください。

試験時間は各科目の冒頭に示しています。
各科目の問題

他にも赤本によって，大学の基本情報や，先輩受験生の合格体験記，在学生からのメッセージなどが載っています。

● 掲載内容について ●

日程・方式などの試験区分

各学部・学科で課された試験科目や配点が確認できます。

問題編冒頭

2022 年度　英語　7

著作権上の理由やその他編集上の都合により問題や解答の一部を割愛している場合があります。なお，指定校推薦入試，社会人入試，編入学試験，帰国生入試などの特別入試，英語以外の外国語科目，商業・工業科目は，原則として掲載しておりません。また試験科目は変更される場合がありますので，あらかじめご了承ください。

受験勉強は過去問に始まり，過去問に終わる。

STEP 1 なにはともあれ まずは解いてみる

過去問をいつから解いたらいいか悩むかもしれませんが，まずは一度，**できるだけ早いうちに**解いてみましょう。**実際に解くことで，出題の傾向，問題のレベル，今の自分の実力がつかめます**。
赤本の「傾向と対策」にも，詳しい傾向分析が載っています。必ず目を通しましょう。

STEP 2 じっくり具体的に 弱点を分析する

解いた後は，ノートなどを使って自己分析をしましょう。**間違いは自分の弱点を教えてくれる貴重な情報源です**。
弱点を分析することで，今の自分に足りない力や苦手な分野などが見えてくるはずです。合格点を取るためには，こうした弱点をなくしていくのが近道です。

合格者があかす赤本の使い方

傾向と対策を熟読

（Fさん／国立大合格）

大学の出題傾向を調べることが大事だと思ったので，赤本に載っている「傾向と対策」を熟読しました。解答・解説もすべて目を通し，自分と違う解き方を学びました。

目標点を決める

（Yさん／私立大合格）

赤本によっては合格者最低点が載っているものもあるので，まずその点数を超えられるように目標を決めるのもいいかもしれません。

時間配分を確認

（Kさん／公立大合格）

過去問を本番の試験と同様の時間内に解くことで，どのような時間配分にするか，どの設問から解くかを決めました。

過去問を解いてみて，まずは自分のレベルとのギャップを知りましょう。
それを克服できるように学習計画を立て，苦手分野の対策をします。
そして，また過去問を解いてみる，というサイクルを繰り返すことで効果的に学習ができます。

STEP 3 重点対策をする

志望校にあわせて

分析した結果をもとに，参考書や問題集を活用して**苦手な分野の重点対策**をしていきます。赤本を指針にして，何をどんな方法で強化すればよいかを考え，**具体的な学習計画を立てましょう**。
「傾向と対策」のアドバイスも参考にしてください。

STEP 1▶2▶3… 実践を繰り返す

サイクルが大事！

ステップ１～３を繰り返し，足りない知識の補強や，よりよい解き方を研究して，実力アップにつなげましょう。
繰り返し解いて**出題形式に慣れること**や，試験時間に合わせて**実戦演習を行うこと**も大切です。

添削してもらう
（Sさん／国立大合格）

記述式の問題は自分で採点しにくいので，先生に添削してもらうとよいです。人に見てもらうことで自分の弱点に気づきやすくなると思います。

繰り返し解く
（Tさん／国立大合格）

１周目は問題のレベル確認程度に使い，２周目は復習兼頻出事項の見極めとして，３周目はしっかり得点できる状態を目指して使いました。

他学部の過去問も活用
（Kさん／私立大合格）

自分の志望学部の問題はもちろん，同じ大学の他の学部の過去問も解くようにしました。同じ大学であれば，傾向が似ていることが多いので，これはオススメです。

目 次

大学情報 …… 1
傾向と対策 …… 15

2023年度 問題と解答

■一般選抜（前期3教科型・2教科型）

英　　語 …… 5 ／ 解答 137
日本史 …… 19 ／ 解答 143
世界史 …… 52 ／ 解答 148
数　　学 …… 79 ／ 解答 152
理　　科 …… 83 ／ 解答 166
国　　語 …… 136 ／ 解答 185

2022年度 問題と解答

■一般選抜（前期）

英　　語 …… 5 ／ 解答 129
日本史 …… 19 ／ 解答 134
世界史 …… 47 ／ 解答 139
数　　学 …… 75 ／ 解答 143
理　　科 …… 79 ／ 解答 158
国　　語 …… 128 ／ 解答 174

2021年度 問題と解答

■一般選抜（前期）

英　　語 …… 4 ／ 解答 120
日本史 …… 17 ／ 解答 126
世界史 …… 40 ／ 解答 131
数　　学 …… 64 ／ 解答 134
理　　科 …… 69 ／ 解答 151
国　　語 …… 119 ／ 解答 165

掲載内容についてのお断り

- 総合型選抜，学校推薦型選抜，一般選抜（前期理工系探究型・中期・後期）は掲載していません。
- 一般選抜（前期３教科型・２教科型）については，代表的な１日程分を掲載しています。

University Guide

大学情報

大学の基本情報

学部・学科の構成

大　学

理工学部　世田谷キャンパス
機械工学科
機械システム工学科
電気電子通信工学科
医用工学科
応用化学科
原子力安全工学科
自然科学科
建築都市デザイン学部　世田谷キャンパス
建築学科
都市工学科
情報工学部　世田谷キャンパス
情報科学科
知能情報工学科
環境学部　横浜キャンパス
環境創生学科
環境経営システム学科
メディア情報学部　横浜キャンパス
社会メディア学科
情報システム学科
デザイン・データ科学部　横浜キャンパス
デザイン・データ科学科

都市生活学部　世田谷キャンパス

都市生活学科

人間科学部　世田谷キャンパス

人間科学科

大学院

総合理工学研究科 / 環境情報学研究科

大学所在地

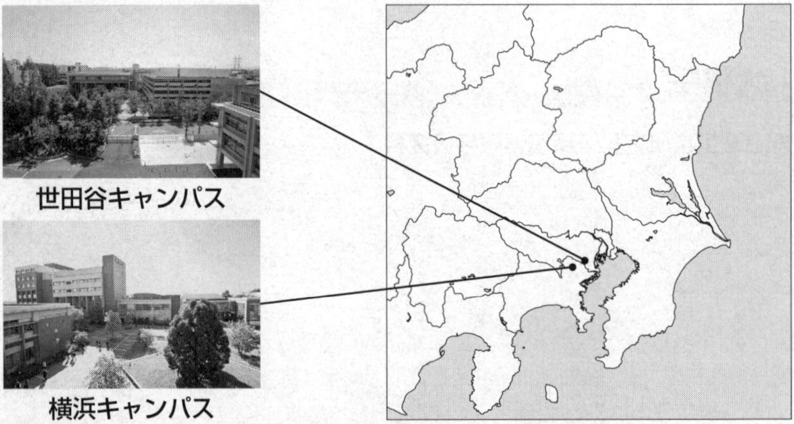

世田谷キャンパス　〒158-8557　東京都世田谷区玉堤 1-28-1
横浜キャンパス　〒224-8551　神奈川県横浜市都筑区牛久保西 3-3-1

入試データ

入試状況（志願者数・競争率など）

- デザイン・データ科学部は 2023 年度開設。
- 2023 年度実施された名称変更は以下の通り。
  人間科学部児童学科→人間科学部人間科学科
- 競争率は受験者数÷合格者数で算出。
- 合格者数・合格者最低点には追加合格者を含む。
- 共通テスト利用入試は 1 カ年のみの掲載としている。

2023 年度 入試状況

■一般選抜（前期）

（　）内は女子内数

学部	学科	募集人員	志願者数	受験者数	合格者数	競争率	合格者最低点/満点
理工	機械工	55	934(55)	904(52)	299(14)	3.0	176.74/300
	機械システム工	52	815(71)	792(71)	254(22)	3.1	177.18/300
	電気電子通信工	70	980(77)	944(71)	255(14)	3.7	183.86/300
	医用工	26	241(90)	229(85)	90(35)	2.5	167.50/300
	応用化	33	642(189)	623(182)	176(61)	3.5	183.60/300
	原子力安全工	20	294(28)	283(24)	101(10)	2.8	170.22/300
	自然科	25	349(91)	340(90)	113(31)	3.0	175.82/300
建築都市デザイン	建築	51	1,110(306)	1,074(291)	165(56)	6.5	200.24/300
	都市工	48	583(93)	566(92)	185(30)	3.1	177.68/300
情報工	情報科	45	1,100(110)	1,043(105)	167(14)	6.2	198.94/300
	知能情報工	37	550(66)	534(63)	100(17)	5.3	196.70/300
環境	環境創生	38	303(89)	292(85)	126(45)	2.3	166.12/300
	環境経営システム	38	270(68)	264(67)	113(35)	2.3	162.88/300
メディア情報	社会メディア	41	281(103)	270(102)	85(34)	3.2	172.04/300
	情報システム	43	488(119)	475(114)	88(19)	5.4	131.92/200
デザイン・データ科	デザイン・データ科	35	321(84)	309(82)	83(19)	3.7	184.84/300
都市生活	都市生活	60	612(251)	590(243)	152(75)	3.9	183.40/300
人間科	人間科	27	112(79)	108(76)	61(42)	1.8	99.56/200

(備考)合格者最低点は，素点ではなく平準化した点数。
　　　数学インセンティブ判定での合格最低点は除く。

■一般選抜（中期）

（　）内は女子内数

学部	学科	募集人員	志願者数	受験者数	合格者数	競争率	合格者最低点/満点
理工	機械工	15	354(18)	313(16)	69(4)	4.5	179/300
	機械システム工	13	311(27)	279(24)	80(9)	3.5	178/300
	電気電子通信工	20	299(26)	255(23)	43(3)	5.9	200/300
	医用工	7	116(31)	101(24)	26(9)	3.9	184/300
	応用化	10	171(54)	149(45)	26(5)	5.7	206/300
	原子力安全工	4	170(17)	155(17)	51(8)	3.0	172/300
	自然科	10	124(31)	106(24)	34(5)	3.1	182/300
建築都市デザイン	建築	14	331(94)	285(82)	40(12)	7.1	219/300
	都市工	12	223(49)	197(42)	46(12)	4.3	195/300
情報工	情報科	12	277(37)	232(31)	48(5)	4.8	218/300
	知能情報工	10	193(34)	163(29)	44(13)	3.7	207/300
環境	環境創生	10	112(19)	104(19)	52(8)	2.0	107/200
	環境経営システム	10	163(32)	149(30)	53(11)	2.8	117/200
メディア情報	社会メディア	10	157(47)	144(43)	39(14)	3.7	130/200
	情報システム	10	171(47)	153(42)	24(4)	6.4	148/200
デザイン・データ科	デザイン・データ科	10	181(54)	166(52)	49(18)	3.4	133/200
都市生活	都市生活	17	268(93)	235(79)	49(14)	4.8	134/200
人間科	人間科	3	38(20)	26(12)	22(12)	1.2	82/200

■一般選抜（後期）

（　）内は女子内数

学部	学科	募集人員	志願者数	受験者数	合格者数	競争率	合格者最低点/満点
理工	機械工	5	158(14)	138(12)	10(0)	13.8	170/200
	機械システム工	4	84(12)	76(10)	6(1)	12.7	165/200
	電気電子通信工	5	105(10)	90(9)	7(1)	12.9	175/200
	医用工	2	43(10)	36(9)	6(2)	6.0	158/200
	応用化	3	55(17)	45(16)	4(0)	11.3	180/200
	原子力安全工	2	76(8)	64(8)	6(0)	10.7	165/200
	自然科	3	32(10)	28(8)	3(0)	9.3	150/200
建築都市デザイン	建築	4	160(56)	151(55)	7(0)	21.6	180/200
	都市工	4	87(22)	81(22)	8(1)	10.1	171/200
情報工	情報科	4	143(20)	124(16)	21(2)	5.9	170/200
	知能情報工	3	92(9)	81(7)	14(0)	5.8	161/200

（表つづく）

学部	学科	募集人員	志願者数	受験者数	合格者数	競争率	合格者最低点/満点
環境	環境創生	3	38(11)	36(11)	12(5)	3.0	118/200
	環境経営システム	3	57(10)	52(10)	20(3)	2.6	113/200
メディア情報	社会メディア	2	51(17)	45(15)	11(7)	4.1	124/200
	情報システム	4	51(11)	40(9)	7(3)	5.7	142/200
デザイン・データ科	デザイン・データ科	2	50(19)	44(17)	6(4)	7.3	142/200
都市生活	都市生活	5	100(34)	91(32)	11(5)	8.3	130/200
人間科	人間科	2	14(2)	12(2)	8(1)	1.5	81/200

■共通テスト利用入試（前期３教科型）

（　）内は女子内数

学部	学科	募集人員	志願者数	受験者数	合格者数	競争率	合格者最低得点率(%)
理工	機械工	19	606(48)	604(48)	205(21)	2.9	69.8
	機械システム工	18	510(57)	508(57)	185(22)	2.7	69.6
	電気電子通信工	23	734(68)	729(68)	198(22)	3.7	73.1
	医用工	12	232(71)	231(71)	87(21)	2.7	68.3
	応用化	12	516(152)	515(152)	134(36)	3.8	74.0
	原子力安全工	6	208(30)	207(30)	69(10)	3.0	68.7
	自然科	12	323(89)	321(89)	120(35)	2.7	69.1
建築都市デザイン	建築	23	626(207)	622(205)	95(42)	6.5	78.8
	都市工	16	439(100)	438(100)	141(39)	3.1	71.3
情報工	情報科	18	624(100)	620(100)	93(18)	6.7	80.2
	知能情報工	13	334(60)	332(60)	55(17)	6.0	78.6
環境	環境創生	12	204(57)	195(55)	77(22)	2.5	69.3
	環境経営システム	12	200(58)	199(58)	83(29)	2.4	66.7
メディア情報	社会メディア	12	213(71)	212(71)	62(29)	3.4	72.9
	情報システム	12	310(67)	307(67)	50(15)	6.1	78.4
デザイン・データ科	デザイン・データ科	12	287(81)	286(81)	73(23)	3.9	74.8
都市生活	都市生活	23	327(144)	325(143)	86(40)	3.8	72.1
人間科	人間科	6	116(56)	115(56)	68(32)	1.7	59.0

（備考）募集人員は，共通テスト利用入試〈前期５教科基準点型〉を含む。満点は600点。

■共通テスト利用入試（前期５教科基準点型）

（　）内は女子内数

学部	学科	募集人員	志願者数	受験者数	合格者数	競争率	合格者最低得点率(%)
理工	機械工	19	170(23)	168(22)	69(11)	2.4	68.8
	機械システム工	18	147(31)	145(30)	57(11)	2.5	68.8
	電気電子通信工	23	180(27)	177(26)	69(10)	2.6	68.8
	医用工	12	109(42)	107(41)	46(17)	2.3	68.8
	応用化	12	170(55)	169(54)	70(25)	2.4	68.8
	原子力安全工	6	71(14)	70(13)	25(6)	2.8	68.8
	自然科	12	111(41)	109(40)	44(17)	2.5	68.8
建築都市デザイン	建築	23	226(94)	225(93)	102(41)	2.2	71.3
	都市工	16	160(41)	159(40)	71(20)	2.2	68.8
情報工	情報科	18	282(59)	279(58)	105(22)	2.7	72.5
	知能情報工	13	151(39)	149(38)	55(17)	2.7	72.5
環境	環境創生	12	91(31)	89(29)	35(9)	2.5	68.8
	環境経営システム	12	59(17)	58(16)	24(9)	2.4	68.8
メディア情報	社会メディア	12	71(20)	69(19)	30(9)	2.3	68.8
	情報システム	12	101(30)	99(29)	31(9)	3.2	72.5
デザイン・データ科	デザイン・データ科	12	116(38)	114(36)	45(16)	2.5	68.8
都市生活	都市生活	23	108(45)	106(43)	36(15)	2.9	70.0
人間科	人間科	6	33(16)	31(14)	14(6)	2.2	68.8

（備考）募集人員は，共通テスト利用入試〈前期３教科型〉を含む。満点は800点。

共通テスト利用入試（後期 3 教科小論文型）

(　)内は女子内数

学部	学　科	募集人員	志願者数	受験者数	合格者数	競争率
理工	機械工	4	5(1)	3(1)	0(0)	—
	機械システム工		7(1)	6(1)	1(0)	6.0
	電気電子通信工		4(1)	2(1)	1(0)	2.0
	医用工		7(3)	5(3)	1(0)	5.0
	応用化		4(3)	3(3)	2(2)	1.5
	原子力安全工		4(0)	4(0)	1(0)	4.0
	自然科		2(1)	2(1)	1(1)	2.0
建築都市デザイン	建築	2	11(3)	8(3)	1(0)	8.0
	都市工		5(0)	4(0)	2(0)	2.0
情報工	情報科	2	13(6)	12(5)	2(0)	6.0
	知能情報工		9(1)	9(1)	2(0)	4.5
環境	環境創生	2	2(0)	2(0)	2(0)	1.0
	環境経営システム		6(0)	4(0)	2(0)	2.0
メディア情報	社会メディア	2	4(1)	2(1)	1(0)	2.0
	情報システム		5(1)	4(1)	1(0)	4.0
デザイン・データ科	デザイン・データ科	1	6(1)	6(1)	1(1)	6.0
都市生活	都市生活	1	3(1)	2(1)	1(0)	2.0
人間科	人間科	1	0(0)	0(0)	0(0)	—

2022年度 入試状況

一般選抜（前期）

（　）内は女子内数

学部	学科	募集人員	志願者数	受験者数	合格者数	競争率	合格者最低点/満点
理工	機械工	55	908(44)	887(43)	284(16)	3.1	181.24/300
	機械システム工	52	746(58)	726(58)	240(21)	3.0	176.98/300
	電気電子通信工	70	1,031(63)	988(63)	265(23)	3.7	185.54/300
	医用工	26	293(85)	282(82)	88(34)	3.2	176.94/300
	応用化	33	724(205)	701(197)	213(62)	3.3	180.06/300
	原子力安全工	20	219(24)	211(23)	87(9)	2.4	167.52/300
	自然科	25	361(82)	347(80)	111(30)	3.1	179.92/300
建築都市デザイン	建築	51	1,109(325)	1,063(309)	144(49)	7.4	203.72/300
	都市工	48	601(83)	583(81)	189(32)	3.1	179.40/300
情報工	情報科	45	1,191(135)	1,145(129)	126(13)	9.1	209.50/300
	知能情報工	37	772(94)	742(87)	93(16)	8.0	206.78/300
環境	環境創生	38	452(144)	435(137)	145(60)	3.0	172.52/300
	環境経営システム	38	255(57)	248(56)	101(26)	2.5	166.08/300
メディア情報	社会メディア	41	215(74)	211(71)	68(34)	3.1	175.56/300
	情報システム	43	468(110)	442(107)	78(22)	5.7	131.40/200
都市生活	都市生活	60	602(206)	580(196)	139(54)	4.2	187.30/300
人間科	児童	27	134(108)	129(105)	58(51)	2.2	109.38/200

（備考）合格者最低点は，素点ではなく平準化した点数。
数学インセンティブ判定での合格最低点は除く。

一般選抜（中期）

（　）内は女子内数

学部	学科	募集人員	志願者数	受験者数	合格者数	競争率	合格者最低点/満点
理工	機械工	15	245(9)	201(6)	71(1)	2.8	181/300
	機械システム工	13	277(18)	232(15)	74(3)	3.1	191/300
	電気電子通信工	20	289(13)	245(12)	35(1)	7.0	210/300
	医用工	7	98(27)	84(24)	33(10)	2.5	175/300
	応用化	10	136(34)	105(26)	27(8)	3.9	201/300
	原子力安全工	4	101(12)	91(11)	40(6)	2.3	159/300
	自然科	10	124(23)	106(20)	40(6)	2.7	180/300
建築都市デザイン	建築	14	268(80)	232(69)	42(15)	5.5	217/300
	都市工	12	166(33)	145(27)	47(11)	3.1	189/300

（表つづく）

学部	学科	募集人員	志願者数	受験者数	合格者数	競争率	合格者最低点/満点
情報工	情報科	12	230(35)	191(32)	32(10)	6.0	227/300
	知能情報工	10	229(25)	195(23)	41(9)	4.8	219/300
環境	環境創生	10	127(35)	107(27)	45(16)	2.4	122/200
	環境経営システム	10	124(34)	106(28)	44(15)	2.4	118/200
情報メディア	社会メディア	10	115(40)	94(30)	33(13)	2.8	128/200
	情報システム	10	171(41)	147(37)	20(8)	7.4	137/200
都市生活	都市生活	17	237(86)	205(69)	74(31)	2.8	128/200
人間科	児童	3	42(29)	30(19)	9(6)	3.3	117/200

■一般選抜（後期）

(　)内は女子内数

学部	学科	募集人員	志願者数	受験者数	合格者数	競争率	合格者最低点/満点
理工	機械工	5	125(9)	111(6)	28(2)	4.0	135/200
	機械システム工	4	120(11)	101(7)	8(0)	12.6	161/200
	電気電子通信工	7	128(11)	115(7)	12(1)	9.6	158/200
	医用工	2	39(13)	34(11)	5(3)	6.8	142/200
	応用化	3	60(10)	47(6)	6(1)	7.8	155/200
	原子力安全工	2	60(5)	53(4)	15(0)	3.5	120/200
	自然科	3	53(9)	47(8)	3(0)	15.7	150/200
建築都市デザイン	建築	4	118(33)	103(28)	25(6)	4.1	145/200
	都市工	4	49(8)	41(6)	13(2)	3.2	139/200
情報工	情報科	4	121(25)	108(22)	20(4)	5.4	160/200
	知能情報工	3	84(16)	75(13)	13(2)	5.8	165/200
環境	環境創生	3	36(12)	32(11)	10(6)	3.2	118/200
	環境経営システム	3	26(7)	26(7)	13(4)	2.0	114/200
情報メディア	社会メディア	2	67(26)	60(24)	14(7)	4.3	136/200
	情報システム	4	59(17)	48(14)	5(4)	9.6	152/200
都市生活	都市生活	5	77(24)	72(20)	12(3)	6.0	129/200
人間科	児童	2	23(14)	21(13)	5(4)	4.2	116/200

2021 年度　入試状況

■一般選抜（前期）

（　）内は女子内数

学部	学　科	募集人員	志願者数	受験者数	合格者数	競争率	合格者最低点/満点
理工	機械工	55	821(35)	782(31)	226(10)	3.5	184.32/300
	機械システム工	52	768(51)	739(48)	217(17)	3.4	181.74/300
	電気電子通信工	70	890(65)	867(64)	228(16)	3.8	185.06/300
	医用工	26	302(86)	285(80)	88(38)	3.2	179.94/300
	応用化	33	526(125)	505(122)	167(44)	3.0	178.48/300
	原子力安全工	20	153(8)	150(8)	63(2)	2.4	170.96/300
	自然科	25	312(77)	303(76)	93(19)	3.3	181.48/300
建築都市デザイン	建築	51	1,105(273)	1,065(256)	120(29)	8.9	208.04/300
	都市工	48	652(121)	636(114)	175(34)	3.6	184.48/300
情報工	情報科	45	1,144(124)	1,102(118)	93(8)	11.8	212.70/300
	知能情報工	37	542(69)	524(67)	67(6)	7.8	206.20/300
環境	環境創生	38	376(91)	363(90)	105(34)	3.5	180.38/300
	環境経営システム	38	224(53)	219(52)	82(23)	2.7	170.26/300
メディア情報	社会メディア	41	323(108)	313(104)	54(23)	5.8	190.86/300
	情報システム	43	603(147)	574(140)	45(17)	12.8	144.16/200
都市生活	都市生活	60	575(192)	558(187)	125(50)	4.5	189.12/300
人間科	児童	28	124(93)	116(87)	43(36)	2.7	114.72/200

（備考）合格者最低点は，素点ではなく平準化した点数。

■一般選抜（中期）

（　）内は女子内数

学部	学　科	募集人員	志願者数	受験者数	合格者数	競争率	合格者最低点/満点
理工	機械工	15	182(11)	154(10)	26(3)	5.9	195/300
	機械システム工	13	240(21)	208(15)	61(6)	3.4	182/300
	電気電子通信工	20	250(18)	221(15)	34(2)	6.5	206/300
	医用工	7	95(20)	84(16)	14(4)	6.0	191/300
	応用化	10	132(40)	114(34)	22(8)	5.2	203/300
	原子力安全工	4	68(5)	60(5)	22(1)	2.7	156/300
	自然科	10	112(27)	91(23)	24(8)	3.8	192/300
建築都市デザイン	建築	14	326(99)	289(83)	14(5)	20.6	244/300
	都市工	12	191(41)	164(37)	25(8)	6.6	206/300

（表つづく）

学部	学科	募集人員	志願者数	受験者数	合格者数	競争率	合格者最低点/満点
情報工	情報科	12	256(28)	225(27)	12(0)	18.8	241/300
	知能情報工	10	153(20)	140(19)	16(3)	8.8	218/300
環境	環境創生	10	168(41)	139(35)	22(8)	6.3	146/200
	環境経営システム	10	167(42)	145(35)	49(16)	3.0	134/200
メディア情報	社会メディア	10	188(63)	163(51)	22(7)	7.4	151/200
	情報システム	10	200(42)	185(37)	13(2)	14.2	154/200
都市生活	都市生活	17	236(87)	204(74)	36(20)	5.7	142/200
人間科	児童	3	39(26)	31(21)	20(14)	1.6	104/200

■一般選抜（後期）

(　)内は女子内数

学部	学科	募集人員	志願者数	受験者数	合格者数	競争率	合格者最低点/満点
理工	機械工	5	91(9)	77(8)	21(1)	3.7	128/200
	機械システム工	4	112(9)	100(7)	27(0)	3.7	129/200
	電気電子通信工	7	131(11)	123(10)	26(2)	4.7	141/200
	医用工	2	60(9)	55(9)	7(2)	7.9	143/200
	応用化	3	53(13)	50(11)	7(2)	7.1	154/200
	原子力安全工	2	32(3)	32(3)	14(0)	2.3	107/200
	自然科	3	61(12)	57(11)	10(3)	5.7	141/200
建築都市デザイン	建築	4	144(30)	132(27)	6(1)	22.0	180/200
	都市工	4	73(8)	71(8)	5(1)	14.2	175/200
情報工	情報科	4	163(16)	144(15)	6(2)	24.0	181/200
	知能情報工	3	85(12)	76(12)	7(1)	10.9	176/200
環境	環境創生	3	78(13)	71(11)	3(2)	23.7	168.50/200
	環境経営システム	3	54(10)	47(8)	5(3)	9.4	151.56/200
メディア情報	社会メディア	2	65(21)	63(21)	14(4)	4.5	124.24/200
	情報システム	4	86(15)	80(14)	5(1)	16.0	164/200
都市生活	都市生活	5	68(26)	60(23)	7(2)	8.6	141.28/200

(備考)環境創生学科，環境経営システム学科，社会メディア学科および都市生活学科の合格者最低点は，素点ではなく平準化した点数。

入試要項の入手方法

東京都市大学の入試要項（一般選抜，共通テスト利用入試）は 11 月中旬に発表される予定です。

一般選抜はすべてインターネット出願となります。入試要項の内容については大学ホームページをご確認のうえ，インターネットより出願してください。冊子体の入試要項を希望する場合は大学ホームページ・FAX・電話・ハガキ等でお申し込みください。テレメールでも請求できます。

要項請求先・問い合わせ先

東京都市大学　入試センター
〒158-8557　東京都世田谷区玉堤 1-28-1
TEL　(03)6809-7590（入試センター直通）
FAX　(03)5707-2211（入試センター直通）
URL　https://www.tcu.ac.jp
E-mail　nyushi@tcu.ac.jp

東京都市大学のテレメールによる資料請求方法

スマートフォンから　QRコードからアクセスしガイダンスに従ってご請求ください。
パソコンから　教学社 赤本ウェブサイト(akahon.net)から請求できます。

Trend & Steps

傾向と対策

傾向と対策を読む前に

科目ごとに問題の「傾向」を分析し，具体的にどのような「対策」をすればよいか紹介しています。まずは出題内容をまとめた分析表を見て，試験の概要を把握しましょう。

■注意

「傾向と対策」で示している，出題科目・出題範囲・試験時間等については，2023 年度までに実施された入試の内容に基づいています。2024 年度入試の選抜方法については，各大学が発表する学生募集要項を必ずご確認ください。

また，新型コロナウイルスの感染拡大の状況によっては，募集期間や選抜方法が変更される可能性もあります。各大学のホームページで最新の情報をご確認ください。

■掲載日程・方式・学部について

2023 年度においては，以下の変更がなされた。

- デザイン・データ科学部が新設された。

分析表の記号について

☆印は全問，★印は一部マークシート方式採用であることを表す。

英　語

年度	番号	項　目	内　容
★ 2023	〔1〕	読　　解	内容説明，同意表現，段落の主題
	〔2〕	読　　解	空所補充
	〔3〕	読　　解	内容説明
	〔4〕	会 話 文	空所補充
	〔5〕	文法・語彙	語句整序
★ 2022	〔1〕	読　　解	内容説明，同意表現，段落の主題
	〔2〕	読　　解	空所補充
	〔3〕	読　　解	内容説明
	〔4〕	会 話 文	空所補充
	〔5〕	文法・語彙	語句整序
★ 2021	〔1〕	読　　解	内容真偽，内容説明，同意表現，段落の主題
	〔2〕	読　　解	空所補充
	〔3〕	読　　解	空所補充
	〔4〕	会 話 文	空所補充
	〔5〕	文法・語彙	語句整序

傾向　標準レベルの問題　長文の読解問題の対策を

1　出題形式は？

大問５題（読解３題，会話文１題，文法・語彙１題）の出題である。一部の空所補充，内容説明，語句整序が記述式で，それ以外はマークシート方式である。試験時間は80分。

2　出題内容はどうか？

〔1〕～〔3〕の読解問題は内容説明，主題などが問われる問題と，空所補充のみの問題がある。読解問題の英文は，工学，科学技術，環境をテーマとした時事的なもの，新発見，新技術や新製品開発をテーマとしたものがよく出題されている。〔4〕は会話文問題。〔5〕は文法・語彙問題で，語句整序が出題されている。

3　難易度は？

内容説明や英文和訳などが問われる読解問題は本格的な長文問題で，

やや難しいといえる。その他は標準的なレベルで，受験生の実力を試すのにちょうどよい難度の問題である。

対策

1 語彙力

特殊な単語・熟語は必ずしも覚えなくてよいので，標準的な単語集を１冊徹底的にマスターすること。並行して，毎日の授業の中で基本的な単語や熟語を自分のノートに書き出して覚えると効果的である。

2 文法力

文法・語彙問題では語句整序が出題されている。まずは英文法を理解することが大切である。日頃の授業を大切にするとともに，文法頻出問題集を１冊仕上げよう。その上で，過去問や他大学などの類題にできるだけ多く接して，語句整序の形式に慣れておくことが重要で，それにより解法の「勘」を養うようにしたい。

3 読解力

長文読解力を身につけるには，当たり前のことだが「英文を読む」ことが重要である。教科書から始めて，『体系英語長文』（教学社）などの問題集でできるだけ多くの英文読解練習を行い，ある程度読解力がついてきたら，過去問をこなしながら語彙力を増強していこう。知らない単語・イディオムなどは自分の単語帳に書き込んで覚えていくとよい。それと並行して１冊は標準的な単語集（単語の意味だけ書いてあるものは避け，例文がついているもの）を徹底的にマスターするのが効果的である。また，英文内容に関する予備知識があるかないかで，英文の理解度は大いに変わってくる。日頃から新聞・テレビなどでさまざまなニュースに触れ，世の中で起こっていること，議論されていることに関心をもつことも大切である。

日本史

年度	番号	内容	形式
☆ ***2023***	〔1〕	日本の戸籍と人口　＜グラフ＞	選択・正誤
	〔2〕	「『魏志』倭人伝」「『隋書』東夷伝」ほか－古代の習俗と天武・持統朝　＜史料＞	選択・正誤
	〔3〕	「新編追加」－鎌倉幕府の民政，室町幕府と鎌倉府　＜史料・地図＞	選択・正誤
	〔4〕	江戸幕府の参勤交代　＜史料＞	選択・正誤
	〔5〕	幕末の政局，第一次世界大戦後の国際問題　＜史料・地図＞	正誤・選択・配列
	〔6〕	山本五十六・田中角栄の人物史　＜地図・史料＞	選択・正誤
☆ ***2022***	〔1〕	「弓削島荘百姓の訴状」－塩業の歴史　＜史料＞	選択・正誤
	〔2〕	「『漢書』地理志」「『魏志』倭人伝」－弥生時代から古墳時代の歴史，平安前期の歴史　＜史料・地図＞	選択・正誤・配列
	〔3〕	院政と荘園公領制，室町時代の文化	選　　択
	〔4〕	織田信長，田沼意次の政治　＜地図・史料＞	選択・正誤
	〔5〕	鉄道の歴史と小説　＜史料＞	選択・正誤・配列
	〔6〕	第二次世界大戦と陸軍，戦後の公害問題　＜地図＞	配列・正誤・選択
☆ ***2021***	〔1〕	和歌・連歌・俳諧・俳句の歴史	選択・配列
	〔2〕	「『宋書』倭国伝」－古代国家の政治と東アジア社会　＜地図・史料＞	選択・正誤・配列
	〔3〕	鎌倉幕府の政治史　＜史料＞	選択・正誤
	〔4〕	元禄期の政治と文化　＜史料＞	選　　択
	〔5〕	近代の日露関係　＜地図・史料＞	選択・配列・正誤
	〔6〕	戦前と戦後の政治経済情勢	選　　択

傾向　各時代・各分野から偏りなく出題

1　出題形式は？

大問6題，解答個数50個で，試験時間は80分。全問マークシート方式である。設問形式はリード文中の空所補充や，下線部に関連する事項の選択問題を中心に，正文（誤文）選択，正文と誤文の組合せの選択，年代順などに並べる配列法などが出題されている。また，地図や史料などを用いた問題も頻出である。

２ 出題内容はどうか？

時代別にみると，古代，中世，近世，近代，近現代の各時代からほぼ満遍なく出題されており，毎年，戦後史からの出題もみられる。

分野別では，政治史を中心に，外交史，社会経済史，文化史から広く出題されているので，分野に偏らない学習が必要である。なお，〔1〕はテーマ史で出題されることが定着している。

史料問題は毎年出題されている。基本的事項を問うものだけではなく，史料の読解が必要な問題もある。2023 年度はグラフの読みとりに加え，「新編追加」や「武家諸法度」など，2022 年度は「東寺百合文書」や「『魏志』倭人伝」などが出題された。2023 年度には読解や，読みとりが必要な問題が全体の 2 割を超えた。

３ 難易度は？

問われている内容のほとんどが教科書の太字の重要事項であり，基本的問題といえる。教科書を熟読して内容をしっかりと理解し，正確な知識を身につけておけば十分得点できるだろう。

対　策

１ 教科書の精読を

まず教科書を精読し，重要事項をきっちりと習得することが第一である。教科書を精読するとともに，脚注や図版・グラフ，主な文学作品・美術作品などは，その解説も含めて目を通しておこう。その際，『日本史用語集』（山川出版社）などの用語集を併用することで重要事項に関連する知識を増やすことができるので，ぜひ取り組みたい。

２ 図表，資料集の活用を

地図や図などを用いた問題が多くみられるので，教科書に掲載されているものだけでなく，学校の授業で使用している図表，『新詳日本史』（浜島書店）などの資料集を活用し，各時代を代表する文化財や美術作品などを確認しておきたい。また，史料問題も毎年出題されているので，教科書に掲載されている史料については，注も含めて目を通しておこう。

3 過去の問題研究を

例年，設問形式や出題傾向はほぼ同じである。過去問の類題をできるだけ多く解いておくことが大切であり，本書を活用して，出題の形式や内容を把握しておこう。その上で学習に取り組むと効果的である。また全問マークシート方式が採用されており，近年は大学入学共通テストのような史料読解問題が，多数出題されている。『共通テスト過去問研究　日本史B』（教学社）や大学入学共通テスト対策用の問題集を使用するのも有効である。実戦的な学習を重ねることで，出題形式にも慣れ，実力の向上がはかれるだろう。

世界史

年度	番号	内　　　容	形　式
☆ ***2023***	〔1〕	古代～現代における感染症の歴史　＜地図＞	選択・正誤・配列
	〔2〕	古代～現代におけるトルコ人の歴史　＜地図＞	選択・正誤
	〔3〕	シャーロック=ホームズの時代の大英帝国関連史　＜地図＞	選択・正誤・配列
	〔4〕	古代～現代における朝鮮半島の歴史　＜地図＞	選択・配列・正誤
	〔5〕	アメリカ合衆国の奴隷制と人種問題，大戦間のドイツ　＜地図＞	選択・正誤・配列
☆ ***2022***	〔1〕	古代～近代における「人流」の歴史　＜地図＞	正誤・選択
	〔2〕	イランとインドネシアにおける国家の興亡と列強支配からの脱却　＜地図＞	選　択
	〔3〕	近世～現代のアジア・エジプト　＜地図＞	選択・正誤
	〔4〕	清代の中国史　＜地図＞	正誤・配列・選択
	〔5〕	アフリカの植民地化，東西冷戦下の米ソ関係　＜地図＞	正誤・選択・配列
☆ ***2021***	〔1〕	紙と印刷の歴史　＜地図＞	正誤・選択
	〔2〕	ムガル帝国史とオスマン帝国史　＜地図＞	選　択
	〔3〕	『オリエント急行殺人事件』の時代背景　＜地図＞	選択・正誤・配列
	〔4〕	宋代史　＜地図＞	選択・正誤
	〔5〕	19 世紀南北アメリカ史・近代イタリア史　＜地図＞	選択・正誤・配列

傾　向　幅広い地域・時代・分野から出題 地図問題必出

1　出題形式は？

大問 5 題の出題で，解答個数は 50 個，試験時間は 80 分である。全問マークシート方式で，例年，語句選択問題や文章選択問題，正誤の組合せを問う正誤法，事項の年代順を問う配列法が出題されているが，文章選択問題の出題が目立つ。また，地図はすべての大問で出題されている。

2　出題内容はどうか？

例年，〔1〕〔3〕がテーマ史，〔2〕がイスラーム史，〔4〕がアジア史，

〔5〕が近現代欧米史中心となっている。

地域別では，特にテーマ史は，ひとつの大問のなかで欧米地域，アジア地域など複数の国家や地域が問われることが多くなっている。欧米地域は西ヨーロッパ・アメリカ，アジア地域は中国・イスラームを中心とするが，その他に学習が手薄になりがちなアフリカや東南アジア，インド等の地域からも出題されるので，注意しておきたい。2023年度は，シャーロック=ホームズ時代のイギリス植民地に関する設問が出題されている。全地域を網羅した学習を心がける必要があるだろう。

時代別では，多くは長い期間を問う通史問題となっており，古代から現代まで幅広く問われる。20世紀後半までを含んだ現代史の出題が毎年のようにみられるので，注意を要する。

分野別では，政治・外交史を中心に，文化史・経済史・宗教史からの出題もあり，分野による偏りはみられない。

3　難易度は？

ほとんどは教科書レベルの取り組みやすい問題である。ただし，配列法や正誤法など正確な知識を求める問題や，地図問題では主要な都市の位置を問う問題が出題されている。特に，年号の知識に関する問題では得点差が開きやすいので注意しておきたい。例年，解答個数は変わらないので，実際に過去問にあたり，自分なりの時間配分を考えておこう。

対　策

1　教科書中心の学習

地域・時代・分野に偏りのない確実な学習が求められる。歴史事象の原因・経過・結果（影響）に留意しながら，すみずみまで教科書を精読し，その内容を理解することが何よりも大切である。教科書に掲載されている地図やその説明，脚注なども含めて教科書の内容が正確に把握できていれば，ほとんどの問題に対応できるだろう。

2　用語集の活用

教科書を精読する際には，『世界史用語集』（山川出版社）などの用語集を辞書代わりに使うとよいだろう。教科書学習に加えて用語集の説明文をよく読んでおくと，より正確な知識が身につく。自分が使っている教科書に載っていない用語についてもチェックしておこう。

3 歴史地図や年表を活用する

地図問題は例年，すべての大問で出題されている。地理的知識を必要とする問題もみられるので，教科書のほかに学校で購入した図説や資料集があれば，そこに掲載されている歴史地図を参照しながら学習を進めたい。同様に，遺跡の写真や美術作品にも注意しておく必要がある。また，年表でも重要事件の起こった年代や，その前後の出来事の順序を確認しておこう。

4 現代史・文化史に注意

20 世紀以降の現代史は学習が手薄になりがちであるが，できるだけ早い時期から時間をかけて取り組んでおきたい。特に第二次世界大戦後の現代史は複雑なので，教科書を精読するだけでなく，国（アメリカ，ロシア，中国など）や地域（東欧，アフリカなど），テーマ（「東西冷戦」「ヨーロッパ統合」など）を絞って，各国別のサブノート，テーマ別問題集，参考書などを利用して理解を深めたい。文化史については，地域（国）や時代と人物，人物とその業績（作品名）を確実に結びつけておくよう心がけたい。

数　学

年　度		番号	項　目	内　　容
2023	理工、建築都市デザイン、情報工	〔1〕	小 問 3 問	(1)三角関数の加法定理　(2)サイコロの目で点が動く確率　(3)複素数の極形式
		〔2〕	小 問 3 問	(1)定積分を含む関数　(2)対数の数列の和　(3)部分積分，極限
		〔3〕	ベクトル	内分点の位置ベクトルの大きさの 2 乗の最小値
		〔4〕	微 分 法	絶対値を含む 3 次関数のグラフ　⇨図示
	環境、メディア情報、デザイン・データ科、都市生活、人間科	〔1〕	小 問 8 問	(1)複素数の計算　(2) 2 次方程式の解の配置　(3)対数の計算　(4)二項定理　(5)三角関数を含む関数の最大・最小　(6)数列の和　(7)空間ベクトルの大きさ　(8) 2 進法と確率
		〔2〕	微・積分法	2 次関数と接線で囲まれた領域の面積　⇨図示
2022	理工、建築都市デザイン、情報工	〔1〕	小 問 3 問	(1)二項定理　(2)空間ベクトル　(3)角の二等分線の長さ
		〔2〕	小 問 3 問	(1)複素数　(2)三角関数の極限　(3)置換積分
		〔3〕	微・積分法	分数関数の最大値
		〔4〕	微・積分法	4 次関数の最小値とグラフ，共有点の個数　⇨図示
	環境、メディア情報、都市生活、人間科	〔1〕	小 問 8 問	(1) n 進法　(2)円の方程式　(3)複素数　(4)対数を含む関数の最大・最小　(5)空間図形の三角形の面積　(6)絶対値を含む関数　(7)等差数列　(8)さいころの目に従って箱にラムネを入れる確率
		〔2〕	微・積分法	3 次関数のグラフと直線で囲まれた部分の面積　⇨図示
2021	理工、建築都市デザイン、情報工	〔1〕	小 問 3 問	(1)平方数を 9 で割った余り　(2)対数を含む連立方程式　(3) 2 つの放物線の接線が直交する条件　⇨証明
		〔2〕	小 問 3 問	(1)微分係数を利用した極限　(2) 3 次関数の最大・最小　(3)定積分の計算
		〔3〕	2 次 関 数	虚数解をもつ条件
		〔4〕	微・積分法	三角関数を含む関数の増減，極値，グラフと x 軸で囲まれる部分の面積　⇨図示
	環境、メディア、情報、都市生活	〔1〕	小 問 8 問	(1)複素数　(2)指数　(3)剰余の定理　(4)整数の性質　(5)三角関数の不等式　(6)軌跡　(7)数列　(8)確率
		〔2〕	微・積分法	3 次関数のグラフと直線で囲まれた部分の面積

(注)　人間科学部は 2022 年度，デザイン・データ科学部は 2023 年度より実施。

傾向　小問により幅広い分野から基本問題を出題

1　出題形式は？

理工，建築都市デザイン，情報工学部：大問４題の出題で，〔１〕〔２〕は小問３問による出題。４題すべてが記述式である。試験時間は 90 分。

環境，メディア情報，デザイン・データ科，都市生活，人間科学部：大問２題の出題。試験時間は 90 分。〔１〕は小問８問の空所補充形式による出題だが，計算過程の記述も求められている。〔２〕は記述式。

2　出題内容はどうか？

出題範囲は，理工，建築都市デザイン，情報工学部が「数学Ⅰ・Ⅱ・Ⅲ・A・B（数列，ベクトル）」，環境，メディア情報，デザイン・データ科，都市生活，人間科学部が「数学Ⅰ・Ⅱ・A・B（数列，ベクトル）」である。

理工，建築都市デザイン，情報工学部は，定積分の計算，グラフの図示問題がよく出題されている。

環境，メディア情報，デザイン・データ科，都市生活，人間科学部は，小問集合からなる〔１〕は広範囲から満遍なく出題されている。また，〔２〕では図示問題が頻出である。

3　難易度は？

理工，建築都市デザイン，情報工学部は，基本・標準的な問題で，いわゆる難問は出題されていないが，試験時間内に解くためには，しっかりとした基礎力と計算力が要求される。小問集合の〔１〕〔２〕を手際よく処理し，〔３〕〔４〕に時間を残せるようにしておく必要がある。

環境，メディア情報，デザイン・データ科，都市生活，人間科学部は，基本的な問題が幅広い分野から出題されている。小問数も多いので，試験時間を考えると，正確かつ速い計算力が必要である。

対策

1　基本事項の完全習得

いわゆる難問の出題はなく，基本・標準問題が出題されているので，教科書の例題や練習問題・傍用問題集に繰り返し取り組むことにより，基本事項・公式を十分に使いこなせるようにしておくこと。

2　不得意分野の克服

小問が多く，広範囲から偏りなく出題されているので，不得意分野のないようにしたい。どの分野についても繰り返し学習することにより基礎事項を確実に習得し，標準程度の実力をしっかりとつけることを心がけよう。

3　速く正確な計算力と，正確な図示

例年，微・積分法の問題が頻出であり，この分野の問題は計算量が多くなることが多い。また，小問集合問題に時間をかけすぎると時間不足になるので，各分野の代表的な問題は，すぐに解答にとりかかれるよう習熟しておきたい。できるだけ時間をかけないですむ計算力を身につけておくことが重要である。また，図示する問題が頻出なので，領域の図示や，増減表からグラフの概形を描く練習もしておくこと。

4　記述力の養成

試験時間や解答欄のスペースを考えると，短時間で簡潔かつ正確な答案をつくる必要がある。日頃の問題演習の中でポイントを押さえた答案づくりを心がけ，答案作成力の向上に努めたい。

5　問題文をきちんと読める力の養成

2023 年度の環境，メディア情報，デザイン・データ科，都市生活，人間科学部〔1〕(8)では，2 進法と確率の融合問題が出された。正確に意味をつかむ力をつけるには，文章題をていねいに演習していくことが大切である。

物　理

年度	番号	項　目	内　容
★ 2023	〔1〕	総　合	等加速度直線運動，正弦波，熱量の保存，抵抗率
	〔2〕	総　合	平面内の相対速度，力のモーメント，熱機関，静電エネルギー
	〔7〕	力　学	斜面台上の小物体の運動
★ 2022	〔1〕	総　合	上昇する気球からの自由落下，水の状態変化，抵抗の接続
	〔2〕	総　合	太陽のまわりの楕円軌道上を運動する物体，気体の状態変化，帯電した金属球の間にはたらく力
	〔7〕	力　学	ばねで打ち出された物体の運動
★ 2021	〔1〕	総　合	終端速度，棒のつり合い，ドップラー効果，変圧器
	〔2〕	総　合	斜方投射，２乗平均速度，コンデンサーを含む直流回路
	〔7〕	力　学	斜面上の物体の運動

(注)　化学，生物と合わせて「理科」として出題。〔1〕～〔6〕から２題，〔7〕～〔9〕から１題を選択する。

傾向　マークシート方式で基本の確認 記述式で力学のやや高度な問題

1　出題形式は？

試験時間は 80 分。物理３題，化学３題，生物３題の計９題のうち３題を選択する形式である。物理３題のうち２題（〔1〕〔2〕）はマークシート方式の小問集合で，残りの１題（〔7〕）は記述式。

2　出題内容はどうか？

出題範囲は「物理基礎，物理」であり，出題範囲のほぼ全分野から出題されている。〔1〕〔2〕は小問集合で，原子分野からも出題されることがある。残りの１題については力学からの出題であり，力学のウエートが高くなっている。全分野について基礎・基本をきちんと身につけ，力学分野では記述式の問題をこなしておく必要がある。

3　難易度は？

教科書や教科書傍用問題集の例題レベルの基本〜標準の問題がほとんどである。記述式問題も教科書の内容をしっかり理解できていれば対応できる。80 分の試験時間で無理のない内容であるが，数値による計算が多く含まれているので，要領よく計算する練習をして，計算力をつけておく必要がある。

対　策

1　マークシート対策は全分野での基本事項の確認を

マークシート方式の問題は出題範囲が全分野にわたる。教科書に出てくる公式や物理法則を十分に理解すること。教科書・問題集の例題や基本問題を解きながら基本事項を整理し，しっかりと頭に入れておこう。

2　記述式対策は力学中心に応用力をつける

記述式問題は，力学分野からの出題が続いている。教科書の章末問題や問題集の発展レベルの力学の問題をこなしておくこと。記述式の問題では，下書きをきちんと行い，要領よく記述する練習をしておくこと。

3　計算力を鍛える

数値計算を含む問題が多くあり，計算の速さ，正確さが要求される。また，$\pi=3.14$ や $\sqrt{2}$，$\sqrt{3}$ の一般的な値は知っておく必要がある。問題を多く解いて計算力を鍛え，文字による式の扱いも演習しておこう。

化　学

年度	番号	項　目	内　容
★ *2023*	〔3〕	理論・無機	飽和水溶液，気体の平衡，熱化学，酸化還元反応，ハロゲンの性質，金属と水の反応　⇨計算
	〔4〕	理論・有機	反応熱，元素分析，シス-トランス異性体，油脂，有機化合物の立体配置，陽イオン交換樹脂　⇨計算
	〔8〕	有機・理論	官能基の性質，反応熱　⇨計算
★ *2022*	〔3〕	理論・無機	気体の溶解度，中和後の pH，水溶液の性質，塩化ナトリウム水溶液の電気分解，銅と酸の反応，銀の単体と化合物　⇨計算
	〔4〕	理論・有機	反応熱，分子の形，元素分析，幾何異性体，アゾ化合物の合成，グリシンとアラニン　⇨計算
	〔8〕	有機・理論	メタノールを中心にした反応　⇨計算
★ *2021*	〔3〕	無機・理論	溶液の濃度，反応速度式，塩の性質，酸化還元滴定，リンの性質，カルシウムの反応　⇨計算
	〔4〕	総　合	生成熱，炭化水素の性質，分子式の決定，油脂，芳香族化合物の酸化，セルロースの利用　⇨計算
	〔8〕	無機・理論	硫黄の反応，銅の精錬　⇨論述・計算

(注)　物理，生物と合わせて「理科」として出題。〔1〕～〔6〕から2題，〔7〕～〔9〕から1題を選択する。

傾向　反応の量的関係，反応熱，溶解度が頻出

1　出題形式は？

試験時間は80分。物理3題，化学3題，生物3題の計9題のうち3題を選択する形式である。3題中2題がマークシート方式（〔3〕〔4〕），1題が記述式（〔8〕）となっている。マークシート方式はほとんどが基本的な知識や計算の問題であり，記述式は事項や理由の説明などの論述問題を含むこともある。

2　出題内容はどうか？

出題範囲は「化学基礎，化学」である。

3題中2題が小問集合である。理論分野の出題が多く，その実例として無機物質や有機物質が用いられている。

化学反応の量的関係，反応熱，中和の計算，酸化還元反応，電池・電気分解，気体・固体の溶解度，反応速度からの出題が多い。

③ 難易度は？

特異な現象や物質についての出題もなく，全体としては標準的な問題であるが，やや難しい問題も出題される。

対　策

❶ 理　論

基本問題の練習が必要である。特に計算問題は演習をしっかりやって計算のパターンを覚え込もう。中和反応，酸化還元反応をはじめとした化学反応における量的関係を問う問題や，ボイル・シャルルの法則，気体の状態方程式を用いるもの，熱化学，ファラデーの法則，pH の計算，濃度計算や平衡などは特に力を入れておこう。

❷ 無　機

元素の周期表に基づいて，広く知識をもっておきたい。理論の実例として現れる物質の性質が即座に思い出せるようにしておくこと。化学反応式は，主だったものは正確に書けるようにしておこう。

❸ 有　機

組織的に化合物や反応をまとめていこう。官能基や異性体，検出反応は実例をつけて覚えること。化合物の名称から構造式，性質が浮かんでくるようにしておきたい。構造式を書く訓練も意識して行っておこう。高分子の出題もあるので，この分野も知識の確認をしておくようにしよう。

生　物

年度	番号	項　目	内　容
★ *2023*	〔5〕	総　合	ゲノム，血液凝固，発酵，光合成細菌，発生，大脳皮質
	〔6〕	総　合	呼吸，ヒトの進化，染色体，植物の受精，バイオーム，植物分類　⇨計算
	〔9〕	生　態	生態系の変化，食物連鎖，エネルギー効率，生産構造図　⇨論述
★ *2022*	〔5〕	総　合	減数分裂，発生，有髄神経，翻訳，血しょう，窒素同化
	〔6〕	総　合	遺伝子組み換え，生物の共通性，物質収支，植物ホルモン，液胞，物質輸送
	〔9〕	生　態，遺伝情報	個体数調査，個体群の成長，密度効果，遺伝子頻度，ABC モデル，外来生物　⇨計算・論述
★ *2021*	〔5〕	総　合	呼吸と光合成，細胞と DNA，自然免疫　⇨計算
	〔6〕	総　合	体温調節，誘導の連鎖，植物の発生，光周性，窒素の循環，菌類
	〔9〕	進化・系統	脊椎動物の進化，適応放散と収束進化

(注)　物理，化学と合わせて「理科」として出題。〔1〕～〔6〕から2題，〔7〕～〔9〕から1題を選択する。

傾　向　基本～標準の正確な知識の徹底を！

1　出題形式は？

試験時間は80分。物理3題，化学3題，生物3題の計9題のうち3題を選択する形式である。3題中2題がマークシート方式（〔5〕〔6〕），1題が記述式（〔9〕）となっている。なお，記述式では論述問題も出題されている。また，計算問題が出題されることもある。

2　出題内容はどうか？

出題範囲は「生物基礎，生物」である。各分野から幅広く出題されており，1つの大問の中でもいくつかの分野からの小問に分かれている。

3　難易度は？

〔5〕〔6〕のマークシート方式の大問は，教科書の内容を理解していれ

ば十分に解答できる，基本～標準的な内容である。計算問題もみられるが，ほとんどは基本的な知識問題で，複雑な内容のものは見られないが，位どりや計算ミスに気をつけたい。2023年度は，計算問題で対数を使う場面があり，数学の知識が必要な問題があったことに注目したい。また，〔9〕の大問は最近の環境問題を扱ったものであり，思考力が求められる記述問題で，やや難問であった。試験時間に関しては十分に余裕があると思われる。

対　策

1　広範囲の基本的知識の確実な定着を

ほぼすべてにおいて，教科書に準じた内容である。教科書の太字部分を中心に，重要な事項を整理して確実に理解しておくことが最も重要である。「生物基礎，生物」の全範囲について，教科書の内容を，基本～標準レベルの一般的な問題集を用いて反復学習しておこう。図説などを利用して図表やグラフを視覚的に理解するとよい。

2　確実に選択できる力を

文中の3カ所の空所補充の組み合わせを選択する問題は，3カ所とも2つの選択肢から正確に選択していかないと正答に結びつかないので，確実な知識の習得が必要である。過去には文の正誤組み合わせ問題もあったので，正文・誤文を判断する練習問題にも多くあたるとよい。

3　論述問題対策

〔9〕では論述問題が出題されている。いずれも実験結果や調査結果から考察した内容を説明する問題であるので，自分の考えを短文で表現できる力を身につけておくこと。最近の環境問題にも注意を向けておきたい。

国　語

年度	番号	種　類	類別	内　　容	出　　典
★ ***2023***	〔1〕	現代文	評論	読み，書き取り，内容説明，空所補充，指示内容	「現代メディア哲学」山口裕之
	〔2〕	現代文	評論	書き取り，読み，慣用句，箇所指摘，欠文挿入箇所，内容説明，空所補充，段落区分，内容真偽	「複雑化の教育論」　内田樹
★ ***2022***	〔1〕	現代文	評論	書き取り，読み，内容説明，表題，空所補充	「能力主義を問いなおす」　市野川容孝
	〔2〕	現代文	評論	読み，書き取り，空所補充，箇所指摘，内容説明，内容真偽	「日本文化の核心」　松岡正剛
★ ***2021***	〔1〕	現代文	評論	読み，書き取り，空所補充，内容説明，和歌修辞	「哲学者マクルーハン」中澤豊
	〔2〕	現代文	評論	読み，書き取り，内容説明（21字他），空所補充，欠文挿入箇所	「爆発，丸石神，グラン＝ギニョルな未来」　椹木野衣

傾　向　現代文のみで問題文は長め　確かな読解力をはかる良問

1　出題形式は？

現代文２題の出題である。記述式とマークシート方式の併用で，記述式は書き取りと読みに加え，本文中から該当箇所を抜き出す問題が出題されている。2021年度は，本文中の言葉を使ってまとめる問題も出されていた。試験時間は90分。

2　出題内容はどうか？

現代文は例年２題とも評論であり，論旨のすっきりした，やや長めの文章が出題されている。テーマは言語や文化，芸術，哲学，社会，メディア・情報，教育など幅広い分野から出題されている。設問は，空所補充，内容説明，内容真偽などの内容理解を問うものを中心に，書き取り，読み，慣用句などの知識問題も問われる。

3　難易度は？

文章が長く設問数も多いので，試験時間内に処理できるスピードが必要である。時間配分で失敗することのないよう，解ける問題から確実に解答していくこと。難易度としては基礎〜標準である。

対策

1 読解力の養成

語彙力・読解力を養うことが肝要。具体的な学習方法としては，共通テスト対策用の問題集を多くこなすなどして，長文問題に慣れるとともに，選択肢を見極める練習をしておくことが効果的である。内容説明の設問は選択肢を二択まで絞った後に両者の差異を丁寧に吟味することで正解を導くことができる。傍線部なしに本文の内容を問う設問では，本文全体の内容をとらえたうえで解答する必要がある。本文全体の内容をつかむためには，段落ごとの要旨を押さえながら読み進めることが大切である。400 字程度といった字数を決めて本文を要約する訓練をしておくのもよいだろう。比較的新しい評論が取り上げられているので，書店に平積みされているような新書の類を読んで，教養を高めておくのも有効である。

2 漢字・語句・国語常識

漢字に関する設問が頻出している。確実な得点源とするためにも，漢字の学習を怠らないこと。漢字の問題集を一冊仕上げるとともに，高校で使っているテキストなどで動植物名，特殊な漢字の読み，四字熟語，対義語，同義語，同音異義語，慣用表現など多角的に学習しておこう。また，不明な語意もその都度，意味や用法を確認するようにしておくこと。なお，出題されているのは現代文のみであるが，古典や韻文に関する基本的な知識が読解に役立つこともあるので，学校での古典の授業も大切にしよう。

2023年度

問題と解答

■一般選抜（前期３教科型・２教科型）

問題編

▶試験科目・配点

〔３教科型〕

学部（学科）	教科	科　　目	配　点
理工,建築都市デザイン,情報工	英語	コミュニケーション英語Ⅰ・Ⅱ・Ⅲ，英語表現Ⅰ・Ⅱ	100点
	数学	数学Ⅰ・Ⅱ・Ⅲ・A・B（数列，ベクトル）	100点
	理科	「物理基礎，物理」３題，「化学基礎，化学」３題，「生物基礎，生物」３題の計９題のうち，任意の３題を解答	100点
環境,メディア情報（社会メディア）,デザイン・データ科,都市生活	英語	コミュニケーション英語Ⅰ・Ⅱ・Ⅲ，英語表現Ⅰ・Ⅱ	100点
	選択①	日本史B，世界史B，理科（「物理基礎，物理」３題，「化学基礎，化学」３題，「生物基礎，生物」３題の計９題のうち，任意の３題を解答）より１科目選択	100点
	選択②	「数学Ⅰ・Ⅱ・A・B（数列，ベクトル）」，国語総合（現代文のみ）より１科目選択	100点

〔２教科型〕

学部（学科）	教科	科　　目	配　点
メディア情報（情報システム）	英語	コミュニケーション英語Ⅰ・Ⅱ・Ⅲ，英語表現Ⅰ・Ⅱ	100点
	数学	数学Ⅰ・Ⅱ・A・B（数列，ベクトル）	100点
人間科	英語	コミュニケーション英語Ⅰ・Ⅱ・Ⅲ，英語表現Ⅰ・Ⅱ	100点
	選択	「数学Ⅰ・Ⅱ・A・B（数列，ベクトル）」，国語総合（現代文のみ）より１科目選択	100点

▶備　考

- 試験日自由選択制（２月１日実施分を掲載）。
- 同一日に学部・学科の指定する教科・科目を受験すれば，学部をまたがって３学科（２教科型は２学科）まで併願可能。
- 英語は外部試験を利用可。外部試験の得点は，大学の基準に従い，英語試験の得点として換算する。大学の英語試験を受験した場合は，外部試験の換算点と英語試験の得点で高得点のものを採用する。
- 理工学部の学科を受験した者を対象に，通常の３教科での合否判定と同時に，数学の得点のみで合否判定をする「数学インセンティブ判定」が行われる。数学の得点が各学科の上位５％以内であれば，３教科の判定で合格ラインに達していなくても合格になる。

英語

（80分）

Part I　次の英文を読んで設問に答えなさい。

What is your favorite dish? Your answer could very well be a steak or hamburger. Yes, many of us love meat. Meat has been an essential food for human beings for ages. The meat-eating lifestyle can be traced back to two million years ago. People, for example, started taming pigs as a food source 8,000 years ago. Nowadays, modern meat production is a massive contributor to environmental problems. It increases the rate of methane and CO_2 emissions. It also consumes a vast amount of water and overuses the land resources, which results in water and air quality (6)degradation, deforestation, and species extinction.

To reduce the negative impact of livestock farming, substitutes for animal meats have come into the spotlight. One option is gaining protein from non-meat sources, mainly beans. Such foods are usually called "meat alternatives." One of the well-known meat alternatives is tofu, or soft bean curd, which originated in China. Another option is lab-grown meat, or cultured meat, which is grown artificially. Even with the name "artificial," lab-grown meat is real meat. The only difference between real and artificial meat is the place where it is grown. The former is on a farm, and the latter is in a laboratory.

The earliest reference to tofu appears in anecdotes in the middle of the 9th century in China. Since then, Asian countries such as China, Japan, and Indonesia have shown evidence of taking plant-based protein daily. On the other hand, in the Western world, meat alternatives were first mentioned in the middle of the 17th century in a book saying that a type of vegetable sausage was created by a strong supporter of the vegetarian movement.

In 1892, the word "meatless" was first used in an article in *The New York Times*, featuring a meatless feast of a New York vegetarian society. Around that time, in 1896, Dr. John Harvey Kellogg, a medical doctor and health activist, received a patent for his invention of corn flakes. He later described corn flakes as follows: "By the combination of nuts and cereals, a product very closely resembling meat may be prepared." Similar products followed Dr. Kellogg's, and terms such as "vegetable meat" and "meat-like" have come to the world. However, we had to wait until the late 1990s before a meat-free menu became part of our traditional cuisine. Now more and more people are enjoying plant-based meat alternatives. As of 2014, the total retail sales for alternative products to meat reached $620 million, and the market is growing every year. The meat-free products currently available on the market are tofu, tempeh, wheat gluten, various types of beans, and even products from insect-related proteins.

In addition to meat-free products, lab-grown meat made with new technology is ready for coming into the food market. Lab-meat is grown from animal cells in a laboratory. Some technologies use adult stem cells from a live animal. For beef, for example, a tiny muscle sample is taken from a cow and chopped into smaller pieces. They are then "digested" with enzymes, and eventually, they release stem cells. The stem cells are immersed in a liquid containing salts, vitamins, sugars, proteins, and growth factors. Under an environment where the amount of oxygen and the temperature are controlled, the cells multiply dramatically. At last, they are gathered together and hardened. Finally, after a few weeks, the meat is ready for cooking.

The first artificial lab-grown beef burger was created in 2013, and it was reported to be relatively dry and dense, consisting of only muscle fibers. Since then, other types of artificial meat have been gaining media attention. Improvements in texture, mouthfeel, and taste of artificial meat have been made over the past decade. A company in the Netherlands is now able to reprogram stem cells collected from blood and transform them into master cells which can grow into either muscle or fat. This procedure allows muscle and fat cells to grow simultaneously, the same way that occurs in live animals. With the progress of technologies, the world market for lab-grown meat has been growing. In 2021, the lab-grown meat market was valued at $164 million, and (7)<u>it</u> is estimated to be ten times bigger in the near future.

Artificial meats are considered safe or even safer than those from a traditional farm. Produced in a strictly controlled environment, they rarely get contaminated with harmful bacteria. But some people have shown concerns over the growth factors added to stem cells, such as hormones. They think over-eating artificial meats can have adverse health effects on us even though these hormones are naturally present in animals. Considering the advantages and disadvantages of meat alternatives, we should think about how we can keep the balance of preserving nature for future generations and enjoying our meals by having safe and healthy food.

[1] から [7] の質問の答えとして最も適切なものを選び，その番号をマークしなさい。

[1] What happened 8,000 years ago?

① Humans realized meat was a good source of protein.
② Our ancestors began hunting wild pigs for food.
③ People started keeping pigs for their diets.
④ Pigs came to be extinguished by a human.

[2] According to the passage, why do we need something to substitute meat from a farm?

① because farmers taking care of cattle are increasing
② because farming is causing damage to the environment
③ because the meat-eating habit is not suitable for our health
④ because the number of pigs and cows is decreasing

3 What do records in history show about our dieting?

① Asian people ate plant-based protein long before Westerners did.

② People enjoyed vegetarian meals almost every day in the 1800s.

③ The term "meatless" was used for the first time in a magazine in 1896.

④ Tofu has been popular all over the world for more than 1, 000 years.

4 What is unique about the technology used by a company in the Netherlands?

① Blood is used to make both muscle and fat.

② Meat made by the technology does not contain much fat.

③ The stem cells are digested in a liquid with some chemicals.

④ They make stem cells from muscle samples.

5 According to the passage, what can be said about markets for meat-free and lab-meat products?

① Both markets are having challenges in growing worldwide.

② Lab-grown meat markets attracted more people than meat-free markets in 2014.

③ Neither of the markets experiences falling sales of their products.

④ The meat-free market was as large as the lab-grown meat market in 2021.

6 Which is the closest in meaning to the underlined word (6)?

① control

② decline

③ degree

④ progress

7　What does the underlined word (7) refer to?

① market
② meat
③ progress
④ technology

8　下の表は，この文章のメインポイントを段落ごとに順番に並べたものです。本文の流れに沿って，空欄に適する選択肢をひとつ選び，その番号をマークしなさい。ただし，同じ選択肢は一度しか使えません。

Impact of meat production on the environment
↓
[8-1]
↓
Early references of plant-based protein
↓
[8-2]
↓
[8-3]
↓
Development of lab-grown meat for commercial markets
↓
Some concerns about alternative meat

① Dr. Kellogg's patent for corn flakes
② Global expansion of meat-free products
③ Meat-free dieting for a healthy life
④ Protein gained from beans
⑤ Risks of taking artificial meat

⑥ Stem cells used to digest enzymes

⑦ The technology of growing artificial meat

⑧ Two alternatives for traditional meat production

[9] 最後の段落には下記の質問の答えがあります。その答えを**日本語**で要点を押さえて述べなさい。解答は解答欄に書きなさい。

[9-1] Why are artificial meats considered to be safer?

[9-2] What do some people worry about when they take artificial meats?

Part Ⅱ

次の英文の空欄 [10] から [18] に入る最も適切な単語を選択肢から選び，形を変えずに解答欄に書きなさい。ただし，同じ選択肢は一度しか使えません。

Many solo travelers are excited about uploading their experiences on their online sites, which are something completely new and different in their lives. Reviewing their blogs convinces us that traveling alone improves our lives. Global travelers, especially young backpackers, are expecting their solo travels to go back to [10] as the coronavirus is getting less infectious. There are some reasons shared by many travelers why they [11] traveling alone. Frequent solo travelers often say it helps them escape from their dull or stressful lives. They believe solo traveling is essential to maintain good health, refresh their mind, and [12] themselves. Attaining personal growth is considered another advantage of single traveling. Health experts say doing things you would not normally do boosts your [13] in discovering the way you make decisions in unpredictable situations. Besides these benefits, feeling a sense of complete freedom seems to be the most [14] advantage for solo travelers. Why not depend on nobody but yourself to [15] your travel goals? Rather than fearing or worrying about having no companions, many solo travelers fully enjoy their freedom as independent travelers. By traveling solo, you would not be bothered by having to consider another's feelings or desires in planning or implementing a trip. You can make any and every travel decision about your wants and needs. Nobody could [16]. Solo backpackers are [17] about any change they would make while on a trip, because it is all up to them. They know solo travel is the simplest, easiest and most practical way to [18] true freedom.

選択肢

achieve	confidence	disagree	experience	flexible
normal	prefer	stimulate	valuable	

Part Ⅲ 次の英文を読んで，[19] から [22] の質問の答えとして最も適切なものを選び，その番号をマークしなさい。(注：使用されているデータ等は架空のものです。なお，設問上の都合で図表の一部を省略している場合があります。)

The effect of videogames is a long-running topic that is often controversial in the field of education and psychology. Recent studies on students of all ages showed a strong correlation between the playing time of video games and grades in school. In short, the studies have revealed several negative impacts of playing videogames for long hours per day on students' behaviors and performances, such as: (a) triggering their unsatisfactory results in school, (b) leading to aggressive behaviors, (c) contributing to shorter sleeping hours, and (d) causing addiction to gaming.

One private university conducted a survey about the effects of videogames on students' well-being and performances. In January 2023, there was an interesting presentation given at a world-wide educational conference. The 20-minute presentation reported the analysis of a questionnaire collected from 3, 600 students studying at the institution.

Table 1. Groups of Students Divided by the Hours of Playing Videogames

Hours	*3 hours or more*	*1 to 2 hours*	*0 hours*
Percentage	40%	50%	10%
	(Group A)	(Group B)	(Group C)

As shown in Table 1, the participants are divided into three groups based on the hours they play a variety of videogames per day. Ninety percent of the students play videogames daily. In more detail than was illustrated in the table, the presenter added some important notes in the talk. Those in Group A usually play videogames anytime outside the classroom whenever they like. Incredibly, only ten percent of them claimed videogaming is the source of trouble as they end up staying up very late to play games even though they have classes the next day. On the other hand, one common feature in Group B is that they successfully limit time for gaming, such as only during their commuting, or just an hour or two per day for a short leisure.

The presentation also dealt with students' self-evaluation of their daily behaviors. Interestingly, the survey showed some contradicting features compared to the expectation. As in Table 2 below, the most important key for students' well-being would not simply come from playing (or not playing) videogames but how well they can regulate themselves. Borrowing a presenter's words, "there must be many unwelcoming features in students' behaviors that are not strongly stemming from playing videogames."

Table 2. Percentage of Positive Response in Students' Self-evaluation (The percentage indicates the number of those who answered "yes" in each question.)

Daily Behavior	Completing homework in time	Getting enough sleep	Practicing physical exercise daily	Keeping in touch with friends in real life	Managing anger
Group A	12%	2%	12%	38%	72%
Group B	76%	65%	36%	86%	78%
Group C	69%	39%	35%	82%	71%

19 Which of the following does this article mainly describe?

① a negative impact of videogaming on students' achievements

② a relationship between playing videogames and students' behaviors

③ a warning for parents that playing videogames should be avoided

④ an opposite stance on the effects of videogaming on students

20 According to the article, which of the following is proven by the survey?

① About 360 students were excluded from the survey questions.

② Approximately 3, 200 students enjoyed the same videogame over several hours.

③ Nearly 150 students said they were harmed from at least three hours of gaming each day.

④ Some 1, 800 students positively claimed videogames could limit commuting.

21 What can be inferred from the survey?

① Maintaining a balance between temptation and school duties is vital for students.

② Playing videogames is a strong factor connected to unsuccessful results in real life.

③ Students are encouraged to meet with their friends in virtual worlds.

④ The longer students play videogames, the more aggressive behaviors they exhibit.

22 Which of the following describes a result found from the survey?

① Hours of videogaming seem to have no direct effect on students' anger management.

② There were considerable educational merits from videogaming.

③ Those playing videogames devote most of their time to videogaming.

④ Very few students took time out from playing any kind of videogame.

Part Ⅳ

次の **23** から **26** の会話の空欄に入る最も適切な表現を選び，その番号をマークしなさい。

23

Tan：Hey, Toshi. How did your group presentation go?

Toshi：Well, we got an A for it.

Tan：Good for you! But what's wrong? You don't look so happy.

Toshi：Well, everybody was great but me. I was so nervous, and I couldn't pronounce some key words right.

Tan：Oh, just some words? (　　　)
If I were you, I wouldn't care about it. I would be grateful for getting an A.

① Don't be so hard on yourself.

② Everybody should be perfect.

③ Your group members owe you a lot.

④ You should have practiced more.

24

Katsu：Have you heard about the parking lot? The news is driving me quite crazy!

Amy： Hold on, what news are you talking about?

Katsu：Haven't you seen today's notice yet? The committee decided to close the parking lot next month.

Amy： What? There are many staff members who have to use cars. We definitely need the space.

Katsu：They announced they would use the space to build a new building.

Amy： We need a new building. Okay, I understand. But why don't they find some other areas for parking, rather than just closing it?

Katsu：Don't ask me. (　　)
I would have started a massive debate if I had been a committee member.

① I can't tell why they denied such an unreasonable option.

② I have a strong reason to support the conclusion.

③ I'm not the person who made that stupid decision.

④ I've already raised the problem several times.

25

Scott：Hey, look at this picture. Don't you think this sports car looks amazing?

Minh：Yeah. It's so cool.

Scott：It was my dream to get it, and I was thinking of going for it.

Minh：Wow. But isn't it expensive?

Scott：A little over ten million yen.

Minh：Oh, my gosh! How can you afford it?

Scott：I was going to take out a loan.

Minh：Oh, no, you should think twice.

Scott：Last night I talked to my wife about it and asked her opinion.

Minh：And?

Scott：She (　　).

Minh：Wise. I would do the same.

① said she couldn't agree more

② talked me out of it

③ was all for that

④ was pleased with my dream

26

Peter：Do you know anything about Dr. Watson's classes?

Teo：Not really. But why? Are you thinking of taking his class?

Peter：Yes. One of his modern art courses has gotten my attention.

Teo：Really? My friend Jane took his European painting class last year. Is that the one you want to take? If so, I can ask her about that.

Peter：Oh, can you? (　　)

Teo：So when is the deadline for course registration?

Peter：I hate to bother you, but could I ask you to contact her as soon as possible? I have to complete it by next Friday.

① I appreciate what you've done for me.

② She wants you to explain about it.

③ That would be very helpful of you.

④ The course schedule might be changed.

Part V 次の会話を読んで，質問 27 から 29 の答えをカッコ内の語句をすべて使って作りなさい。ただし，他の語句を加えてはいけません。解答は作成した部分のみを解答欄に記入すること。

俊太（Shunta）が幸恵（Yukie）と話している。

俊太：幸恵，なんか元気ないんじゃない？

幸恵：もうおなかが減っちゃって。体の改造を目指して，最近食生活を改善しているからね。

俊太：え？体型を変えたいの？

幸恵：そうなのよ。

俊太：でも，別に君は太っていないし，体重が重い方が得することもあるんだよ。

幸恵：え？どんな風に得なの？

俊太：ドバイでは体重が重ければ重いほど飲み物が安くなって，一定の体重以上の人には，無料になるクーポンをくれる店があるんだって。

幸恵：へー。でも日本にそんな店は無いよね。

俊太：そうだけど，体のサイズにとらわれるのって良くないよ。アメリカでは体型による差別の事を sizeism っていうんだよ。それに，幸恵は全然太ってないよ。

幸恵：え？私，痩せたいんじゃないのよ。もっと筋肉付けて，しっかりした体型になりたいのよ。

俊太：あ，ごめん。勝手に痩せたいんだと思いこんじゃったよ。これこそ sizeism だったね。

27　Why doesn't Yukie look fine?

She (because / has changed / her diet / hungry / is / she / to / transform) her body structure.

28 What is the definition of sizeism in the US?

It (a person's body / as / based / defined / discrimination / is / on) structure.

29 What did Shunta misunderstand?

He (he / heard / lose / thought / to / wanted / weight when / Yukie) what she said.

日本史

（80分）

第1問　日本の戸籍と人口の歴史について記した文章Ａ・Ｂを読み，下の問い（問1～8）の答えを解答欄に記入せよ。

Ａ　日本古代，奈良時代の人口は，断片的に残っているⓐ当時の戸籍や古文書から，約560万人と推計されている。ただ奈良時代末期から平安時代初期にかけて，ⓑ戸籍の形骸化が進展していく。

そのため，平安時代の人口については，『倭（和）名類聚抄』『拾芥抄』といった百科事典に記載された耕地面積を手掛かりとして，10世紀初頭は644万人，平安時代末期の院政期にあたる12世紀前半は684万人といった推計が出されている。

以後，鎌倉時代中期の13世紀までは，長期的には大きな変化はなく，鎌倉時代末期～室町時代の14～15世紀頃より，人口増加が始まったものとみられる。

16世紀末，全国を統一した豊臣秀吉は，ⓒ太閤検地を行った。この時の全国の石高約1800万石を単純換算し，当時の人口とほぼ一致するという考えは現在も根強い。これは1石が，1人が1年に食べる食料にあたるという理解に基づく。しかし太閤検地の石高は，米の収穫量を正確に示したものではなく，政権が認定した評価値であり，実態とは開きがある。

そこで江戸時代初期の1622年に九州の小倉藩細川氏が行った人口調査と，太閤検地の石高との比較研究がなされ，そこから全国で約1000万～1400万人という推定が示された。ただこれでは少なすぎるとし，1600年頃の人口は，約1432万～1547万人とする指摘もある。

問1　下線部ⓐに関連して，古代の戸籍について述べた文章として**誤っているもの**を，次の①～④のうちから一つ選べ。［51］

① 天智天皇のもとで作成された初めての全国的な戸籍は，永久保存するものとして扱われた。

② 口分田の支給と収公を行い，租を徴収する班田収授法を実施するために，律令国家は，班年にあわせて6年に一度戸籍を作成した。

③ 実際には，複数の家族をひとつの戸として扱うことがあった。

④ 律令国家は，調・庸の徴収や労役賦課のために，戸籍とは別に計帳を2年に一度作成した。

問2　下線部ⓑに関連して，戸籍の形骸化とそれを防ごうとした試みについて述べた文章として**誤っているもの**を，次の①～④のうちから一つ選べ。 52

① 調・庸を納めるものの，戸籍に登録された土地を離れる浮浪が増えた。

② 戸籍と別に作成される計帳は，早くから黒子《ほくろ》や顔の傷などが注記されており，逃げ出した際の人相書の役割も果たしていた。

③ 税や労役の負担軽減や免税を図ろうと，女性が男性と偽ったり，年齢を詐称する偽籍が増えた。

④ 桓武天皇は，班田の期間を戸籍に合わせた6年1班から12年1班に改め，より確実に班田収授を行わせようとした。

問3　下線部ⓒに関連して，太閤検地の特徴について説明した文章X・Yの正誤の組合せとして正しいものを，下の①～④のうちから一つ選べ。 53

X：地域ごとに異なっていた枡の容量を，京枡に統一した。
Y：田畑を等級付けし，それぞれの1段あたりの標準収穫高と定めた石盛（斗代）に面積をかけることで，石高を算出していった。

① X－正　Y－正　　② X－正　Y－誤
③ X－誤　Y－正　　④ X－誤　Y－誤

B　ほぼ正確な人口が明らかになるのは，江戸幕府8代将軍徳川吉宗が，1721年から6年に一度，全国の人口調査を行うよう命じたことによる。大名ごとに算出方法が異なるため，完全なものではないが，1721年の人口は約2607万人であると報告されている。ただし，これには武士が含まれていない。それを加味して，1721年の人口は約3000万人と推計されている。

これを1600年代初頭の推計値と比較すると，少なくとも2倍の開きがある。つまり江戸時代前期の17世紀に，爆発的に人口が増加したことになる。幕府がとりまとめた調査結果は1846年のものが最後で，武士を除いて約2691万人である。1721年時点の人口調査との比較から，江戸時代後期の人口上昇は全国平均でみると緩やかなものとされることが多い。

江戸幕府は，民衆を各地の寺院の檀家とし，檀那寺にその証明をさせるⓓ寺請制度を定めた。その際，家族ごとに宗旨と檀那寺を記載した宗門改帳を作成させたが，それが人口調査台帳である人別改帳と統合され，基本的に毎年作成される宗門人別改帳となった。これが，江戸時代における実質的な戸籍である。断片的にしか残っていないことがほとんどだが，ⓔ各村・町の人口や家族構成，ⓕ寿命などを知る材料となる。

宗門人別改帳は，明治維新後，1872年に全国的な戸籍が作成されるまで作られ続けた。明治政府も，戸籍に基づき，人口調査や統計の作成を進めていく。その精度には問題があるが，1869年時点で3249万人，ⓖ1872年には樺太（サハリン）・琉球を含めて約3480万人となっている。

ⓗ大正時代の1920年以後，5年に1度の間隔で国勢調査が行われ，人口統計の精度は格段に増した。同年の人口は，約5596万人である。

問4　下線部ⓓに関連して，江戸幕府の宗教統制とそれが及ぼした影響について述べた文章X・Yの正誤の組合せとして正しいものを，下の①～④のうちから一つ選べ。　**54**

X：寺請制度は，島原の乱により整備が進展したもので，江戸幕府が信仰を禁止したのは，キリスト教のみであった。

Y：後水尾天皇は，幕府の定めを無視し，独断で高僧の証である紫衣着用を僧侶に許可していた。しかし幕府がその許可を取り消し，抗議した僧侶を処罰したことで，明正天皇に譲位した。

①　X－正　Y－正　　②　X－正　Y－誤
③　X－誤　Y－正　　④　X－誤　Y－誤

問5　下線部ⓔに関連して，信濃国諏訪地方の宗門人別改帳の分析に基づくグラフを掲げる。グラフ1は人口の変遷，グラフ2は各世帯を構成する家族の人数の変遷を追ったものである。二つのグラフから読み取ることのできる内容を記した文章X・Yの正誤の組合せとして正しいものを，下の①～④のうちから一つ選べ。 55

(グラフ1)

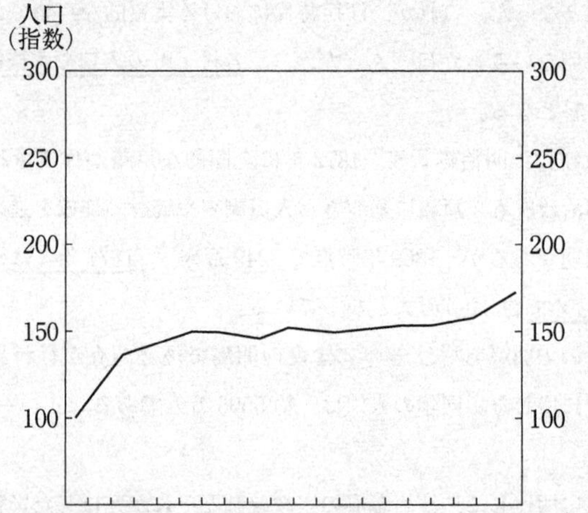

諏訪地方の人口変動

（グラフ2）

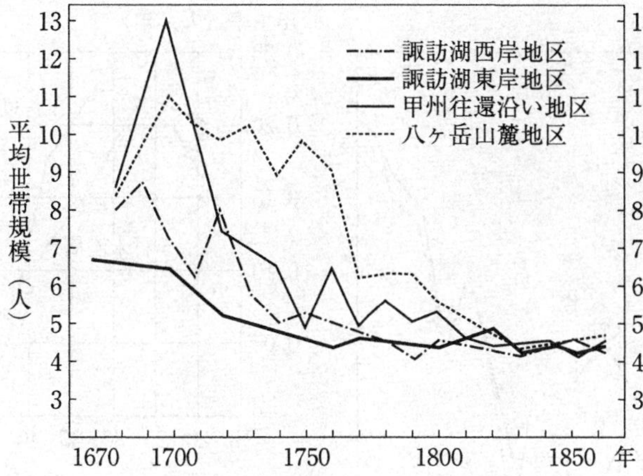

諏訪地方の地区別平均世帯規模の推移

（速水融『歴史人口学で見た日本　増補版』，株式会社文藝春秋）

X：世帯を構成する家族の人数は，多少の変動はあるが，基本的に減少傾向にある。

Y：幕末になると，世帯を構成する家族人数の変動が少なくなり，人口停滞も深刻化した。

① X－正　Y－正　　② X－正　Y－誤
③ X－誤　Y－正　　④ X－誤　Y－誤

問6　下線部ⓕに関連して，次のグラフ3は，信濃国木曽の湯舟沢村（現岐阜県中津川市）の宗門人別改帳を分析し，年齢別の死亡率を‰（千分率）を用いて，男女別に示したものである。グラフ4は武蔵国甲山村（現埼玉県熊谷市）の女性について，何歳の時に子供を産んだかの割合を，嫁ぎ先の持ち高（石高）別に示したものである。湯舟沢村と甲山村が類似した特徴を持つと仮定して，二つのグラフから読み取ることのできる内容を記した文章X・Yの正誤の組合せとして正しいものを，下の①～④のうちから一つ選べ。 56

（グラフ3）

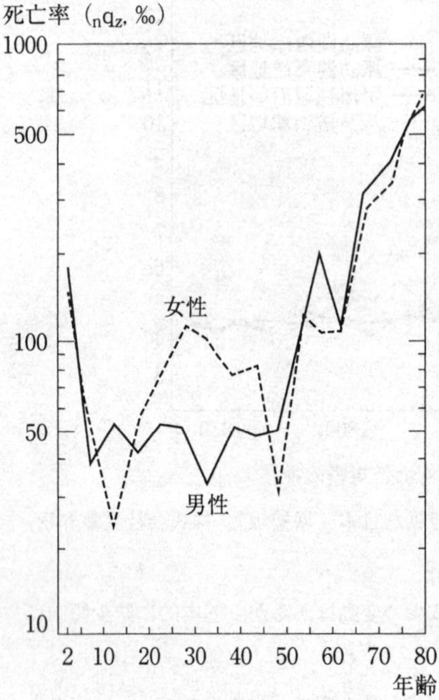

年齢別死亡率
（信濃国湯舟沢村，1741～96年）

（グラフ4）

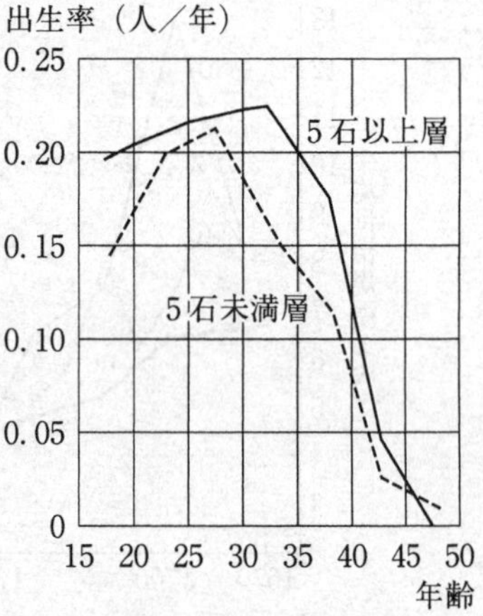

妻の年齢階級別出生率
（武蔵国甲山村，石高階層別）

（鬼頭宏『人口から読む日本の歴史』，株式会社講談社）

X：乳幼児の死亡率が高いことを確認できる。

Y：女性の死去には，出産が関係している可能性がある。

① X－正　Y－正　② X－正　Y－誤
③ X－誤　Y－正　④ X－誤　Y－誤

問7　下線部ⓖに関連して，1872年（明治5年）時点の樺太（サハリン）と琉球の位置付けについて述べた文章X・Yの正誤の組合せとして正しいものを，下の①～④のうちから一つ選べ。 **57**

X：樺太は，江戸幕府とロシアの間で結ばれた日露和親条約に基づき，日本人とロシア人の雑居状態となっていた。

Y：この年，琉球王国を廃止する琉球処分が行われた。

① X―正　Y―正　② X―正　Y―誤
③ X―誤　Y―正　④ X―誤　Y―誤

問8　下線部ⓗに関連して，大正時代に刊行されていた雑誌『白樺』を中心に活躍し，白樺派と呼ばれた作家として**誤っているもの**を，次の①～④のうちから一つ選べ。 58

① 志賀直哉　② 谷崎潤一郎
③ 有島武郎　④ 武者小路実篤

第2問　古代の習俗と，天武・持統天皇の時代について記した文章**A**・**B**を読み，下の問い（**問1～8**）の答えを解答欄に記入せよ。

A　弥生時代末期から飛鳥時代の倭国の習俗を記した以下の史料を読み，問いに答えなさい。なお，史料は漢文を書き下しに直すとともに，一部省略したり，書き改めたところもある。

〔**史料1**〕

其の風俗は淫《いん》ならず。男子は皆露紒《ろかい》（注1）し，木綿を以《もっ》て招頭《しょうとう》（注2）す。其の衣は横幅（注3）にして，但《た》だ結束して相連ね，略《おおむ》ね縫う事無し。婦人は被髪《ひはつ》屈紒《くっかい》（注4）し，衣を作ること単被《たんぴ》（注5）の如く，其の中央を穿《うが》ち，頭を貫きて之を衣《き》る。（後略）

（『三国志』「魏書」東夷伝倭人条〈「魏志」倭人伝〉）

（注1）露紒：「露」は頭髪を剥き出しにしている状態を指す。「紒」は髪を結

ぶ・束ねるの意。

（注2）招頭：頭に巻く。

（注3）横幅：横に長い布。

（注4）被髪屈紒：「被髪」は髪をばらすこと，「屈紒」は曲げて束ねること。

（注5）単被：布一枚の掛け布団。

〔史料2〕

内官に十二等有り（注1）。一を大徳と曰い，次は小徳，次は大仁，次は小仁，次は大義，次は小義，次は大礼，次は小礼，次は大智，次は小智，次は大信，次は小信，員に定数無し。

（中略）

其の服飾，男子は裙襦《くんじゅ》（注2）を衣《き》る。其の袖は微小なり。履《り》は屨《く》の形の如く（注3），其の上に漆《うるし》して，之《これ》を脚《あし》に繫《か》く。人庶は跣足《せんそく》（注4）多し。金銀を用いて飾りと為すを得ず。

故時《こじ》（注5）は横幅を衣《き》，結束して相連ねて，縫うこと無し。頭に亦《ま》た冠《かんむり》無く，但《た》だ髪を両耳の上に垂るる。

隋に至り，其王始めて冠を制し，錦綵《きんさい》（注6）を以て之を為《つく》り，金銀鏤《ろう》花《か》を以って飾りと為《な》す。婦人は髪を後ろに束ね，亦《ま》た裙襦を衣る。裳《もすそ》（注7）に皆な襈《せん》（注8）有り。竹を攕《せん》して梳《くし》を為《つく》り，草を編みて薦《せん》（注9）と為し，皮を雑《まじ》えて表（注10）と為し，縁《ふちど》るに文皮（注11）を以てす。

（『隋書』東夷伝）

（注1）内官に十二等有り：朝廷に仕える官人の序列に関する記事。以下に詳細が記されるが，『日本書紀』に記された序列とは異なる箇所がある。

（注2）裙襦：隋王朝・唐王朝で着用されていた，スカート状の衣服と肌着。

（注3）履：足に履くもの。屨：布靴。

（注4）跣足：裸足。

（注5）故時：昔は。ここでは，邪馬台国の時代を指している。

（注6）錦綵：色のついた絹。

（注7）裳：腰から下の部分を覆う衣服。

（注8） 襈：衣服のふちの飾り。

（注9） 薦：敷物。

（注10） 表：敷物の表面を指す。

（注11） 文皮：模様のある毛皮。

〔史料3〕

其の大事を挙ぐるに，輒《たちま》ち骨を灼《や》き，以《もっ》て吉凶を占う。正歳四節（注1）を知らず，但《ただ》秋収の時を計《はか》りて以て年紀と為《な》す。人の寿多く，百年，或《ある》いは八九十。国は婦女多く，淫《いん》せず妬《ねた》まず。争訟無く，軽き罪を犯す者は其の妻孥《さいど》（注2）を没し，重き者は其の家を族滅す。

（『晋書』倭人伝）

（注1） 正歳四節：正月と四季，およびその時に行われる行事。

（注2） 孥：ここでは子供を指す。

問1　史料1・2に記載された範囲から読み取ることのできる内容を記した文章として**誤っているもの**を，次の①～④のうちから一つ選べ。 59

① 史料1・2を編さんした中国の歴史家は，服装，特に冠の有無に関心を抱いている。

② 邪馬台国の時代，女性の衣服は一枚の布の中央に穴をあけ，そこに頭を通して着用する，簡易なものであった。

③ 邪馬台国の時代の男性の服装は，頭部については「魏志」倭人伝と『隋書』で異なるが，衣服については脇をまったく縫わない点で一致している。

④ 隋の時代，倭国で冠位十二階が定められたことが記されている。

問2　史料3に記載された範囲から読み取ることのできる倭人の特徴や倭国の風習として正しいものを，次の①～④のうちから一つ選べ。 60

① 中国の人々の感覚からすると，寿命は短いものであった。

② 罪を犯すと，一族が皆殺しにされるのが常であった。

③ 鹿の骨を用いた占いが行われていた。

④ 暦の認識が曖昧で，秋の収穫によって1年の周期を判断していた。

B　天智天皇の死後，その子息大友皇子と，天智の弟大海人皇子の間で内乱が起きた。両者の衝突は，この年の干支から ⓐ壬申の乱と呼ばれ，大海人皇子の勝利に終わった。その後，大海人皇子は［ア］で即位し，後に天武天皇と称されることとなる。この頃から，天皇号の使用が確認されるようになり，それまでの大王から天皇へと，称号が改められたとも考えられている。また，ⓑ天武天皇は仏教の興隆を推し進め，寺社には［イ］などの彫刻がつくられた。

天武天皇は兄天智天皇の政策を受け継ぐ形で，中央集権化を進めた。まず ⓒ八色の姓を制定し，天皇家を中心とする新たな身分秩序によって豪族を再編成した。また，国史の編さんや中国にならった本格的な都城の造営も開始した。天武天皇の死後，即位した ⓓ持統天皇はこれらの改革を引き継ぎ，完成させた［ウ］に遷都し，中央集権的な国家体制を整えた。

問3　下線部ⓐの壬申の乱について，大海人皇子が拠点とし，豪族を集めた国の名称として正しいものを，次の①～④のうちから一つ選べ。［61］

① 近江国　② 大和国　③ 美濃国　④ 信濃国

問4　［ア］・［ウ］に入る都の名称の組合せとして正しいものを，次の①～④のうちから一つ選べ。［62］

① ア―近江大津宮　ウ―長岡京
② ア―飛鳥浄御原宮　ウ―長岡京
③ ア―近江大津宮　ウ―藤原京
④ ア―飛鳥浄御原宮　ウ―藤原京

問5　下線部ⓑに関して，天武・持統朝時代を中心とする文化に関する説明として**誤っているもの**を，次の①～④から一つ選べ。［63］

① この文化は，白鳳文化と呼ばれる。

② この文化は，盛唐文化の影響を強く受けた国際色豊かな文化である。

③　この時期に整備された代表的な寺院として，大官大寺がある。

④　この時期に活躍した歌人として，柿本人麻呂がいる。

問6　［　イ　］に入る彫刻の名称として正しいものを，次の①～④のうちから一つ選べ。［64］

①　薬師寺金堂薬師三尊像　　②　唐招提寺鑑真像

③　興福寺阿修羅像　　④　法隆寺金堂釈迦三尊像

問7　下線部ⓒに関して，八色の姓と総称された姓として**誤っているもの**を，次の①～⑥のうちから一つ選べ。［65］

①　真人　　②　朝臣　　③　宿禰

④　大連　　⑤　忌寸　　⑥　道師

問8　下線部ⓓに関して，持統天皇の政策について述べた文章X・Yの正誤の組合せとして正しいものを，下の①～④のうちから一つ選べ。［66］

X：庚寅年籍をつくり，民衆を把握した。

Y：天武天皇が編さんを始めた律を完成させて施行したが，令の完成には至らなかった。

①　X－正　Y－正　　②　X－正　Y－誤

③　X－誤　Y－正　　④　X－誤　Y－誤

第3問

鎌倉幕府の民政を示す法令と，室町幕府と鎌倉府の関係について記した文章A・Bを読み，下の問い（問1～8）の答えを解答欄に記入せよ。

A　以下は鎌倉幕府が出した法令である。なお，史料は漢文を書き下しに直すとともに，書き改めたところもある。

〔史料1〕

一，海路往反の船の事。

右，或いは漂倒に及び，或いは難風に遭い，自然吹き寄せる（注1）の処，所々地頭等，寄船《よりぶね》と号し（注2），左右《そう》無く押領《おうりょう》（注3）の由《よし》，其の聞こえ有り。太《はなはだ》以《もっ》て無道なり。縦《たとい》先例たりと雖《いえど》も，諸人の歎きなり。何ぞ非拠《ひきょ》（注4）を以て証跡《しょうせき》に備《そな》うべけんや。自今以後《じこんいご》，慥《たし》かに聞き及ぶに随《したが》い，且《かつ》は（注5）彼の押領を停止《ちょうじ》せしめ，且は損物《そんもつ》（注6）を糺《ただ》し返さるべきなり。若尚《もしなお》事を左右《そう》に遁《のが》れ（注7），制法に拘《こだわ》らざれば，交名《きょうみょう》（注8）を注進せらるべきの状，鎌倉殿の仰せに依って執達件《しったつくだん》の如し。

寛喜《(1231)》三年六月六日　　武蔵守《(北条泰時)》　判

相模守《(北条時房)》　判

駿河守殿《(北条重時)》

掃部助殿《(北条時盛)》

（『新編追加』）

（注1）自然吹き寄せる：思いがけず，海岸に吹き寄せられる。

（注2）号し：勝手に主張して。

（注3）左右無く押領：「左右無く」は無造作に，「押領」は他人から無理矢理に奪うの意。

（注4）非拠：道理によらないこと。いわれのないこと。

（注5）且は：ひとつには。

（注6）損物：損害をうけたもの。奪われたもの。

（注7）事を左右に遁れ：あれこれ言って言い逃れをして。

（注8）交名：人名を書き連ねた文書。

〔**史料 2**〕

一，ⓐ諸国百姓，田稲を苅り取るの後，其の跡に麦を蒔《ま》く。田麦《たむぎ》と号し，領主等，件《くだん》の麦の所当《しょとう》（注1）を徴取すと云々。租税の法，豈然《あにしか》るべけんや。自今以後，田麦の所当取るべからず。宜《よろ》しく農民の依怙《えこ》（注2）たるべし。此の旨を存じ，備後・備前両国御家人等に下知《げじ》せしむべきの状，仰せに依って執達件の如し。

文永元年《(1264)》四月廿六日　　武蔵守《(北条長時)》　判

相模守《(北条政村)》　判

因幡前司殿《(長井泰重)》

（『新編追加』）

（**注 1**）所当：年貢のこと。

（**注 2**）依怙：自分の利益。

問 1　史料１の宛先に記された両名は，朝廷の監視や西国御家人の統制と裁判を管轄する役職についていた。この鎌倉幕府の役職名として正しいものを，次の①～④のうちから一つ選べ。 **67**

① 鎮西奉行　　② 京都守護　　③ 六波羅探題　　④ 京都所司代

問 2　史料１から読み取ることのできる文章Ｘ・Ｙの正誤の組合せとして正しいものを，下の①～④のうちから一つ選べ。 **68**

Ｘ：漂着船・難破船の荷物を，漂着地の地頭が自分のものにすることが通例となっていた。

Ｙ：宛先の両名に，この法度に背いた者への処罰が全面的に任され，幕府は一切関与することがなかった。

① Ｘ－正　Ｙ－正　　② Ｘ－正　Ｙ－誤

③ Ｘ－誤　Ｙ－正　　④ Ｘ－誤　Ｙ－誤

問3　下線部ⓐが述べている農業の呼称（Ⅰ・Ⅱ）と，その普及が早かった地域（X・Y）の組合せとして正しいものを，下の①～④のうちから一つ選べ。 69

Ⅰ：二期作　　Ⅱ：二毛作

X：鎌倉を含む東日本　　Y：畿内を中心とした西日本

①　Ⅰ－X　　②　Ⅰ－Y　　③　Ⅱ－X　　④　Ⅱ－Y

問4　史料2から読み取ることのできる文章X・Yの正誤の組合せとして正しいものを，下の①～④のうちから一つ選べ。 70

X：百姓が秋の収穫を終えた田地に作った麦に対し，地頭が課税することを，鎌倉幕府は追認した。

Y：宛先に記された長井泰重は，備前・備後の守護と考えられる。

①　X－正　Y－正　　②　X－正　Y－誤
③　X－誤　Y－正　　④　X－誤　Y－誤

B　京都を本拠とした室町幕府は，全国を直接支配することは難しいと考えた。そのため，足利一門を東北・関東・九州に配置し，それぞれを奥州探題・鎌倉公方・九州探題に任じて，統治権の一部を委譲した。

しかしながら，鎌倉府の長である鎌倉公方は，しばしば幕府に背く行動をとった。初代鎌倉公方は足利尊氏の四男で，その子孫が世襲してきたことから，鎌倉公方は自分には将軍継承権があると考えていたためである。したがってその軍事行動は，京都政界の混乱と連動する形を取ることが多い。たとえば3代鎌倉公方は，九州探題を解任されて不遇をかこっていたⓑ今川了俊（貞世）と手を結び，堺に籠城した ア とともに挙兵している。

このような鎌倉公方の暴走ともいえる動きは，補佐役である関東管領上杉氏に制止され，最悪の事態は回避されていた。しかし幕府と鎌倉府の関係は，4代将軍足利義持の死去で崩壊に向かう。実子である5代将軍足利義量は早逝しており，世継ぎとなる男子がいなかった。そこで，石清水八幡宮におけるくじ引きという神託により，義持の弟義教が6代将軍と定められた。

自身こそが後継将軍に相応しいと考えていた4代鎌倉公方は，義教を呪う祈願を行い，自分の嫡男に将軍と見まがうような名前を付けて元服させた。ⓒ関東管領上杉憲実はこれを諫めたが，かえって鎌倉府の内乱に発展してしまう。

将軍足利義教は，これを幕府への反逆行為とみなした。義教の派遣した幕府軍に，ⓓ鎌倉公方は敗北し，自害に追い込まれた。ここに鎌倉府は，いったん主を失うことになる。

問5　下線部ⓑに関連して，今川了俊（貞世）が著した歴史書の名前として正しいものを，次の①～④のうちから一つ選べ。 71

①『梅松論』　②『神皇正統記』　③『難太平記』　④『増鏡』

問6　 ア に入る人名として正しいものを，次の①～④のうちから一つ選べ。 72

①山名氏清　②大内義弘　③土岐康行　④細川頼之

問7　下線部ⓒに関連して，上杉憲実が再興した儒学・易学の学校の地図上の位置として正しいものを，次の①～⑥のうちから一つ選べ。 73

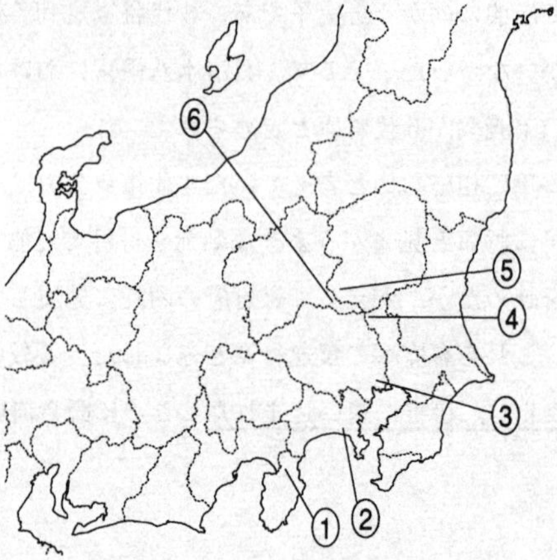

問 8　下線部ⓓの鎌倉公方の名前（X）と，この戦乱の名称（Y）の組合せとして正しいものを，次の①～⑥のうちから一つ選べ。 74

① X－足利満兼　Y－享徳の乱　　② X－足利満兼　Y－永享の乱
③ X－足利成氏　Y－享徳の乱　　④ X－足利成氏　Y－永享の乱
⑤ X－足利持氏　Y－享徳の乱　　⑥ X－足利持氏　Y－永享の乱

第4問　江戸幕府の参勤交代について記した文章A・Bを読み，下の問い（**問1～8**）の答えを解答欄に記入せよ。

A　1615年，豊臣秀頼を滅ぼした徳川家康・秀忠は，幕府の基礎を固めていった。ⓐ同年中に幕府の重要法令が多く定められたのは，そのあらわれである。

幕府初期の政治体制は，組織として未整備なものであった。大御所・将軍が私的に登用した人物（近習出頭人）が，個人の能力に応じて様々な役割を任されていたからである。しかし1632年に徳川秀忠が死去し，家光が全権を掌握すると，徐々に幕府の職制整備が進められる。幕政についても，老中に任じられた人物が，職権に基づいて運営する形に移行していく。ただ幕府の組織自体は，庄屋仕立てと呼ばれるように，あまり複雑なものではなく，ⓑ近世村落の自治のあり方との共通性も見られた。

1635年，3代将軍徳川家光はⓒ「武家諸法度」を改訂し（寛永令），参勤交代の制度を整えた。ここに諸大名は妻子を人質として江戸に置くこと，1年ごとに江戸と領地を往復することが義務づけられたのである。

参勤交代とは，諸大名が1年おきに江戸幕府の将軍に出仕することを求めたもので，服属儀礼の制度化である。そのため，対象となったのは，当初は外様大名だけで，親藩・譜代大名にまで拡大されたのは，1642年のことだった。

問1　下線部ⓐに関連して，1615年に制定された幕府の法令として**誤っているもの**を，次の①～④のうちから一つ選べ。　75

①　武家諸法度　　　②　一国一城令
③　禁中並公家諸法度　　④　諸社禰宜神主法度

問2　下線部ⓑに関連して，江戸時代前期の村に関する文章として**誤っているもの**を，次の①～④のうちから一つ選べ。　76

①　正規の構成員と認められ，村政に参加する男性は本百姓と呼ばれ，自前の田地を持たず，小作や日雇いなどで生計を立てる水呑百姓と区別された。

② 村役人は，名主（庄屋・肝煎）・組頭・百姓代で構成され，村方三役と呼ばれた。

③ 村として年貢を集め，名主（庄屋・肝煎）が代表して領主に納入する村請制を維持するために，近隣の家に連帯責任を負わせる隣組が作られた。

④ 寛永の飢饉によって荒廃した農村を建て直し，確実な年貢納入を期すために，田畑永代売買の禁止令などが出された。

問3 下線部ⓒに関連して，以下に掲げる史料から読み取ることのできる文章X・Yの正誤の組合せとして正しいものを，下の①～④のうちから一つ選べ。なお，史料は漢文を書き下しに直すとともに，一部を省略したり改めたところもある。 **77**

一，大名・小名《しょうみょう》，在江戸交替，相定る所なり。毎歳夏四月中参勤致すべし。従者の員数《いんずう》(注1) 近来甚だ多し。且《かつ》は (注2) 国郡の費《ついえ》，且は人民の労なり。向後《きょうこう》(注3) 其《そ》の相応を以てこれを減少すべし。(後略)

（「武家諸法度」寛永令〈『御触書寛保集成』〉）

(注1) 員数：人や物の数。

(注2) 且は：ひとつには。

(注3) 向後：今後は。

X：幕府は，諸大名の財政を圧迫するために，参勤交代を制度化した。

Y：この法令が出る以前から，江戸に家臣を連れて参勤する大名が存在した。

① X－正 Y－正　② X－正 Y－誤

③ X－誤 Y－正　④ X－誤 Y－誤

B 参勤交代は諸大名の財政に大きな影響を与えた。ひとつの原因は，戦乱の終結により，諸大名が家臣を削減していたことである。参勤交代は，石高に応じて人数が規定されたが，家臣だけで定数を満たすことは，不可能となっていた。また，

ⓓ荷物持ちや馬の口取りなどを務める奉公人も必要であった。

そこで諸大名は，居城に近い農村から召し抱えた足軽や，日雇いでその不足を補った。実はすべての行程で，身なりを整えて立派な大名行列を作ったわけではない。国許《くにもと》（領地）・江戸の出発・到着時や，大きな宿場・城下・関所などを通過する時に限られた。特に国許の出発時や，江戸入りに際しては，現地で臨時雇用して人数を水増しし，その数は道中の2～3倍にも達することもあった。槍投げなどの芸も披露され，ⓔその行列は華やかであった。

一度の参勤交代にかかる費用は，大名により異なるが，大大名ともなると数千両（現在の貨幣価値で数億円）にものぼり，藩財政の5～10%を占めた。

これを問題視したⓕ8代将軍徳川吉宗は，室鳩巣の反対を加味して微修正を図りながらも，参勤交代期間について，江戸在府を半年，国許滞在を1年半へと改めた。その代わり吉宗は，ⓖ諸大名に1万石につき100石の割合で上納させることを定め，悪化していた幕府財政の立て直しも図った。

荻生徂徠は，「行列の簡素化は，大名からすれば先例が定着しており，簡単にやろうとはしない。だから幕府が新しい礼法を制定すべきだ」などと書き記している（『政談』）。吉宗は，もともと［　ア　］の大名出身だから，大名の考えを肌で知っていたのであろう。しかしこの改革は，結局8年後に元に戻された。

1862年，幕府は参勤交代を3年に1度とし，江戸在府期間を100日に削減すると改めたばかりか，妻子の帰国も許可し，江戸詰家臣の削減も命じた。それは，参勤交代費用を軍事費に転用させ，国防に役立てることを意図したものであったが，参勤交代そのものの形骸化をもたらしたといえる。

問4　下線部ⓓに関連して，武家奉公人という形で，大名やその家臣に雇われた人々の呼称として正しいものを，次の①～④のうちから一つ選べ。［78］

①　名子　　②　中間　　③　与力　　④　直参

問5　下線部ⓔに関連して，幕命で東北・蝦夷地（北海道）へ巡検に向かおうとした地理学者の古川古松軒が，1788年に仙台藩伊達家の参勤交代と遭遇した際の感想を，紀行文『東遊雑記』のなかで書き記している。以下の史料から読み

取ることのできることとして**誤っているもの**を，次の①～④のうちから一つ選べ。 **79**

さて御巡検使江戸御出立の日，仙台侯（注 1）同じく御発駕なり。これによって道中筋，先となり後となりて，おりおり込《(混)》み合いて，途中もっともわずらわしく，駅所にて御行列を見るに，近年御勘《(簡)》略にて，諸道具より御人数まで減じ給《たま》いしと聞きしに，なかなか美々《びび》しき多人数にて，薩州侯《さっしゅうこう》（注 2）などの御行列よりは遙かに勝《まさ》れり。大夫（注 3）はいうに及ばず，すべての士格（注 4）伊達（注 5）道具を連ね，目を驚かせし供廻りなり。（略）およそ国持ち方（注 6）の行列は数多拝見せしに，いまだかほど立派なるは見ざりしなり。しかるに御巡検使と称するは，公方即位の初め，諸州をめぐらしめ給う御使にて，御朱印を給わり甚だ重き義ゆえに，国ぐにの諸侯各おの尊敬し給うことなるに，今仙台侯は何の御会釈もなく，御供の家士貴賤となく馬上の乗り打ち，大いに無礼の体なり。（略）されば数千人の行列も，ぎょうさんなるばかりにて，武風は恐るるに足らざるなり。ここを以て仙台侯の御家に制度なきことしられたり。（後略）

（『東遊雑記』）

（注 1）仙台侯：仙台藩伊達氏。この時の藩主は伊達重村。仙台藩の石高は，約 62 万石。

（注 2）薩州侯：薩摩藩島津氏。薩摩藩の石高は，約 72 万 9000 石。

（注 3）大夫：ここでは家老を指す。

（注 4）士格：武士身分。

（注 5）伊達：派手な，贅沢な，風流な，といった意味。

（注 6）国持ち方：国持大名。一国以上またはそれに準ずる規模を領する大大名。幕府内の家格。

① 当時は参勤交代の簡素化が進められていたが，伊達氏は武士全員に派手な出で立ちをさせていた。

② 仙台藩の大名行列は，薩摩藩など，より石高の大きい国持大名よりも立派

であり，伊達氏が見栄を張ろうとした可能性がある。

③　古川たち巡検使の江戸出発と，伊達氏の江戸出立が重なったため，伊達側の人数が多くて移動がままならず，古川は辟易している。

④　古川は，伊達氏が巡検使に挨拶をしなかったことを無礼と批判しつつも，数千人もの行列を率いる大名にふさわしい立派な態度だと述べている。

問6　下線部ⓕに関連して，以下の史料は，室鳩巣が徳川吉宗の諮問に応えた回答のうち，吉宗自身の考えを記した部分を抜粋したものである。ここから読み取ることができる文章X・Yの正誤の組合せとして正しいものを，下の①〜④のうちから一つ選べ。 **80**

大猷院殿（注1）の御時より，隔年交替の事とはなりぬ。この後はをのをの《（各々）》妻子をも，みな府内（注2）に置くこととなりしかば，封地（注3）にあるよりも，参府することを楽しむ事情となれり。されば府内日々に繁華となり，それに陪《ばい》従《じゅう》（注4）の人も年月に増ければ，工・商の類もす《（少）》くなうしては，其の用途にた《（足）》りがたく，府内の戸口，日々に数そひ，庶物の価，月々にたと《（貴）》くなり。火災もしげく，風俗もお《（奢）》ごりにうつりゆくたぐ《（類）》ひ，みなこれによらざるはなし。終には府内困窮のはしりとなれり。よりて参勤の制を改め給はば，府内の戸口を《（自）》のづから減じ，倹約の令も行はるべきやとの御内旨（注5）とぞ聞えし。

（『有徳院殿御実紀〈徳川実紀〉』附録）

（注1）大猷院殿：徳川家光。
（注2）府内：御府内。江戸町奉行の管轄下にあった江戸の市域。
（注3）封地：大名の領地（領知）。国許。
（注4）陪従：ここでは，大名の家臣や召し抱えた奉公人を指す。
（注5）御内旨；お考え。

X：大名は国許にいるよりも，江戸在府を好むようになり，参勤中は，江戸に多くの家臣を連れてくるようになっていた。

Y：徳川吉宗は，大名の長期在府が，江戸の人口増大と物価の高騰を招いた要因と考えており，それが参勤交代改革の動機のひとつであった。

① X－正　Y－正　② X－正　Y－誤
③ X－誤　Y－正　④ X－誤　Y－誤

問7　下線部ⓖに関する政策の名称として正しいものを，次の①～④のうちから一つ選べ。 81

① 一分金　② 足高の制　③ 上げ米　④ 囲米

問8　 ア に入る，徳川吉宗の出身藩として正しいものを，次の①～④のうちから一つ選べ。 82

① 尾張藩　② 紀伊藩　③ 福井藩　④ 水戸藩

第5問

幕末の政局と第一次世界大戦後の国際問題について記した文章A・Bを読み，下の問い（問1～9）の答えを解答欄に記入せよ。

A　アメリカから開国と通商を要求された江戸幕府は，開国はやむを得ないという現実的判断をしつつも，挙国一致と国防体制強化で事態を乗り切ろうと試みた。それは様々な意味でⓐ従来の江戸幕府政治のあり方を大きく改める形となったが，孝明天皇の開国反対により，挙国一致構想はあっけなく崩れた。

新たに大老に就任した井伊直弼は，ⓑアメリカとの貿易開始を定めた条約調印を強行した。しかし反対意見を無視した条約調印への反発は大きく，井伊は暗殺されてしまう。

井伊死後の幕府は，朝廷との融和を重視する公武合体路線に回帰した。孝明天皇の基本姿勢は開国反対（攘夷）であったが，幕府との関係断絶までは望んでいなかった。しかし急進派の公家は，天皇権威の復権を目指してより過激な攘夷論に傾き，長州藩と結びついた。一方で，会津藩や薩摩藩は公武合体路線を堅持し，長州藩は京都を追われることになる。

復権を目指す長州藩では，急進派が京都への進軍での事態打開を図った。しかし会津・薩摩・桑名藩が守る天皇御所に発砲し，朝敵と扱われてしまう。なおこの戦いで，京都の町は兵火に見舞われたが，民衆の多くは，急進的な攘夷を唱える長州藩を支持しており，むしろ京都守護職として治安維持を司っていた会津藩への不満が高まった。これはⓒ貿易開始後の急激なインフレで，生活が困窮したことが要因とみられている。

朝敵認定の結果，幕府は二回にわたって長州藩を攻撃した。第一次長州戦争は幕府軍が勝利したが，諸大名の中ではこの戦争をⓓ会津藩と長州藩の私的な争いとみなす声が高まっていた。この問題は第二次長州戦争で表面化し，会津藩が主戦論を唱える一方で，薩摩藩は動員に応じなかった。士気の上がらない幕府軍は劣勢で，指揮を取っていた一橋家の徳川慶喜は14代将軍死去を理由に撤兵した。

江戸幕府最後の将軍となった徳川慶喜が降伏した後も，ⓔ会津藩は徹底抗戦の構えを解いていない。つまり幕末政局のひとつの核として，会津藩と長州藩の対立の存在を指摘できる。こうした考えは，薩摩藩・長州藩が早くから倒幕を目指していたという通説に疑問を投げかけるものとなっている。

問1　下線部ⓐに関して，文章X・Yの正誤の組合せとして正しいものを，次の①～④から一つ選べ。［83］

X：老中首座の堀田正睦はこれまでの方針を変えて朝廷への報告を行った。

Y：幕府は前水戸藩主徳川斉昭を幕政に参画させたのみならず，外様の薩摩藩主島津斉彬を登用した。

①　X－正　Y－正　　②　X－正　Y－誤
③　X－誤　Y－正　　④　X－誤　Y－誤

問2　下線部ⓑに関して，幕府の貿易開始に直接的な影響を与えた事件（X）と結ばれた条約名（Y）の組合せとして正しいものを，次の①～⑥のうちから一つ選べ。［84］

① X ― アロー戦争（第2次アヘン戦争）　Y ― 日米修好通商条約
② X ― アヘン戦争　Y ― 日英通商航海条約
③ X ― フェートン号事件　Y ― 日米和親条約
④ X ― アロー戦争（第2次アヘン戦争）　Y ― 日英通商航海条約
⑤ X ― アヘン戦争　Y ― 日米和親条約
⑥ X ― フェートン号事件　Y ― 日米修好通商条約

問3　下線部ⓒに関して，貿易開始後の経済の混乱と幕府の対策について述べた文章として**誤っているもの**を，次の①～④のうちから一つ選べ。 85

① 毛織物・綿織物の輸入が急増する一方，生糸の輸出は伸び悩み，日本は大幅な貿易赤字となった。
② 物価を抑制するため，五品江戸廻送令が出された。
③ 金貨の海外流出阻止のため，万延貨幣改鋳が行われた。
④ 機械により大量生産された安価な輸入綿織物は，日本の農村における綿織物業を圧倒した。

問4　下線部ⓓに関して，会津藩または長州藩が関わった事件について，古いものから年代順に正しく配列したものを，次の①～⑥のうちから一つ選べ。
86

① 奥羽越列藩同盟の結成 → 禁門の変 → 池田屋事件
② 奥羽越列藩同盟の結成 → 池田屋事件 → 禁門の変
③ 禁門の変 → 奥羽越列藩同盟の結成 → 池田屋事件
④ 禁門の変 → 池田屋事件 → 奥羽越列藩同盟の結成
⑤ 池田屋事件 → 奥羽越列藩同盟の結成 → 禁門の変
⑥ 池田屋事件 → 禁門の変 → 奥羽越列藩同盟の結成

問5　下線部ⓔに関して，会津藩の藩校の名称として正しいものを，次の①～④のうちから一つ選べ。 87

①　明倫館　　②　日新館　　③　興譲館　　④　弘道館

B　日本は第一次世界大戦に三国協商側に立って参戦し，戦勝五大国のひとつとなった。パリ講和会議においては，ドイツがアジアに有していた植民地や権益の割譲を要求している。以下は，中国山東省の権益割譲問題について，交渉の進捗を報じた新聞記事である。なお，読みやすさを考慮して読点・中黒を付し，内容の切れ目で句点を補った。

「愈々《いよいよ》山東処分問題　既に正式の委員会に上程《じょうてい》さる」

予《かね》て日・支両国講和委員間の争議となり居《お》りし，ⓕ山東処分問題は，愈々廿一日頃，正式にⓖ巴里《ぱり》の領土問題委員会に上程せられたるものの如《ごと》く。茲《ここ》両三日中には，何等かの決定を見る筈《はず》なるが。支那講和委員は，支那の参戦と共に，独逸《どいつ》との各条約は消滅に帰すべきを以て，支那は山東は直接独逸より受領すべきものなりと主張し居れるも。日本としては既に山東の処分に就て，ⓗ日・支両国政府間に取極《とりき》めあるのみならず。国際法上より見るも，宣戦の布告により，敵国との通商条約は直ちに消滅すべきも，政治条約及《および》取極は，講和会議の決定を俟《ま》ちて，始めて処分法確定すべきものにして，直に支那の領有に帰すべきものに非ずとし，支那側の所説《しょせつ》を駁撃《ばくげき》(注1)し居れるが。英・仏両国も山東問題に就ては日本と了解あり。米国は多少支那委員を後援し居るが如き傾向ありとの説あるも，人種案否決せられたる上，更に山東問題に於《おい》て，日本委員の面《めん》目《もく》を汚辱《おじょく》するが如き態度には出でざるべく。或は日本の主張に対し，強《しい》て反対を試みざるべしとの観測も行はれ居るも。日本委員にして一層の努力をなさざれば，再び失敗を重ぬるに至るならんと。

（『報知新聞』1919年4月23日）

（神戸大学経済経営研究所　新聞記事文庫　外交（21-141）より）

（注1）駁撃：他人の言論・所説を非難・攻撃すること。

問6　山東省をめぐる対立を報じた記事の要約X～Zの正誤の組合せとして正しいものを，次の①～⑥のうちから一つ選べ。 88

X：中国は，ドイツに宣戦布告をしたことを根拠に，敗戦国ドイツに委譲していた山東省の権益は，中国に返還されるべきだと主張している。

Y：日本は，日中間で山東省問題について既に取り決めができていること，対ドイツ戦参戦によっても，日中間の政治条約は破棄されないとして，山東省の権益は，パリ講和会議の結論を待たずに，日本に譲られるべきだと主張している。

Z：アメリカは中国寄りの姿勢をみせているが，最終的には日本の主張を受け入れて譲歩すると断定し，日本の委員は事態を静観していればよいとしている。

① X－正　Y－正　Z－正　② X－正　Y－正　Z－誤
③ X－正　Y－誤　Z－正　④ X－正　Y－誤　Z－誤
⑤ X－誤　Y－誤　Z－正　⑥ X－誤　Y－誤　Z－誤

問7　下線部ⓕに関連して，山東省の地図上の位置として正しいものを，次の①～④のうちから一つ選べ。［89］

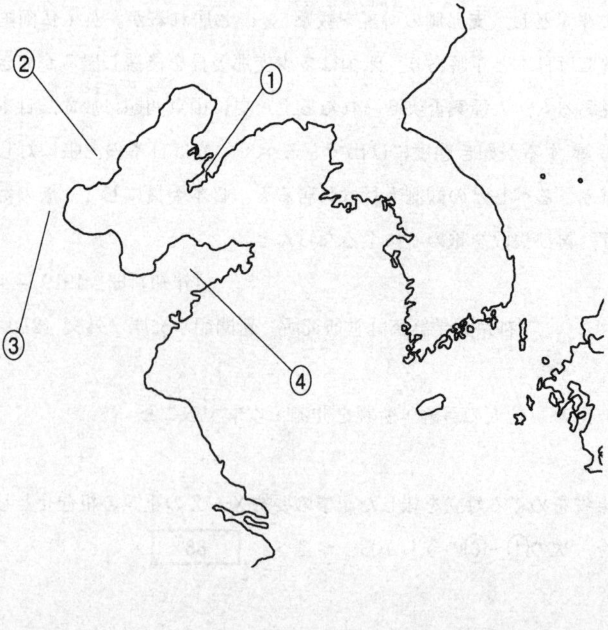

問8　下線部ⓖに関連して，パリ講和会議とその後の出来事について，古いものから年代順に正しく配列したものを，次の①〜⑥のうちから一つ選べ。　90

① ヴェルサイユ条約の調印　→　国際連盟の成立　→　五・四運動の勃発
② ヴェルサイユ条約の調印　→　五・四運動の勃発　→　国際連盟の成立
③ 国際連盟の成立　→　ヴェルサイユ条約の調印　→　五・四運動の勃発
④ 国際連盟の成立　→　五・四運動の勃発　→　ヴェルサイユ条約の調印
⑤ 五・四運動の勃発　→　ヴェルサイユ条約の調印　→　国際連盟の成立
⑥ 五・四運動の勃発　→　国際連盟の成立　→　ヴェルサイユ条約の調印

問9　下線部ⓗに関連して，山東省問題を含む日中間の取り決めを要求した内閣（X・Y）と，中国側に承認させた内容（Ⅰ〜Ⅲ）を記した文章の組合せとして正しいものを，下の①〜⑥のうちから一つ選べ。　91

X：加藤高明内閣　　Y：大隈重信内閣

Ⅰ：旅順・奉天の租借期限の延長。
Ⅱ：日本人の政治顧問を，中国政府に置くこと。
Ⅲ：民間製鉄会社の日中共同経営。

① X－Ⅰ　② X－Ⅱ　③ X－Ⅲ
④ Y－Ⅰ　⑤ Y－Ⅱ　⑥ Y－Ⅲ

第6問　新潟県出身の軍人と政治家について記した文章A・Bを読み，下の問い（問1～9）の答えを解答欄に記入せよ。

A　山本五十六は，旧長岡藩士の子として，新潟県で生まれた。海軍兵学校卒業後，日本海海戦にも参加し，重傷を負っている。

軍歴の特徴は，欧米との関わりが深いことにある。アメリカに駐在してハーバード大学に留学した経験がある上，駐米日本大使館付武官となったこともある。1930年のⓐロンドン海軍軍縮会議に際して海軍側随員に選ばれ，1934年の第二次ロンドン海軍軍縮会議予備交渉では，海軍の主席代表に任じられている。

早くに航空戦力の重要性を認識し，海軍航空本部の要職を歴任した。1936年，米内光政海軍大臣のもとで海軍次官を務めている。この当時交渉が進展していた日独伊三国同盟について，米内とともに反対論を展開した。

1939年8月末に連合艦隊司令長官に就任し，日本艦隊全軍を指揮することになった。三国同盟が成立し，日米開戦論が強まるなかで，ⓑ当時の総理大臣から諮問を受けた。山本は三国同盟反対を再説した上で，アメリカとの戦争について，半年から1年程度は戦えるが，2年3年となるとまったく確証がない，何とか日米開戦を回避して欲しいと答えている（『失はれし政治』）。

結局山本は，連合艦隊司令長官として，真珠湾攻撃を立案するが，これは極度の短期決戦を目指したものであった。しかし宣戦布告が開戦より遅れたこともあり，山本の目論見に反して，アメリカ国民の対日戦意は沸騰した。また，山本が攻撃の第一目標としていた航空母艦（空母）はすべて真珠湾を留守にしており，アメリカ艦隊の再建も予想より早かった。

長期戦を不可能と考え，短期決戦にこだわる山本は，ⓒミッドウェー島付近にアメリカ艦隊をおびき寄せ，主力空母を撃破しようと考えた。しかし暗号が解読されて作戦は漏洩し，逆に待ち伏せされる結果を招く。1942年6月，日本海軍は投入した空母四隻を全て失い，大敗した。アメリカ海軍が失った空母は，三隻のうち一隻に留まり，日本海軍の優勢は失われた。軍部が受けた衝撃は大きく，正確な情報はⓓ報道されるどころか，海軍内でも共有されなかった。

山本は，その後1943年4月に，ソロモン諸島方面で偵察に出たところを撃墜され，戦死する。

問1　下線部ⓐに関連して，ロンドン海軍軍縮条約で定められた内容として正しいものを，次の①～④のうちから一つ選べ。なお，主力艦とは戦艦・巡洋戦艦，補助艦とは巡洋艦・駆逐艦・潜水艦を指す。 92

① 主力艦の保有比率を，アメリカ5：イギリス5：日本3などとし，10年間は建造禁止とした。
② 主力艦の保有比率を，アメリカ5：イギリス5：日本3などとし，その保有量を現有より2割削減すると定めた。
③ 補助艦の保有比率を，おおむねアメリカ10：イギリス10：日本7とし，主力艦の建造禁止期間を5年延長した。
④ 補助艦の保有比率を，アメリカ5：イギリス5：日本3などと定めた。

問2　下線部ⓑの総理大臣の名前として正しいものを，次の①～④のうちから一つ選べ。 93

① 米内光政　② 東条英機　③ 平沼騏一郎　④ 近衛文磨

問3　下線部ⓒのミッドウェー島の場所を示した地図上の位置として正しいものを，次の①～④のうちから一つ選べ。 94

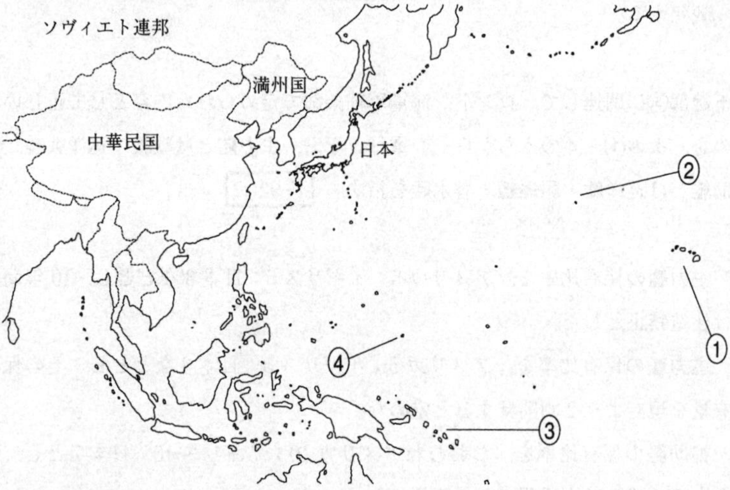

問 4　下線部ⓓに関連して，ミッドウェー海戦の報道について，小説・評論家の伊藤整や，俳優・作家の徳川夢声が日記に書き残している。下記の史料から読み取ることのできる内容を述べた文章X・Yの正誤の組合せとして正しいものを，下の①～④のうちから一つ選べ。 **95**

〔史料 1〕

六月十一日（木）快晴　暑し　夏の気候（入梅なり）

（略）

アリウシャン上陸とミッドウェー会戦，昨夜ラジオで，今朝新聞で読む。航母敵のを二隻，こちらも二隻やられたらしい。相当の被害だが，なかなか積極的だ。いよいよ東京正面の太平洋が騒がしくなってきた。

非常用として，リュックサック，トランク等に重要品をつめておくことにする。

朝日新聞より，近時の長篇小説批評十三枚にてと言ってくる。（後略）

（伊藤整『太平洋戦争日記』）

〔史料 2〕

六月十一日（木曜　快晴　暑）

（略）

ぬる湯で新茶を入れ，新聞を読むと，おやと驚いた。日本の航母一隻撃破され，一隻大破で，巡洋艦も一隻やられている。大東亜戦開始以来，こんな大きな犠牲はない。米国の航母エンタープライズ型（一九，九〇〇）・ホーネット型（同）二隻撃沈とあるが，今までみたいに幕下が横綱を倒したような華々しい戦果ではない。アリューシャン列島占領のため，南島で敵を牽制したのかと思う。が，敵の航母八隻のうちこれで六隻沈めた訳で，これで当分東京も空襲の心配なし，とすれば有難いことである。庭を掃いてる静枝にこの事を話したら，アラ随分損しちゃったじゃないの，と言った。ソンしたが可笑しく響いた。

（後略）

（徳川夢声『夢声戦争日記』）

X：政府・軍部は，日本の空母が撃沈されたこと自体は，発表せざるをえなかった。

Y：伊藤整と徳川夢声の反応には違いがあるが，東京が空襲の被害に遭うことが，ミッドウェー海戦以前に心配され始めていたことがわかる。

① X―正　Y―正　② X―正　Y―誤
③ X―誤　Y―正　④ X―誤　Y―誤

B　田中角栄は，1918 年に生まれた。1947 年に日本民主党の衆議院議員として初当選し，翌年吉田茂率いる民主自由党に移った。ただ両党の系譜を引く二つの政党は，1955 年に合併して自由民主党となっており，最終的な帰結先は同じであったといえる。

1957 年，39 歳で岸信介内閣の郵政大臣として初入閣を果たした。以後，第 2 次池田勇人内閣・第 1 次佐藤栄作内閣で大蔵大臣，第 3 次佐藤栄作内閣で通商産業大臣に任じられた。党内においても，政務調査会長・幹事長といった要職を歴任している。

1972 年 7 月，田中は自由民主党の総裁選に勝利し，54 歳の若さで内閣総理大臣に就任した。その 2 ヶ月後，中国・北京を訪問して日中共同声明を発表し，日中国交正常化を成し遂げた。国内政策としては，［ア］を掲げ，大規模な公共事業実施によるインフラ充実を推し進めた。

２年５ヶ月に及んだ政権は，ⓔ経済の混乱でつまずいた。物価上昇（インフレ）が続く中で，不景気が併発するスタグフレーションに翻弄されるようになっていったのである。特に景気後退や貿易赤字は止まらず，1974年の実質経済成長率は戦後初のマイナスとなった。ここに高度経済成長は終焉し，田中は安定成長路線へと舵を切る。

その1974年，田中角栄は政治資金問題を追及され，内閣総辞職に追い込まれた。後任の総理大臣となったのは，田中と自民党総裁選を争った［イ］である。しかしその後も追及は止まず，田中は1976年にⓕ収賄容疑で逮捕された。この逆風のもと，衆議院議員総選挙で自民党は大敗し，結党以来初の過半数割れを起こした。

問５　［ア］に当てはまる政策の名称として正しいものを，次の①～④のうちから一つ選べ。［96］

①　日本列島改造論　　②　所得倍増計画
③　為替と資本の自由化　　④　国鉄分割民営化

問６　下線部ⓔの経済の混乱の原因として**誤っているもの**を，次の①～④のうちから一つ選べ。［97］

①　スミソニアン体制の崩壊と変動為替相場制への移行
②　第４次中東戦争の勃発と第１次石油危機
③　大規模な土地投機ブーム
④　資本民営化による大規模な債務返済問題

問７　下線部ⓔの経済の混乱の名称として正しいものを，次の①～⑥のうちから一つ選べ。［98］

① 昭和恐慌　② 狂乱物価　③ 復金インフレ
④ 安定恐慌　⑤ バブル経済　⑥ 失われた20年

問8 [イ] にあてはまる後継総理大臣の名前として正しいものを，次の①～⑥のうちから一つ選べ。[99]

① 鳩山一郎　② 三木武夫　③ 大平正芳
④ 福田赳夫　⑤ 中曽根康弘　⑥ 鈴木善幸

問9 下線部ⓕについて，田中角栄が逮捕された収賄事件の名称として正しいものを，次の①～④のうちから一つ選べ。[100]

① ロッキード事件　② リクルート事件
③ 佐川急便事件　④ ジーメンス事件

世界史

(80 分)

第1問 以下は世界史における感染症の一部をまとめたものである。文章をよく読み，下の問い（**問 1 ～ 10**）の答えを解答欄にマークせよ。

ここ数年の新型コロナウイルス感染症の世界的なパンデミックは社会・経済に大きな影響を与え，私たちの日常生活さえも変えてしまった。ここでは，世界史における感染症の歴史を振り返ってみたい。

はるか昔の人々は，病気を神様に背いた罰，祟り，悪霊の仕業だと考えていた。紀元前 5 世紀，「西洋医学の祖」と称されるヒッポクラテスは病気を科学によってのみ治療できる自然現象とみなし，この見方は当時のアテネで受け入れられた。前 431 年からⓐアテネとスパルタの間で起こったペロポネソス戦争では，感染症の流行によって指導者ペリクレスを失ったことがアテネの敗戦につながったとも言われているが，この戦争を記した書物は感染症を自然現象として描写している。

こうしたヒッポクラテスの見方をローマ帝国に広めたガレノスは，後 2 世紀半ばに発生した「アントニヌスの疫病」の詳細な記録を残している。この名称は当時のローマ皇帝ⓑマルクス=アウレリウス=アントニヌス帝に由来する。天然痘と見られる感染症による総死者数は 1000 万人に上ったとされ，これがローマ帝国の衰退につながったとも言われている。

ローマ帝国の東西分裂後，ビザンツ帝国（東ローマ帝国）では，6 世紀にユスティニアヌス大帝がⓒ地中海に接する旧ローマ帝国の領土をほぼ復活させた。しかし，その最中にエジプトでペストが流行し始め，パレスチナを通じてコンスタンティノープルへと伝播した。その後，西ヨーロッパやアジアにも広がったため，ユスティニアヌス大帝はガリアやイベリアへの本格的侵攻を諦めざるをえなかった。

この「ユスティニアヌスのペスト」に続き，14 世紀に再び大流行が起こる。

14世紀半ばに黒海沿岸との交易からシチリア島に入ったペスト（黒死病）がヨーロッパ大陸に広がり，数年間で人口の約3分の1が死亡したと言われるほど甚大な被害をもたらした。流行の発生源は中央アジアとされるが，モンゴル帝国によるユーラシア大陸の一体化に伴い大規模な人流が生まれ，東西の交易が盛んになったことを背景に，世界の広範囲での大流行となったのであった。中国ではそれがⓓ元王朝の衰退に影響を与え，イスラーム世界でもⓔマムルーク朝の人口を激減させた。

一方，南北アメリカ大陸の発見に伴い大西洋をまたぐ人の移動や交易が盛んになると，「コロンブスの交換」によって，ヨーロッパにはジャガイモやトウモロコシなどの作物が持ち込まれ，アメリカには天然痘などの病原体が持ち込まれた。1492年にⓕスペインの援助を受けたコロンブスの船団が到達したイスパニョーラ島では，その後25年余りの間に先住民族が100万人から1万5000人にまで減少したとされており，感染症はヨーロッパ諸国によるアメリカ支配を促した一因とも言われる。

また，原料供給地としての植民地の拡大を進めたイギリスでは18世紀後半にⓖ産業革命が起こり，都市の人口が増えるとともに，炭鉱のように不衛生で劣悪な環境での労働も多くなったため，結核が流行するようになった。結核は産業革命の普及とともに世界に広がり，フランス，ドイツ，アメリカ合衆国といった工業国に多くの死者をもたらした。

ⓗフランスの領土を急拡大させたナポレオン1世も感染症に悩まされた。1812年のロシア遠征でナポレオン軍はモスクワを占領するものの，ロシア軍の焦土作戦や反撃にあったのみならず，軍内での赤痢とチフスのまん延によって大量の兵士を失い，敗走した。以降，諸国民が一斉に立ち上がり，翌年，ナポレオンとフランス軍は敗れることになる。

こうした感染症の原因が細菌やウイルスといった病原体にあると考えられるようになったのはⓘパストゥールやコッホの活躍した19世紀後半頃からと，長い世界史の中では比較的最近のことである。しかし，20世紀に入っても感染症との戦いは続いた。第一次世界大戦中にアメリカ合衆国でインフルエンザ（スペイン風邪）が流行し，ⓙアメリカ軍の遠征とともにヨーロッパへ，さらに世界へと拡大し，最大で5000万人に死をもたらしたと言われている。

このように，人類の歴史は常に感染症とともにあった。現代のコロナ禍を生きる私たちの振る舞いもまた世界史に新たな１ページを刻むことになるに違いない。

問１　下線部ⓐに関して，アテネ，スパルタ，ペロポネソス戦争について述べたものとして正しい文章を，次の①～④から一つ選べ。 1

① この戦争はアテネを中心とするコリントス同盟とスパルタを中心とするペロポネソス同盟の対立から生じた。
② ヘロドトスは著書『歴史』でこの戦争を詳細に記した。
③ スパルタでは，市民がペリオイコイと呼ばれる隷属農民を支配し，軍国主義的な体制が敷かれていた。
④ アテネでは，ペリクレスによって民会を中心とする民主政が実現され，ほとんどの公職はクジで選出された。

問２　下線部ⓑに関して，マルクス=アウレリウス=アントニヌス帝について述べた次のＸとＹの文章の正誤について正しい組合せを，下の①～④から一つ選べ。
2

Ｘ：五賢帝の一人であるとともにストア派哲学者としても知られ，『自省録』を著した。
Ｙ：日南郡に到達したローマの使者を送った「大秦王安敦」とされる。

① Ｘ－正　Ｙ－正　② Ｘ－正　Ｙ－誤
③ Ｘ－誤　Ｙ－正　④ Ｘ－誤　Ｙ－誤

問３　下線部ⓒに関して，ビザンツ帝国によって滅ぼされた２つのゲルマン人国家の名とその地図上の場所の正しい組合せを，次の①～⑥から一つ選べ。
3

① 東ゴート王国－Ⅰ　　西ゴート王国－Ⅱ

② 東ゴート王国 ― Ⅰ　　ヴァンダル王国 ― Ⅱ
③ 西ゴート王国 ― Ⅰ　　東ゴート王国 ― Ⅱ
④ 西ゴート王国 ― Ⅰ　　ヴァンダル王国 ― Ⅱ
⑤ ヴァンダル王国 ― Ⅰ　　東ゴート王国 ― Ⅱ
⑥ ヴァンダル王国 ― Ⅰ　　西ゴート王国 ― Ⅱ

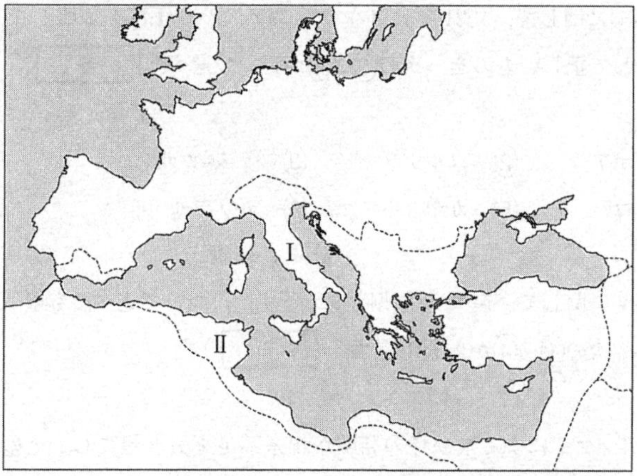

6世紀のビザンツ帝国

問4　下線部ⓓに関して，元王朝の衰退とその後の明王朝について述べたものとして**誤った文章**を，次の①～④から一つ選べ。 [4]

① 元の末期には，白蓮教徒などによる紅巾の乱が起こった。
② 朱元璋は1368年に南京（金陵）を都として，明を建国した。
③ 明では，戸籍・租税台帳と土地台帳が整備され，治安維持や徴税のために緑営が置かれた。
④ 明では，民間の海上貿易が禁止されて朝貢貿易が行われた。

問5　下線部ⓔに関して，マムルーク朝について述べた次の文章中のX・Yの正誤について正しい組合せを，下の①～④から一つ選べ。 [5]

【マムルーク朝の時代には［X：ティマール制］が整備され，その首都［Y：バグダード］はイスラーム世界の中心として繁栄した。】

① X－正 Y－正 ② X－正 Y－誤
③ X－誤 Y－正 ④ X－誤 Y－誤

問6 下線部ⓕに関して，1521年にメキシコのアステカ王国を征服したスペイン人の名として正しいものを，次の①～⑥から一つ選べ。 **6**

① バルボア ② コルテス ③ ラス=カサス
④ ピサロ ⑤ カボット ⑥ カブラル

問7 下線部ⓖに関して，産業革命当時のイギリスについて述べたものとして正しい文章を，次の①～④から一つ選べ。 **7**

① ジョン=ケイによる飛び杼の発明が綿糸不足を引き起こし，その後の紡績機の発明を促進した。
② カートライトによって水力紡績機が発明された。
③ 穀物増産を図るために第1次囲い込みが行われた。
④ 蒸気機関車が実用化され，1830年にリヴァプール・ロンドン間の鉄道が開通した。

問8 下線部ⓗに関して，ナポレオン1世の治世の出来事を時系列に沿って古いものから並べたとき，正しい組合せを，次の①～⑥から一つ選べ。 **8**

① アウステルリッツの戦い → ライプツィヒの戦い → 大陸封鎖令の発布
② アウステルリッツの戦い → 大陸封鎖令の発布 → ライプツィヒの戦い
③ ライプツィヒの戦い → アウステルリッツの戦い → 大陸封鎖令の発

布

④ ライプツィヒの戦い → 大陸封鎖令の発布 → アウステルリッツの戦い

⑤ 大陸封鎖令の発布 → アウステルリッツの戦い → ライプツィヒの戦い

⑥ 大陸封鎖令の発布 → ライプツィヒの戦い → アウステルリッツの戦い

問9　下線部ⓘに関して，19世紀に活躍した人物の名（Ⅰ）とその作品や書名（Ⅱ）の**誤った組合せ**を，次の①～⑥から一つ選べ。 9

① Ⅰ－ドラクロワ　Ⅱ－「民衆を導く自由の女神」
② Ⅰ－ミレー　Ⅱ－「落穂拾い」
③ Ⅰ－ゲーテ　Ⅱ－『若きウェルテルの悩み』
④ Ⅰ－ドストエフスキー　Ⅱ－『戦争と平和』
⑤ Ⅰ－ロダン　Ⅱ－「考える人」
⑥ Ⅰ－マルクス　Ⅱ－『資本論』

問10　下線部ⓙに関して，第一次世界大戦へのアメリカ合衆国参戦について述べた次の文章中のX・Yの正誤について正しい組合せを，下の①～④から一つ選べ。
10

【当時のアメリカ合衆国大統領［X：セオドア=ローズヴェルト］は当初戦争への中立を掲げていたが，ドイツの［Y：無制限潜水艦作戦］を直接の理由に参戦した。】

① X－正　Y－正　② X－正　Y－誤
③ X－誤　Y－正　④ X－誤　Y－誤

第2問　以下は，トルコ人の歴史を取り上げたものである。文章をよく読み，下の問い（**問1～10**）の答えを解答欄にマークせよ。

今日のトルコ共和国はエーゲ海と黒海に接し，小アジア半島（アナトリア）を主たる領土としつつ，アジアとヨーロッパにまたがるが，その故地はそもそも中央アジアにあった。当地ではトルコ系遊牧民の突厥やⓐウイグルが国家を形成した。こうして，彼らの活動領域が「トルコ人の土地」，つまり「トルキスタン」と呼ばれたのであった。

ところが，751年のタラス河畔の戦いを転機に，この地のイスラーム化が進むと同時に，ムスリムになったトルコ人は西へ西へと進んだ。そしてⓑアッバース朝のカリフはトルコ人をマムルークとして重用した。やがて，トルコ人はⓒセルジューク朝を樹立した。その後，モンゴル軍が西アジアに建てたイル=ハン国も，ⓓガザン=ハンの時代にイスラーム教を国教とした。この国家が衰退していく中，その領土の多くはイラン高原を支配するサファヴィー朝により併合されたが，アナトリアはオスマン朝トルコが支配するところとなった。

オスマン朝はビザンツ帝国を滅ぼしてⓔバルカン半島を領有し，ヨーロッパの政局にも影響を与えたばかりか，西アジア，エジプト，チュニジアをも支配するⓕ巨大帝国を築き上げた。だが，17世紀末から衰退に向かい，18世紀にはロシアの南下政策に苦しめられた。このような状況から後進性を認識せざるをえなかったオスマン帝国は19世紀前半，ついに改革により西欧化を目指すⓖタンジマートに踏み切るが，これは不徹底に終わってしまう。さらに，同世紀後半，西欧流のⓗミドハト憲法が発布されたものの，これは停止されるところとなった。欧米列強の帝国主義に巻き込まれたオスマン帝国は領土を大幅に失い続けていったが，第一次世界大戦において帝国はドイツ・オーストリアの同盟国側に参戦した。その結果，敗戦国のオスマン帝国はアラブ地域を失ったばかりか，ギリシア軍にエーゲ海沿岸地域を不当に奪われるところとなったため，ⓘムスタファ=ケマル（ケマル=アタテュルク）が決起し，ⓙトルコ共和国の成立を宣言した。

問1　下線部ⓐに関して，ウイグルは唐における安史の乱鎮圧に重要な役割を果たした。この乱が唐に与えた影響について正しい文章を，次の①～④から一つ選

べ。 11

① 官僚の人柄を事前に見るため，科挙の最終試験として殿試が設けられた。

② 官僚の人柄を事前に見るため，九品中正法が導入された。

③ 乱以降，各地の節度使が行政・財政権を握り，自立化した。

④ 佃戸制から天朝田畝制へと移行した。

問２　下線部ⓑに関して，首都名（Ⅰ）と地図上の位置（Ⅱ）の組合せとして，正しいものを，次の①～⑥から一つ選べ。 12

① Ⅰ―カイロ　　　Ⅱ―あ

② Ⅰ―バグダード　　Ⅱ―い

③ Ⅰ―ダマスクス　　Ⅱ―う

④ Ⅰ―カイロ　　　Ⅱ―い

⑤ Ⅰ―バグダード　　Ⅱ―う

⑥ Ⅰ―ダマスクス　　Ⅱ―あ

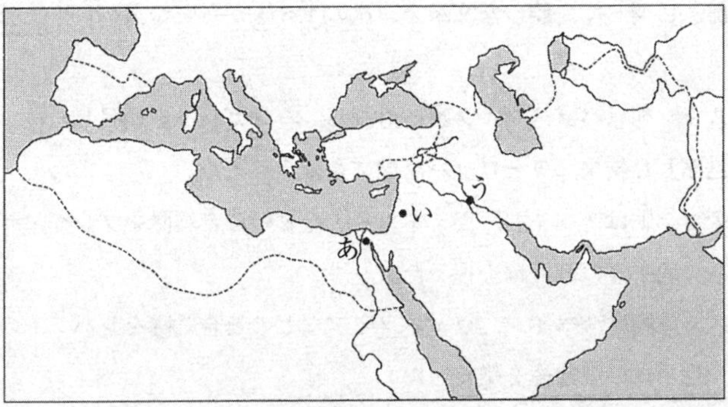

アッバース朝下のイスラーム帝国

問３　下線部ⓒに関して，次の文章中のＸ～Ｚの正誤について，正しい組合せを，下の①～⑥から一つ選べ。 13

【セルジューク朝の建国者［X：トゥグリル=ベク］は［Y：スンナ派］のブワイフ朝を倒して，アッバース朝カリフから［Z：大アミール］の称号を授けられた。】

① X－正　Y－正　Z－正
② X－正　Y－正　Z－誤
③ X－正　Y－誤　Z－誤
④ X－誤　Y－正　Z－正
⑤ X－誤　Y－誤　Z－正
⑥ X－誤　Y－誤　Z－誤

問4　下線部ⓓに関して，ガザン=ハンの宰相ラシード=アッディーンは政治家であり，歴史家でもあった。彼の代表作を，次の①～④から一つ選べ。［14］

① 『世界史序説』　② 『集史』
③ 『旅行記（三大陸周遊記）』　④ 『シャー=ナーメ』

問5　下線部ⓔに関して，**誤った文章**を，次の①～④から一つ選べ。［15］

① オスマン朝はハプスブルク家と対抗し，ハンガリーを征服した後，ウィーンを包囲した結果，ヨーロッパ諸国に脅威を与えた。
② オスマン朝はスペイン，ヴェネツィアなどの連合艦隊をプレヴェザの海戦で破り，地中海の制海権を握った。
③ オスマン朝はスペイン，ヴェネツィアなどの連合艦隊をレパントの海戦で破り，地中海の制海権を維持した。
④ オスマン朝はハプスブルク家と対抗するため，フランスと同盟を結んだ。

問6　下線部ⓕに関して，オスマン帝国の行政・軍事・宗教について，**誤った文章**を，次の①～④から一つ選べ。［16］

① オスマン帝国はバルカン半島の被征服地のキリスト教徒の少年をムスリムに改宗させ，適性に応じた訓練を施すというデヴシルメ制を採用し，彼らを官僚や兵士として採用した。

② オスマン帝国は『クルアーン』やハディースを基にするイスラーム法に則って政治を行った。

③ オスマン帝国の軍隊はマンサブダール制に基づく徴税権を有する騎士軍団，歩兵のイェニチェリ軍団の二つから編制されていた。

④ オスマン帝国は国内に住むキリスト教徒やユダヤ教徒に対し，納税と引き換えに，ミッレトと呼ばれる共同体を作らせ，自治も認めた。

問7 下線部ⓖに関して，スルタンのアブデュルメジト1世が西欧化を目指すに至った背景として，**誤った事項**を，次の①～④から一つ選べ。 17

① ギリシアの独立　② エジプト=トルコ戦争
③ ヨーロッパ製品流入による貿易赤字　④ バーブ教徒の乱

問8 下線部ⓗに関して，憲法停止と議会解散，スルタン専制の復活が生じたが，その理由はロシア=トルコ戦争の開始にあった。この戦争と戦後の国際関係について述べた文章①～④から，正しいものを一つ選べ。 18

① ボスニア=ヘルツェゴヴィナ，続いてルーマニアで反乱が起きると，ロシアはスラヴ民族の救済を口実にオスマン帝国に宣戦した。

② この戦争に勝利したロシアはオスマン帝国とラパロ条約を結んだ。

③ バルカン半島におけるロシアの勢力拡大を危惧するイギリスやオーストリアが条約締結に抗議した。

④ 調停役を買って出たドイツのビスマルクはベルリン会議を開き，セルビア，ブルガリアの独立が承認された。

問9 下線部ⓘに関して，ムスタファ=ケマルが決起してから，トルコ共和国を樹立するまでの功績として，**誤った事項**を，次の①～④から一つ選べ。 19

① ギリシア軍の撃退とイズミルの回復

② アンカラにおけるトルコ大国民会議の開催

③ スルタン制の廃止

④ トルコマンチャーイ条約の締結

問10　下線部ⓙに関して，トルコ共和国の大統領ムスタファ=ケマルの事績として，**誤った事項**を，次の①〜④から一つ選べ。 **20**

① アラビア文字に代わるローマ字の採用　② 女性参政権の付与

③ イスラーム原理主義の導入　④ 政教分離の導入

第3問　以下は，1994年より『週刊少年サンデー』に連載中で，テレビでもアニメ放送中，かつコミックスでも現時点で実に102巻を数える大人気マンガの青山剛昌『名探偵コナン』にまつわるものである。文章をよく読み，下の問い（**問1〜10**）の答えを解答欄にマークせよ。

『名探偵コナン』は，いくつもの難事件を解決してきた帝丹高校2年生の名探偵，工藤新一（以下「新一」と略す）が謎の犯罪組織による違法取引を目撃した結果，口封じのために，組織試作の毒薬を飲まされ，小学1年生の体格になってしまった点を事実上のスタートにしていると言ってよかろう。しかしながら，知能は高校生のままであったため，以後，新一は小学生の体型のまま，数々の難事件の解決に邁進していくことになり，こうして，本作品の有名なキャッチフレーズ【見た目は子供，頭脳は大人】という前提ができあがったわけである。そして，新一は隣りに住む発明家の阿笠《あがさ》博士に一部始終を打ち明けた結果，博士の要請により，新一は正体を隠したまま，幼なじみの毛利蘭とその父，小五郎の家に居候《いそうろう》するところとなる。そして新一は博士の発明による蝶ネクタイ型変声機，キック力増強シューズ，犯人追跡メガネ，時計型麻酔銃などを駆使しつつ，次々と事件解決に向かっていくのであった。

では，なぜ新一は「江戸川コナン」を名乗ることになったのか。毛利蘭は小1

の身長になってしまったばかりの新一と初めて会った際，彼に名前を尋ねている。これに対し，新一は本名を名乗るわけにいかず，背後の本棚にある書籍を目にして，咄嗟に「江戸川コナン」と口にしてしまった。そこには，『江戸川乱歩全集』と『コナン・ドイル傑作選』の2つがあったからである（青山『名探偵コナン①』FILE.2，少年サンデーコミックス，1994年を参照）。さて，江戸川乱歩（1894～1965年）とは明智小五郎・怪人二十面相シリーズなどで有名な日本の小説家であるが，そもそも江戸川乱歩というペンネームは『モルグ街の殺人事件』を著したアメリカ人小説家エドガー=アラン=ポー（1809～49年）に由来する。一方，コナン=ドイルとはアーサー=コナン=ドイル（1859～1930年）に他ならず（以下「ドイル」と略す），名探偵シャーロック=ホームズ・シリーズでおなじみのイギリス人小説家である。だが，『名探偵コナン』の登場人物の中で作家にちなんで名付けられたのはコナンにとどまらない。阿笠博士は『オリエント急行殺人事件』などで有名なイギリス人作家アガサ=クリスティー（1890～1976年）に，毛利蘭は怪盗アルセーヌ=ルパン・シリーズで著名なⓐフランス人作家モーリス=ルブラン（1864～1941年）にちなんで，命名されたという。また蘭の父，小五郎が明智小五郎に連なることは言うまでもない（[週刊少年サンデー特別編集／オフィシャル・ブック]『コナンドリル』小学館，2003年を参照）。このように，『名探偵コナン』に関して，乱歩，ポー，ドイル，クリスティー，ルブランの5名を引き合いに出してきたが，彼らの共通項は推理作家であったという事実にとどまらず，その生涯がイギリスのⓑヴィクトリア女王の治世（位1837～1901年）と重なるという点にもある。そして，年月の重なりが最長であったのはドイルであった。そこで，シャーロック=ホームズ・シリーズを手がかりに，19世紀から20世紀にかけてのイギリス帝国の諸相を眺めてみよう。なお，コナンの居候先は「米《べい》花《か》町《ちょう》2丁目21番地」とされているが，ホームズが下宿したロンドンの住所は「ベーカー街221番地B」であったことを指摘しておきたい。ちなみに，ホームズの助手ワトスンは元軍医であり，1881年に初対面のホームズから開口一番「ⓒアフガニスタンにおられたのでしょう？」と言い当てられ，これを機に彼とベーカー街のアパートをルームシェアするところとなったのであった（『緋色の習作』1887年発表）。

　ところで，エディンバラ大学医学部を卒業したドイルはイングランド南部のポーツマス市に医院を開業したものの，患者が少なかったので，収入を得るため，短編小説を書いては出版社に送り，細々と原稿料を得ていた。その一方で，満を持して発表した長編小説『緋色の習作』は，探偵ホームズの初登場作でありながら，評判にならなかった。そんなドイルに転機が訪れる。1891年に雑誌に掲載された短編小説『ⓓボヘミアの醜聞』がホームズ人気に火を付けたのであった。こうして，ドイルはホームズのシリーズ化で一躍，流行作家となる。なお，ドイルは1900年に医師としてⓔ南アフリカ戦争にボランティア参加し，前線にまで出るという行動派の一面も見せている（コナン=ドイル［延原謙訳］『わが思い出と冒険—コナン・ドイル自伝—』17章，新潮文庫，1965年。なお，本書は「ボーア戦争」と表記している）。ホームズ・シリーズが大ヒットした理由として，もちろん犯罪トリックの斬新さやホームズの卓抜な推理力が挙げられるであろうが，イギリスが多くの植民地を抱える世界規模での帝国に成長していた現実をストーリーに巧みに取り込んでいた点を指摘しても問題なかろう。

とはいえ，60編に及ぶホームズ・シリーズを一つ一つ確認していく余裕はない。そこで，イギリス国内で完結している作品とイギリス帝国に関連した作品に分けて，代表作を紹介してみよう。

第一に，事件の要因が国内で完結している例として，1879年に起こったとされる『マスグレーヴ家の儀式』（1893年発表）を挙げておきたい。本作で，同家に伝わる儀式書の謎の問答文を読み解いたホームズは200年以上前の国王，ⓕチャールズ1世発行の貨幣と王冠にたどり着くことになったのであった。

第二に，イギリス帝国と植民地との関係がうかがえる作品を3つ紹介してみたい。まずは，1883年の事件とされる『まだらの紐』（1892年発表）がある。これはイギリスの南東部で起こった密室殺人事件であるが，ⓖインドでの開業経験のある医師が犯人として疑われていた。次に，1888年の事件とされる『バスカヴィル家の犬』（1901年発表）を挙げておこう。これはイギリス貴族のバスカヴィル卿が急死したことをうけ，遺産相続人としてⓗカナダ在住の甥がロンドンに来るが，奇妙な事件に襲われることになるのであった。そして，1889年の事件とされる『ボスコム谷の惨劇』（1891年発表）では，オーストラリアのⓘ金鉱地帯において金塊を強奪してから，イギリスに帰国した犯罪者が取り上げられている。このように，ホームズ時代のイギリスはアジア，アメリカ，オセアニア大陸に広大な植民地を有していたのである。

最後に，ホームズ・シリーズのラストを飾る60作目を見ておきたい。それは1914年8月2日の事件とされる『最後の挨拶』である（1917年発表）。本作ではドイツ人のスパイが取り上げられるが，この事件の2日後の8月4日にイギリスはドイツによる中立国ベルギーへの侵攻を理由に，ドイツに宣戦布告し，ⓙ第一次世界大戦に参戦するのであった。

＊ホームズ・シリーズの作品タイトルや人名などは出版社ごとに異なるため，[小林司・東山あかね訳]『シャーロック・ホームズ全集』全9巻（河出書房新社，1997～2002年）に従った。なお，ホームズが関与した事件の発生年とドイルの小説発表年には乖離が認められる。これらについては，小林・東山『シャーロック・ホームズ入門百科』（河出文庫，2019年）に従った。

問1 下線部ⓐに関して，19世紀フランスの代表的作家（Ⅰ）とその代表作（Ⅱ）の組合せで正しいものを，次の①～④から一つ選べ。 21

① Ⅰ―スタンダール　Ⅱ―『赤と黒』
② Ⅰ―ゾラ　Ⅱ―『レ=ミゼラブル』
③ Ⅰ―イプセン　Ⅱ―『人形の家』
④ Ⅰ―ボードレール　Ⅱ―『居酒屋』

問2 下線部ⓑに関して，ヴィクトリア女王の治世に起こった事象として，**誤った**ものを，次の①～⑥から一つ選べ。 22

① イギリス航海法の廃止
② 第1回選挙法改正
③ イギリス穀物法の廃止
④ クリミア戦争への参戦
⑤ イギリス東インド会社の解散
⑥ 南京条約の締結

問3 下線部ⓒに関して，アフガニスタンの歴史を述べた文章として正しいものを，次の①～④から一つ選べ。 23

① アレクサンドロス大王の遠征後，この地に成立したバクトリアの下で，ガンダーラ美術が栄えた。

② ガズナ朝はオスマン帝国に敗れ，滅亡した。

③ 19世紀，アフガニスタンはイギリス・ロシアの勢力争いの場となり，イギリスの保護国となった。

④ 2003年，アメリカ・イギリス軍の攻撃により，フセイン政権が崩壊した。

問4　下線部ⓓに関して，ボヘミア（ベーメン）の歴史を述べたX～Zのうち正しい文章一つと，地図中のボヘミア（ベーメン）の位置Ⅰ・Ⅱの番号の組合せを，下の①～⑥から一つ選べ。 [24]

X：ゲルマン民族大移動により，この地にはブルグンド王国が建てられた。

Y：15世紀，ローマ=カトリック批判が高まる中，フス戦争が起きた。

Z：17世紀，ボヘミアの新教徒がカトリック信仰の強制に反抗したのを機に，七年戦争が始まった。

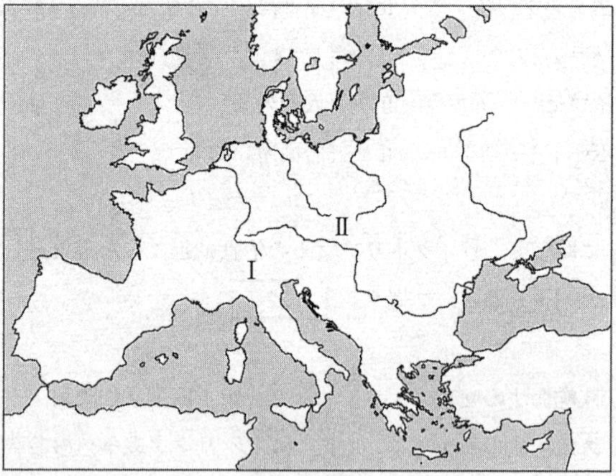

ヨーロッパ

① X　―　地図のⅠ

② X　―　地図のⅡ

③　Y　—　地図のⅠ
④　Y　—　地図のⅡ
⑤　Z　—　地図のⅠ
⑥　Z　—　地図のⅡ

問5　下線部ⓔに関して，南アフリカ戦争前後の状況について，**誤った文章**を，次の①～④から一つ選べ。 25

①　アフリカ最南端のケープ植民地はオランダ東インド会社が築いたものであったが，ベルリン会議においてイギリスに譲渡された。
②　オランダ人移民の子孫のブール人はトランスヴァール共和国とオレンジ自由国をたてた。
③　南アフリカ戦争を推進したのはジョゼフ=チェンバレンであった。
④　1910年成立のイギリス自治領である南アフリカ連邦はケープ，トランスヴァール，オレンジなどの4州から成った。

問6　下線部ⓕに関して，チャールズ1世はピューリタン（清教徒）革命により1649年に処刑されたのであるが，この革命を説明したものとして正しい文章を，次の①～④から一つ選べ。 26

①　ピューリタンとは，イングランドにおけるルター派の呼称である。
②　イギリス国教の強制に対するスコットランドの反乱とそれへの軍事費支出が革命の一因となった。
③　チャールズ1世の専制に対し，議会は「権利の宣言」を提出した。
④　王党派と議会派の間で内戦が始まるが，議会派が優勢になると，連邦派と水平派に分裂した。

問7　下線部ⓖに関して，正しい文章を，次の①～④から一つ選べ。 27

①　インドのジャイナ教は苦行と不殺生を特徴とし，ナーナクにより創始され

た。

② グプタ朝期には，唐の僧侶，玄奘がインドを訪れている。

③ ムガル帝国滅亡を機に，イギリス東インド会社がインドを直接統治した。

④ イギリスからのインド独立に向けて，ガンディーは「塩の行進」を実行した。

問8 下線部ⓗに関して，カナダは英仏間の植民地戦争の対象となってきたが，イギリス領になるまで，そしてイギリスから独立するまでの経緯を記す正しい文章を，次の①～④から一つ選べ。 28

① フランスはイギリスにウェストファリア条約でニューファンドランド島とハドソン湾を割譲した。

② フランスはカトー=カンブレジ条約でケベック地方を失った。

③ カナダはオーストラリアに次いで，自治領となった。

④ カナダはウェストミンスター憲章により外交自主権を獲得し，事実上独立した。

問9 下線部ⓘに関して，次のXとYの文章の正誤について正しい組合せを，下の①～④から一つ選べ。 29

X：オーストラリアはイギリスの流刑植民地であったが，19世紀半ばの金鉱発見以降，自由移民が急増した結果，白人以外の移民を禁じる白豪主義を採用した。

Y：「明白な天命」説を唱え，西部開拓を正当化したアメリカ合衆国はアメリカ=メキシコ戦争を機にカリフォルニアを獲得したが，その地で金鉱が発見された結果，大量の移民が東海岸に殺到した。これを受けて，政府は数回にわたり移民法を定めた。

① X－正　Y－正　　② X－正　Y－誤
③ X－誤　Y－正　　④ X－誤　Y－誤

問10　下線部ⓙに関して，大戦の出来事を時系列に沿って古いものから並べたとき，正しい組合せを，次の①～⑥から一つ選べ。 **30**

① アメリカの参戦 → ロシア二月革命 → タンネンベルクの戦い
② ロシア二月革命 → アメリカの参戦 → タンネンベルクの戦い
③ ロシア二月革命 → タンネンベルクの戦い → アメリカの参戦
④ タンネンベルクの戦い → ロシア二月革命 → アメリカの参戦
⑤ タンネンベルクの戦い → アメリカの参戦 → ロシア二月革命
⑥ アメリカの参戦 → タンネンベルクの戦い → ロシア二月革命

第4問

以下は，朝鮮半島の歴史を簡略にまとめたものである。文章をよく読み，下の問い（**問1～10**）の答えを解答欄にマークせよ。

前漢のⓐ武帝は朝鮮半島の衛氏朝鮮を滅ぼして，楽浪郡など4郡を置き，朝鮮を支配したが，やがて中国の支配はゆるみ，朝鮮半島はⓑ高句麗，新羅，百済が相争う三国時代に突入する。とはいえ，これら3国は中国の北朝や南朝に朝貢して冊封を受けることで，皇帝の権威を支配の根拠とした。しかし最終的にⓒ新羅が最初の統一国家を樹立することになる。

9世紀に新羅が分裂する中，10世紀前半，王建がⓓ高麗を建て，朝鮮半島を再統一した。この王朝は唐や宋を参考にして官僚制を整備し，中央集権体制を築いたが，12世紀末には武官が政権を握り，13世紀後半には元に服属し，日本への軍事遠征（元寇）も強いられるなど混乱が続いた。元がⓔ明に敗れ，モンゴル高原に逃れて，東アジアの国際情勢が変化する中， **あ** が高麗に代わり朝鮮王朝を樹立するところとなった。

この王朝は16世紀末，豊臣秀吉の朝鮮侵攻により多大な被害を受けつつ，明軍の援助もあって，秀吉軍を撃退した。一方，この軍隊派遣は明の財政を悪化させ， **い** の乱で明は滅ぶ。この後，中国を支配したのは女真族のⓕ清であった。

19世紀後半，明治維新により急速な近代国家化を図る日本は朝鮮に権益を求めていき，江華島事件を機に不平等な日朝修好条規を結ばせた。これに対し朝鮮の宗主国である清は日本を警戒し，最終的にⓖ日清戦争に至った。この戦争は下関条約で終結するが，そこで確認された「朝鮮の独立」とは日本の影響下での独立に他ならなかった。なお，朝鮮は1897年，国号を大韓帝国（以下，「韓国」と表記）に改め，清や日本との対等性を強調した。一方，シベリア鉄道建設に代表されるロシアの東アジア進出は韓国を巡って日本との対立を招き，1904年，日露戦争が勃発した。翌年，結ばれたポーツマス条約は韓国における日本の優越権をロシアに認めさせた。そして1910年，日本はⓗ韓国併合を断行した。

さて，太平洋戦争後，朝鮮半島は北緯38度線以北をソ連軍に，以南をアメリカ合衆国軍により分割管理された結果，1948年，北は朝鮮民主主義人民共和国，南は大韓民国として別々に独立し，ⓘ朝鮮戦争後も朝鮮は分断されたままである。

問1　文中の空欄 あ と い に入る人名に関して，正しい組合せを，次の①～⑥から一つ選べ。 31

① あ：李時珍 ― い：李自成
② あ：李時珍 ― い：李元昊
③ あ：李舜臣 ― い：李鴻章
④ あ：李舜臣 ― い：李元昊
⑤ あ：李成桂 ― い：李自成
⑥ あ：李成桂 ― い：李鴻章

問2　下線部ⓐに関して，武帝の事績として，**誤った事項**を，次の①～⑥から一つ選べ。 32

① 郷挙里選による官僚の登用
② 均輸・平準法の実施
③ 張騫を西域に派遣
④ 塩・鉄・酒の専売制を導入
⑤ 党錮の禁を断行
⑥ 儒教を重視し，五経博士を設置

問3　下線部ⓑに関して，楽浪郡を滅ぼした国名（Ⅰ），その地図上の位置（Ⅱ）の正しい組合せを，下の①～⑥から一つ選べ。 [33]

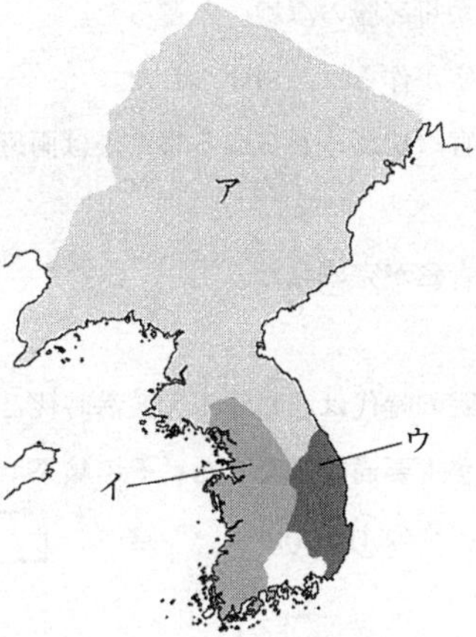

5世紀後半の朝鮮半島

① Ⅰ ― 高句麗　　Ⅱ ― ア
② Ⅰ ― 新羅　　Ⅱ ― イ
③ Ⅰ ― 百済　　Ⅱ ― ウ
④ Ⅰ ― 高句麗　　Ⅱ ― ウ
⑤ Ⅰ ― 新羅　　Ⅱ ― ア
⑥ Ⅰ ― 百済　　Ⅱ ― イ

問4　下線部ⓒに関して，朝鮮半島を統一した新羅の内外情勢として，**誤った文章**を，次の①～④から一つ選べ。 [34]

① 骨品制と呼ばれる身分制度によって，貴族中心の体制を整えた。
② 首都には仏国寺などがあり，仏教文化が栄えた。
③ 訓民正音がつくられ，公布された。
④ 半島の北には，大祚栄が高句麗の遺民を含めて建国した渤海があった。

問5　下線部ⓓに関して，高麗の社会を説明したものとして，**誤った文章**を，次の①〜④から一つ選べ。 35

① 首都は新羅の開城から高麗の漢城へと遷った。

② 世界最古の金属活字が作られ，用いられた。

③ 文官（文班）と武官（武班）から成る官僚層は両班と呼ばれ，特権身分化した。

④ 芸術性の高い高麗青磁が完成した。

問6　下線部ⓔに関して，明の時代はいわゆる大航海時代と重なり，大量に流入したメキシコ銀や日本銀が主要通貨となった。その結果，税制が改められた。この新たな税制とは何か。次の①〜④から一つ選べ。 36

① 十分の一税　② 地丁銀制　③ 一条鞭法　④ 両税法

問7　下線部ⓕに関して，清の政策として**誤った文章**を，次の①〜④から一つ選べ。 37

① 清は漢人男性に対し，辮髪を強制した。

② 清を批判する言論に対しては「文字の獄」で，弾圧した。

③ 清は広大な領土に対し，台湾などを直轄領としつつ，モンゴルやチベットを藩部とした。

④ 清は，かつてモンゴルや元に受容されていたチベット仏教を弾圧した。

問8　下線部ⓖに関して，江華島事件から日清戦争までに起こった事件を時系列に沿って古いものから並べたとき，正しい組合せを，次の①〜⑥から一つ選べ。 38

① 甲午農民戦争 → 壬午軍乱 → 甲申政変

② 甲午農民戦争 → 甲申政変 → 壬午軍乱

③　壬午軍乱　→　甲午農民戦争　→　甲申政変

④　甲申政変　→　甲午農民戦争　→　壬午軍乱

⑤　壬午軍乱　→　甲申政変　→　甲午農民戦争

⑥　甲申政変　→　壬午軍乱　→　甲午農民戦争

問9　下線部ⓗに関して，日露戦争から韓国併合までに起こった事象について述べた正しい文章を，次の①～④から一つ選べ。 39

①　日本はソウルに韓国統監府をおき，初代総督には伊藤博文が就いた。

②　民衆は日本に抗議して，三・一独立運動を起こした。

③　韓国皇帝によるハーグ密使事件は失敗に終わり，皇帝は退位させられた。

④　日本は日韓協約による韓国の保護国化を口実に，土地調査事業を推し進めた。

問10　下線部ⓘに関して，次の文章中のX・Yの正誤の正しい組合せを，下の①～④から一つ選べ。 40

【1950年，朝鮮民主主義人民共和国軍が大韓民国に侵攻した。国連の安全保障理事会決議に基づき，アメリカ軍を中心とする国連軍が朝鮮半島を北上すると，中華人民共和国は北朝鮮側に義勇軍を派遣した。こうして北緯38度線付近で戦闘は膠着状態に入り，ようやく1953年，板門店で［X：休戦協定］が結ばれた。一方，この戦争を機に，東西対立はヨーロッパのみならず，アジア・太平洋地域にも広がり，アメリカのアイゼンハワー大統領は共産主義陣営に対する［Y：封じ込め政策］を掲げた。】

①　X－正　Y－正　　②　X－正　Y－誤

③　X－誤　Y－正　　④　X－誤　Y－誤

第5問 以下は19世紀以後の北アメリカ，第一次世界大戦終了後のヨーロッパに関する歴史の一部をまとめたものである。[A]と[B]の文章を読み，下の問い（問1～10）の答えを解答欄にマークせよ。

[A] 19世紀を通じてアメリカ合衆国では西部開拓が行われた。この西部開拓は，アメリカ合衆国の南部と北部の対立を激化させた。それは，ⓐ南部と北部の産業構造とそれにともなう奴隷制度や貿易政策に対する考え方の差異によるものであった。北緯36度30分以北には奴隷州を作らないと定めたミズーリ協定が1820年に南北で結ばれたものの，その後協定は否定された。これを契機に共和党が結成されるに至り，南北の対立が決定的となった。1860年の大統領選挙でⓑリンカンが当選すると，翌年，南部諸州は合衆国から離脱してⓒアメリカ連合国を結成し，ここに南北戦争が始まった。そして南北戦争は北軍が勝利して，1865年に合衆国は再統一された。

南北戦争後，共和党が荒廃した南部の再建を主導し，連邦憲法の修正により奴隷制が廃止された。奴隷から解放された黒人には投票権が与えられた。だが，投票権の付与のみでは黒人問題の解決には至らなかった。すなわち，解放黒人はⓓ経済的に劣悪な立場に陥ることになったり，黒人への迫害が非合法手段で行われたり，付与された投票権も州法によって制限されたり，そして公共施設を人種別に分けられたりもした。

1954年に公立学校での人種隔離を違憲とするブラウン判決が出た。その後，アフリカ系住民を中心に南部の人種差別制度の廃止を求める公民権運動が始まった。この運動は1960年代に高まりを見せ，選挙・教育・公共施設での人種差別を禁止するⓔ公民権法の成立へと結実した。

問1 下線部ⓐに関して，北部と南部における産業と，推進する貿易政策に対する正しい組合せを，次の①～④から一つ選べ。 **41**

① 北部 ― 商工業・自由貿易　　南部 ― 綿花生産・保護関税政策
② 北部 ― 商工業・保護関税政策　　南部 ― 綿花生産・自由貿易
③ 北部 ― 綿花生産・自由貿易　　南部 ― 商工業・保護関税政策

④　北部 ― 綿花生産・保護関税政策　　南部 ― 商工業・自由貿易

問2　下線部ⓑに関する事柄として，**誤った文章**を，次の①〜④から一つ選べ。
42

①　リンカンは，奴隷制に反対する人々が組織した共和党より大統領選挙に立候補した。
②　リンカンは，大統領選挙に立候補した当初より奴隷解放を推進していた。
③「人民の，人民による，人民のための政治」というリンカンの発言はゲティスバーグで行われた追悼式典の演説で発せられた。
④　リンカンの大統領在任期間にホームステッド法（自営農地法）が成立した。

問3　下線部ⓒに関して，アメリカ連合国の首都として正しい位置を，下の①〜④から一つ選べ。 43

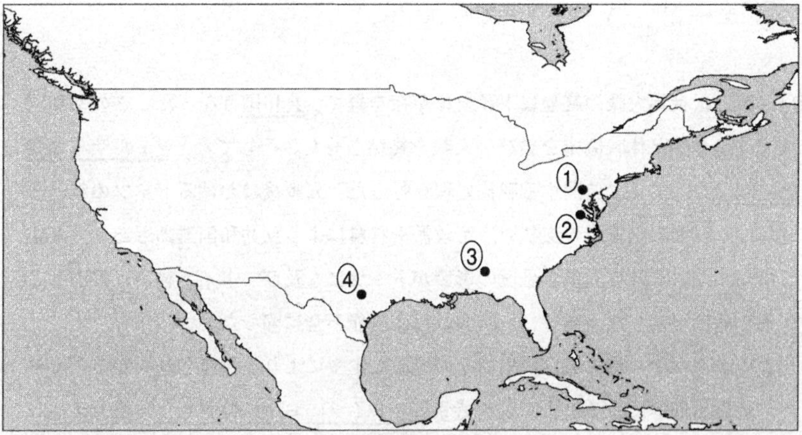

19世紀後半の北アメリカ大陸

問4　下線部ⓓに関して，農地の配分が行われなかったために多くの黒人が陥った，南北戦争後の南部における小作人制度の名称として正しいものを，次の①〜④から一つ選べ。 44

① コロナトゥス　　② エンコミエンダ制

③ アシエンダ制　　④ シェアクロッパー

問5　下線部ⓔに関して，次の文章中のX・Y・Zの正誤の正しい組合せを，下の①～⑥から一つ選べ。 **45**

【[X：ケネディ] 大統領は就任中に公民権法を成立させ，2期目を迎えるにあたって [Y：緊張緩和] を提唱し，貧困との闘い，人種差別の廃止などを推進した。他方，対外的には [Z：ベトナム] への軍事介入を拡大させた。】

① X－正　Y－正　Z－正

② X－正　Y－正　Z－誤

③ X－正　Y－誤　Z－誤

④ X－誤　Y－正　Z－正

⑤ X－誤　Y－誤　Z－正

⑥ X－誤　Y－誤　Z－誤

[B]　第一次世界大戦の終盤にドイツは革命を経てⓕ共和国となった。この共和国政府は連合国と休戦協定を結び，大戦を終結させた。そして，ⓖヴェルサイユ条約に調印し，ドイツに関する戦後処理を行った。大戦後におけるドイツの経済と政局は，巨額の賠償金の支払い，帝政派や右翼による反共和国運動もあり，安定しなかった。そして，世界恐慌の影響がドイツにも及び，ドイツ経済は停滞し，国民生活は混乱した。同時に，議会政治は機能不全に陥った。

このような中，ナチ党は，当初その過激な主張により支持はされなかったものの，世界恐慌等による社会不安を背景にⓗドイツにおいて伸張し，政権を掌握した。そのナチス政権は，軍需産業の拡張，大規模な土木工事の実施，ラジオの普及などの進展により国民の支持を固めた。また，ナチス政権は，国内支配の確立を進めつつ，ⓘ軍事政策・対外政策も積極的に展開しヴェルサイユ体制の破壊をすすめた。

以降，ナチス=ドイツは本格的に領土的野心を露わにする。1938年，ドイツはオーストリアを併合し，ズデーテン地方を割譲させた。1939年，チェコスロヴァキアを解体し，西部を併合，東部を保護国とした。そして，ソ連と独ソ不可侵条約を締結し，準備が整ったことからポーランドへの軍事侵攻を開始した。ⓙそして，ドイツは瞬く間に多くのヨーロッパ地域をその支配下に入れた。

問6　下線部ⓕの共和国であるヴァイマル共和国で制定された憲法の規定として**誤ったもの**を，次の①～④から一つ選べ。 46

① 20歳以上の男女普通選挙権
② 労働者の団結権
③ 大統領の直接選挙
④ 議会への非常大権の付与

問7　下線部ⓖに関して，ドイツの同盟国であったオーストリア，オスマン帝国，ブルガリア王国も同様に連合国と講和条約を締結した。その条約を時系列に沿って古いものから並べたとき，正しい組合せを，次の①～⑥から一つ選べ。
47

① セーヴル条約 → ヌイイ条約 → サン=ジェルマン条約
② セーヴル条約 → サン=ジェルマン条約 → ヌイイ条約
③ ヌイイ条約 → セーヴル条約 → サン=ジェルマン条約
④ ヌイイ条約 → サン=ジェルマン条約 → セーヴル条約
⑤ サン=ジェルマン条約 → セーヴル条約 → ヌイイ条約
⑥ サン=ジェルマン条約 → ヌイイ条約 → セーヴル条約

問8　下線部ⓗに関して，次の文章中のX・Yの正誤の正しい組合せを，次の①～④から一つ選べ。 48

【ヒトラーが首相となった政府は，1933年2月に［X：全権委任法］を利用して，［Y：共産党］などの左翼勢力を弾圧した。】

① X－正　Y－正　② X－正　Y－誤
③ X－誤　Y－正　④ X－誤　Y－誤

問9 下線部ⓘに関して，ナチス政権が行った軍事・対外政策として**誤った文章**を，次の①～④から一つ選べ。 49

① ドイツは軍備平等権が認められないため国際連盟を脱退した。
② ナチスは徴兵制の復活と再軍備を宣言した。
③ イギリスとドイツは海軍協定を結んだ。
④ ドイツはロカルノ条約を破棄してザール地方に軍を進駐させた。

問10 下線部ⓙに関して，フランスはドイツに侵攻され，ドイツに降伏した。フランスの一部はドイツに協力するペタンを首班とするヴィシー政府が統治することとなった。このヴィシーの正しい位置を，下の①～④から一つ選べ。

50

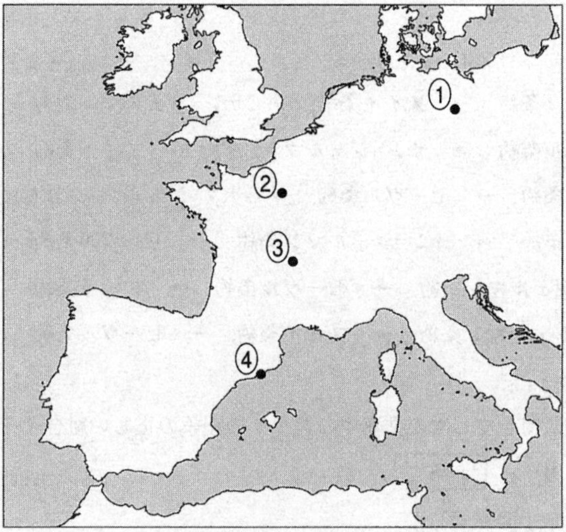

第二次世界大戦期のヨーロッパ

数学

◀理工，建築都市デザイン，情報工学部▶

(90 分)

1. 次の問に答えよ。

(1) $\sin 2\theta = \cos 3\theta$ のとき，$\sin\theta$ の値を求めよ。ただし，$0 < \theta < \pi$ とする。

(2) 数直線上を動く点Pが原点の位置にある。1個のサイコロを投げ，奇数の目が出れば点Pは正の方向へ2だけ動き，偶数の目が出れば点Pは負の方向へ1だけ動くとする。サイコロを8回投げたとき，Pの座標が負である確率を求めよ。

(3) i を虚数単位とする。$\left(3-\sqrt{3}\,i\right)^n$ が実数となる最小の正の整数 n を求めよ。

2. 次の問に答えよ。

(1) 次の等式を満たす関数 $f(x)$ を求めよ。

$$f(x) = x^2 + x\int_{-1}^{1} f(t)dt + \int_{0}^{2} f(t)dt$$

(2) 次の等式を満たす自然数 n を求めよ。

$$\sum_{k=1}^{n} \log_{10}\frac{k}{k+2} = -2\log_{10}6$$

(3) $I_n = \displaystyle\int_0^1 x(1-x)^n\,dx$ $(n = 1, 2, 3, \cdots\cdots)$ とおく。極限 $\displaystyle\lim_{n\to\infty} n^2 I_n$ を求めよ。

3. $\triangle$OAB において，$\angle$AOB $= 30^\circ$ であり，その面積は 1 であるとする。辺 AB 上に点 P を，AP : PB $= 3 : 2$ となるようにとる。$x = |\overrightarrow{\mathrm{OA}}|$ とおくとき，次の問に答えよ。

(1) 内積 $\overrightarrow{\mathrm{OA}} \cdot \overrightarrow{\mathrm{OB}}$ の値を求めよ。

(2) $L = |\overrightarrow{\mathrm{OP}}|^2$ とおくとき，L を x で表せ。

(3) L の最小値，および最小値を与える x の値を求めよ。

4. 関数 $f(x) = (x+1)(2x-3)(x-3)$ について，次の問に答えよ。

(1) $f'(x) = 0$ となる x の値を求めよ。

(2) $f(x)$ の増減を調べ，極値を求めよ。

(3) $g(x) = (x+1)|2x-3|(x-3)$ と定めるとき，$y = g(x)$ のグラフを描け。

◀環境，メディア情報，デザイン・データ科，都市生活，人間科学部▶

(90 分)

1. 次の [　　] を埋めよ。ただし，**解答用紙には計算過程も示せ。**

(1) $\dfrac{\sqrt{5}+\sqrt{3}}{\sqrt{5}-\sqrt{3}}$ の分母を有理化すると [ア] となる。また $\dfrac{\sqrt{5}+\sqrt{-8}}{\sqrt{5}-\sqrt{-8}}$ を計算した結果の複素数の実部は [イ]，虚部は [ウ] である。

(2) m を実数の定数とする。方程式 $x^2+(m+4)x+2m+5=0$ が異なる 2 つの負の実数解をもつとき，m の満たすべき条件は [エ] である。

(3) $3^{\log_3 8}$ の値は [オ] であり，$10^{\log_{0.1}3}$ の値は [カ] であり，$\log_{64}8$ の値は [キ] である。

(4) 式 $(a+b+c)^4$ を展開したとき abc^2 の項の係数は [ク] であり，bc^3 の項の係数は [ケ] である。i を虚数単位とすると，式 $\left(1+\dfrac{1}{\sqrt{2}}+i\right)^4$ の計算結果の複素数の虚部は [コ] である。

(5) $0 \leqq x < 2\pi$ とする。関数 $y=2\sin x+2\cos x-2\sin x\cos x+1$ を考える。$t=\sin x+\cos x$ として，y を t の式で表すと $y=$ [サ] となる。t のとりうる値の範囲は [シ] なので，y は $x=$ [ス] のとき最大値 [セ] をとり，$x=$ [ソ] のとき最小値 [タ] をとる。

(6) 初項 3，公比 3 の等比数列 $\{a_n\}$ と初項 -12，公比 -2 の等比数列 $\{b_n\}$ から数列 $\{c_n\}$，$\{d_n\}$ を $c_n=\dfrac{4}{5}a_n+\dfrac{1}{5}b_n$，$d_n=\dfrac{1}{5}a_n-\dfrac{1}{5}b_n$ と定める。このとき，数列 $\{c_n\}$ の一般項は，実数の定数 $p=$ [チ]，$q=$ [ツ] を用いて

$c_n = p \times 3^n + q \times (-2)^n$ と表せる。数列 $\{c_n\}$ の初項から第 n 項までの和を S_n, 数列 $\{d_n\}$ の初項から第 n 項までの和を T_n とする。このとき S_n は実数の定数 $r=$ $\boxed{\text{テ}}$, $s=$ $\boxed{\text{ト}}$, $t=$ $\boxed{\text{ナ}}$ を用いて $S_n = r \times 3^n + s \times (-2)^n + t$ と表せる。また, $|S_n - 4T_n| > 2023$ となる最小の n は $n=$ $\boxed{\text{ニ}}$ である。

(7)　α を実数とし, 点Oを原点, 点A, Bの座標をそれぞれ $\mathrm{A}(0, \alpha, 1)$, $\mathrm{B}\left(\dfrac{1}{2}, 1, 1\right)$ とする。$|\overrightarrow{\mathrm{OB}} + \overrightarrow{\mathrm{AB}}|$ は $\alpha=$ $\boxed{\text{ヌ}}$ のとき最小値 $\boxed{\text{ネ}}$ をとり, $|\overrightarrow{\mathrm{OB}}| + |\overrightarrow{\mathrm{AB}}|$ は $\alpha=$ $\boxed{\text{ノ}}$ のとき最小値 $\boxed{\text{ハ}}$ をとる。また, $\overrightarrow{\mathrm{OB}} \perp \overrightarrow{\mathrm{AB}}$ であるとき, $\alpha=$ $\boxed{\text{ヒ}}$ となる。

(8)　2個のさいころA, Bを同時にふり, 出た目の数をそれぞれ α, β とする。$\alpha+\beta$ の計算結果の自然数を2進法で表したものを x とする。例えば $\alpha+\beta=5$ のとき, x は $101_{(2)}$ である。x が $111_{(2)}$ になる確率は $\boxed{\text{フ}}$ である。2進数 x の各位の数字の中に1が1個だけ含まれる確率は $\boxed{\text{ヘ}}$ である。2進数 x の各位の数字の並びに1が2個以上連続する確率は $\boxed{\text{ホ}}$ である。

2.　関数 $f(x)$, $g(x)$ を $f(x) = \dfrac{1}{4}x^2 - x + 3$, $g(x) = x^2 - 4x + 3$ とする。また, 点 $(4, f(4))$ における放物線 $y = f(x)$ の接線が, 実数の定数 a, b を用いて $y = ax + b$ と表されるとする。このとき, 以下の問に答えよ。ただし, **解答用紙には計算過程も示せ。**

(1)　2つの放物線 $y = f(x)$, $y = g(x)$ で囲まれた図形の面積を求めよ。

(2)　a, b を求めよ。

(3)　2つの放物線 $y = f(x)$, $y = g(x)$, および直線 $y = ax + b$ を座標平面上に図示せよ。

(4)　次の連立不等式の表す領域の面積を求めよ。

$$\begin{cases} y \leqq f(x) \\ y \geqq g(x) \\ y \geqq ax + b \end{cases}$$

理科

（80分）

出題科目	設問	選　択　方　法
物　理	第1～2問	左の3科目（設問第1～6問）6問のうちから，**2問**を選択し，解答しなさい。**指定数をこえて解答してはいけません。**
化　学	第3～4問	
生　物	第5～6問	
物　理	第7問	左の3科目（設問第7～9問）3問のうちから，**1問**を選択し，解答しなさい。**指定数をこえて解答してはいけません。**
化　学	第8問	
生　物	第9問	

物　理

第1問　以下の**問1～問4**について，[1] ～ [6] に最も適するものを，それぞれの解答群の中から1つずつ選べ。

問1　小物体AとBが同じ直線上を運動している。時刻 $t=0$ s で小物体AとBは同じ位置にあり，その後の小物体AとBの速度 v〔m/s〕は時刻 t〔s〕とともに図のように変化した。$0\,\mathrm{s} \leqq t \leqq 10.0\,\mathrm{s}$ で，小物体AとBの間の距離が最大となるのは $t=$ [1] s であり，その距離は [2] m である。

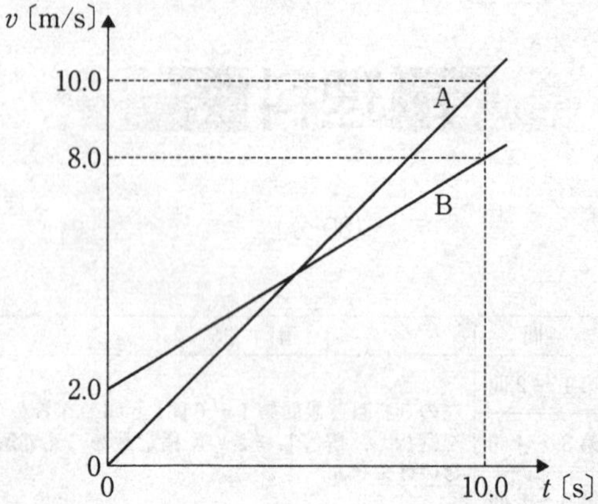

［ 1 ］の解答群

① 2.0　② 3.5　③ 5.0　④ 6.5　⑤ 8.0　⑥ 9.5

［ 2 ］の解答群

① 1.0　② 2.0　③ 3.0　④ 4.0　⑤ 5.0　⑥ 6.0

問2　x 軸上を反対向きに同じ速さで進む正弦波A，Bが重なり合い定常波ができた。この定常波の隣り合う節と節の間隔は2.0 m，腹の位置の振動の周期は2.0 s，腹の位置の振幅は3.0 mであった。正弦波A，Bの波長は［ a ］m，伝わる速さは［ b ］m/s，振幅は［ c ］mである。

［ a ］，［ b ］，［ c ］の組み合わせで適しているものは［ 3 ］である。

3 の解答群

	a	b	c
①	2.0	2.0	3.0
②	4.0	2.0	3.0
③	4.0	1.0	3.0
④	2.0	2.0	1.5
⑤	4.0	2.0	1.5
⑥	4.0	1.0	1.5

問3　断熱された容器の中に質量 2.0×10^2 g の水を入れたところ，容器と水の温度は 20 ℃になった。この容器内の水の中に温度が 60 ℃で質量が 4.0×10^2 g の金属球を入れて十分に時間が経つと，全体の温度が 30 ℃になった。この金属球の比熱は　4　J/(g·K) である。ただし，容器の熱容量を 60 J/K，水の比熱を 4.2 J/(g·K) とする。

4 の解答群

① 0.23　② 0.58　③ 0.75　④ 1.2　⑤ 1.7　⑥ 4.2

問4　長さが L で断面積 S の金属棒 A，長さが $2L$ で断面積 S の金属棒 B，長さが L で断面積 $2S$ の金属棒 C がある。すべての金属棒の抵抗率は ρ である。金属棒 C の抵抗値は　5　である。この金属棒 A，B，C を直列に接続し，起電力 E の電池に接続して回路を作った。金属棒 A の抵抗値を R とすると，回路に流れる電流は　6　である。ただし，電池の内部抵抗は無視できるものとする。

5 の解答群

① $\dfrac{\rho L}{2S}$　② $\dfrac{\rho L}{S}$　③ $\dfrac{2\rho L}{S}$　④ $\dfrac{\rho S}{2L}$　⑤ $\dfrac{\rho S}{L}$　⑥ $\dfrac{2\rho S}{L}$

6 の解答群

① $\frac{E}{R}$　② $\frac{E}{2R}$　③ $\frac{E}{5R}$　④ $\frac{E}{7R}$　⑤ $\frac{2E}{5R}$　⑥ $\frac{2E}{7R}$

物　理

第2問　以下の問 1 ～問 4 について，7 ～ 12 に最も適するものを，それぞれの解答群の中から1つずつ選べ。

問 1　地面で静止している人から見ると，鉛直下向きに一定の速さで雨滴が落下している。この雨滴を地面に対して水平方向に速さ 5.0 m/s で走行する電車内から見たところ，雨滴が鉛直方向から 30° 傾いて落下するように見えた。地面で静止している人から見た雨滴の落下する速さは 7 m/s である。

7 の解答群

① 2.5　② 2.8　③ 4.3　④ 5.8　⑤ 8.7　⑥ 10

問 2　半径 20 cm の一様な円盤がある。この円盤の中心 O 点には，円盤に対して垂直な回転軸があり，円盤はこの回転軸のまわりを滑らかに回転できる。この円盤の回転軸を水平にした。

図のように，O 点から鉛直下向きの線を引き，この線から左へ 30° の向きにある円周上の点を A 点とする。また，O 点から水平右向きにある円周上の点を B 点とする。線分 OA の中点に質量 0.50 kg のおもりを，B 点に質量 m〔kg〕のおもりを吊るしたところ，円盤は静止したままだった。B 点に吊るしたおもりの質量は m= 8 kg である。

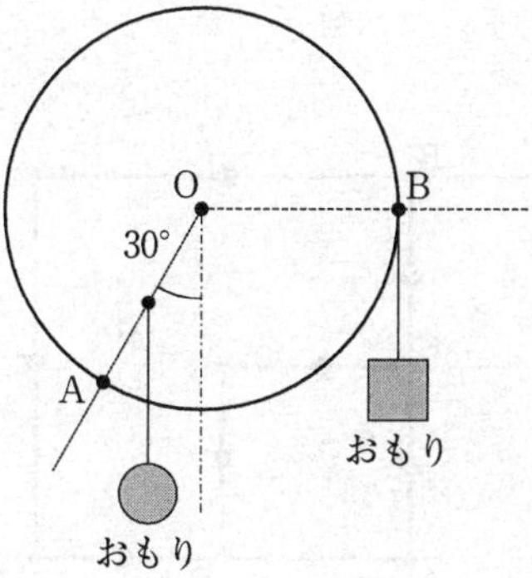

[8] の解答群

① 0.13　　② 0.25　　③ 0.38　　④ 0.50　　⑤ 1.2　　⑥ 1.5

問 3　図のように，単原子分子理想気体 1 mol を，体積が V_0〔m³〕，圧力が P_0〔Pa〕の状態 A から状態 B，C，D，A と変化させるサイクル I と，状態 A から状態 B′，C′，D′，A と変化させるサイクル II がある。状態変化 A → B，A → B′，および C → D，C′ → D′ は定積変化，状態変化 B → C，B′ → C′，および D → A，D′ → A は定圧変化である。サイクル I が A → B → C → D → A と状態変化する間に，気体が外部から吸収した熱量は，[9]〔J〕である。また，サイクル I と II をそれぞれ熱機関とみなし，サイクル I の熱効率を e_1，サイクル II の熱効率を e_2 とすると，$\dfrac{e_2}{e_1}=$ [10] となる。

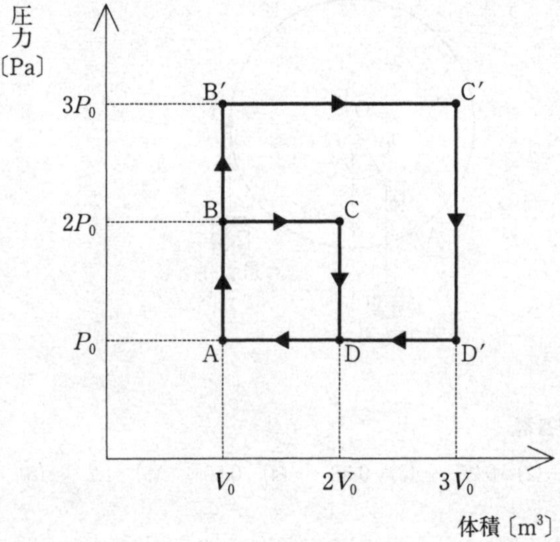

[9] の解答群

① $\frac{13}{2}P_0V_0$　② $\frac{9}{2}P_0V_0$　③ $\frac{5}{2}P_0V_0$

④ $\frac{2}{5}P_0V_0$　⑤ $\frac{2}{9}P_0V_0$　⑥ $\frac{2}{13}P_0V_0$

[10] の解答群

① $\frac{19}{7}$　② $\frac{13}{9}$　③ $\frac{5}{3}$　④ $\frac{3}{2}$　⑤ $\frac{5}{2}$　⑥ $\frac{9}{2}$

問4　面積 S の２枚の極板を真空中で平行に距離 d だけ離した平行板コンデンサーを，起電力 V の直流電源に接続して十分に充電した後，電源を取り外した。このコンデンサーに蓄えられた静電エネルギー U は [11] である。次に，電源を取り外した状態で，外力を加えて比誘電率 ε_r の誘電体をゆっくりとすき間なくコンデンサーに挿入した。誘電体を入れたことによる静電エネルギーの変化は [12] である。ただし，真空の誘電率を ε_0 とする。

11 の解答群

① $\dfrac{\varepsilon_0 SV^2}{4d}$　② $\dfrac{\varepsilon_0 SV^2}{2d}$　③ $\dfrac{\varepsilon_0 SV}{2d}$

④ $\dfrac{2\varepsilon_0 SV}{d}$　⑤ $\dfrac{2\varepsilon_0 SV^2}{d}$　⑥ $\dfrac{4\varepsilon_0 SV^2}{d}$

12 の解答群

① $4\varepsilon_r^2 U$　② $(2\varepsilon_r - 1)U$　③ $\varepsilon_r U$

④ $\dfrac{1}{\varepsilon_r - 1}U$　⑤ $\left(\dfrac{1}{\varepsilon_r} - 1\right)U$　⑥ $\dfrac{4}{\varepsilon_r^2}U$

化　学

第3問　次の問い（問1～問6）の答えを解答欄に記入せよ。

問1　空欄 ア ， イ にあてはまるものの組み合わせとして最適なものを下の①～⑧のうちから1つ選べ。ただし，硫酸銅（Ⅱ）$CuSO_4$ は60℃の水100gに39.9g溶けるものとする。また，原子量はH=1.0，O=16.0，S=32.1，Cu=63.5とする。 **13**

60℃の硫酸銅（Ⅱ）飽和水溶液の質量パーセント濃度は ア ％であり，60℃の硫酸銅（Ⅱ）飽和水溶液100gをつくるのに必要な硫酸銅（Ⅱ）五水和物 $CuSO_4 \cdot 5H_2O$ は イ gである。

	ア	イ
①	29	29
②	29	40
③	29	45
④	29	63
⑤	40	29
⑥	40	40
⑦	40	45
⑧	40	63

問2　容積 8.0 L の密閉容器に四酸化二窒素 0.040 mol を入れて温度を一定に保ったとき，平衡状態における二酸化窒素の物質量はいくらか。次の①〜⑧のうちから最も近いものを１つ選べ。ただし，この温度における $N_2O_4 \rightleftarrows 2NO_2$ の反応の平衡定数は 0.010 mol/L とする。［14］mol

① 0.010　② 0.020　③ 0.030　④ 0.040
⑤ 0.050　⑥ 0.060　⑦ 0.070　⑧ 0.080

問3　空欄［ア］〜［ウ］にあてはまるものの組み合わせとして最適なものを下の①〜⑧のうちから１つ選べ。ただし，水の電離の熱化学方程式は H_2O(液)$=H^+aq+OH^-aq-56.5$ kJ とする。また，25℃における水のイオン積は $1.0\times10^{-14}(mol/L)^2$ とする。［15］

水の電離は［ア］である。このため，水のイオン積は温度が高いほど［イ］，たとえば60℃の水の水素イオン濃度は 1.0×10^{-7} mol/L より［ウ］。

	ア	イ	ウ
①	発熱反応	大きく	大きい
②	発熱反応	大きく	小さい
③	発熱反応	小さく	大きい
④	発熱反応	小さく	小さい
⑤	吸熱反応	大きく	大きい
⑥	吸熱反応	大きく	小さい
⑦	吸熱反応	小さく	大きい
⑧	吸熱反応	小さく	小さい

問4　ア～エのうち，下線の物質が酸化剤としてはたらくものはどれか。最適な組み合わせを下の①～⑧のうちから1つ選べ。 16

ア　酸化鉄（Ⅲ）とアルミニウムを反応させて鉄の単体を得た。
イ　ヨウ化カリウム水溶液に臭素水を加えてヨウ素の単体を得た。
ウ　二酸化硫黄を水と反応させて亜硫酸を得た。
エ　二酸化硫黄と硫化水素を反応させて硫黄の単体を得た。

①　アとイ　　②　アとウ　　③　アとエ　　④　イとウ
⑤　イとエ　　⑥　ウとエ　　⑦　アとイとウ　　⑧　イとウとエ

問5　空欄 ア ～ ウ にあてはまるものの組み合わせとして最適なものを下の①～⑧のうちから1つ選べ。 17

・フッ化水素酸は ア 製の容器に保存する。
・さらし粉の水溶液には強い イ 作用がある。
・ ウ は水溶液中で銀イオンと反応して沈殿を生じる。

	ア	イ	ウ
①	ガラス	酸化	フッ化物イオン
②	ガラス	酸化	臭化物イオン
③	ガラス	還元	フッ化物イオン
④	ガラス	還元	臭化物イオン
⑤	ポリエチレン	酸化	フッ化物イオン
⑥	ポリエチレン	酸化	臭化物イオン
⑦	ポリエチレン	還元	フッ化物イオン
⑧	ポリエチレン	還元	臭化物イオン

問6　ア～ウの正誤の組み合わせとして最適なものを下の①～⑧のうちから１つ選べ。 18

ア　単体のアルミニウムは常温の水と反応して水素を発生する。

イ　水酸化カルシウム水溶液に塩酸を加えると沈殿が生じる。

ウ　水酸化バリウム水溶液に希硫酸を加えると沈殿が生じる。

	ア	イ	ウ
①	正	正	正
②	正	正	誤
③	正	誤	正
④	正	誤	誤
⑤	誤	正	正
⑥	誤	正	誤
⑦	誤	誤	正
⑧	誤	誤	誤

化　学

第4問　次の問い（問1～問6）の答えを**解答欄**に記入せよ。

問1　空欄 ア ～ ウ にあてはまるものの組み合わせとして最適なものを下の①～⑧のうちから1つ選べ。ただし，原子量は H＝1.0，C＝12.0 とする。 19

メタンの生成熱は 74.9 kJ/mol である。これは，C(黒鉛) 1 mol と H_2(気) 2 mol のもつ化学エネルギーの和が CH_4(気) 1 mol のもつ化学エネルギーよりも ア ことを意味する。

黒鉛と水素が反応して 9.6 g のメタンが生成するとき，生じる熱は イ kJ であり，反応する黒鉛の質量は ウ g である。

	ア	イ	ウ
①	大きい	45	3.6
②	大きい	45	7.2
③	大きい	90	3.6
④	大きい	90	7.2
⑤	小さい	45	3.6
⑥	小さい	45	7.2
⑦	小さい	90	3.6
⑧	小さい	90	7.2

問2　炭素，水素，酸素からなる化合物 6.0 mg を完全燃焼させたところ，二酸化炭素 8.8 mg と水 3.6 mg が生じた。この化合物の組成式として最適なものを次の①～⑧のうちから1つ選べ。ただし，原子量は H＝1.0，C＝12.0，O＝16.0 とする。 20

①　CH_2O　　②　CH_2O_2　　③　CH_4O_2　　④　C_2H_4O

⑤ $C_2H_4O_3$　⑥ C_2H_6O　⑦ $C_2H_6O_3$　⑧ $C_3H_6O_2$

問3　化学式**ア**～**エ**で表される化合物のうち，シス－トランス異性体が存在するものはどれか。最適な組み合わせを下の①～⑧のうちから1つ選べ。 **21**

ア　$CH_2=C(CH_3)_2$

イ　$CH_3CH=CHCH_3$

ウ　$CH_2=CHCl$

エ　$CHCl=CHCl$

① アとイ　② アとウ　③ アとエ　④ イとウ
⑤ イとエ　⑥ ウとエ　⑦ アとイとウ　⑧ イとウとエ

問4　空欄 **ア** ～ **ウ** にあてはまるものの組み合わせとして最適なものを下の①～⑧のうちから1つ選べ。ただし，原子量は H＝1.0，C＝12.0，O＝16.0，Na＝23.0 とする。 **22**

オレイン酸 $C_{17}H_{33}COOH$ は1分子中に炭素原子間の二重結合を **ア** もつ。オレイン酸だけで構成されている油脂 442 g を完全にけん化するのに必要な水酸化ナトリウムは **イ** mol であり，得られるセッケンは **ウ** g である。

	ア	イ	ウ
①	1つ	0.500	396
②	1つ	0.500	456
③	1つ	1.50	396
④	1つ	1.50	456
⑤	2つ	0.500	396
⑥	2つ	0.500	456
⑦	2つ	1.50	396
⑧	2つ	1.50	456

問5　ア～ウの正誤の組み合わせとして最適なものを下の①～⑧のうちから１つ選べ。 [23]

ア　ベンゼン１分子中の原子は全て同一平面上にある。

イ　アセチレン３分子の重合によりベンゼンを得ることができる。

ウ　ベンゼン１分子中の水素原子２個が塩素原子２個で置換された芳香族化合物は４種ある。

	ア	イ	ウ
①	正	正	正
②	正	正	誤
③	正	誤	正
④	正	誤	誤
⑤	誤	正	正
⑥	誤	正	誤
⑦	誤	誤	正
⑧	誤	誤	誤

問6　空欄 [ア] ～ [ウ] にあてはまるものの組み合わせとして最適なものを下の①～⑧のうちから１つ選べ。ただし，スチレンと *p*-ジビニルベンゼンの構造式は下図のとおりである。 [24]

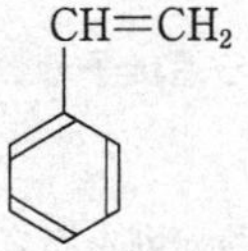

スチレン

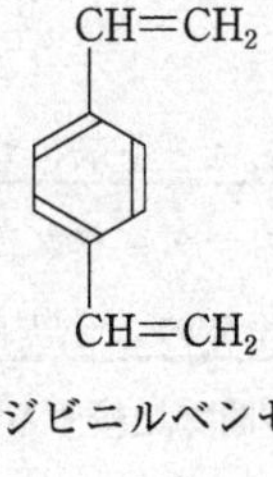

p-ジビニルベンゼン

スチレンと *p*-ジビニルベンゼンを共重合させると，これらが [ア] して立体網目構造の高分子が得られる。この高分子をスルホン化すると [イ] が得られる。この樹脂を詰めた筒にNaCl水溶液を通すと，流出する液は [ウ] を示す。

	ア	イ	ウ
①	縮合重合	陽イオン交換樹脂	酸性
②	縮合重合	陽イオン交換樹脂	塩基性
③	縮合重合	陰イオン交換樹脂	酸性
④	縮合重合	陰イオン交換樹脂	塩基性
⑤	付加重合	陽イオン交換樹脂	酸性
⑥	付加重合	陽イオン交換樹脂	塩基性
⑦	付加重合	陰イオン交換樹脂	酸性
⑧	付加重合	陰イオン交換樹脂	塩基性

生　物

第5問　次の問い（問1～問6）の答えを**解答欄**に記入せよ。

問1　ヒトゲノムに関する(1)～(3)の文の，下線部**ア～ウ**の正誤の組み合わせとして最適なものを下の①～⑧のうちから1つ選べ。 [25]

(1)　ヒトゲノムの塩基対数はおよそ30億で，ショウジョウバエのゲノムの約20倍である。これは，ヒトゲノムに含まれる遺伝子の数が，ショウジョウバエの ア 約20倍あることを示している。

(2)　ヒトゲノムのうち，タンパク質のアミノ酸配列を指定している部分は， イ DNAの塩基配列全体の2％以下である。

(3)　ヒトゲノムを個体間で比較すると，塩基の短い配列の繰り返し数が異なるDNA多型がみられる。 ウ フェニルケトン尿症はこの繰り返し数が異なる多型が原因である。

	ア	イ	ウ
①	正	正	正
②	正	正	誤
③	正	誤	正
④	正	誤	誤
⑤	誤	正	正
⑥	誤	正	誤
⑦	誤	誤	正
⑧	誤	誤	誤

問2　空欄 ア ～ ウ にあてはまるものの組み合わせとして最適なものを下の①～⑧のうちから1つ選べ。 26

ヒトのからだでは，血管が傷つくとまず ア がその部分に集まって固まりをつくる。つぎに血液中に イ とよばれるタンパク質の繊維が生成され，この イ が血球をからめとって血ぺいが形成される。血管の傷口が修復されると，血ぺいはやがてプラスミンによって溶解される。これを ウ とよぶ。

	ア	イ	ウ
①	血小板	フィブリノーゲン	線溶
②	血小板	フィブリノーゲン	溶血
③	血小板	フィブリン	線溶
④	血小板	フィブリン	溶血
⑤	白血球	フィブリノーゲン	線溶
⑥	白血球	フィブリノーゲン	溶血
⑦	白血球	フィブリン	線溶
⑧	白血球	フィブリン	溶血

問3 空欄 ア ～ ウ にあてはまるものの組み合わせとして最適なものを下の①～⑧のうちから1つ選べ。 27

アルコール発酵では, ア からエタノールが生じる。グルコースを用いたアルコール発酵では, 1分子のグルコースから最終的に イ 分子のエタノールと2分子の ウ が生成される。

	ア	イ	ウ
①	乳酸	2	酸素
②	乳酸	2	二酸化炭素
③	乳酸	3	酸素
④	乳酸	3	二酸化炭素
⑤	ピルビン酸	2	酸素
⑥	ピルビン酸	2	二酸化炭素
⑦	ピルビン酸	3	酸素
⑧	ピルビン酸	3	二酸化炭素

問4 空欄 ア ～ ウ にあてはまるものの組み合わせとして最適なものを下の①～⑧のうちから1つ選べ。 28

緑色硫黄細菌や紅色硫黄細菌は ア をもち, イ エネルギーによって硫化水素から電子を得る。また, 海底の熱水噴出孔に生息する硫黄細菌は, 噴出するガスに含まれる無機物を ウ することで得られるエネルギーをもとに, ATP を合成している。

	ア	イ	ウ
①	クロロフィル	化学	還元
②	クロロフィル	化学	酸化
③	クロロフィル	光	還元
④	クロロフィル	光	酸化
⑤	バクテリオクロロフィル	化学	還元
⑥	バクテリオクロロフィル	化学	酸化
⑦	バクテリオクロロフィル	光	還元
⑧	バクテリオクロロフィル	光	酸化

問5　下線部**ア～ウ**の正誤の組み合わせとして最適なものを，下の①～⑧のうちから1つ選べ。 29

カエルとウニの発生過程を比較すると，共通点と異なる点の両方が存在する。アカエルもウニも等割の卵割によって細胞を増やし胞胚となるが，イカエルでは胞胚期に胞胚腔が大きく発達するという，ウニでは見られない特徴をもつ。その後，胞胚腔に胚の表面の細胞が陥入して原腸をつくる過程をたどることは共通しているが，ウカエルでは原腸胚中期に細胞群を胚葉として分類できるのに対し，ウニではできない。

	ア	イ	ウ
①	正	正	正
②	正	正	誤
③	正	誤	正
④	正	誤	誤
⑤	誤	正	正
⑥	誤	正	誤
⑦	誤	誤	正
⑧	誤	誤	誤

問6　空欄 ア ～ ウ にあてはまるものの組み合わせとして最適なものを下の①～⑧のうちから1つ選べ。 30

脊椎動物の大脳表面における大脳皮質は灰白色を，また内部の大脳髄質は白色を示しており，大脳髄質には神経細胞の ア が集まっている。哺乳類では，大脳皮質は辺縁皮質と新皮質からなり，ヒトでは特に イ が発達している。大脳よりも内部にある間脳は， ウ をつかさどる。

	ア	イ	ウ
①	細胞体	新皮質	言語や記憶・思考・意思
②	細胞体	新皮質	内臓のはたらき・体温の調節・睡眠
③	細胞体	辺縁皮質	言語や記憶・思考・意思
④	細胞体	辺縁皮質	内臓のはたらき・体温の調節・睡眠
⑤	軸索	新皮質	言語や記憶・思考・意思
⑥	軸索	新皮質	内臓のはたらき・体温の調節・睡眠
⑦	軸索	辺縁皮質	言語や記憶・思考・意思
⑧	軸索	辺縁皮質	内臓のはたらき・体温の調節・睡眠

生　物

第6問　次の問い（問 1 ～問 6 ）の答えを**解答欄**に記入せよ。

問 1　空欄 ア ～ ウ にあてはまるものの組み合わせとして最適なものを下の①～⑧のうちから 1 つ選べ。 31

解糖系は，細胞質基質で行われる ア の代謝経路であり，この過程は酸素を イ 。またグルコースの分解における酸化還元反応では， ウ のはたらきによって還元型補酵素が生成され，ATP が合成される。

	ア	イ	ウ
①	異化	必要とする	脱水素酵素
②	異化	必要とする	脱炭素酵素
③	異化	必要としない	脱水素酵素
④	異化	必要としない	脱炭素酵素
⑤	同化	必要とする	脱水素酵素
⑥	同化	必要とする	脱炭素酵素
⑦	同化	必要としない	脱水素酵素
⑧	同化	必要としない	脱炭素酵素

問 2　空欄 ア ～ ウ にあてはまるものの組み合わせとして最適なものを下の①～⑧のうちから 1 つ選べ。 32

人類の類人猿との大きな違いは，直立二足歩行を行うという点である。これに関連して，人類においては頭骨の大後頭孔が ア に向いて開いており，骨盤が イ なっている。ホモ・サピエンスと同じホモ属に分類されるホモ・エレクトス（原人）の化石は，およそ ウ の地層から発見されている。

	ア	イ	ウ
①	正面	長く狭く	200万年前以降
②	正面	長く狭く	600万年前以前
③	正面	短く幅広く	200万年前以降
④	正面	短く幅広く	600万年前以前
⑤	真下	長く狭く	200万年前以降
⑥	真下	長く狭く	600万年前以前
⑦	真下	短く幅広く	200万年前以降
⑧	真下	短く幅広く	600万年前以前

問3　次の記述を読み，最適なものを下の①〜⑧のうちから１つ選べ。［33］

ヒトの染色体は $2n=46$ であり，配偶子の染色体は $n=23$ である。このとき，１人のヒトが減数分裂でつくる配偶子の１セットの染色体の構成は，およそ何通りになるか。ただし $\log_{10}2=0.301$ とする。

①	1.0×10^{1}
②	1.0×10^{3}
③	1.0×10^{7}
④	1.0×10^{11}
⑤	1.0×10^{14}
⑥	1.0×10^{18}
⑦	1.0×10^{23}
⑧	1.0×10^{46}

問4　空欄［ア］〜［ウ］にあてはまるものの組み合わせとして最適なものを下の①〜⑧のうちから１つ選べ。［34］

被子植物の花粉はめしべの柱頭につくと発芽して，花粉管を胚珠に向かって伸ばし，花粉管は誘引物質に導かれて胚珠に到達する。 ア は花粉管の中で イ 回分裂し ウ になる。

	ア	イ	ウ
①	胚のう細胞	1	花粉四分子
②	胚のう細胞	1	精細胞
③	胚のう細胞	2	花粉四分子
④	胚のう細胞	2	精細胞
⑤	雄原細胞	1	花粉四分子
⑥	雄原細胞	1	精細胞
⑦	雄原細胞	2	花粉四分子
⑧	雄原細胞	2	精細胞

問5　空欄 ア ～ ウ にあてはまるものの組み合わせとして最適なものを下の①～⑧のうちから１つ選べ。 35

北半球にある日本では，気温は北方にいくほど低下する。そのため，バイオームの ア を見ると，南北方向にはっきりとした違いがみられる。寒冷な北海道の亜寒帯地域にはトドマツ，エゾマツなどからなる イ が分布している。沖縄などの高温で湿潤な地域では，ヘゴ，アコウ，ガジュマルなどからなる ウ が分布している。

	ア	イ	ウ
①	垂直分布	照葉樹林	亜熱帯多雨林
②	垂直分布	照葉樹林	夏緑樹林
③	垂直分布	針葉樹林	亜熱帯多雨林
④	垂直分布	針葉樹林	夏緑樹林
⑤	水平分布	照葉樹林	亜熱帯多雨林
⑥	水平分布	照葉樹林	夏緑樹林
⑦	水平分布	針葉樹林	亜熱帯多雨林
⑧	水平分布	針葉樹林	夏緑樹林

問6　空欄 ア ～ ウ にあてはまるものの組み合わせとして最適なものを下の①～⑧のうちから１つ選べ。 36

シダ植物は， ア をもち， イ で繁殖する。 イ は放出された後に発芽し，単相の配偶体である ウ になる。 ウ の裏面には造精器と造卵器があり，その中で受精と胚発生が進行し，新たな複相世代が生じる。

	ア	イ	ウ
①	維管束	花粉	前葉体
②	維管束	花粉	雄株と雌株
③	維管束	胞子	前葉体
④	維管束	胞子	雄株と雌株
⑤	胚珠	花粉	前葉体
⑥	胚珠	花粉	雄株と雌株
⑦	胚珠	胞子	前葉体
⑧	胚珠	胞子	雄株と雌株

物　理

第7問　以下の文章を読み，問の答えを**解答欄**に記入せよ。ただし，重力加速度の大きさを g とし，空気抵抗は無視できるものとする。

図のように，直角三角形PQRを断面とする質量 M の台がある。この台の斜面PQは滑らかで，その傾斜角は θ である。また，辺PRの長さは h である。

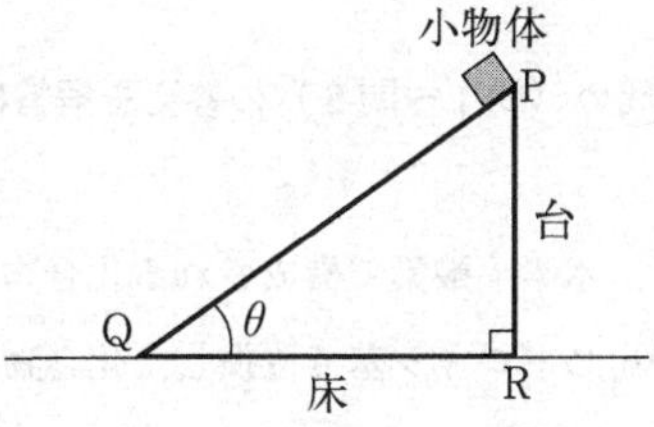

この台を水平な床の上に置き，床に対して動かないように固定した。その後，頂点Pに質量 m の小物体を置き，静かに放した。

問1　斜面PQ上を滑りおりる小物体の加速度の大きさ a を求めよ。

問2　小物体が台の最下点Qに到達したときの速さを求めよ。

次に台の固定を外して台が床上を自由に動けるようにした。小物体を頂点Pに置き，小物体と台を静止させた後に小物体と台を同時に静かに放したところ，台は床の上を水平右向きに大きさ A の加速度で運動し，小物体は台の斜面PQ上を滑りおりている。ただし，床は滑らかであるものとし，小物体と台の運動は紙面内で行われるものとする。

問3　斜面から小物体に作用する垂直抗力の大きさを N として，台の水平方向の運動方程式を書け。ただし，水平右向きを正の向きとする。

問4　台の加速度の大きさ A を M，m，θ，および g で表せ。

問5　台の固定が外されている場合の斜面 PQ 上を滑りおりる小物体の台に対する加速度の大きさ a' は，台が固定されている場合の小物体の加速度の大きさ a の何倍となるか。M，m，および θ で表せ。

化　学

第8問　次の記述を読み，問い（**問1～問8**）の答えを**解答欄**に記入せよ。

有機化合物のうち，炭素，水素，酸素で構成される化合物にはさまざまな種類がある。炭化水素の水素原子をヒドロキシ基で置換した化合物をアルコールという。アルコールはヒドロキシ基の個数により，1価アルコール，(1)2価アルコール，3価アルコールなどに分類される。また，1価アルコールはさらに第一級アルコール，(2)第二級アルコール，第三級アルコールに分類できる。アルコールは化学工業の原料のほか，溶媒や(3)燃料として広く用いられている。

アルコールを濃硫酸と加熱すると，条件により(4)分子間脱水反応が起こる。第一級アルコールを酸化すると(5)アルデヒドが得られ，さらに酸化するとカルボン酸が得られる。カルボン酸は分子中にカルボキシ基をもち，水溶液中で(6)わずかに電離して弱い酸性を示す。カルボキシ基は反応性が高く，たとえば(7)ヒドロキシ基との縮合反応や(8)アミノ基との縮合反応がみられる。

問1　下線部(1)の2価アルコールを1つ挙げ，構造式を記せ。

問2　下線部(2)の第二級アルコールのうち，化学式 C_3H_8O で表される化合物の構造式を記せ。

問3　下線部(3)の燃料に用いられるエタノール(液)の燃焼熱は 1368 kJ/mol である。エタノール(液)の生成熱を整数値で求めよ。ただし，二酸化炭素(気)と水(液)の生成熱は，それぞれ 394 kJ/mol，286 kJ/mol とする。

問4　下線部(4)の分子間脱水反応によりエタノールから得られる化合物の名称を記せ。

問5　下線部(5)のアルデヒドのうち，ヨードホルム反応を示すものを1つ挙げ，構造式を記せ。

問6　下線部(6)のように酢酸水溶液は酸性を示す。0.030 mol/L 酢酸水溶液の pH はいくらか。小数第一位まで求めよ。ただし，酢酸の電離定数は 2.7×10^{-5} mol/L とし，酢酸の電離度は1より十分小さいものとする。また，$\log_{10}3=0.48$ とする。

問7　下線部(7)の縮合反応は，たとえば酢酸とエタノールの混合物に触媒として少量の濃硫酸を加えて加熱したときにみられる。この反応式を記せ。

問8　下線部(8)の縮合反応について，グリシン2分子が縮合して生じる鎖状の化合物の構造式を記せ。ただし，グリシンの構造式は下図のとおりとする。

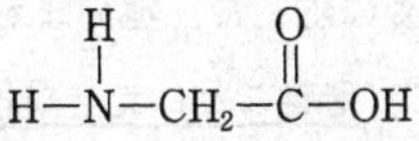

生　物

第9問　次の記述を読み，問い（**問1～問7**）の答えを**解答欄**に記入せよ。

A研究室では，2022年に，ある公園の池における生態系の変化を調べるため，ボランティアと協働して池の水をすべて抜き，生物調査を行った。

この池は，かつては農業用のため池だったが，2002年に使われなくなり，釣り堀になっていた。2012年に，公園化に伴って釣り堀としての利用は終了し，その後ボランティアによるオオクチバスの駆除が行われてきた。

2012年に行われた調査ではオオクチバスが300匹以上捕獲されたが，2022年の調査では10匹しか捕獲されなかった。一方で，2012年の調査ではあまり見られなかったアメリカザリガニが，2022年の調査では500匹以上捕獲された。また，2012年の調査と比べてイトトンボ類の確認個体数が大きく減少しており，(1)これは池の中の植生が変化した結果であると考えられた。

A研究室では，池の中の(2)生態ピラミッドの変化について考えた結果，2012年から2022年の10年間で，(3)池の生態系のエネルギー効率に大きな変化が生じたと結論づけた。

2022年の調査では，上記の調査に加えて，池のまわりの草地にいくつかの調査区を設定し，層別刈取法によって(4)階層ごとに光合成器官と非光合成器官の乾燥重量を量り，図化した。その結果，(5)イネ科草本を主体とする草地に比べて，広葉草本を主体とする草地では，地表に光が届きにくく，優占種が被覆しやすい環境になっていると考えられた。また，2022年の調査の結果，(6)池の底に堆積した有機物が2012年の調査結果と比べて厚くなっていることが確認されたが，このようになったのは，池を取り囲む樹林からの影響も大きいと考えられた。(7)今後は池の底に堆積した有機物を取り除く管理を行っていくことによって，長い間確認されていなかった水生植物が再確認されることも期待できる。

問1　下線部(1)について，池の中の植生の変化について，要因とともに簡潔に記述せよ。要因には問題文中の生物名を用いること。

問2　下線部(2)について，以下の文の空欄 ア ， イ にあてはまる語句を記せ。

低次消費者であるアメリカザリガニの物質収支に関して，摂食量から不消化排出量を差し引いた物質量は ア である。またそこから呼吸量と老廃物排出量を除き，さらに死亡量と被食量を差し引いた量が，アメリカザリガニ個体群の イ である。

問3　下線部(3)のエネルギー効率の変化について，アメリカザリガニとオオクチバスの関係からは，どのような変化が生じたか，記述せよ。

問4　下線部(4)のような図を何というか，記述せよ。

問5　下線部(5)について，広葉草本のどのような特徴によるものか，簡潔に記述せよ。

問6　下線部(6)について，樹林からの直接的な影響として考えられる影響を簡潔に記述せよ。

問7　下線部(7)について，どのような条件が必要か，簡潔に記述せよ。ただし，外部からの植物の持ち込みや導入は行われていないとする。

会的な障壁が存在する。そのため、教師は思春期の子どもの日々変容する自己認識や迷いを見守り、問題を時間をかけて吟味するという知性のあり方を理解した上で、子どもたちに対応することが求められる。

④ 計測が不可能な子どもたちの「複雑化」を支援する教師をはじめとする大人には、第一に子どもの変容を喜ばしいものとして見守る姿勢が求められる。それら大人の資質として、子どもたちの成長を阻む制度的抑圧や、社会問題に対するコメントの即答力等、知的能力の一部を喧伝するマスコミの風潮に対して、批判的な立場を示すことが求められる。

① D 手直し ― E メソッド ― F シンプル ― G サイズ
② D マイナーチェンジ ― E スキーム ― F スマート ― G スペース
③ D 微調整 ― E スタイル ― F ノーブル ― G プロセッサ
④ D モデルチェンジ ― E ドクトリン ― F シャープ ― G メモリ

問十 本文は二つの意味段落から構成されている。二つ目の意味段落が始まる文の最初の五字を抜き出しなさい。句読点や記号も一字に数えます。解答番号は 29 。

問十一 本文の内容に最も合致しているものを、次の①～④のうちから一つ選びなさい。解答番号は 30 。

① 現代社会の問題を二項対立的に解説する論者がマスコミに登場した結果、話を簡単にする能力が評価され、国民の知性は低下した。それら論者の発想の原点は、試験勉強における得点主義であり、その方法論は人生の大きな問題には通用しないため、教師にはあえて日本の常識に対峙する覚悟が求められる。

② 現代の教育において最優先すべきことは、子どもたちの「複雑化」を支えることを職務とする教師の育成である。その過程において、教師は「ヤンキー」等の定型にはまる子どもの心理的葛藤や仲間内での同調圧力などを実際例から学び、子どもたちが自分の変容に対して覚える「曰く言い難い」心象を承認する方法を身に着けることが求められる。

③ 現代の子どもたちを「成熟」させる過程には、「キャラ設定」や二項対立的話法など人格の複雑化を抑圧する社

問八　——線部4「記号体系の中では、一つの記号が決められた意味と違うふるまいをし始めると、記号体系全体に影響が出る。一人が変わると全部が変わる」とあるが、どういうことか。説明として最も適切なものを、次の①～④のうちから一つ選びなさい。解答番号は 27 。

① 「ジャイアン」、「スネ夫」、「のび太」という記号体として子どもたちを捉えると、記号体の集合体としての学校はアニメ番組の物語の影響下にあるため、物語内での意味の変化が子どもたちの実生活のコミュニケーションに影響を及ぼすということ。

② 「身の程を知れ」、「身の丈から出るな」という同調性を強いるメッセージを仲間同士で発し合う子どもたちの関係性において、「らしくないこと」を言う者は「出る釘は打たれる」という憂き目にあうことが多いということ。

③ 子ども同士のコミュニケーションは子どもの「キャラ設定」にもとづくので、「のび太」キャラの子どもが急に「スネ夫」キャラに変わった場合、だれかが「のび太」キャラを補うことができず、会話の総量と質に変化が生じるということ。

④ 設定されたキャラから一人が外れると、既存のキャラにもとづき、だれがどのように反応するかという暗黙のルールがある仲間内のコミュニケーションのスタイルが崩れるため、コミュニケーション自体が成立しなくなるということ。

問九　空欄 D ・ E ・ F ・ G に入る組み合わせとして最も適切なものを、次の①～④のうちから一つ選びなさい。解答番号は 28 。

問六　空欄 B ・ C に入る組み合わせとして最も適切なものを、次の①～④のうちから一つ選びなさい。解答番号は 25 。

① B 特攻服 ―― C 仮面
② B 警備服 ―― C 義体
③ B 戦闘服 ―― C 攻殻
④ B 防護服 ―― C 鎧兜

問七　――線部3「複雑化のプロセスを教育プロセスの全体で支援する」とあるが、どういうことか。説明として最も適切なものを、次の①～④のうちから一つ選びなさい。解答番号は 26 。

① 自己矛盾に苦しんだ結果、子どもたちが「ヤンキー」という分かりやすい定型に陥りそうなときに、教師や友人が成熟した人間のモデルとして社会で活躍する先輩を紹介して、人生には多様な「型」があることを示すこと。
② 変容に伴う葛藤をも含め子どもたちの成長を支えるための教育システムが構築され、子どもたちが昨日の自分とは異なる自分を発見し、それを周囲も承認すること。
③ 日々変化する自分自身に苦しさを覚えた結果、子どもたちに解離的な症状が現れた際に、自己同一性を獲得できるよう学校心理士やメンターが働きかけること。
④ 子どもたちのキャラ設定やその周知に対して教師が積極的に加わり、子どもたち自身が成長していく自分、徐々にキャラを変える自分を看過する仕組みづくりに学校が中心となって取り組むこと。

問四　次の文章は本文中のどこに入るのが最も適切か。本文中の①～④の記号で答えなさい。解答番号は 23 。

> 子どもの頃にしたことや言ったことの意味が、別の文脈で、別の言葉づかいで解釈できるようになる。幼い頃から、自分はすでに自分であったのだけれど、それをうまく表現することができず、周囲の人もそれをうまく認識することができなかった。それを自分でもわかり、家族や友人にもわからせることができる。それが「成長する」ということなんです。

問五　——線部2「中学二年生の『ヤンキー』という既製品を装着する」とあるが、どういうことか。説明として最も適切なものを、次の①～④のうちから一つ選びなさい。解答番号は 24 。

① 生きづらさに出会い自己否定した結果、立ち居振る舞い、思考、感情が自分にも他者にも明らかなできあいの型にはまること。

② 傷つきやすい自我を守るために、思春期特有の単純な既製の型にあこがれる心象から、「ヤンキー」という型をまとうこと。

③ 思春期特有の心身の不整合にもとづく葛藤から、同じ葛藤を抱える既存の社会規範に外れた集団に共感し、その一員になること。

④ 成長途上の中学二年生には「成熟」した人間の姿が既存の価値観へ抵抗する姿として捉えられ、その外見的な型をまねること。

列処理できるだけの「頭の中の［G］の大きさ」のことです。「頭がいい」というよりは「頭が大きい」とか「頭が丈夫」というふうな形容が似つかわしい。これは養老孟司先生の言葉なんですけれど、ほんとうにそうだなと思います。大事なのは「頭がいい」ことじゃなくて「頭が大きい」ことだ、と。これが教育においても最優先に開発すべき知的資質だと僕は思います。

（内田樹『複雑化の教育論』による）

問一　——線部a〜eの漢字は読みをひらがなで、カタカナは漢字に直して楷書で書きなさい。解答番号はa［16］・b［17］・c［18］・d［19］・e［20］。

問二　空欄［A］に入る慣用句として最も適切なものを、次の①〜④のうちから一つ選びなさい。解答番号は［21］。

①　至言を呈した

②　詭弁《きべん》を弄した

③　苦言を呈した

④　巧言を弄した

問三　——線部1「一筋縄では捉えられない人間」とあるが、それと同じことを意味する表現を本文中から十五字以上二十字以内で抜き出しなさい。句読点や記号も一字に数えます。解答番号は［22］。

簡単にしよう」と必死に努力を重ねてきて、その結果、国民的スケールで知性の衰えを招いてしまった。

人間の知性は葛藤のうちで開発されます。「あちらが立てばこちらが立たず」という苦しい状況に耐えているうちに、ある時ふっと「あちらもこちらも立てる」思いがけないアイディアが出て来る。そういうアイディアは「AかBかどちらかを選べ」という二者択一に抗って、「そんなふうに話を簡単にしたくない」という心理的抵抗を覚える人からしか出て来ない。それが「知恵を出す」ということなんです。

正解をあらかじめ知っている作問者がいて、二択の問題を提示して、答えを求めている……そういう [E] にみんななじみ切っている。たしかに学校の試験はそうです。でも、現実に僕たちが遭遇する問題のほとんどは、誰も正解を知らない問題です。だったら、自分自身を複雑なものに高めて、予測不能のことが起きても適切に対処できるように幅広く構えた方がいい。そういう困難な状況に耐えることを通じて初めて人間の知力は向上する。人が作った問題の正解を暗記してみても意味がない。

必要なのは正解を暗記することじゃなくて、吟味することです。当面している問題について、それがどうして起きたのか、どうすれば解決できるのか、いろいろな仮説を考えてみる。仮説A、仮説B、仮説C……といろいろ並べてみる。そして、それらの仮説を同時並行に走らせる。すべての仮説について、どうなるか結果を見る。

作業自体はそれほど面倒なものじゃないんです。でも、作業するための「[G]」が要る。いくつもの仮説を同時に走らせて、それを観察するわけですから。仮説Aがなんとなくよさげに見えたけれど、途中でダメだということがわかった。まだBとCが残っているから、それを観察する。そのうちにBもダメで、最後にCが残った。なるほど仮説Cが正しかったのかということが時間が経ったらわかった。でも、それまでは複数の仮説を並列処理しなければならない。

ほんとうに「使える知力」というのは、話を簡単にする能力のことじゃありません。そうではなくて、複数の仮説を並

その時期の基本的な心もちは「迷い」だからです。自分が何を思っているのか、何を感じているのかを、クリアーカットな言葉で表現できない。四〇〇字以内で自分の意見を述べよと言われても、自分がどんな意見を持っているのかさえはっきりしない。だから、「自分が何を考えているのかよくわかりません」という回答を許してあげなければいけないと思うんです。むしろ、その方が「よいこと」なんだって。「曰く言い難い」心象がわだかまっていて、その全体はとてもきちんと言語化できないけれど、その断片についてなら、近似的に表現できるというのなら、それで十分じゃないですか。

だから、全国の教員の方たちが一致団結して、子どもたちがより複雑なものに成長してゆくプロセスを支援しようということについて意思一致して頂きたいわけです。これは結構大変なことなんですよね。だって、いままで日本社会で常識とされていることに対して異議を唱えるわけですから。例えば、「話を簡単にしよう」という人に対して、「いや、ちょっと待ってください。話を簡単にするのはちょっとごeカンベンして頂きたい。それよりは、話をもう少し複雑にしてよろしいでしょうか?」と切り返すわけですからね。

この四半世紀の間に、日本人の知的水準は劇的に低下しました。知性の発現が制度的に抑圧されている。もちろん潜在的には知性は豊かにあるんです。でも、それを発動できないでいる。

最大の理由は「話を簡単にする人が賢い人だ」というデタラメをいつの間にかみんなが信じ始めたからです。話を簡単にして、問題をシンプルな「真か偽か」「正義か邪悪か」「敵か味方か」に切り分けて、二項の片方を叩き潰したらすべての問題は解決する……という[E]をみんなが信じ始めた。すべてを二項対立[E]に流し込んで、一刀両断する「[F]」な知性が過大評価される一方で、世の中は複雑であるということを認めて、その複雑な絡み合いを一つ一つ根気よくほぐしてゆこうとする忍耐づよい知性には誰も見向きもしなくなった。みんなが「[F]」になろうと、「話を

いう d スイコウ的な命令を同時に発令している。「設定されたキャラ通りの対応をしろ」「身の程を知れ」「身の丈から出るな」ということを子どもたちが互いに言い合っている。

たしかにそうなんです。4 記号体系の中では、一つの記号が決められた意味と違うふるまいをし始めると、記号体系全体に影響が出る。一人が変わると全部が変わる。

でも、思春期って、どんどん変化する時期です。それまでそんなものが自分の中にあると知らなかった、見知らぬ感情や思念が湧き上がってくる。攻撃性とか、邪悪さとか、歪んだ性的欲望とか、じゃんじゃん出て来る。そういうものが一二歳時点で設定されたキャラに収まるわけがない。でも、一度決められたキャラについては、［ D ］しか許されない。おとなしい優等生キャラの子がボンクラ不良少年になるとか、「たいこもちキャラ」だった子が「へそまがりキャラ」に変わるとかいうような大がかりな仕様変更は許されない。

そうすると、やっぱり無理が出て来るわけですよね。毎朝学校に行って、自分ではない役割を演じることが鬱陶しくなってくる。学校に行っても、そこにいるのは自分じゃない。たしかに自分の一部分ではあるのだけれども、それ以外の日々変化している部分は「キャラ認定」されない。みんなが聴いていない音楽を聴いたり、みんなが読んでいない本を読んだりと、みんなが観ていない映画を観たりした場合に、それを共通の話題にすることができない。そういう話題を振っても「らしくない」と却下されるリスクが高い。

だから、自分自身が新しい体験をして、新しいアイディアや、新しい感覚を獲得しても、それを仲間たちと共有することができない。それは思春期の少年少女にとっては、すごくつらいことだと思うんです。人間にとって、より複雑な生き物になることは自然過程なんですから。

されても、誰も文句は言いません。

与えられたキャラを演じていると、それがだんだん身体になじんでくる。そうすると仲間うちでのやりとりが上手になる。超高速コミュニケーションが展開している。卓球の世界選手権みたいなスピード感で言葉が行き交っている。打てば響くという感じで。でも、そばでやりとりを聴いてるうちに何となく僕は違和感を覚えてきた。言いよどむとか、言い直すとか、絶句するとか、質問を聞き返すとかいうことがほとんどないからです。ものすごい速度でパス回しをしているような感じです。でも、これを果たして「コミュニケーション」と呼んでよろしいのか。

この子たちは主観的にはたぶん「質の高いコミュニケーション」をしているつもりでいるんだと思います。でも、そういうことができるのは、参加者たちのキャラ設定があらかじめ決まっているからです。Ａ君はこういうトピックについてはだいたいこういうコメントをする。それに対して、Ｂ君がツッコミを入れて、Ｃ君はそれをまぜっかえすと、Ｄ君が笑ってオチをつける……というふうにパスコースが決まっている。そういう下絵が書かれていないと、これほどのスピードは出せません。

でも、こういうやりとりが続いて、これしかコミュニケーションのスタイルが許されないとしたら、みんなずいぶんつらいだろうなと思ったんです。キャラが決まっていて、「こう振ったら、こう返す」ことが高い確率で予見できるからこそ、このスピードは確保されている。ということは、期待されているリアクションと違うことを誰かがすると、そこでパスの流れが止まってしまう。たぶんそれはルール違反なんです。そういうことをすると「『らしくないこと』言うなよ」という否定的な査定が下される。

「らしくない」というのは、ある時期から日本社会で頻用されるようになった言葉です。それは「らしくしていろ」と

体が「ずれ」てきます。鏡を見ても、そこに自分とは思えない人間の顔が映っている。自分の声を聴いても自分の声とは思えない。自分の中に見知らぬ欲望や感情が生まれている。思春期というのは、そういう不整合に苦しむ時期です。その不整合を無理やり抑え込んで、「すっきり」したいと願うのは自然な反応です。だから、子どもたちはうっかりすると定型にはまり込む。定型というのは傷つきやすい自我を守る「 B 」なんです。

　でもそうやって自分を防衛するために「 C 」をまとってしまった思春期の子どもたちと向き合うのは教育上の難事業です。そうしないためにも、教師に求められているのは、子どもたちに「一夜明けたら別人格になっていました」というような「飛躍」をさせないことです。子どもたちに c ゼンシン的な変化を経験させることです。自分の中にはそれまで気がつかなかったけれども、こういうところも、こういうところもある。それを自分自身で認めて、周囲もそれを承認する。そのプロセスをゆっくりとゼンシン的にたどる。それが「複雑になる」ということです。自分は「一言では言えない、捉えどころのない人間」であるということを、本人も受け入れ、周りも受け入れる。3 複雑化のプロセスを教育プロセスの全体で支援する。それができれば、子どもたちだって、中二の夏にいきなりヤンキーになるというような無茶な「転回」をしなくても済みます。でも、いまの学校の仕組みの中には子どもたちの複雑化を支援する仕組みがありません。

　いまの子どもたちは学校で集団の中に置かれると、まず「キャラ設定」をされます。いくつかの定型的なキャラクターがあって、それをあてがわれる。ジャイアンとかスネ夫とかのび太とかいうわかりやすい便宜的な「ラベル」を貼られる。仮に納得のゆかないラベルであっても、それを受け入れれば、とりあえず集団内部では自分の居場所が保証され、拒否すれば居場所がなくなる。片手で数えられるくらいの定型しかない。その一つをラベルとして貼られる。そして、「あだ名」を付けられる。小学校を出たばかりですから、とりあえず仲間に入れてもらえるなら、自分らしくないキャラ設定を

ことだと思っている。

僕の知り合いの中学校の先生が、前にしみじみこう言ったことがあります。「中学二年の夏前までだったら僕は全員きっちり教えられる自信があるんです。でも、中学二年の夏休みから後になると、もう手に負えない子が出て来る」。一学期までは先生にも親し気に話しかけてきたりしていた子どもが、夏休みが終わって学校に来たら、茶髪に染めて、うんこ座りして、ぺっとつば吐いて、教師にガン飛ばしてきたりする。

この子は「成熟した」わけじゃありません。できあいのある「定型」に収まってしまっただけです。たしかに、それまでの自分ではどうしても生きづらくなってきた。周りの人たちが自分のことを「こういう人間だ」と決めつけることにつよい違和感を覚えるようになった。自分の中には、家族や教師や友人たちが承認してくれない性格や傾向がある。そのことにいら立つ。そういうことが起きるのは、思春期においては当然なんです。　④

でも、うっかりすると、子どもは勢い余って、それまでの自分を全否定してしまう。そして、手近にあるできあいの型にはまってしまう。2中学二年生の「ヤンキー」という既製品を装着する。それらしい服装をして、それらしい髪型をして、それらしい言葉づかいをして、それらしい体の動かし方をする。そうすると、思考も感情もその定型に収まってしまう。

たしかに「三日前とは別人」になってはいます。でも、複雑化したわけじゃない。それまでの自分に新しい要素が付け加わって複雑化したわけではなく、単純なできあいの定型にはまっただけです。それまでの自分が深みや奥行きを獲得して、立体化したわけじゃない。

子どもの時は自己分裂がありません。遊んでいる時は遊びに夢中だし、マンガを読んでいる時はマンガの中に入り込んでいるし、お腹が減ったら存在そのものが空腹になる。心と体の間に「ずれ」がない。でも、思春期を迎えると、心と身

第二問　次の文章を読んで、後の問いに答えなさい。

　僕が考える「成熟」というのは「複雑化」ということです。でも、僕が言う「成熟」というのは量的に何かが増えるということとは違います。成熟というのは複雑化することです。昨日とは違う人間になるということです。　①

『三国志』に「呉下《ごか》の阿蒙《あもう》」という話があります。呉の国に呂蒙《りょもう》という武人がいました。武勇の人でおおいにaブクンを上げたけれど、残念ながら無学だった。だから「呉下の阿蒙」、「呉の蒙さん」とあだ名されて、人々に軽んじられる風があった。そこで呉王孫権が蒙将軍に「あなたはすぐれた武人だが、惜しいかな学問がない」と［A］。蒙将軍はその一言を重く受け止め、それから猛勉強した。しばらくして、同僚の魯粛《ろしゅく》がひさしぶりに呂蒙と再会して、その学識の深さに驚嘆して、もはや以前の君ではないと言うと、呂蒙は「士別れて三日ならば即ち更にb刮目して相待つべし」と答えた。三日会わなかったら別人になる、と。　②

　人格が多層化する。目の前の出来事を捉える時の視座が増えると、立体視できるようになる。そうやってしだいに、1「一筋縄では捉えられない人間」になってゆく。それが成熟ということです。「先生、俺、三日前と比べてこれだけ成熟しました」っていうことは言えるわけがない。そんなことが言えるのは「三日前の自分」と「今日の自分」の間に量的な差しかないと思っているからです。でも、それは増量であっても成熟ではない。「三日前の自分」もそこにまるごと残っているけれど、「今日の自分」がそこに書き加えられている。だから、「別人」なんですけれど、「元の自分」もそこに残っている。そこに新たな要素が加筆されたために、人間としての厚みや奥行きが増した。　③

　でも、そのことが社会的な合意に達していない。それどころか、子どもたちは「複雑化する」ということをむしろ悪い

却って非科学的な要素によって埋め尽くされているということ。

④ 複製技術は「現実」の世界においてはホンモノの持つ神秘的な影響力を限りなく希薄化する方向で機能してきたが、仮想的世界においては逆に人々にホンモノの身体感覚や「リアリティ」を幻出させ、仮想的世界と人との一体化というかたちで神秘的な影響力が極大化するということ。

問十一　——線部8「そのようなメディアの世界」とあるが、端的に言うとどのような世界か。説明として最も適切なものを、次の①〜④のうちから一つ選びなさい。解答番号は 15 。

① 「触覚」という原初的な感覚を通じて、「現実」世界のきわめて正確な知覚が可能となった世界。

② 「現実」世界を自分の手で構築する感覚を味わえるような、二重の意味での魔術が存在する世界。

③ 自分と世界とが一体になっているような感覚的状態の中で、新たに生じた魔術性と現実が両立する世界。

④ 正確な再現性と原初的身体感覚という二重の魔術の場によって、ユートピア的状態が味わえる世界。

ずに成り立つ世界に対して感じる「リアリティ」というものは、理屈としては奇妙なものだから。

③「現実」ときわめて正確に対応する仮想空間に対しても、「現実」との対応関係を持たない仮想空間に対しても、同様に「リアリティ」を感じることがあるのだとすれば、それは客観性のない感覚だと言わざるを得ないから。

④「現実」との対応関係をまったく持たない仮想空間に対して「リアリティ」を感じることがあるのだとすれば、そのような「現実」に従属しない「リアリティ」は、もはや映画などのフィクションの中の出来事だと言えるから。

問十　——線部7「別のかたちでの魔術性の完全な支配」とあるが、どういうことか。説明として最も適切なものを、次の①～④のうちから一つ選びなさい。解答番号は 14 。

① 複製技術は「現実」の世界においては量産した模造品を世俗に広く行き渡らせるために活用されてきたが、仮想的世界においては反対に限定的なサービスを提供し差別化を図ることで、稀少価値に基づく購買意欲を扇動して人々をコントロールしているということ。

② 複製技術は「現実」の世界においてはコピーの拡散によるオリジナリティの希薄化と世界の平板化を招いたが、仮想的世界においては「現実」に従属しない新しいものを生み出すことによってむしろオリジナリティを演出し、非現実的な世界に独自の「リアリティ」を創出したということ。

③ 複製技術は「現実」の世界においては科学技術と共に発展して世界の脱魔術化＝科学化に寄与してきたが、仮想的世界においては「現実」には対応物を持たないファンタジー世界を人々に疑似体験させる方向に発展し、

① 対象を模倣的に再現する画像メディア同様、言葉も対象を模倣して再現する記号メディアであることから、画像は文字と関係づけられることによって、外部世界のより正確で忠実な再現が可能になるということ。

② 対象を視覚的に再現する画像メディア同様、文字も視覚的な側面を持つ記号メディアであることから、画像は文字と関係づけられることによって視覚的な印象においても強くその影響を受ける可能性があるということ。

③ 対象を模倣的に再現する画像メディアと異なり、言葉は対象を再構成的に編集して記述する記号メディアであるため、画像は文字と関係づけられることによって言葉の再構成的な働きからの影響を受けるということ。

④ 対象を視覚的に再現する画像メディアと異なり、言葉は視覚的にはとらえられない対象も喚起することが可能な記号メディアであるため、画像は文字と関係づけられることによってリアリティがさらに強化されるということ。

問八　空欄［C］に入れるのに最も適切な言葉を、本文中から五字で抜き出しなさい。解答番号は［12］。

問九　——線部6「そのときわれわれが感じる『リアリティ』とは何なのだろうか」とあるが、なぜ筆者はこのような疑問を述べるのか。理由として最も適切なものを、次の①〜④のうちから一つ選びなさい。解答番号は［13］。

① 「リアリティ」とは「現実」とは異なるという認識にもとづく模造物に対する感覚なので、「現実」か否か区別がつかないような仮想世界に対しては「リアリティ」などというものは、そもそも感じられるはずがないから。

② 「リアリティ」が「現実」の忠実な再現前化に対して生じる感覚だとするならば、「現実」との対応関係をもた

のパラダイムから脱却する契機が用意されたということ。

② 精細な模倣像を生み出す写真の高度な光学的機構によって、カメラ・オブスクラ的な思考自体が解体され、映画やVRのような新しい映像技術の土台が準備されたということ。

③ 対象を受動的に再現する写真に対するラディカルな反動として、対象を主体的に解体し再構築することにリアリティを見出すような新しい知覚が生み出されたということ。

④ 世界を模倣し再現する写真技術に対する反発として、再現的な視覚の解体と再構成がアバンギャルド芸術によって実現し、新しい世界像を手に入れることができたということ。

問六　空欄 [A] ・ [B] に入る語の組み合わせとして最も適切なものを、次の①～④のうちから一つ選びなさい。解答番号は [10] 。

① A　感覚がとらえる自然　──　B　視覚的な無意識の世界

② A　再構築が可能な自然　──　B　技術的再現性のレベル

③ A　外界に実在する自然　──　B　世界認識のパラダイム

④ A　眼に語りかける自然　──　B　写真のもつ構成的な力

問七　──線部5「文字と画像の融合はまた、構成的な力が働く場でもあった」とあるが、どういうことか。本文の論旨をふまえ、説明として最も適切なものを、次の①～④のうちから一つ選びなさい。解答番号は [11] 。

④ カメラ・オブスクラの技術的複製可能性の影響によって、人間の認識も「暗い部屋」の内部として理解され、ブラックボックス化したということ。

問四 ――線部3「知覚のパラダイムの転換」とあるが、どういうことか。説明として最も適切なものを、次の①〜④のうちから一つ選びなさい。解答番号は 8 。

① 外部世界を主体的に再構成するという意識的な知覚モデルから、人間の内部で生み出された感覚を外部世界に実現するという無意識的な知覚モデルへの転換。

② 外部世界を忠実に再現するという受動的な知覚モデルから、対象の像を人間の側が再構成するという主体的な知覚モデルへの転換。

③ 外部世界を正確に再現するという「リアル」な知覚モデルから、対象を解体し再構築するという「ヴァーチャル」な知覚モデルへの転換。

④ 外部世界を模倣像として複製する副次的な知覚モデルから、人間の知覚器官を通じて直接外部世界を触知するという原初的知覚モデルへの転換。

問五 ――線部4「逆説的な転換」とあるが、どういうことか。説明として最も適切なものを、次の①〜④のうちから一つ選びなさい。解答番号は 9 。

① 写真に備わっていた虚像の定着と保存という再構成的な技術によって、外部世界を正確に模倣するという知覚

間の再現を試みるようになるということ。

② どんなに再現能力が低いメディアであっても、技術レベルの向上に応じて、模倣物ではないホンモノの身体感覚の構築を目指す状況が生まれるということ。

③ どのような発達段階のメディアであれ、その高度な技術的複製可能性によって、新しい世界認識のパラダイムを構築することを目指すはずだということ。

④ どのような発達段階のメディアであれ、その技術的複製可能性のレベルに応じて、できるだけ外的世界を再現しようと試みているものだということ。

問三　――線部2「この技術的機構は、人間の視覚のモデルのみならず、認識のモデル一般のメタファーとして理解されてきた」とあるが、どういうことか。説明として最も適切なものを、次の①～④のうちから一つ選びなさい。解答番号は［7］。

① カメラ・オブスクラの象徴的な意味体系が契機となって、人間の認識も高度な技術的複製可能性を備えた機構として機械論的に考えられたということ。

② カメラ・オブスクラの光学的な機構がモデルとなって、人間の認識も外界からの刺激を受動的にうけとるだけのものとしてとらえられたということ。

③ カメラ・オブスクラの世界認識のパラダイムによって、人間の認識も外界の「現実」に対して副次的な意味しか持たないものとして軽視されたということ。

（＝再）présentation（＝現前化）〟であることを強調する意味合いで「表象＝再現前化」等の表記をする場合がしばしばある。本文においても同様の表記がなされている。

注2　カメラ・オブスクラ……カメラの起源となった画像投影技術。ラテン語で「暗い部屋」の意。原理は、大きな箱の片方に小さな針穴を開けると外から光が穴を通り、穴と反対側の内壁に像を結ぶというもの。

注3　ジョナサン・クレーリー……アメリカの美術史家、美術批評家（一九五七年―）。

注4　ベンヤミン……ヴァルター・ベンヤミン（一八九二―一九四〇年）。ドイツの思想家、社会批評家。

注5　ブレヒト……ベルトルト・ブレヒト（一八九八―一九五六年）。ドイツの劇作家、詩人、演出家。

注6　マクルーハン……ハーバート・マーシャル・マクルーハン（一九一一―一九八〇年）。カナダ出身の英文学者、文明批評家。

問一　――線部a～eの漢字は読みをひらがなで、カタカナは漢字に直して楷書で書きなさい。解答番号はa [1]・b [2]・c [3]・d [4]・e [5]。

問二　――線部1「ヴァーチャルリアリティを目指している」とあるが、どういうことか。説明として最も適切なものを、次の①～④のうちから一つ選びなさい。解答番号は [6]。

①　どんなに再現技術が低いメディアであっても、最終的な目標として、最大限にリアリティが感じ取れる仮想空

が）新たな「触覚」を通じての、つまり人工的に生み出された電気信号による五感の経験を通じての、世界とのかかわりなのである。だからこそ、ベンヤミンもマクルーハン(注6)も、新たな技術メディアのうちに「触覚」という原初的ユートピアの感覚を見てとろうとしたのだ。

　魔術性は、このように世界と一体になっているかのようなユートピア的状態のなかで最大となる。そしてまた、一般にそのように理解されているように、魔術は言葉（呪文）やしるしとなる行為によって、世界のうちに何かを生じさせ、何らかの変化を生み出す。ベンヤミンが「名の言語」と呼ぶ言葉のユートピア的状況においては、「名」は世界のなかの事物と直接的に結びついている。人間の言語は神の言葉のような創造の力（つまり世界のうちに何かを生じさせる「魔術」）をもたないとはいえ、ユートピア状況における「名」にはある種の魔術的な力が保たれている。（仮想的な）身体性が最大となり、（仮想的な）世界との感覚的なかかわりをもつ「リアリティ」の世界においても、新たに生じた魔術性は最大となる。そこでは、技術メディアに与えられるデータによって、世界のなかの事物を生み出すことができる。「現実」世界の知覚のきわめて正確な再現を行うことで仮想的な身体感覚を高めるとともに、世界を構築するという作業を通じて、新たな世界の創造行為にかかわる。「リアリティ」の世界は、この二重の意味において、新たな魔術の場となる。

　メディアの展開とそこでの知覚の転換だけに目を向けるとすれば、ベンヤミンの思考モデルの終極点は、[8]そのようなメディアの世界であるかもしれない。

（山口裕之『現代メディア哲学』による）

注1　再現前＝表象……représentation（フランス語）の訳語として「表象」という語を使用する場合、元の語が〝re

しい世界が自律的に、完全に「リアル」なものとして現出するとすれば、いずれにしてもそれはもはやオリジナルとしての世界の再現前（コピー）ではなく、それ自体がオリジナルと認識されるような新たな世界の誕生である。そのような技術的複製可能性の極点を、例えば映画『マトリックス』や『攻殻機動隊』に見られるような、直接人間の神経組織に電気的に接続する技術装置に見てとることもできる。「現実」の外的世界からの刺激が人間の身体の知覚器官を通じて脳に伝達される電気信号と、まったく同内容の情報を伝達する人工的に作られた電気信号とは、脳のなかでは区別することができない。VRの終極点は、このような思考モデルである。そのとき、VRの世界のなかの「リアリティ」は、もはや「現実」に従属するような対応物ではない。もう一つの自律的な世界 d チツジョのなかで生み出されている、模倣物ではないホンモノの身体感覚なのである。「現実」に対して鏡に映し出された像が虚像にすぎなかったのに対して、ここでは現実によって生み出されるのではない鏡像がそれ自体で動き始める。

　ここで生じていることは、技術性の進展にともなって引き起こされる、7 別のかたちでの魔術性の完全な支配である。メディアの技術性の進展は、「現実」の世界における世俗化を推し進めてゆき、最終的に技術的複製可能性の極点においてオーラはゼロとなるだろう。しかし、それと相反するように、仮想的な「リアリティ」の世界では、技術的複製可能性が増してゆくにつれて、別のかたちでオーラが増大してゆく。VRが完成し、知覚器官というインターフェイスを通じてではなく、直接的に脳に（仮想的な）世界を認識する電気信号を伝達することができたとすれば、その「リアリティ」の世界の身体感覚は最大となる。外的な「現実」の世界における身体的なユートピアが、「触覚」というメタファーによって表現されてきた五感による世界の直接的経験だとすれば、仮想的な「リアリティ」の世界における身体的ユートピアもまた、技術性の e 極致で生み出された（ということは、「現実」の世界では身体性から最も離れた地点にあるということだ

いうのも、もともとメディアによって表象される仮想的な「リアリティ」は「現実」に従属するものと考えられているからである。

一方では、高度な技術的複製可能性によって、「現実」を再現前化すること、つまり外界の模倣像を生み出すことは、きわめて高いレベルにまで到達している。そのときメディアに接続した人間は最大限の「リアリティ」（仮想的な現実感）を経験することになるだろう。現在のところ、「ＶＲ」の装置はその最も進んだ技術的成果であるように見える。

他方で、高度な技術的複製可能性は、単純に外界の対象を再現するだけでなく、むしろ「像」の構成を志向するようになる。その可能性の広がりは、「写真」よりも、その上位の技術段階にある「映画」の方がさらに大きい。そして、「映画」よりも、例えばＣＧ（コンピュータ・グラフィックス）の映像の方が、新たに世界を構築する可能性はさらに広がる。ＣＧにおいては、その素材さえも外界にｃイキョする必要がなくなる。ＣＧで描き出される世界は、その意味で「現実」との対応関係をもつことなく成り立つ世界である。ＶＲで経験する仮想的な世界は、「現実」ときわめて正確に対応する場合もあるが（訓練のためのシミュレーションなど）、もちろん、完全に作り出された仮想的な空間である場合も多い。6そのときわれわれが感じる「リアリティ」とは何なのだろうか。

さしあたりその「リアリティ」の感覚は、映像世界が「現実」の世界で実際に生じたこと（演技であれ）の再現でなくても、少なくとも世界のさまざまな対象（人間や事物）にもとづいているために生じると説明できるだろう。その意味で、完全に作り出された映像世界であっても、「現実」にイキョしていることになる。そうだとすれば、「現実」に実際に生じたことを素材とする映像と同じように、「リアリティ」が生じることに不思議はないように見える。

しかし、技術的複製可能性のレベルが最大になったとき、外界の「現実」を映し出すのではない映像によって、ある新

の〉、何か〈ポーズをとったもの〉を」。このような写真による構成の道を切り開いたのは、シュルレアリストたちの功績だとベンヤミンは述べている。「写真小史」では、『ビフール』や『ヴァリエテ』といったシュルレアリスムを含む雑誌の名が言及されているが、そこでベンヤミンは、マン・レイ、サーシャ・ストーン、ジェルメーヌ・クルルの作品にも出会っているようだ。

　実際に存在するものを極度に精密に写し出すことによって、肉眼で見ているものとは異なる「視覚的無意識」の世界を描き出すにせよ、対象そのものではなく、フィルムという技術手段に手を加えることで新たな映像表現を求めるにせよ、あるいは素材としての外界の模造をコラージュ／フォトモンタージュによって再構成するにせよ、ベンヤミンの時代には、写真は単に外界を忠実に写し出すだけでなく、新たな映像世界を構築するメディアとしての道をはっきりと踏み出していた。そしてまた、ベンヤミンにとって写真は、「あらゆる生活状況の文書化」の機能をもつことによって、その本来の意義を発揮する。「文書化」という言葉でベンヤミンが意図している文字と画像の融合はまた、構成的な力が働く場でもあった。

　「映画」では、「編集」という技術的特質が加わるために、「写真」よりもはるかに構成的特質を見てとりやすい。「モンタージュ」の素材となる映像は、基本的に外界に存在するものによって作り出されている（もちろん、ベンヤミンの時代にも、外界の対象を映像表現の素材としないマン・レイやヴァルター・ルットマンなどの実験的映像がある）。しかし、映画はどれほど外界を忠実に再現した映像を目指すとしても、ほぼ必然的に構成的なプロセスをたどる。「写真」や「映画」といった高度な技術的複製可能性を備えたメディアは、そのようにして単なる「現実」の再現前＝表象から離れて、［C］の像を構成するものとなる。問題は、そのときにどのような「リアリティ」が可能になるのかということだ。と

キュビスム」の時代の作品には、何を描いた作品なのか判別しがたいほど、対象が解体され再構築されているものも多い。しかし、それらはあくまでも「現実」の対象を素材として再構成したものである。ちなみに、3知覚のパラダイムの転換を語る上で重要なジョナサン・クレーリー（注3）の『観察者の系譜』は、主体による視覚像の再構成という志向をアヴァンギャルドやそのbセンク者としてのセザンヌに見てとる美術史の一般的な理解に対して、そのような志向はすでに一九世紀の前半に自然科学の領域で始まっていたというテーゼを立てている。

　重要なのは、そのような転換にはいずれにしても技術的要素が深くかかわっているという点である。技術と知覚のさまざまな経験を経て、「写真」や「映画」といった、世界を忠実に再現前＝表象するはずの技術メディアが展開していった。しかし、まさにその精細な模倣像を生み出す技術こそが、世界を模倣的に再現するカメラ・オブスクラ的思考を解体するという4逆説的な転換を、最もラディカルに推し進めることになったのである。

　外界の模倣的再現というカメラ・オブスクラの思考像の解体が、カメラ・オブスクラ・モデルの体現物である「写真」において、すでに初期の段階から進行していたというのは、かなり逆説的に聞こえるかもしれない。しかし、外界の像が単に映し出されるだけでなく、定着されて保存が可能になったとき、その像を主体の側で再構成する技術的条件が用意されていたことになる。ベンヤミン（注4）は「写真小史」のなかで、写真を「現実の再現」の手段と見る通俗的な観念を念頭に置きながら、「カメラに語りかける自然は、［　A　］とは別種のもの」であること、そして［　B　］こそが写真に決定的な意義を与えることを強調する。「写真小史」で引用されている次のブレヒト（注5）の言葉はそのことを端的に言い表している。現在の状況は、「単純な〈現実の再現〉がかつてほどには、現実について何かを述べるものとなっていないということによって、かなり複雑になっている。〔…〕だから、〈何かを組み立てること〉が本当に必要なのだ。何か〈人工的なも

知覚に働きかけることによって、人間は世界やそのなかの個物を認識するという素朴な実在論的前提がある。このとき、外界に実在する（と考えられている）ものが「現実」と呼ばれる。カメラ・オブスクラは、その「現実」を「暗い部屋」のなかに虚像として映し出す装置であるが、2この技術的機構は、人間の視覚のモデルのみならず、認識のモデル一般のメタファーとして理解されてきた。重要なのは、このカメラ・オブスクラという世界認識のパラダイムにもとづくかぎり、その閉じられた空間の内部に映し出される像は、たとえそれがどれほど「リアル」なものだったとしても、外界の「現実」に対して副次的な意味しかもちえないということである。

　実際にそう見えるようにできるだけ正確に世界を再現するというカメラ・オブスクラ的なとらえ方は、現在でもなお、支配的な思考法であり続けている。しかし、それとともに、外界の「現実」を単に受動的に映し出すのではなく、「暗い部屋」の内部として思い描かれる人間の頭のなかで、像を主体的に再構成するという視覚モデルの転換も生じている。それが最も明示的なかたちで現れるのは、二〇世紀初頭のアヴァンギャルド芸術（とりわけキュビスム、そして未来派、ロシア・アヴァンギャルド、ダダ、シュルレアリスム）だが、美術史のなかでそれに先立つ最も重要な転換点の一つと見なされるのがセザンヌである。彼の「感覚の実現」という言葉は、その転換を端的に表すものとして知られている。それが意味しているのは、外界の像を正確にキャンバス上に定着させることではなく、外界によって生み出された画家の内部の感覚をキャンバス上に「実現」させてゆくことである。そこでは、画家による世界の主体的な再構成とそこに働きかける画家自身の構成的なまなざしが支配している。

　このような主体による対象の再構成という志向は、キュビスムにおいてきわめて明確に現れている。ピカソの《アヴィニョンの娘たち》（一九〇七年）は、その誕生を告げる作品としてしばしば言及される。ピカソやブラックの「分析的

国語

（九〇分）

第一問　次の文章を読んで、後の問いに答えなさい。

画像メディアは、外的世界という「現実」の模倣的な再現前（注1）＝a表象を担ってきた。画像メディアの技術的複製可能性のレベルが上がると、それにともなって表象の精度も上がる。そしてそれとともに、イメージのもたらす仮想的な現実感（「リアリティ」）も増す。「写真」は、「現実」の模倣的再現前のための古典的メディアであるカメラ・オブスクラ（注2）の像を定着させる画期的な技術メディアだった。すでにバロック時代の絵画の写実性・現実感には目を見張るものがあるが、「写真」のもたらす「リアリティ」は、技術的なブレイクスルーによって到達した新たな段階に属するものである。そして、「映画」は、「動く写真」という次の技術段階によって、さらに「リアリティ」を増したメディアとなっている。しばしば「VR」という略称で呼ばれる、視覚・聴覚・触覚などの技術的インターフェイスを備えた装置によってもたらされるものだけが「ヴァーチャルリアリティ」なのではない。外界の模倣的再現を目的とするすべての画像メディアや聴覚メディアは、それぞれの技術段階（技術的複製可能性のレベル）に応じて、1ヴァーチャルリアリティを目指しているのだ。

このような発想には、われわれ人間の認識装置の外側に「世界」が存在し、その世界を構成する個々の「物」が人間の

解答編

英語

I 解答 1―③　2―②　3―①　4―①　5―③　6―②
7―①　8-1．⑧　8-2．②　8-3．⑦

9-1．培養肉は厳格に管理された環境下で生産されるので，有害なバクテリアに汚染されることはまずないと考えられているから。

9-2．一部の人々は，培養肉の製造過程で加えられる成長ホルモンなどの過剰摂取が健康に悪影響を与えるのではないかと懸念している。

◀解　説▶

≪環境にやさしい動物肉代替食品――豆腐から培養肉まで≫

1．「8千年前になにが起こったか」を答える。第1段第6文（People, for example, …）に「食料として豚を飼うことを始めた」と書かれているので，③を選択する。tame「飼いならす」 food source「食物源」

2．第1段第7文（Nowadays, modern meat …）に「現代の肉の製造が環境問題に大きな影響を及ぼしている」ことが書かれている。同段第8文（It increases the …）に「メタンと二酸化炭素を大量に放出する」ことが，続く第9文（It also consumes …）で「大量の水を消費し，土地資源を過度に使用して水や空気の質に影響している」ことが述べられている。よって，②の「畜産農業が環境に悪い影響を与えているから」を選ぶ。選択文中の farming は第2段第1文にある livestock farming「畜産農業」を指していることに留意する。

3．第3段（The earliest reference … the vegetarian movement.）から，アジアの豆腐が言及されたのが9世紀半ばであり，西洋で肉の代替食品が最初に言及されたのが17世紀半ばであることがわかる。なお，ベジタリアン運動は，すでに17世紀に言及されているので，②は内容に合致しない。“meatless”という言葉が登場するのは，第4段第1文（In 1892, the word …）にあるように1892年なので，③も合致しない。よって，①の

解答編

「アジアの人々はヨーロッパの人々より早く植物由来のたんぱく質を食していた」が適切。

4．オランダ（Netherlands）の企業が言及されているのは第6段第4文（A company in …）で，「血液から採集された stem cells（幹細胞）を…筋肉または脂肪になることができる master cells に変える（transform）」とある。よって，①の「血液は筋肉と脂肪を作るのにつかわれる」が適切。

5．「meat-free（肉を使用しない）製品の市場について」は第4段第7文（As of 2014, …）以下で「毎年成長している」とあり，「lab-meat（培養肉）製品の市場について」は第6段第6文（With the progress …）に「技術の進歩とともに，培養肉の世界市場は成長してきている」と書かれている。さらに同段第7文（In 2021, the …）の後半で「近い将来にその市場は10倍になると推定されている」と言及されている。したがって，③の「いずれの市場も製品販売の下落を経験していない」ことになる。

6．air quality degradation「空気非汚染度（大気質）の悪化」の意味なので，②の「減退する，下落する」を選ぶ。

7．同一文の前半で使用されている名詞が market「市場」であることに着目する。内容からも「近い将来10倍になる」のは「市場」である。

8－1．第2段第2文の冒頭に「One option」，同段第5文に「Another option」として畜産農場からの肉以外の選択肢について書かれている。Early reference of plant-based protein が第3段で言及されていることからも，第2段は⑧の「食肉生産に替わる二つの選択肢」を紹介した段落である。

8－2．第4段第4文（Similar products followed …）にケロッグ博士の発明に続いて「植物由来の肉」や「肉のような」食品が世界に出回るようになったこと，そして同段第8文（The meat-free products …）に「豆腐，テンペ（大豆などを発酵させた食品），小麦グルテン，各種の豆，さらに，昆虫食なども，最近ではスーパーで手に入る」までに一般的になっていることが書かれているので，②の「ミートフリーの製品の世界的な広がり」が適切。

8－3．第5段はおもに培養肉の生産技術についての記述になっている。そして第6段で，その市場化が論じられている。したがって，⑦の「培養肉製造の技術」が適切。

9－1．「なぜ人工肉はより安全だと考えられているか」の答えは，第7段第2文（Produced in a …）に書かれている。get contaminated「汚染される」 <get＋過去分詞>で受動態であることに注意する。rarely「めったに～しない」

9－2．「人工肉を摂取するときに懸念する人がいるのは何に対してか」に関して，第7段第3・4文（But some people … present in animals.）に書かれており，ホルモンに対する懸念である。growth factor「成長因子」 adverse health effects「健康に対する悪影響」

Ⅱ 解答

10. normal　11. prefer　12. stimulate
13. confidence　14. valuable　15. achieve
16. disagree　17. flexible　18. experience

◀解　説▶

≪一人旅の効用≫

10. 空欄の後の as the coronavirus is getting less infectious「コロナウイルスの伝染性が小さくなっているので」から，バックパッカーは一人旅が normal（正常）に戻ることを期待していると考える。

11. 関係副詞節 why they prefer traveling alone「多くの旅行者が一人旅をより好む」の先行詞は reasons であることに注意する。続く文に一人旅のよいところが並べてあるので，「より好む」理由と考えると自然である。

12. 空欄を補充した完成文は，「彼らは一人旅が健康を維持し，気持ちをすっきりさせ，自分に刺激を与えるために必要不可欠であると考えている」となる。何を維持するために一人旅は不可欠かを考えると「健康」，「気持ちのリフレッシュ」，そして自分自身への「刺激」がふさわしい。

13. 空欄を含む文の従属節の主部は doing things you would not normally do「通常しないことをすることは」である。boost your confidence「自信をつける」

14. 空欄を補充した完成文は，「こうした利点に加え，完全な自由を感じることが一人旅旅行者の最高の恩典になるようだ」となる。benefit / advantage「利点」 the most に続き，後ろに名詞の advantage があることから空欄には形容詞が入ると考えられる。内容から「価値のある」

valuableが適切と考えられる。

15. achieve *one's* goals「目標を達成する」

16. Nobody could disagree.「だれもが同意できるだろう」二重否定になっている。

17. 空欄を補充した完成文は，「一人旅のバックパッカーは旅行中に行ういかなる変更に対しても柔軟である」となる。後に続く部分に「なぜなら彼ら次第でどうとでもなるからだ」とあるので，自分一人なのだから「柔軟に」対応できると考えられる。

18. 空欄を補充した完成文は，「彼らは一人旅が真の自由を経験するもっとも単純で実際的な方法であることを知っている」となる。

III　解答　19―②　20―③　21―①　22―①

◀解　説▶

≪ビデオゲームが学生の学業と心理に与える影響≫

19. 第1段に本文のテーマが述べられている。同段第2文（Recent studies on …）に「全年齢の学生についての最近の研究は，ビデオゲームで遊ぶ時間と学業（grades）との強い相互関係を明らかにしている」とあり，続く第3文（In short, the …）で相互関係が具体的に述べられている。

20. 第2段第3文（The 20-minute presentation …）に「3,600名の学生から集められたquestionnaire（アンケート用紙）」とあるから，表1から3時間以上テレビゲームで遊ぶ学生は40％（1,440人）になる。同段第8文（Incredibly, only ten …）で「学業に影響があると答えたのはわずか10％」とある。3,600×0.4×0.1で算出する。

21. 第3段第3文（As in Table 2 …）の後半で，「いかに上手に自己規制（regulate themselves）できるかが重要な鍵になっている」と述べられている。①の「学校のやらなくてはならない課題と誘惑の間でのバランスを保つことが学生たちには重要である」を選ぶ。

22. 表2のManaging angerの数値より，グループA（3時間以上）とグループC（0時間）も差がないことがわかるので，①の「ビデオゲームをする時間は学生のアンガーマネジメントと直接的関係がないようである」

を選ぶ。②の「教育的価値がある」とは言及されていない。③の「ビデオゲームで遊ぶ者はほとんどの時間をビデオゲームにあてている」と④の「何らかのビデオゲームで遊ぶことから時間を割く学生はほとんどいなかった」はビデオゲームをする時間が１～２時間である学生が半分であることから不適であることがわかる。

Ⅳ　解答　23―①　24―③　25―②　26―③

◀解　説▶

23．空欄を含む Tan の発言の前の Toshi の言葉（Well, everybody was …）の「うん，ぼく以外のみんなが素晴らしかった。緊張していたので，キーワードを数語正しく発音できなかったんだ」から，「えっ，わずか数語だけ？　あまり自分を責めるなよ」が想定される。「僕だったらそんなこと気にしないよ」という Tan の次の返事からも「数語くらいで」という気持ちと，さらに Toshi の最初の発話（Well, we got …）にある「A の評価を得た」という内容も，自分に厳しすぎる印象につながる。be hard on ～「～に対して厳しい，つらく当たる」

24．空欄の前の Amy の「しかし，ただ駐車場を閉鎖するだけでなく，どうして（代わりの）駐車スペースをみつけてくれないの？」から，「僕にきかないでよ。そんな愚かな決定を下した人間は僕ではないんだから」が会話の自然な流れとなり，③を選ぶ。

25．②の She talked me out of it.「彼女は僕がそれを買わないように説得したのさ」が適切。無茶な買い物をしようとしている Scott に対しての最後の Minh の「賢明ね。私でも同じことをするわ」という発言からも，Scott の奥さんの行動が推測される。take out a loan「ローンを組む」

26．受講したいと思っているワトソン教授の授業についての情報が欲しいと思っているピーターと，その授業を取っていた友人がいるテオとの会話である。空欄の発言の前に「その友人に聞いてあげることができる」と言われて，「え，できるの？」と喜んだ後の発言なので，③の That would be very helpful of you.「（あなたにそうしていただければ）大変たすかります」が適切。

V　解答

27. is hungry because she has changed her diet to transform

28. is defined as discrimination based on a person's body

29. thought Yukie wanted to lose weight when he heard

◀解　説▶

27.「なぜ幸恵は元気そうに見えないのか？」 この場合の diet は栄養面からみた日常の食事を意味している。transform *one's* body structure「体を改造する」

28.「アメリカにおける sizeism の定義とは？」を問われている。「sizeism とは体型をもとにした差別と定義されている」 be defined as ～「～と定義されている」

29.「俊太の誤解とは何だったのか？」を問われている。lose weight「減量する，やせる」

日本史

1　解答

問1．④　問2．③　問3．①　問4．③　問5．②
問6．①　問7．②　問8．②

◀解　説▶

≪日本の戸籍と人口≫

問1．④誤文。計帳は2年に一度ではなく，毎年作成された。

問2．③誤文。古代には戸籍を偽る偽籍が横行したが，その多くは男性が女性と偽るものであった。当時，男性は庸や調，兵役など女性よりも税負担が重かった。

問3．①正答。X．正文。豊臣秀吉は太閤検地に際して，京都付近で使用されていた京枡を公定枡とし，容積の基準を統一した。Y．正文。豊臣秀吉は，田畑の等級から算出された石盛に面積を掛け合わせた石高を課税や軍役の基準とした。

問4．③正答。X．誤文。江戸幕府が信仰を禁止した宗教には，キリスト教のみではなく，日蓮宗不受不施派も含まれた。Y．正文。

問5．②正答。X．正文。Y．誤文。グラフ2から，世帯を構成する家族の人数の変動が少なくなる点は読み取れるが，人口停滞においてはグラフ1からは読み取れず，人口は緩やかに増加している。

問7．②正答。X．正文。Y．誤文。琉球藩が廃され，沖縄県が設置された琉球処分が断行されたのは 1879 年である。1872 年は琉球藩が設置された年である。

2　解答

問1．③　問2．④　問3．③　問4．④　問5．②
問6．①　問7．④　問8．②

◀解　説▶

≪古代の習俗と天武・持統朝≫

問2．④正文。史料文の1行目後半から2行目に同様の記述がみられる。
①誤文。史料文の2行目半ばに「人の寿多く，百年，或いは八九十」とあるので誤りといえる。

②誤文。史料文の３行目半ば以降に,「争訟無く，軽き罪を犯す者は其の妻孥を没し，重き者は其の家を族滅す」とあり，罪を犯した場合，必ず一族が皆殺しにされるとまではいえない。
③誤文。史料文の１行目に「骨を灼き」とあるが，ここからは「鹿の骨」ということまでは読み取ることができない。
問５．②誤文。「天武・持統朝時代を中心とする文化」とは７世紀半ばの白鳳文化のことである。白鳳文化は初唐文化の影響を受けた清新な文化といわれる。また天武・持統朝では遣唐使が中断されていた時期であるため,近い時期の他の文化に比べ,「国際色豊かな文化」とはいえない。盛唐文化の影響を強く受けたのは，のちの天平文化である。
問８．②正答。X．正文。Y．誤文。夫である天武天皇が編さんを開始し,持統天皇が施行したのは，飛鳥浄御原令である。そのため令は完成したが,律は完成・施行はされていない。

3　解答

問１．③　問２．②　問３．④　問４．③　問５．③
問６．②　問７．⑤　問８．⑥

◀解　説▶

≪鎌倉幕府の民政，室町幕府と鎌倉府≫
問２．②正答。X．正文。Y．誤文。史料文の７行目によれば，違反者の名前の報告を命じているに過ぎず，宛先の両名に処罰が全面的に任されたことは読み取れない。
問４．③正答。X．誤文。史料文の３行目には,「田麦の所当（＝年貢）取るべからず」とあるため，地頭の課税を幕府が追認した事実は読み取れない。Y．正文。
問６．②正答。空欄アには大内義弘が入る。周防・長門・石見の守護大名であった大内義弘は，室町幕府の足利義満と対立を深めたことから，九州探題今川了俊の仲介によって鎌倉公方の足利義兼と結び，1399年に和泉国堺で挙兵した。乱は幕府方の勝利に終わり，有力守護大名であった大内氏は勢力を削減された。

4 解答

問1．④　問2．③　問3．③　問4．②　問5．④
問6．①　問7．③　問8．②

◀解　説▶

≪江戸幕府の参勤交代≫

問2．③誤文。村請制の維持のために，近隣の家に連帯責任を負わせる制度は，五人組である。隣組とは，1940年に，各戸を戦争協力へ動員するためにつくられた大政翼賛会の下部組織である。

問3．③正答。X．誤文。史料文から，幕府は，参勤交代に際する従者が多く，人民の負担となっているので，今後は減らすように述べている。よって，幕府が諸大名の財政を圧迫しようとした意図は，史料から読み取れない。Y．正文。

問5．④誤文。史料の著者は史料文の9行目後半以降にあるように，仙台藩の伊達氏が挨拶をしなかったことに対し，「大いに無礼の体なり」と述べ，数千人もの行列をなしているが，恐れるに足らず，仙台藩に礼儀がないことを批判している。

問6．①正答。X．正文。史料文の2～4行目に合致している。Y．正文。史料文の5行目以降に，参勤交代による江戸への長期滞在や人口の増加が，江戸の物価を高騰させ，贅沢な暮らしや火災を招いており，最終的には江戸の困窮につながると説明している。

5 解答

問1．③　問2．①　問3．①　問4．⑥　問5．②
問6．④　問7．④　問8．⑤　問9．⑥

◀解　説▶

≪幕末の政局，第一次世界大戦後の国際問題≫

問1．③正答。X．誤文。ペリーの来航に伴い，朝廷への報告や幕臣・諸大名への相談を行った老中は，阿部正弘である。堀田正睦はハリスとの間で日米修好通商条約の交渉をおこなった老中で，孝明天皇に勅許を求めたが失敗した。Y．正文。

問3．①誤文。貿易開始後には，日本からの生糸輸出は増加し，貿易は全体として輸出超過であった。そのため国内の物価上昇を招いた。

②正文。幕府は1860年に五品江戸廻送令を発し，高騰する物価の抑制を目指した。

問6．④正答。X．正文。Y．誤文。史料文の7～10行目によれば，日本は，中国の対ドイツ戦参戦によっても，中国とドイツの政治条約はパリ講和会議の結論を待って，はじめて処分が確定するものだと主張した。Z．誤文。史料文の最後の一文に，「一層の努力をなさざれば，再び失敗を重ぬるに至るならんと」とあるため，「事態を静観していればよい」は誤りといえる。

問9．⑥正答。第一次世界大戦期，日本は第二次大隈重信内閣が政権を担っていた。大隈内閣は中華民国袁世凱政権に対し，二十一カ条の要求とよばれる政治的要求の承諾を求めた。その中には旅順・大連の租借期限の延長や，漢冶萍公司という民間製鉄会社の日中での共同経営案が含まれており，中華民国政府はこれを承認した。なお，Ⅱにおいては，日本政府は要求をしたが，中国政府が承諾をしなかったため，不承認に終わっている。

6 解答

問1．③　問2．④　問3．②　問4．①　問5．①
問6．④　問7．②　問8．②　問9．①

◀解　説▶

≪山本五十六・田中角栄の人物史≫

問1．③正文。ロンドン海軍軍縮条約では，補助艦の保有量について，決定がなされ，日本は対英米6.975割とおおむね7割の保有量となった。また，先のワシントン海軍軍縮条約で決定された主力艦の建造禁止期間が5年間延長された。

①・②誤文。主力艦の保有比率を定めた条約ではないため誤り。

④誤文。保有比率が異なるため誤り。

問4．①正答。X．正文。ミッドウェー海戦において実際に失われた空母は，日本は4隻，アメリカは1隻のため，史料からは日本の劣勢情報が隠蔽されていたことがわかる。しかし，日本が空母を失ったこと自体は発表されたことが読み取れる。Y．正文。史料1にある伊藤整の日記からは，「いよいよ東京正面の太平洋が騒がしくなってきた」との記述があるため，伊藤は東京への空襲をミッドウェー海戦以前から心配していた様子が読み取れる。史料2の徳川夢声の日記にも，「これで当分東京も空襲の心配なし，とすれば有難いことである」という記述がある。このことから両者とも，東京への空襲を心配していたことがうかがえる。

問6．④誤文。田中角栄政権において，資本民営化がすすめられた政策はないため誤りといえる。1970年代初頭には，アメリカのニクソン大統領の金融政策により，ドル安・円高が進行し，日本は1973年に変動相場制へと移行したが，輸出不振による不況が続いた。田中角栄内閣は，首都圏と主要地方都市を交通インフラにより結びつける日本列島改造論を打ち出した。これにより，大規模な土地への投機ブームが発生し，地価が高騰した。それに加え第4次中東戦争に起因する第一次石油危機が起こり，原油価格は約4倍まで上昇した。日本経済は，円高による不況と物価高によるスタグフレーションに見舞われた。

世界史

1 解答

問1．④　問2．①　問3．②　問4．③　問5．④
問6．②　問7．①　問8．②　問9．④　問10．③

◀解　説▶

≪古代～現代における感染症の歴史≫

問1．④正文。①誤文。アテネを中心としたのはデロス同盟。

②誤文。ヘロドトスの著した『歴史』はペルシア戦争を題材とした。ペロポネソス戦争を題材としたのはトゥキディデスの著した『歴史』。

③誤文。スパルタの隷属農民はヘイロータイ。ペリオイコイは半自由民。

問4．③誤文。緑営が置かれたのは清朝。

問5．X．誤り。ティマール制は，オスマン帝国時代の社会・軍事制度。Y．誤り。マムルーク朝の首都はカイロ。

問7．①正文。②誤文。カートライトが発明したのは力織機。水力紡績機を発明したのはアークライト。

③誤文。穀物増産を図ったのは第2次囲い込み。

④誤文。1830年に海港都市のリヴァプールと綿織物工業の中心地のマンチェスター間の鉄道が開通した。

問8．②正答。アウステルリッツの戦い（1805年）→大陸封鎖令の発布（1806年）→ライプツィヒの戦い（1813年）の順。

問9．④誤り。『戦争と平和』の作者はトルストイ。

問10．X．誤り。第一次世界大戦期のアメリカ合衆国大統領はウィルソン。Y．正しい。

2 解答

問1．③　問2．⑤　問3．③　問4．②　問5．③
問6．③　問7．④　問8．③　問9．④　問10．③

◀解　説▶

≪古代～現代におけるトルコ人の歴史≫

問1．③正文。①誤文。殿試は北宋時代に設けられた。

②誤文。九品中正法は，三国時代の魏で導入された。

④誤文。天朝田畝制は，太平天国の乱の中で導入された。

問3．X．正しい。Y．誤り。ブワイフ朝はシーア派。Z．誤り。トゥグリル=ベクがアッバース朝カリフから授かった称号はスルタン。

問5．③誤文。オスマン朝はレパントの海戦で敗れた。

問6．③誤文。オスマン帝国の「徴税権を有する騎士軍団」は，ティマール制に基づく。マンサブダール制はムガル帝国の制度。

問7．④誤り。アブデュルメジト1世のタンジマートは1839年に開始した。バーブ教徒の乱は，イランで1848～52年に発生したもので，背景にはなりえない。

問8．③正文。①誤文。ボスニア=ヘルツェゴヴィナに続いてブルガリアで反乱が発生した。

②誤文。ロシアがオスマン帝国と結んだのはサン=ステファノ条約。

④誤文。ベルリン会議で独立が承認されたのは，ルーマニア，セルビア，モンテネグロ。

問9．④誤り。トルコマンチャーイ条約は，1828年にロシアとカージャール朝イランが締結した。

問10．③誤り。ムスタファ=ケマルは，イスラーム教の影響を排除し，世俗主義を目指した。

3 解答

問1．①　問2．②　問3．③　問4．④　問5．①
問6．②　問7．④　問8．④　問9．②　問10．④

◀解　説▶

≪シャーロック=ホームズの時代の大英帝国関連史≫

問1．①正答。②誤り。『レ=ミゼラブル』はヴィクトル=ユーゴーの作品。

③誤り。イプセンはノルウェー人。

④誤り。『居酒屋』はゾラの作品。

問2．②誤り。ヴィクトリア女王の治世は1837～1901年であるが，第1回選挙法改正は1832年。

問3．③正文。①誤文。ガンダーラ美術はクシャーナ朝の下で栄えた。

②誤文。ガズナ朝はゴール朝に敗れ，滅亡した。

④誤文。2003年に崩壊したフセイン政権は，イラクの政権。

問5．①誤文。ケープ植民地は，ウィーン会議でイギリスに譲渡された。

問6．②正文。①誤文。ピューリタンは，カルヴァン派のイングランドにおける呼称。
③誤文。チャールズ1世に対し，議会は「権利の請願」を提出した。
④誤文。議会派は，独立派，長老派，水平派に分裂した。
問7．④正文。①誤文。ジャイナ教はヴァルダマーナ（マハーヴィーラ）により創始された。ナーナクが創始したのはシク教。
②誤文。玄奘は，ヴァルダナ朝時代のインドを訪れている。
③誤文。ムガル帝国の滅亡を機に，イギリス東インド会社は解散され，イギリス政府がインドを直接統治した。
問8．④正文。①誤文。フランスは，ユトレヒト条約でニューファンドランド島とハドソン湾をイギリスに割譲した。
②誤文。フランスは，フレンチ=インディアン戦争の結果，パリ条約でケベック地方を失った。
③誤文。カナダは1867年，オーストラリアは1901年に自治領となった。
問9．X．正しい。Y．誤り。カリフォルニアは西海岸。
問10．④正答。タンネンベルクの戦い（1914年）→ロシア二月革命（1917年3月）→アメリカの参戦（1917年4月）の順。

4　解答

問1．⑤　問2．⑤　問3．①　問4．③　問5．①
問6．③　問7．④　問8．⑤　問9．③　問10．②

◀解　説▶

≪古代～現代における朝鮮半島の歴史≫

問2．⑤誤り。党錮の禁は後漢末に起こった。
問3．①正答。楽浪郡は，313年に高句麗によって滅ぼされた。
問4．③誤文。訓民正音は，朝鮮王朝の世宗によって公布された。
問5．①誤文。新羅の首都は慶州。高麗の首都は開城。
問7．④誤文。清はチベット仏教を厚く信仰した。
問8．⑤正答。壬午軍乱（1882年）→甲申政変（1884年）→甲午農民戦争（1894年）の順。
問9．日露戦争から韓国併合までは1904～1910年。
③正文。①誤文。伊藤博文は初代統監。
②誤文。三・一独立運動は，パリ講和会議中の1919年に発生した。1910

年の韓国併合より後の事件である。
④誤文。土地調査事業は韓国併合後に行われた。
問10. X．正しい。Y．誤り。アイゼンハワー大統領は，「巻き返し政策」を掲げた。

5 解答

問1．②　問2．②　問3．②　問4．④　問5．⑤
問6．④　問7．⑥　問8．③　問9．④　問10．③

◀解　説▶

≪アメリカ合衆国の奴隷制と人種問題，大戦間のドイツ≫

問2．②誤文。リンカンは，大統領選挙に立候補した当初は奴隷制拡大に反対していたのであって，奴隷解放をめざしていたのではない。南北戦争中に，奴隷解放宣言によって明確に奴隷解放を表明した。
問5．X．誤り。公民権法は，ジョンソン大統領の時に成立した。Y．誤り。2期目のジョンソン大統領が提唱したのは「偉大な社会」の実現。Z．正しい。
問6．④誤り。ヴァイマル憲法では，非常大権は大統領に付与された。
問7．難問。⑥正答。サン=ジェルマン条約（1919年9月)→ヌイイ条約（1919年11月)→セーヴル条約（1920年8月）の順。
問8．X．誤り。1933年2月に国会議事堂放火事件が発生し，ヒトラーはそれを利用して，共産党などの左翼勢力を弾圧した。Y．正文。
問9．④誤文。ロカルノ条約を破棄して，ラインラント非武装地帯に進駐した。

数学

◀理工，建築都市デザイン，情報工学部▶

1 **解答** (1) $\sin 2\theta=\cos(2\theta+\theta)$

$$2\sin\theta\cos\theta=(\cos^2\theta-\sin^2\theta)\cos\theta-2\sin\theta\cos\theta\cdot\sin\theta$$

$$2\sin\theta\cos\theta=\cos^2\theta-3\sin^2\theta\cos\theta$$

$$\cos\theta(\cos^2\theta-3\sin^2\theta-2\sin\theta)=0$$

$$\cos\theta(-4\sin^2\theta-2\sin\theta+1)=0$$

$\therefore$ $\cos\theta=0$ または $\sin\theta=\dfrac{-1\pm\sqrt{5}}{4}$

$\cos\theta=0$ のとき，$0<\theta<\pi$ より

$$\theta=\frac{\pi}{2}$$

このとき $\sin\theta=1$

また，$0<\sin\theta\leqq 1$ より

$$\sin\theta=\frac{-1+\sqrt{5}}{4}$$

以上より $\sin\theta=1,\ \dfrac{-1+\sqrt{5}}{4}$ ……(答)

(2) 奇数の目が x 回，偶数の目が y 回出るとすると，条件より

$$\begin{cases} x+y=8 \\ 2x-y<0 \end{cases}$$

y を消去して

$$2x-(8-x)<0$$

$\therefore$ $x<\dfrac{8}{3}$

$0\leqq x$ より，これを満たす x は

$x=0,\ 1,\ 2$

求める確率は

$$\left(\frac{1}{2}\right)^8+{}_8C_1\left(\frac{1}{2}\right)\left(\frac{1}{2}\right)^7+{}_8C_2\left(\frac{1}{2}\right)^2\left(\frac{1}{2}\right)^6=\frac{1+8+28}{256}$$

$$=\frac{37}{256}\quad\cdots\cdots(\text{答})$$

(3)　$$3-\sqrt{3}i=2\sqrt{3}\left(\frac{\sqrt{3}}{2}-\frac{1}{2}i\right)$$

$$=2\sqrt{3}\left\{\cos\left(-\frac{\pi}{6}\right)+i\sin\left(-\frac{\pi}{6}\right)\right\}$$

これより

$$(3-\sqrt{3}i)^n=(2\sqrt{3})^n\left\{\cos\left(-\frac{n\pi}{6}\right)+i\sin\left(-\frac{n\pi}{6}\right)\right\}$$

実数となるのは，$\sin\left(-\dfrac{n\pi}{6}\right)=0$ のときで，これを満たす最小の正の整数 n は

$n=6$　……(答)

◀解　説▶

≪小問 3 問≫

(1)　倍角の公式を利用し，$\sin\theta$ および $\cos\theta$ の方程式を立てて解く。

(2)　奇数の目が x 回，偶数の目が y 回出るとして式を立て，それぞれの回数を求める。

(3)　$3-\sqrt{3}i$ を極形式で表し，ド・モアブルの定理を利用する。

2　解答

(1)　$a=\int_{-1}^{1}f(t)\,dt$，$b=\int_0^2 f(t)\,dt$ とおくと，

$f(x)=x^2+ax+b$ である。

$$a=\int_{-1}^{1}(t^2+at+b)\,dt$$

$$=2\int_0^1(t^2+b)\,dt$$

$$=2\left[\frac{t^3}{3}+bt\right]_0^1$$

$$=\frac{2}{3}+2b$$

$$\therefore\quad a-2b=\frac{2}{3}\quad\cdots\cdots①$$

$$b=\int_0^2(t^2+at+b)\,dt$$

$$=\left[\frac{t^3}{3}+\frac{at^2}{2}+bt\right]_0^2$$

$$=\frac{8}{3}+2a+2b$$

$$\therefore\quad 2a+b=-\frac{8}{3}\quad\cdots\cdots②$$

①，②より

$$a=-\frac{14}{15},\quad b=-\frac{4}{5}$$

したがって　$f(x)=x^2-\dfrac{14}{15}x-\dfrac{4}{5}$　……(答)

(2)　$n\geqq 2$ のとき

$$\sum_{k=1}^{n}\log_{10}\frac{k}{k+2}=\log_{10}\frac{1}{3}+\log_{10}\frac{2}{4}+\cdots+\log_{10}\frac{n}{n+2}$$

$$=\log_{10}\left(\frac{1}{3}\times\frac{2}{4}\times\cdots\times\frac{n}{n+2}\right)$$

$$=\log_{10}\frac{1\times 2}{(n+1)(n+2)}$$

$n=1$ のとき

$$\sum_{k=1}^{1}\log_{10}\frac{k}{k+2}=\log_{10}\frac{1}{3}$$

よって，これは $n=1$ のときも成り立つ。

また

$$-2\log_{10}6=\log_{10}\frac{1}{36}$$

よって

$$\frac{2}{(n+1)(n+2)}=\frac{1}{36}$$

$$(n+1)(n+2)=72$$

$$n^2+3n-70=0$$

$$(n+10)(n-7)=0$$

$n \geqq 1$ より　　$n=7$　……(答)

(3)　$$I_n=\int_0^1 x(1-x)^n dx$$

$$=\left[x\cdot\frac{-1}{n+1}(1-x)^{n+1}\right]_0^1+\int_0^1\frac{1}{n+1}(1-x)^{n+1}dx$$

$$=\frac{1}{n+1}\left[\frac{-1}{n+2}(1-x)^{n+2}\right]_0^1$$

$$=\frac{1}{n+1}\cdot\frac{1}{n+2}$$

よって

$$\lim_{n\to\infty}n^2I_n=\lim_{n\to\infty}\frac{n^2}{(n+1)(n+2)}$$

$$=\lim_{n\to\infty}\frac{1}{\left(1+\frac{1}{n}\right)\left(1+\frac{2}{n}\right)}$$

$$=1$$　……(答)

◀解　説▶

≪小問 3 問≫

(1)　定積分が定数となることを利用する。

(2)　対数の性質を利用して，和の計算をする。

(3)　部分積分で I_n を求め，極限を求める。

3

解答　(1)　△OAB の面積が 1 なので

$$\frac{1}{2}|\overrightarrow{OA}||\overrightarrow{OB}|\sin\angle AOB=1$$

$$\frac{1}{2}x|\overrightarrow{OB}|\cdot\frac{1}{2}=1$$

$$\therefore\quad |\overrightarrow{OB}|=\frac{4}{x}$$

よって

$$\overrightarrow{OA}\cdot\overrightarrow{OB}=|\overrightarrow{OA}||\overrightarrow{OB}|\cos\angle AOB$$

$$=x\cdot\frac{4}{x}\cdot\frac{\sqrt{3}}{2}$$
$$=2\sqrt{3}\quad\cdots\cdots\text{(答)}$$

(2) $\overrightarrow{OP}=\dfrac{2\overrightarrow{OA}+3\overrightarrow{OB}}{5}$ より

$$L=|\overrightarrow{OP}|^2$$
$$=\left|\frac{2\overrightarrow{OA}+3\overrightarrow{OB}}{5}\right|^2$$
$$=\frac{1}{25}(4|\overrightarrow{OA}|^2+12\overrightarrow{OA}\cdot\overrightarrow{OB}+9|\overrightarrow{OB}|^2)$$
$$=\frac{4}{25}\left(x^2+6\sqrt{3}+\frac{36}{x^2}\right)\quad\cdots\cdots\text{(答)}$$

(3) $x^2>0$，$\dfrac{36}{x^2}>0$ なので，相加平均と相乗平均の大小関係より

$$x^2+\frac{36}{x^2}\geqq 2\sqrt{x^2\cdot\frac{36}{x^2}}=12$$

等号は，$x^2=\dfrac{36}{x^2}$ のとき，すなわち $x>0$ より，$x=\sqrt{6}$ のとき成立する。

このとき

$$L=\frac{4}{25}\left(x^2+6\sqrt{3}+\frac{36}{x^2}\right)$$
$$\geqq\frac{4}{25}(12+6\sqrt{3})$$
$$=\frac{24}{25}(2+\sqrt{3})$$

以上より，$x=\sqrt{6}$ のとき，L の最小値は $\dfrac{24}{25}(2+\sqrt{3})$ ……(答)

◀解　説▶

≪内分点の位置ベクトルの大きさの2乗の最小値≫

(1) △OAB の面積が1であることから，$|\overrightarrow{OB}|$ を x で表し，内積を求める。

(2) $\overrightarrow{OP}$ を $\overrightarrow{OA}$，$\overrightarrow{OB}$ で表し，L を求める。

(3) (2)の結果に，相加平均と相乗平均の大小関係を利用して，最小値を求める。

4 解答

(1) $f(x)=2x^3-7x^2+9$

$f'(x)=6x^2-14x$

$=2x(3x-7)$

$f'(x)=0$ とすると　　$x=0,\ \dfrac{7}{3}$　……(答)

(2) $f(x)$ の増減表は以下のようになる。

x	$\cdots$	0	$\cdots$	$\dfrac{7}{3}$	$\cdots$
$f'(x)$	$+$	0	$-$	0	$+$
$f(x)$	↗	9	↘	$-\dfrac{100}{27}$	↗

よって，$f(x)$ は，$x<0$ および $\dfrac{7}{3}<x$ で増加，$0<x<\dfrac{7}{3}$ で減少。

したがって

$x=0$ で極大値 9

$x=\dfrac{7}{3}$ で極小値 $-\dfrac{100}{27}$

……(答)

(3) $x<\dfrac{3}{2}$ のとき　　$g(x)=-f(x)$

$x\geqq\dfrac{3}{2}$ のとき　　$g(x)=f(x)$

よって，$y=g(x)$ のグラフは右のようになる。

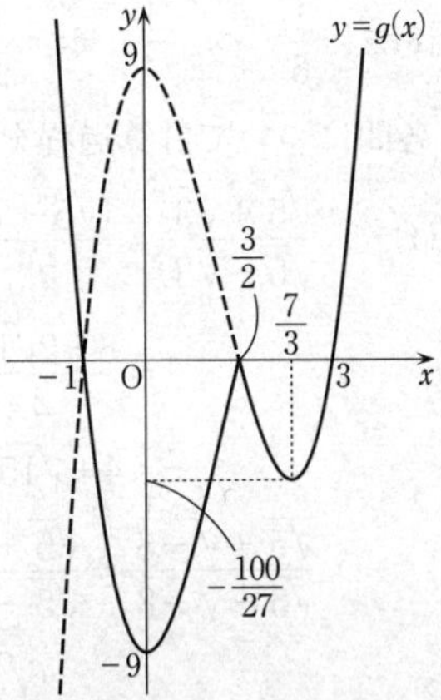

◀解　説▶

≪絶対値を含む3次関数のグラフ≫

(1) $f'(x)$ を求める。

(2) $y=f(x)$ の増減表を作成する。

(3) 場合分けをして，絶対値をはずし，(2)の結果を利用して，$y=g(x)$ のグラフを描く。

◀環境，メディア情報，デザイン・データ科，
都市生活，人間科学部▶

1

解答 (1)ア．$4+\sqrt{15}$　イ．$-\frac{3}{13}$　ウ．$\frac{4\sqrt{10}}{13}$

(2)エ．$-\frac{5}{2}<m<-2,\ 2<m$

(3)オ．8　カ．$\frac{1}{3}$　キ．$\frac{1}{2}$

(4)ク．12　ケ．4　コ．$5\sqrt{2}+6$

(5)サ．$-t^2+2t+2$　シ．$-\sqrt{2}\leqq t\leqq\sqrt{2}$　ス．0，$\frac{\pi}{2}$　セ．3　ソ．$\frac{5}{4}\pi$

タ．$-2\sqrt{2}$

(6)チ．$\frac{4}{5}$　ツ．$\frac{6}{5}$　テ．$\frac{6}{5}$　ト．$\frac{4}{5}$　ナ．-2　ニ．9

(7)ヌ．2　ネ．$\sqrt{2}$　ノ．1　ハ．2　ヒ．$\frac{5}{4}$

(8)フ．$\frac{1}{6}$　ヘ．$\frac{1}{4}$　ホ．$\frac{4}{9}$

各問について計算過程を示す。

(1)
$$\frac{\sqrt{5}+\sqrt{3}}{\sqrt{5}-\sqrt{3}}=\frac{(\sqrt{5}+\sqrt{3})^2}{5-3}=\frac{8+2\sqrt{15}}{2}=4+\sqrt{15}\quad\to ア$$

$$\frac{\sqrt{5}+\sqrt{-8}}{\sqrt{5}-\sqrt{-8}}=\frac{\sqrt{5}+2\sqrt{2}i}{\sqrt{5}-2\sqrt{2}i}=\frac{(\sqrt{5}+2\sqrt{2}i)^2}{(\sqrt{5})^2-(2\sqrt{2}i)^2}=\frac{-3+4\sqrt{10}i}{5+8}=-\frac{3}{13}+\frac{4\sqrt{10}}{13}i\quad\to イ，ウ$$

(2)　$f(x)=x^2+(m+4)x+2m+5$ とおく。

$$f(x)=\left(x+\frac{m+4}{2}\right)^2-\frac{(m+4)^2}{4}+2m+5$$

$y=f(x)$ の軸は　　$x=-\dfrac{m+4}{2}$

方程式 $f(x)=0$ が異なる 2 つの負の実数解をもつ条件は，判別式を D として

$$\begin{cases} D>0 \\ -\dfrac{m+4}{2}<0 \\ f(0)>0 \end{cases}$$

である。

$$D=(m+4)^2-4(2m+5)$$
$$=m^2-4>0$$

よって

$$m<-2,\ 2<m \quad \cdots\cdots ①$$

$$-\frac{m+4}{2}<0$$

$$\therefore\quad m>-4 \quad \cdots\cdots ②$$

$$f(0)=2m+5>0$$

$$\therefore\quad m>-\frac{5}{2} \quad \cdots\cdots ③$$

①～③より

$$-\frac{5}{2}<m<-2,\ 2<m \quad \to エ$$

(3)　$3^{\log_3 8}=8$　→オ

$$10^{\log_{0.1}3}=10^{\frac{\log_{10}3}{\log_{10}0.1}}$$
$$=10^{-\log_{10}3}$$
$$=10^{\log_{10}\frac{1}{3}}$$
$$=\frac{1}{3} \quad \to カ$$

$$\log_{64}8=\frac{\log_8 8}{\log_8 64}=\frac{1}{2} \quad \to キ$$

(4)　$(a+b+c)^4$ を展開したときの abc^2 の項の係数は

$$\frac{4!}{1!1!2!}=12 \quad \to ク$$

bc^3 の項の係数は

$$\frac{4!}{1!3!}=4 \quad \to ケ$$

$$\left(1+\frac{1}{\sqrt{2}}+i\right)^4$$

$$=\left(1+\frac{1}{\sqrt{2}}\right)^4+{}_4C_1\left(1+\frac{1}{\sqrt{2}}\right)^3 i+{}_4C_2\left(1+\frac{1}{\sqrt{2}}\right)^2 i^2+{}_4C_3\left(1+\frac{1}{\sqrt{2}}\right)i^3+i^4$$

$i^2=-1$，$i^3=-i$，$i^4=1$ であるから，虚部は

$$4\left(1+\frac{1}{\sqrt{2}}\right)^3-4\left(1+\frac{1}{\sqrt{2}}\right)=4\left(1+\frac{1}{\sqrt{2}}\right)\left\{\left(1+\frac{1}{\sqrt{2}}\right)^2-1\right\}$$

$$=4\left(1+\frac{1}{\sqrt{2}}\right)\left(\sqrt{2}+\frac{1}{2}\right)$$

$$=4\left(\sqrt{2}+\frac{1}{2}+1+\frac{1}{2\sqrt{2}}\right)$$

$$=5\sqrt{2}+6 \quad \to コ$$

(5)　$t=\sin x+\cos x$ について

$$t^2=\sin^2 x+2\sin x\cos x+\cos^2 x$$

$$\therefore \quad 2\sin x\cos x=t^2-1$$

よって

$$y=2t-(t^2-1)+1$$

$$=-t^2+2t+2 \quad \to サ$$

$t=\sqrt{2}\sin\left(x+\frac{\pi}{4}\right)$ より，$\frac{\pi}{4} \leqq x+\frac{\pi}{4}<\frac{9}{4}\pi$ に注意して

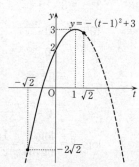

$$-1 \leqq \sin\left(x+\frac{\pi}{4}\right) \leqq 1$$

$$\therefore \quad -\sqrt{2} \leqq t \leqq \sqrt{2} \quad \to シ$$

$$y=-t^2+2t+2$$

$$=-(t-1)^2+3$$

$t=1$ すなわち $\sin\left(x+\frac{\pi}{4}\right)=\frac{1}{\sqrt{2}}$ のとき

$$x+\frac{\pi}{4}=\frac{\pi}{4},\ \frac{3}{4}\pi \qquad x=0,\ \frac{\pi}{2}$$

よって　　$x=0,\ \dfrac{\pi}{2}$ のとき最大値 3　→ス，セ

$t=-\sqrt{2}$ すなわち $\sin\left(x+\dfrac{\pi}{4}\right)=-1$ のとき

$$x+\frac{\pi}{4}=\frac{3}{2}\pi \qquad x=\frac{5}{4}\pi$$

よって　　$x=\dfrac{5}{4}\pi$ のとき最小値 $-2\sqrt{2}$　→ソ，タ

(6)　$a_n=3\cdot 3^{n-1}=3^n$

$$b_n=-12\cdot(-2)^{n-1}$$
$$=6\cdot(-2)^n$$
$$c_n=\frac{4}{5}a_n+\frac{1}{5}b_n=\frac{4}{5}\cdot 3^n+\frac{6}{5}\cdot(-2)^n$$

よって　　$p=\dfrac{4}{5},\ q=\dfrac{6}{5}$　→チ，ツ

$$S_n=\sum_{k=1}^{n}\left\{\frac{4}{5}\cdot 3^k+\frac{6}{5}\cdot(-2)^k\right\}$$
$$=\frac{4}{5}\cdot\frac{3(3^n-1)}{3-1}+\frac{6}{5}\frac{(-2)\{(-2)^n-1\}}{(-2)-1}$$
$$=\frac{6}{5}(3^n-1)+\frac{4}{5}\{(-2)^n-1\}$$
$$=\frac{6}{5}\cdot 3^n+\frac{4}{5}\cdot(-2)^n-2 \quad \text{→テ～ナ}$$

$$S_n-4T_n=\sum_{k=1}^{n}(c_k-4d_k)$$
$$=\sum_{k=1}^{n}\left\{\left(\frac{4}{5}a_k+\frac{1}{5}b_k\right)-4\left(\frac{1}{5}a_k-\frac{1}{5}b_k\right)\right\}$$
$$=\sum_{k=1}^{n}b_k$$
$$=\frac{(-12)\{(-2)^n-1\}}{(-2)-1}$$
$$=4\{(-2)^n-1\}$$

$$|S_n-4T_n|=\begin{cases}4(2^n-1) & (n\text{ は偶数})\\ 4|-2^n-1|=4(2^n+1) & (n\text{ は奇数})\end{cases}$$

数列 $\{|S_n-4T_n|\}$ は増加数列であり

$n=8$ のとき

$$|S_n-4T_n|=4(2^8-1)=1020<2023$$

$n=9$ のとき

$$|S_n-4T_n|=4(2^9+1)=2052>2023$$

よって，求める最小の n は

$$n=9 \quad \to ニ$$

(7)　$$|\overrightarrow{\mathrm{OB}}+\overrightarrow{\mathrm{AB}}|^2=\left|\left(\frac{1}{2},\ 1,\ 1\right)+\left(\frac{1}{2},\ 1-\alpha,\ 0\right)\right|^2$$

$$=|(1,\ 2-\alpha,\ 1)|^2$$

$$=1+(2-\alpha)^2+1$$

$$=(\alpha-2)^2+2$$

よって　　$\alpha=2$ のとき最小値 $\sqrt{2}$　→ヌ，ネ

$$|\overrightarrow{\mathrm{OB}}|+|\overrightarrow{\mathrm{AB}}|=\sqrt{\frac{1}{4}+1+1}+\sqrt{\frac{1}{4}+(1-\alpha)^2}$$

$$=\frac{3}{2}+\sqrt{(\alpha-1)^2+\frac{1}{4}}$$

よって　　$\alpha=1$ のとき最小値 $\frac{3}{2}+\frac{1}{2}=2$　→ノ，ハ

また，$\overrightarrow{\mathrm{OB}}\perp\overrightarrow{\mathrm{AB}}$ より

$$\overrightarrow{\mathrm{OB}}\cdot\overrightarrow{\mathrm{AB}}=\left(\frac{1}{2},\ 1,\ 1\right)\cdot\left(\frac{1}{2},\ 1-\alpha,\ 0\right)$$

$$=\frac{1}{4}+1-\alpha$$

$$=-\alpha+\frac{5}{4}=0$$

よって　　$\alpha=\frac{5}{4}$　→ヒ

(8)　$111_{(2)}=2^2+2+1=7$

これをみたす α，β の組は

$$(\alpha,\ \beta)=(1,\ 6),\ (2,\ 5),\ (3,\ 4),\ (4,\ 3),\ (5,\ 2),\ (6,\ 1)$$

の6通りある。 ……①

よって，x が $111_{(2)}$ となる確率は

$$\frac{6}{36}=\frac{1}{6} \quad \to フ$$

$2 \leqq \alpha+\beta \leqq 12$ より

$$10_{(2)} \leqq \alpha+\beta \leqq 1100_{(2)}$$

1が1つだけ含まれるのは

$10_{(2)}=2$：$(\alpha,\ \beta)=(1,\ 1)$

$100_{(2)}=4$：$(\alpha,\ \beta)=(1,\ 3),\ (2,\ 2),\ (3,\ 1)$

$1000_{(2)}=8$：$(\alpha,\ \beta)=(2,\ 6),\ (3,\ 5),\ (4,\ 4),\ (5,\ 3),\ (6,\ 2)$

よって，求める確率は

$$\frac{1+3+5}{36}=\frac{1}{4} \quad \to ヘ$$

1が2個以上連続するのは

$11_{(2)}=3$：$(\alpha,\ \beta)=(1,\ 2),\ (2,\ 1)$

$110_{(2)}=6$：$(\alpha,\ \beta)=(1,\ 5),\ (2,\ 4),\ (3,\ 3),\ (4,\ 2),\ (5,\ 1)$

$111_{(2)}=7$：①より6通り

$1011_{(2)}=11$：$(\alpha,\ \beta)=(5,\ 6),\ (6,\ 5)$

$1100_{(2)}=12$：$(\alpha,\ \beta)=(6,\ 6)$

よって，求める確率は

$$\frac{2+5+6+2+1}{36}=\frac{4}{9} \quad \to ホ$$

◀解　説▶

≪小問8問≫

(1)　$\sqrt{-8}=\sqrt{8}i=2\sqrt{2}i$ と，i で表してから計算する。

(2)　2次関数が x 軸の負の範囲と異なる2点で交わる条件として考える。

(3)　底の変換公式を利用する。

(4)　$\left(1+\frac{1}{\sqrt{2}}+i\right)^4=\left\{\left(1+\frac{1}{\sqrt{2}}\right)+i\right\}^4$ として二項定理を利用する。

(5)　$t=\sin x+\cos x$ の両辺を2乗して，$2\sin x\cos x$ を t で表す。t のとりうる値の範囲は，三角関数の合成から求め，2次関数の最大・最小問題に帰着させる。

(6)　$\{a_n\}$，$\{b_n\}$ の一般項を求め，c_n を n で表す。また，和の計算をして，S_n，$S_n-4T_n=\sum_{k=1}^{n}b_k$ を求める。

(7)　$\overrightarrow{\mathrm{OB}}$，$\overrightarrow{\mathrm{AB}}$ を成分表示する。

(8)　該当する2進数を列挙し，10進数に変換して，確率を求める。

2

解答　(1)　$y=f(x)$ と $y=g(x)$ の交点の x 座標は

$$\frac{1}{4}x^2-x+3=x^2-4x+3$$

$$-\frac{3}{4}x^2+3x=0$$

$$-\frac{3}{4}x(x-4)=0$$

$\therefore\quad x=0,\ 4$

求める図形の面積は，右図の網かけ部分の面積なので

$$\int_0^4\left\{\left(\frac{1}{4}x^2-x+3\right)-(x^2-4x+3)\right\}dx$$

$$=\int_0^4\left(-\frac{3}{4}x^2+3x\right)dx$$

$$=\left[-\frac{1}{4}x^3+\frac{3}{2}x^2\right]_0^4$$

$=8$　……(答)

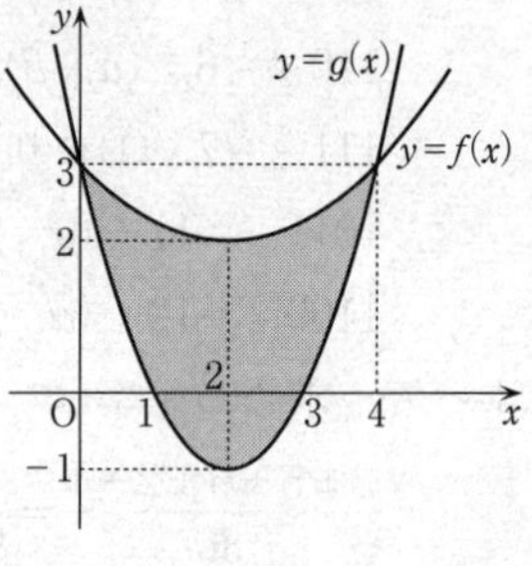

(2)　$f(4)=3,\ f'(x)=\frac{1}{2}x-1,\ f'(4)=1$

これより，$f(x)$ の $(4,\ 3)$ における接線の方程式は

$$y-3=1(x-4)$$

$\therefore\quad y=x-1$

したがって　　$a=1,\ b=-1$　……(答)

(3)　$y=f(x)$，$y=g(x)$，$y=x-1$ を座標平面上に図示すると右のようになる。

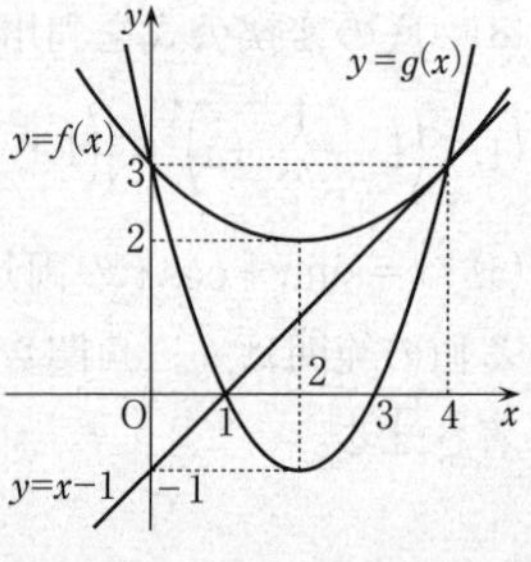

(4)　連立不等式の表す領域は次図の網かけ部分

となる。

求める面積は，(1)の結果を利用して

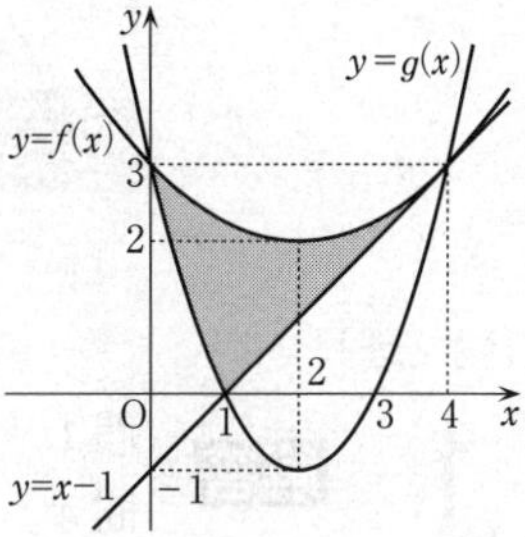

$$8-\int_1^4\{(x-1)-(x^2-4x+3)\}\,dx$$

$$=8-\int_1^4(-x^2+5x-4)\,dx$$

$$=8+\int_1^4(x-1)(x-4)\,dx$$

$$=8-\frac{(4-1)^3}{6}$$

$$=\frac{7}{2}\quad\cdots\cdots(\text{答})$$

◀解　説▶

≪２次関数と接線で囲まれた領域の面積≫

(1)　２つの放物線の共有点の x 座標を求め，２つの放物線のグラフの上下関係に注意して図示し，定積分を行う。

(2)　$y=f(x)$ を微分して，接線の方程式を求める。

(3)　２つの放物線のグラフと接線のグラフを図示する。

(4)　(3)の結果を考慮して，定積分により面積を求める。

理科

〔物　理〕

1

解答　問1．1―③　2―⑤　問2．3―⑤　問3．4―③
問4．5―①　6―⑥

◀解　説▶

≪等加速度直線運動，正弦波，熱量の保存，抵抗率≫

問1．与えられた v-t グラフが直線であることから，小物体A，Bの運動はいずれも等加速度直線運動であり，それぞれの直線の傾きと切片を求めると，小物体Aの加速度は $1.0\,\mathrm{m/s^2}$ で初速度は0，Bの加速度は $0.60\,\mathrm{m/s^2}$ で初速度は $2.0\,\mathrm{m/s}$ である。したがって，それぞれの速度 v_A〔m/s〕，v_B〔m/s〕の式は

$$v_A = 1.0t$$

$$v_B = 2.0 + 0.60t$$

小物体AとBの間の距離は，動き始めてしばらくはAに対するBの相対速度 $v_B - v_A > 0$ であるから増加し，$v_B - v_A < 0$ のとき減少する。
したがって，$v_A = v_B$ のときが最大となり，上の2式より

$$1.0t = 2.0 + 0.60t \qquad \therefore \quad t = 5.0\,〔\mathrm{s}〕$$

また，それぞれの位置 x_A，x_B の式は

$$x_A = \frac{1}{2}\times 1.0t^2$$

$$x_B = 2.0t + \frac{1}{2}\times 0.60t^2$$

上の2式に $t=5.0$ を代入すれば，求める距離は

$$\left(2.0\times 5.0 + \frac{1}{2}\times 0.60\times 5.0^2\right) - \left(\frac{1}{2}\times 1.0\times 5.0^2\right) = 17.5 - 12.5$$

$$= 5.0\,〔\mathrm{m}〕$$

別解1　（$t=5.0$〔s〕までは同じ）$0 \leqq t \leqq 5.0$ の範囲で，それぞれのグラフと t 軸に囲まれた面積の差が求める距離に等しい。それは2つのグラフが囲む三角形の面積として表されるから

$$\frac{1}{2}\times 2.0\times 5.0=5.0\,〔\mathrm{m}〕$$

別解 2　AB 間の距離は x_B-x_A で表されるから

$$x_B-x_A=2.0t+\frac{1}{2}\times 0.60t^2-\frac{1}{2}\times 1.0t^2$$
$$=2.0t-0.20t^2$$
$$=-0.20(t-5.0)^2+5.0$$

よって，$t=5.0\,\mathrm{s}$ のとき，AB 間の距離は 5.0m で最大となる。

問 2．正弦波 A，B の波長を λ〔m〕，振幅を A〔m〕とすると，定常波の節と節の間隔は $\frac{\lambda}{2}$，振幅は $2A$ であるから，題意より

$$\frac{\lambda}{2}=2.0 \qquad \therefore \quad \lambda=4.0\,〔\mathrm{m}〕$$

$$2A=3.0 \qquad \therefore \quad A=1.5\,〔\mathrm{m}〕$$

また，腹の位置の振動の周期は，正弦波 A，B の周期 T〔s〕に等しい。波の式より，伝わる速さは

$$\frac{\lambda}{T}=\frac{4.0}{2.0}=2.0\,〔\mathrm{m/s}〕$$

問 3．熱量の保存より，水と容器が得た熱量と金属球が失った熱量は等しい。求める比熱を c〔J/(g·K)〕とすると

$$2.0\times 10^2\times 4.2\times(30-20)+60\times(30-20)=4.0\times 10^2\times c\times(60-30)$$

$$\therefore \quad c=0.75\,〔\mathrm{J/(g\cdot K)}〕$$

問 4．抵抗と抵抗率の関係より，金属棒 A の抵抗値は

$$R=\frac{\rho L}{S}$$

抵抗は長さに比例し，断面積に反比例するから，金属棒 B，C の抵抗値をそれぞれ R_B，R_C とすると

$$R_B=\frac{\rho\times 2L}{S}=2R$$

$$R_C=\frac{\rho L}{2S}=\frac{R}{2}$$

これらが直列に接続されているから，合成抵抗 R' は

$$R'=R+2R+\frac{R}{2}=\frac{7R}{2}$$

オームの法則より，流れる電流 I は

$$I=\frac{E}{R'}=\frac{2E}{7R}$$

〔物　理〕

2　解答

問1．7―⑤　問2．8―①　問3．9―①　10―②

問4．11―②　12―⑤

◀解　説▶

≪平面内の相対速度，力のモーメント，熱機関，静電エネルギー≫

問1．地面に対して雨滴が落下する速さを v とし，電車は右向きに動いているとすると，それぞれの速度と電車内から見た雨滴の相対速度の関係は右図のようになる。

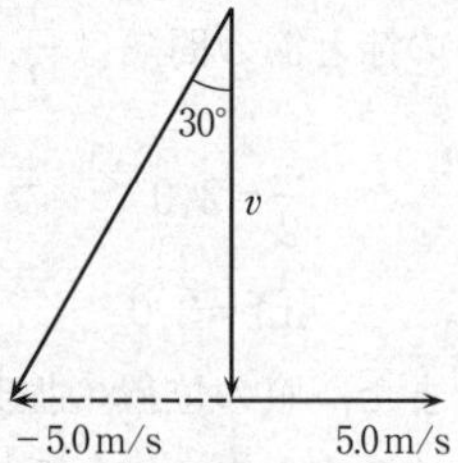

よって，図より

$$\frac{5.0}{v}=\tan 30°$$

$$\therefore\quad v=\frac{5.0}{\tan 30°}=5.0\sqrt{3}=5.0\times 1.73$$

$$=8.65\fallingdotseq 8.7\text{〔m/s〕}$$

問2．中心O点のまわりの力のモーメントのつりあいより

$$mg\times 0.20=0.50g\times 0.10\sin 30°$$

$$\therefore\quad m=0.125\fallingdotseq 0.13\text{〔kg〕}$$

問3．状態変化A→Bは定積変化であるから，吸収した熱量 Q_{AB}〔J〕は，単原子分子理想気体の定積モル比熱 $\frac{3}{2}R$（R は気体定数）を用いて

$$Q_{AB}=\frac{3}{2}R(T_B-T_A)$$

ここで，状態A，Bにおける温度 T_A〔K〕，T_B〔K〕は，理想気体の状態方程式から，次のように書き換えられる。

状態A：$P_0V_0=RT_A$

状態B：$2P_0V_0=RT_B$

これを用いれば

$$Q_{AB}=\frac{3}{2}(2P_0V_0-P_0V_0)=\frac{3}{2}P_0V_0$$

状態変化B→Cは定圧変化であるから，吸収した熱量 Q_{BC}〔J〕は，単原子分子理想気体の定積モル比熱 $\frac{5}{2}R$ を用い，同様に状態方程式を用いて状態Cにおける温度 T_C〔K〕を書き換えれば

$$Q_{BC}=\frac{5}{2}R(T_C-T_B)=\frac{5}{2}(4P_0V_0-2P_0V_0)=5P_0V_0$$

状態変化C→Dでは，気体がされた仕事は0〔J〕，内部エネルギー変化は負であるから，熱力学第一法則より，気体は熱を放出する。状態変化D→Aでは，気体がされた仕事は正，内部エネルギー変化は負であるから，気体は熱を放出する。したがってサイクルⅠの間に吸収した熱量 Q〔J〕は

$$Q=Q_{AB}+Q_{BC}=\frac{3}{2}P_0V_0+5P_0V_0=\frac{13}{2}P_0V_0$$

サイクルⅠの間に熱機関がする仕事 W〔J〕は，P-V グラフの四角形ABCDの面積に等しい。

$$W=(2P_0-P_0)(2V_0-V_0)=P_0V_0$$

これらを用いると，サイクルⅠの熱効率は

$$e_1=\frac{W}{Q}=P_0V_0\div\frac{13}{2}P_0V_0=\frac{2}{13}$$

同様に，サイクルⅡについて，吸収した熱量 Q'〔J〕，熱機関がする仕事 W'〔J〕を求めると

$$Q'=Q_{AB'}+Q_{B'C'}=\frac{3}{2}(3P_0V_0-P_0V_0)+\frac{5}{2}(9P_0V_0-3P_0V_0)=18P_0V_0$$

$$W'=(3P_0-P_0)(3V_0-V_0)=4P_0V_0$$

サイクルⅡの熱効率は

$$e_2=\frac{W'}{Q'}=\frac{4P_0V_0}{18P_0V_0}=\frac{2}{9}$$

よって，求める比は

$$\frac{e_2}{e_1}=\frac{2}{9}\div\frac{2}{13}=\frac{13}{9}$$

問4．平行板コンデンサーの電気容量 C は

$$C=\frac{\varepsilon_0S}{d}$$

充電した後の極板間の電位差は起電力に等しいから，コンデンサーの静電エネルギー U は

$$U=\frac{1}{2}CV^2=\frac{\varepsilon_0SV^2}{2d}$$

誘電体を挿入すると，電気容量は ε_r 倍に変化する。このとき，極板間の電位差を V' とする。一方，電源を取り外した状態では電気量 Q が保存されるから，コンデンサーが蓄える電気量の公式より

$$Q=CV=\varepsilon_rCV' \qquad \therefore \quad V'=\frac{V}{\varepsilon_r}$$

すなわち，極板間の電位差 V' は $\dfrac{1}{\varepsilon_r}$ 倍に変化する。したがって，静電エネルギー U' は

$$U'=\frac{1}{2}\varepsilon_rC\left(\frac{V}{\varepsilon_r}\right)^2=\frac{U}{\varepsilon_r}$$

静電エネルギーの変化は

$$U'-U=\frac{U}{\varepsilon_r}-U=\left(\frac{1}{\varepsilon_r}-1\right)U$$

〔化　学〕

3　解答

問1．③　問2．④　問3．⑤
問4．③　問5．⑥　問6．⑦

◀解　説▶

≪小問6問≫

問1．硫酸銅(Ⅱ)は60℃では，水100gに39.9g溶けるので，飽和水溶液の質量パーセント濃度は

$$\frac{39.9}{100+39.9}\times100=28.5\fallingdotseq29〔\%〕$$

飽和水溶液100g中に含まれる硫酸銅(Ⅱ)は

$$100\times\frac{28.5}{100}=28.5〔\mathrm{g}〕$$

硫酸銅(Ⅱ)五水和物と硫酸銅(Ⅱ)の式量は，それぞれ249.6，159.6である。これより，飽和水溶液100gをつくるのに必要な硫酸銅(Ⅱ)五水和物の質量は

$$28.5\times\frac{249.6}{159.6}=44.5\fallingdotseq45\,[\mathrm{g}]$$

問２．反応前の四酸化二窒素 N_2O_4 のモル濃度は

$$\frac{0.040}{8.0}=5.0\times10^{-3}\,[\mathrm{mol/L}]$$

これより，反応した N_2O_4 のモル濃度を x〔mol/L〕として，平衡状態に達するまでの量的関係を整理すると

	N_2O_4	$\rightleftarrows 2NO_2$	
反応前	5.0×10^{-3}	0	〔mol/L〕
変化量	$-x$	$+2x$	〔mol/L〕
平衡時	$5.0\times10^{-3}-x$	$2x$	〔mol/L〕

次に，化学平衡の法則より

$$K=\frac{[NO_2]^2}{[N_2O_4]}=\frac{(2x)^2}{5.0\times10^{-3}-x}=0.010$$

$x=2.5\times10^{-3}$〔mol/L〕，-5.0×10^{-3}〔mol/L〕（不適）

よって，平衡状態における NO_2 の物質量は

$$2.5\times10^{-3}\times2\times8.0=0.040\,[\mathrm{mol}]$$

問３．水の電離は熱化学方程式より，反応熱が負であるため，吸熱反応とわかる。

ルシャトリエの原理より，温度が高いほど吸熱方向へ平衡が移動するので，$H_2O \rightleftarrows H^+ + OH^-$ の反応の右辺のイオン濃度が大きくなり，水のイオン積は大きくなる。

問４．酸化剤としてはたらく物質には，酸化数が減少する原子が含まれる。

なお，還元剤としてはたらく物質には，酸化数が増加する原子が含まれる。

ア～エの化学反応式および，下線が付された物質内の原子の酸化数の変化を示す。

ア：$2Al + \underline{Fe}_2O_3 \longrightarrow 2\underline{Fe} + Al_2O_3$

$\qquad\qquad +3 \qquad\qquad\quad 0$

イ：$2K\underline{I} + Br_2 \longrightarrow \underline{I}_2 + 2KBr$

$\qquad\quad -1 \qquad\qquad 0$

ウ：$SO_2 + H_2O \longrightarrow H_2SO_3$

酸化数が変化する原子がないため，酸化還元反応でない。

エ：$\underline{S}O_2 + 2H_2S \longrightarrow 3\underline{S} + 2H_2O$

$\qquad +4 \qquad\qquad\qquad 0$

問5．ア．フッ化水素酸は，以下の化学反応式のように，ガラスの成分である二酸化ケイ素 SiO_2 と反応して（溶かして），ヘキサフルオロケイ酸 H_2SiF_6 となるため，ポリエチレン製の容器に保存する。

$$SiO_2 + 6HF \longrightarrow H_2SiF_6 + 2H_2O$$

イ．さらし粉 $CaCl(ClO)\cdot H_2O$ に含まれる次亜塩素酸イオン ClO^- が強い酸化力をもつ。

ウ．ハロゲン化銀のうち，フッ化銀 AgF のみ水へ溶解するが，他は沈殿を生じる。

問6．ア．誤り。常温の水と反応する金属は，イオン化傾向の大きいアルカリ金属や，Be，Mg を除くアルカリ土類金属である。

イ．誤り。水酸化カルシウム水溶液と塩酸の反応式は次のとおり。

$$Ca(OH)_2 + 2HCl \longrightarrow CaCl_2 + 2H_2O$$

生じる塩化カルシウム $CaCl_2$ は水溶性の塩であるため，沈殿は生じない。

ウ．正しい。水酸化バリウム水溶液と希硫酸の反応式は次のとおり。

$$Ba(OH)_2 + H_2SO_4 \longrightarrow BaSO_4 + 2H_2O$$

生じる硫酸バリウム $BaSO_4$ は難溶性の塩であるため，沈殿を生じる。

〔化　学〕

4　解答

問1．②　問2．①　問3．⑤
問4．④　問5．②　問6．⑤

◀解　説▶

≪小問6問≫

問1．生成熱が正の値の場合は，化合物のもつ化学エネルギーよりも，それを構成する元素の単体の化学エネルギーの方が大きいことを意味し，負の値の場合は，その逆である。

メタン CH_4（気）の生成熱を表す熱化学方程式は，次のとおり。

$$C\,(\text{黒鉛}) + 2H_2\,(\text{気}) = CH_4\,(\text{気}) + 74.9\,\text{kJ}$$

生成熱は，1 mol の CH_4（分子量 16.0）が生じるときの熱量であるから

$$74.9 \times \frac{9.6}{16.0} = 44.9 \fallingdotseq 45\,\text{〔kJ〕}$$

熱化学方程式より，CH_4 と C（式量 12.0）は等しい物質量であるから

$$12.0\times\frac{9.6}{16.0}=7.2〔\mathrm{g}〕$$

問２．この化合物に含まれるＣ，Ｈ，Ｏの質量は，次のとおり。

$$\mathrm{C}:8.8\times\frac{12.0}{44.0}=2.4〔\mathrm{mg}〕$$

$$\mathrm{H}:3.6\times\frac{2.0}{18.0}=0.40〔\mathrm{mg}〕$$

$$\mathrm{O}:6.0-(2.4+0.40)=3.2〔\mathrm{mg}〕$$

物質量比は，以下のようになる。

$$\mathrm{C}:\mathrm{H}:\mathrm{O}=\frac{2.4}{12.0}:\frac{0.40}{1.0}:\frac{3.2}{16.0}=1:2:1$$

よって，組成式は CH_2O となる。

問３．シス-トランス異性体が生じるのは，二重結合をつくるそれぞれの炭素が異なる原子または原子団と結合していることが条件である。

問４．油脂を構成する代表的な高級脂肪酸を次の表にまとめる。

	化合物名	示性式	C=C の数	状態
飽和脂肪酸	パルミチン酸	$C_{15}H_{31}COOH$	0	固体
	ステアリン酸	$C_{17}H_{35}COOH$	0	固体
不飽和脂肪酸	オレイン酸	$C_{17}H_{33}COOH$	1	液体
	リノール酸	$C_{17}H_{31}COOH$	2	液体
	リノレン酸	$C_{17}H_{29}COOH$	3	液体

油脂はグリセリンと高級脂肪酸３分子が縮合したトリエステルであるから，油脂とそれを加水分解（けん化）するのに必要な NaOH の物質量比は，油脂：NaOH＝1：3 である。また，オレイン酸のみで構成されている油脂の分子量は 884 と求まるので，これより，完全にけん化するために必要な水酸化ナトリウムの物質量は

$$\frac{442}{884}\times3=1.50〔\mathrm{mol}〕$$

セッケンは高級脂肪酸のナトリウム塩である。1.50 mol の NaOH が反応したことから，生じるオレイン酸のナトリウム塩 $C_{17}H_{33}COONa$（式量 304）も 1.50 mol である。

よって，得られるセッケンの質量は

$1.5 \times 304 = 456$〔g〕

問5．ア．正しい。ベンゼン環を構成する炭素原子および，それらの炭素原子に結合した原子までが同一平面上に位置する。

イ．正しい。次の反応式により，アセチレン3分子からベンゼンが生じる。

$$3C_2H_2 \longrightarrow C_6H_6$$

ウ．誤り。置換された塩素原子について，2個の位置関係はオルト，メタ，パラの3種類である。

問6．陽イオン交換樹脂には，スチレンとp-ジビニルベンゼンからなる立体網目状の重合体にスルホ基が置換反応により導入され，次のように，流された水溶液の陽イオンと水素イオンが交換され，流出する。そのため，流出する液は酸性を示す。

$$R-SO_3H + NaCl \longrightarrow R-SO_3Na + HCl$$

〔生　物〕

5　解答

問1．⑥　問2．③　問3．⑥
問4．⑧　問5．⑧　問6．⑥

◀解　説▶

≪ゲノム，血液凝固，発酵，光合成細菌，発生，大脳皮質≫

問1．(1)誤り。ショウジョウバエの遺伝子数は約1万4000，ヒトの遺伝子数は約2万である。真核生物の場合，タンパク質をコードする領域はゲノムのごく一部であり，ゲノムサイズと遺伝子数は比例しない。

(3)誤り。フェニルケトン尿症は突然変異であり，DNA多型ではない。

問2．傷口に血小板が集まり，そこにフィブリンが生成されて血球が絡まって血ぺいを作ることで血液凝固が起こる。血管が修復されると血ぺいは溶解される。これを線溶という。

問3．アルコール発酵では1分子のグルコースが解糖系の過程で2分子のピルビン酸となり，最終的に2分子のエタノールと2分子の二酸化炭素が生成される。

問4．緑色硫黄細菌や紅色硫黄細菌などの光合成細菌はバクテリオクロロフィルを持ち，光エネルギーを利用して硫化水素から電子を得て炭酸同化を行う。一方，化学合成細菌である硫黄細菌は硫黄を酸化することで得られるエネルギーをもとにATPを合成し，炭酸同化を行う。

問5．ア：誤り。カエルは不等割である。

イ：誤り。カエルは動物半球に，ウニは中央に大きな胞胚腔を形成する。

ウ：誤り。ウニでも原腸胚期に三胚葉の分化が起こる。

問6．大脳皮質には細胞体が集まっていて，大脳髄質には軸索が集まっている。ヒトの大脳皮質は新皮質が発達している。間脳は恒常性に関わり，主に内臓のはたらきなどを調節する。

〔生　物〕

6 解答

問1．③　問2．⑦　問3．③

問4．⑥　問5．⑦　問6．③

◀解　説▶

≪呼吸，ヒトの進化，染色体，植物の受精，バイオーム，植物分類≫

問1．解糖系はグルコースがピルビン酸に分解される異化の過程で，酸素は必要とされない。脱水素酵素のはたらきで水素が基質から奪われて，還元型補酵素（NADH）が生成される。

問2．二足歩行に適するように，大後頭孔は真下にあり，脊椎が真下から頭を支えている。骨盤は短く横に広がっている。ホモ・エレクトスの化石は，およそ 200 万年前の地層から発見されている。

問3．相同染色体は 23 対あり，それぞれ 2 通りあるので，組み合わせは 2^{23} 通りとなる。桁数は

$$\log 2^{23} = 23 \log 2 = 6.923$$

となり，およそ 10^7 となる。

または

$$2^{10} = 1024 \fallingdotseq 10^3$$

なので

$$2^{23} = 2^{10} \times 2^{10} \times 8 \fallingdotseq 8 \times 10^6$$

より求めることもできる。

問4．花粉管の中の雄原細胞は 1 回分裂して 2 個の精細胞となり，1 つは卵細胞と，他方は中央細胞と重複受精する。

問5．南北方向の緯度によるバイオームの分布は水平分布という。亜寒帯地域は針葉樹林，亜熱帯地域は亜熱帯多雨林が分布している。

問6．シダ植物，種子植物は維管束を持つ。コケ，シダ植物は胞子で繁殖

し，シダの胞子は発芽して，前葉体となり配偶子が形成されて，受精が行われる。

〔物　理〕

7 解答

問１．$a=g\sin\theta$　問２．$\sqrt{2gh}$　問３．$MA=N\sin\theta$

問４．$A=\dfrac{mg\sin\theta\cos\theta}{M+m\sin^2\theta}$　問５．$\dfrac{M+m}{M+m\sin^2\theta}$倍

◀解　説▶

≪斜面台上の小物体の運動≫

問１．斜面に沿って下向きを正として，小物体の運動方程式は

$$ma=mg\sin\theta \qquad \therefore\quad a=g\sin\theta$$

問２．小物体にはたらく重力だけが仕事をするので，力学的エネルギーが保存する。床面を重力による位置エネルギーの基準水平面として，求める速さを v とすれば

$$mgh=\frac{1}{2}mv^2$$

$v>0$ より

$$\therefore\quad v=\sqrt{2gh}$$

問３．台は小物体から大きさ N の反作用を受けて水平右向きに加速する。この力の水平成分は $N\sin\theta$ であるから，台の水平方向の運動方程式は

$$MA=N\sin\theta$$

問４．加速する台に固定した座標系は非慣性系であるから，台上の立場から見ると，小物体には重力と斜面からの垂直抗力に加えて大きさ mA の慣性力が水平左向きにはたらく。したがって，斜面に垂直な方向の力のつりあいの式は

$$N+mA\sin\theta-mg\cos\theta=0$$

$$\therefore\quad N=mg\cos\theta-mA\sin\theta$$

これを問３の運動方程式に代入して，N を消去すると

$$MA=(mg\cos\theta-mA\sin\theta)\sin\theta$$

$$\therefore\quad A=\frac{mg\sin\theta\cos\theta}{M+m\sin^2\theta}$$

問5．台上の立場から見て，斜面に沿って下向きを正とすると，小物体の運動方程式は慣性力を考慮して

$$ma' = mg\sin\theta + mA\cos\theta$$

$$\therefore \quad a' = g\sin\theta + A\cos\theta$$

これと問1の結果より

$$\frac{a'}{a} = \frac{g\sin\theta + A\cos\theta}{g\sin\theta} = 1 + \frac{A\cos\theta}{g\sin\theta}$$

問4の結果を用いて，A を消去すれば

$$\frac{a'}{a} = 1 + \frac{mg\sin\theta\cos\theta}{M + m\sin^2\theta}\cdot\frac{\cos\theta}{g\sin\theta} = \frac{M+m}{M + m\sin^2\theta} \text{ 倍}$$

〔化　学〕

8 解答

問1．CH_2-CH_2（各炭素に OH）

$$\underset{\displaystyle OH}{\underset{|}{CH_2}}-\underset{\displaystyle OH}{\underset{|}{CH_2}}$$

問2．

$$CH_3-\underset{\displaystyle OH}{\underset{|}{CH}}-CH_3$$

問3．278 kJ/mol

問4．ジエチルエーテル

問5．

$$H-\underset{\displaystyle O}{\underset{\|}{C}}-CH_3$$

問6．pH＝3.0

問7．$CH_3COOH + C_2H_5OH \longrightarrow CH_3COOC_2H_5 + H_2O$

問8．

$$H-\overset{\displaystyle H}{\overset{|}{N}}-CH_2-\overset{\displaystyle O}{\overset{\|}{C}}-\overset{\displaystyle H}{\overset{|}{N}}-CH_2-\overset{\displaystyle O}{\overset{\|}{C}}-OH$$

◀解　説▶

≪官能基の性質，反応熱≫

問2．分子式 C_3H_8O で表される異性体には，次の①，②のアルコールと，③のエーテルがある。

$$CH_3-CH_2-\underset{\displaystyle OH}{\underset{|}{CH_2}} \qquad CH_3-\underset{\displaystyle OH}{\underset{|}{CH}}-CH_3 \qquad CH_3-CH_2-O-CH_3$$

①1－プロパノール　　②2－プロパノール　　③エチルメチルエーテル

なお，第二級アルコールは，ヒドロキシ基が直接結合している炭素原子に

2個の炭素原子が結合しているアルコールであるから，②が該当する。

問3．エタノール C_2H_5OH (液) の燃焼熱を表す熱化学方程式は，次のとおり。

$$C_2H_5OH\,(液) + 3O_2\,(気) = 2CO_2\,(気) + 3H_2O\,(液) + 1368\,kJ$$

これより，反応熱＝(生成物の生成熱の和)－(反応物の生成熱の和) の関係から，エタノール(液)の生成熱を Q〔kJ/mol〕とすると

$$1368 = (394 \times 2 + 286 \times 3) - (Q \times 1)$$

$$Q = 278\,〔kJ/mol〕$$

問4．次の反応式で表されるように，エタノール2分子間のヒドロキシ基から，脱水されて，エーテル（ジエチルエーテル）が生じる。

$$CH_3-CH_2-\boxed{OH + H}O-CH_2-CH_3$$

$$\longrightarrow CH_3-CH_2-O-CH_2-CH_3 + H_2O$$

問5．ヨードホルム反応は，炭素原子か水素原子に結合した $-CH(OH)CH_3$ か $-COCH_3$ の構造をもつ化合物に陽性の反応である。アルデヒドとなるのは，後者である。

問 6．弱酸の濃度 c，電離定数 K_a のとき，水素イオン濃度は $[H^+] = \sqrt{cK_a}$ より求められるので

$$[H^+] = \sqrt{0.030 \times 2.7 \times 10^{-5}}$$

$$= \sqrt{81 \times 10^{-8}}$$

$$= 9 \times 10^{-4}\,〔mol/L〕$$

よって，$pH = -\log_{10}[H^+]$ より

$$pH = -\log_{10}(3^2 \times 10^{-4})$$

$$= -0.48 \times 2 + 4$$

$$= 3.04 \fallingdotseq 3.0$$

問7．カルボン酸とアルコールの縮合は，エステル化である。カルボン酸のカルボキシ基より OH，アルコールのヒドロキシ基より H が H_2O として脱離（脱水）することで，エステルが生じる。

問8．問7と同様に，2つの官能基の脱水により，縮合が起きる。カルボキシ基とアミノ基の縮合では，カルボキシ基より OH，アミノ基より H が脱離（脱水）することで，ペプチド（アミド）が生じる。

〔生　物〕

9 **解答** 問1．上位動物食性のオオクチバスが駆除されたため，今まで増殖が抑えられていた下位のアメリカザリガニが増加し，水草が切断されるなどして水草が減少し，イトトンボ類が産卵できなくなりイトトンボ類の個体数が大きく減少した。

問2．ア：同化量　イ：成長量

問3．高次消費者のオオクチバスが減り低次消費者のアメリカザリガニが増えたので，高次消費者のエネルギー効率は低くなる。

問4．生産構造図

問5．広い葉が高い位置で水平に広がり光を吸収するために，地表に光が届きにくくなる。

問6．落ち葉など池を取り囲む樹林からの有機物の流入量が増加した。

問7．埋土種子として池底の土壌中で休眠していた種子が発芽する条件が必要で，適度な水深，高い透明度，池の底まで光がよく当たるなどの条件が必要となる。

◀解　説▶

≪生態系の変化，食物連鎖，エネルギー効率，生産構造図≫

問1．以前はオオクチバスがアメリカザリガニを捕食し，その増加を抑えていた。オオクチバスの駆除によってアメリカザリガニが増加した。アメリカザリガニは，水草の茎を切断し，さらに水底を這うことで水を濁らし水草の光合成を妨げる。その結果，水草が激減した。イトトンボ類は水草に産卵するので，水草がなくなることで産卵ができなくなる。さらに，イトトンボ類の幼虫であるヤゴもアメリカザリガニに捕食されるので，イトトンボ類の個体数が激減することになった。

問2．同化量＝摂食量－不消化排出量

成長量＝同化量－(呼吸量＋老廃物排出量＋死亡量＋被食量)

問3．生態的ピラミッドにおける消費者のエネルギー効率とは，次のように定義される。

$$\frac{\text{高次消費者の同化量}}{\text{低次消費者の同化量}}\times 100〔\%〕$$

オオクチバスの生物量は減少し，アメリカザリガニの生物量は増加する。同化量や総生産量は生物量に比例して増減すると考えると，分母が増加し，分子が減少するので高次消費者のエネルギー効率は低下する。

問４．高さごとに照度，同化器官重量，非同化器官重量を測定してグラフ化したものを生産構造図という。

問５．イネ科植物の葉は，細く斜めについているので，光は地表まで届くが，広葉草本の葉は広く水平に広がるために，地表まで光が届きにくい。

問６．池を取り囲む樹林からの落ち葉などの有機物の流入が多くなり，池の底に有機物が堆積していった。

問７．厚い有機物層の影響で，水生植物の埋土種子が発芽できなくなっていると考えられる。堆積した有機物を取り除くとともに，光条件を高めることで，休眠していた埋土種子の発芽が期待される。

過する」などが不適切。

問八　傍線部4の二段落前の「期待されているリアクションと違うことを誰かがすると、そこでパスの流れが止まってしまう」を参考にする。③の「『のび太』キャラの子どもが急に『スネ夫』キャラに変わった場合」というのは、傍線部の「違うふるまい」の解釈としては限定的すぎる。また「記号体系全体に影響が出る」の言い換えとしても、③の「会話の総量と質に変化」より、④の「だれがどのように……スタイルが崩れる」の方が適切。

問九　「大がかりな仕様変更は許されない」のだから、空欄Dで「モデルチェンジ」は不適切。空欄Fは「話を簡単にしよう」と同趣旨だから、「ノーブル」（高貴な・高尚な）は不適切。空欄Gは「いくつもの仮説を同時に走らせて、それを観察する」ために「要る」ものだから、「サイズ」より「スペース」の方がよい。よって正解は②。

問十　前半は〈「成熟」とは「複雑化」〉ということがテーマであり、後半は〈知的であることとは複雑さに耐えうること〉がテーマである、と考えればよいだろう。第二十二段落が境界となる。

問十一　①は「マスコミに登場」「試験勉強における得点主義」が不適切。④は「社会問題に対するコメントの即答力等」が不適切。②に間違いはないが、問十で確認した後半のテーマを含まないので不十分である。③の「時間をかけて吟味する」は、ひとつめの空欄Gの前後で「必要なのは正解を……吟味すること」（第二十六段落）、「時間が経ったらわかった」（第二十七段落）とあるので適切。

問八　④
問九　②
問十　この四半世
問十一　③

▲解　説▼

問三　傍線部1は筆者が言うところの「成熟」した人間、「複雑化」した人間であることを理解しておく。その上で指定字数に合う長さの表現を探す。探す範囲としては、「キャラ設定」の話が始まる前の第十段落までだろう。正解はその第十段落中にある。

問四　脱文の内容は「成長」が眼目である。①の前後は〈違う人間になる〉ことであるから、ここには入らない。④の前後は〈型にはまる〉ことであるから、ここにも入らない。②、③で迷うところだが、②に入れると、前後のどちらにもつながらない。それに対して③では、前の「厚みや奥行き」を「別の言葉づかいで解釈できるようになる」と受けることができる。

問五　傍線部2のような具体例がどういうことを意味しているのかについては、前段の最初から傍線部の直前までに書いてある。「生きづらくなってきた」結果、「それまでの自分を全否定し」、「できあいの型」つまり「ヤンキー」に「はまってしまう」のである。これがそのまま①に当てはまる。

問六　空欄Bは「傷つきやすい自我を守る」ためのものなので、比喩として最も適切なものは④「防護服」であろう。空欄Cも「自分を防衛するため」のものなので「鎧兜」が自然だろう。空欄Cとして①「仮面」も悪くないが、「特攻服」は攻撃のイメージが強く、空欄Bには不適切。

問七　傍線部3は直前の一文と趣旨自体は同じものである。〈複雑な自分であることを本人も受け入れ、周りも受け入れる〉ということである。①は「多様な『型』」、③は「解離的な症状」「自己同一性」、④は「キャラを変える自分を看

〈対応する「現実」がないのに感じる「リアリティ（現実感覚）」とは何なのだろう〉という疑問である。④は「映画など」を「フィクション」と言っているのが不適切。

問十　「魔術性」という言葉がいきなり現れるので理解が難しい。だが、傍線部7の直後の文を参考にすると理解はできる。要は、傍線部は〈「技術性の進展」によって「『現実』の世界」の力が衰え、「仮想的な『リアリティ』の世界」が力を持つ〉ことを言っている。②がまぎらわしいが「魔術性」を「神秘的」と言い換えて説明している④が正解。

問十一　傍線部8の「そのような」は前文の「二重の意味において、新たな魔術の場となる」を指す。さらに「二重」とは、その前の文より、「『現実』世界の知覚のきわめて正確な再現を行うことで仮想的な身体感覚を高める」と「世界を構築するという作業を通じて、新たな世界の創造行為にかかわる」ことである。①は「二重」の後半が示されていない。②は「二重」の前半が示されていない。④は前半の二要素のみを「二重」と言い切ってしまっており、正解としては選びづらい。最終段落を的確にまとめた③が正解。

二

出典　内田樹『複雑化の教育論』〈第一講　複雑化の教育〉（東洋館出版社）

解答

問一　a、武勲　b、かつもく　c、漸進　d、遂行　e、勘弁

問二　③

問三　一言では言えない、捉えどころのない人間（十五字以上二十字以内）

問四　③

問五　①

問六　④

問七　②

問三　傍線部2の趣旨は、〈カメラ・オブスクラの技術的機構〉と〈人間の認識のモデル一般〉が同じ性質をもつということである。前者については第二段落に「虚像として映し出す」「副次的な意味しかもちえない」、第三段落に「単に受動的に映し出す」とあり、②と③に絞られる。③は「軽視された」が本文にないので、②が正解となる。

問四　第三段落第二文目「外界の『現実』を単に受動的に映し出すのではなく……像を主体的に再構成するという視覚モデルの転換」を短く言い換えて受けたのが、傍線部3「知覚のパラダイムの転換」である。

問五　傍線部4を理解するためには、次段落第二文目の「外界の像が単に映し出されるだけでなく、定着されて保存が可能になったとき、その像を主体の側で再構成する技術的条件が用意されていたことになる」を参考にすること。なお、正解の①の「虚像」という表現は、傍線部2を含む文に「カメラ・オブスクラは、その『現実』を『暗い部屋』のなかに虚像として映し出す装置」とある。

問六　空欄Bで正解を選ぶのがよい。「[B]こそが写真に決定的な意義を与える」は、「ブレヒトの言葉」の「〈何かを組み立てること〉が本当に必要なのだ」に対応している。④のB「構成的な力」が適切であることがわかる。

問七　傍線部5「構成的な力が働く場でもあった」がポイント。一般に「文字」は「画像」と違って、外界をそのまま写しとるのではなく、なんらかの解釈や意味付けを伴う。つまり「構成的な力が働く」のである。そのことを説明しているのは、③「言葉の再構成的な働きからの影響を受ける」の部分。

問八　空欄Cの直前より「単なる『現実』の再現前＝表象から離れて」いること、空欄の後より「リアリティ」があること、設問より「五字」であることがポイント。次段落以降を「新たに世界を構築する可能性」「CGで描き出される世界」など同趣旨の表現を追って読むと、傍線部dの段落に「新たな世界」という語句があることに気づく。なお、同じ段落の一文目に「ある新しい世界が自律的に」、傍線部cの前の行に「新たに世界」とあり、これらも別解になる。

問九　傍線部6の「そのとき」とは、直前の「完全に作り出された仮想的な空間である場合」を指している。傍線部は

国語

一

出典　山口裕之『現代メディア哲学──複製技術論からヴァーチャルリアリティへ』〈第V章　ハイパーテクストの彼方へ　2　ハイパーテクストの思想とヴァーチャルリアリティ〉（講談社選書メチエ）

解答

問一　a、ひょうしょう　b、先駆　c、依拠　d、秩序　e、きょくち

問二　④

問三　②

問四　②

問五　①

問六　④

問七　③

問八　新たな世界（「新しい世界」「新たに世界」も可）

問九　②

問十　④

問十一　③

▲解　説▼

問二　〈「バロック時代の絵画」「写真」「映画」は「それぞれの技術段階」における「ヴァーチャルリアリティ」なのである〉という段落趣旨を踏まえて、傍線部1を理解すること。

2022年度

問題と解答

■一般選抜（前期）

問題編

▶試験科目・配点

区分		教　科	科　　目	配　点
3教科型	理工・建築都市デザイン・情報工	英　語	コミュニケーション英語Ⅰ・Ⅱ・Ⅲ，英語表現Ⅰ・Ⅱ	100 点
		数　学	数学Ⅰ・Ⅱ・Ⅲ・A・B（数列，ベクトル）	100 点
		理　科	「物理基礎，物理」3題，「化学基礎，化学」3題，「生物基礎，生物」3題の計9題のうち，任意の3題を解答	100 点
	環境・メディア情報（社会メディア）・都市生活	英　語	コミュニケーション英語Ⅰ・Ⅱ・Ⅲ，英語表現Ⅰ・Ⅱ	100 点
		選択①	日本史B，世界史B，理科（「物理基礎，物理」3題，「化学基礎，化学」3題，「生物基礎，生物」3題の計9題のうち，任意の3題を解答）より1科目選択	100 点
		選択②	「数学Ⅰ・Ⅱ・A・B（数列，ベクトル）」，国語総合（現代文のみ）より1科目選択	100 点
2教科型	メディア情報（情報システム）	英　語	コミュニケーション英語Ⅰ・Ⅱ・Ⅲ，英語表現Ⅰ・Ⅱ	100 点
		数　学	数学Ⅰ・Ⅱ・A・B（数列，ベクトル）	100 点
	人間科	英　語	コミュニケーション英語Ⅰ・Ⅱ・Ⅲ，英語表現Ⅰ・Ⅱ	100 点
		選　択	「数学Ⅰ・Ⅱ・A・B（数列，ベクトル）」，国語総合（現代文のみ）より1科目選択	100 点

▶備　考

- 試験日自由選択制（2月1日実施分を掲載）。
- 同一日に学部の指定する教科・科目を受験すれば学部をまたがって3学科（2教科型は2学科）まで併願可能。
- 英語は外部試験を利用可。外部試験の得点は，大学の基準に従い，英語試験の得点として換算する。英語試験を受験した場合は，外部試験の換算点と英語試験の得点で高得点のものを判定対象とする。
- 理工学部の学科を受験した者を対象に，通常の3教科での合否判定と同時に，数学の得点のみで合否判定をする「数学インセンティブ判定」が行われる。数学の得点が各学科の上位５％以内であれば，３教科の判定で合格ラインに達していなくても合格になる。

英語

（80分）

Part I　次の英文を読んで設問に答えなさい。

What is BMI? BMI means many things, but it most commonly stands for Body Mass Index, an index that shows the amount of fatness in your body. It can mean bismaleimide, a type of plastic in science fields. In the business field, however, it means Business Management Information. It also means a cutting-edge technology, Brain-Machine Interface or Brain-Computer Interface (BCI). This BMI technology includes devices that enable us to measure brain activity, extract features of the activities, and send brain signals to external hardware. It also allows us to send signals back to the brain. This technology has come to assist physically disabled people in operating external gadgets by their brain signals. The advancement of BMIs is not just for helping those in need but also for enhancing human cognition beyond boundaries.

The initial research on BMIs dates back to the 1970s. Since then, the technology to assist disabled people has been advancing. In January 2019, doctors at Johns Hopkins University in the U.S. implanted electrodes* in a patient's brain. This patient could not move his arms or legs due to an accident. Using brain signals, he could successfully move artificial arms not connected to his body and feed himself with a knife and fork. Another example is a disabled man who could not speak but could only communicate by blinking his eyes. He was able to output the word "Hello" on a screen by just sending his brain signal.

Technology to read and change specific brain activity has already existed, an expert claims. For example, researchers have been developing tools to detect the brain activities that cause addiction and depression. By sending back a different signal to the patient's brain to alter the activities, $\underset{(6)}{\underline{\text{they}}}$ hope to cure such disorders. In the future, they will be able to apply the technology even at the subconscious level. But here, a serious question arises: if you can change someone's behavior by manipulating brain signals, who should be allowed to do it, and for what purposes?

Many neuroscience researchers commonly understand that neuro-related technology has high potential. However, if it falls into the wrong hands, it could be misused and cause critical problems. Some research groups would like to have strict laws to protect our privacy. They claim that someone's brain-cell data should be safeguarded, just as our organs are. Now, it is not allowed for anyone to remove someone's liver, for example, without approval from the owner. They also want to apply that protection policy to neural data.

Concerned researchers led by Professor Rafael Yuste from Columbia University have started discussing the ethical foundation that would regulate the use and development of advanced neuro-technologies. They call the whole concept "neurorights." The neurorights cover five areas: mental privacy, identity, free will, enhancement, and bias. Among them, Yuste suggests mental privacy and free will should be the top priorities. Data acquired from patients undergoing neuro-technologies should be protected and never be shared with third parties without patients' consent, Yuste explains. The neurorights $\underset{(7)}{\underline{\text{advocates}}}$ also state we should keep our ability to think for and feel like ourselves regardless of how neuro-technology is applied. Usually, patients get information about the side effects and possible risks with electrodes implanted in their brain, and then they agree or disagree to apply brain-tech treatment based on their own free will. Here, it is crucial to keep accurate records of the entire process under any circumstances that use neuro-tech.

Apart from privacy and free will issues, neuro-tech contains another potential problem related to human rights. Presently, various brain technologies are being developed for enhancing cognitive capabilities. Just like moving artificial hands by brain signals, you might be able to boost your brain function with the help of external BMI devices. This is a type of "cognitive doping." The ethical guideline to use brain technology appropriately is needed when such powerful technology to empower human ability is used. The advocates of neurorights claim that we should prevent possible unfairness between the rich who can afford cognitive enhancement and ordinary people who cannot. In any case, brain technology should not be another source of inequality, the advocates say.

Other experts take somewhat different positions than neurorights advocates. One researcher claims that the human brain is becoming a new asset, and that if you are well informed about what you are selling, your right to exchange it for something you want should not be limited. Difficulties in managing the data from someone's brain is another problem. General medication guidelines will not be likely to fit brain technology, a professor at Emory University says. She explains more than 20 guidelines have been developed to handle neuroscience, and they concern mental privacy and mental liberty. Yet, each technology differs in what it can do and its possible impacts. Right now, solutions to cover every technology do not exist. To compensate for that, she says, each company or research group may need to consider ethical issues when using brain technologies.

*electrode　電極

[1] から [7] の質問の答えとして最も適切なものを選び，その番号をマークしなさい。

[1]　What does BMI mean in this passage?

① A new type of plastic
② A technology also referred to as BCI
③ An index that shows your degree of healthiness
④ Information for business and management

[2]　What was a disabled patient able to do with the help of BMIs?

① He was able to choose the proper brain function to control his attitude.

② He was able to communicate with the researchers using his vocal organs.

③ He was able to eat and drink by using his own damaged arms and hands.

④ He was able to send messages to others without using his voice.

3 What do some researchers think is necessary to control ethical issues in developing BMI research?

① To avoid critical problems

② To have international cooperation

③ To secure research funds

④ To set strict regulations

4 According to the passage, which of the following statements best describes neurorights?

① They are the same kinds of rights for protesting any intention of violating one's properties.

② They are the rights given to all human beings from ancient times.

③ They represent human's desire to function well with whatever sacrifice.

④ They resemble the rights that should be restricted under an emergency.

5 According to the passage, what would become a concern if cognitive doping with BMI comes to be commonplace?

① Free will to decide whether you get it or not

② Quality of cognitive ability enhanced by the technology

③ Risks to damage your brain while receiving treatment

④ The social gap caused by people's financial status

6 What does the underlined word (6) refer to?

① activities

② patients

③ researchers

④ signals

7 Which is the closest in meaning to the underlined word (7)?

① lawyers

② opponents

③ servants

④ supporters

8 最後の段落には下記の質問の答えがあります。その答えを**日本語**で要点を押さえて述べなさい。解答は解答欄に書きなさい。

8-1 What does a researcher say about our brain data when the human brain is becoming a new asset?

8-2 According to a professor at Emory University, why do current guidelines dealing with mental privacy and liberty not work well?

9 下の表は，この文章のメインポイントを段落ごとに順番に並べたものです。本文の流れに沿って，空欄に適する選択肢をひとつ選び，その番号を解答欄に書きなさい。ただし，各選択肢は一度しか使えません。

Definition of BMI

↓

9-1

↓

Potential serious issues of treatment with BMI

↓

9-2

↓

Neurorights

↓

9-3

↓

Other researchers' positions

選択肢

① Bright future using BMI technologies
② Claims from scientists about misuse of BMI
③ Cures for addiction and depression
④ Current achievement of BMI for medical purposes
⑤ General guidelines for protecting neuro data
⑥ Initial research on neuro-technology
⑦ Methods of recording human brain signals
⑧ Potential problem for enhancing cognitive ability

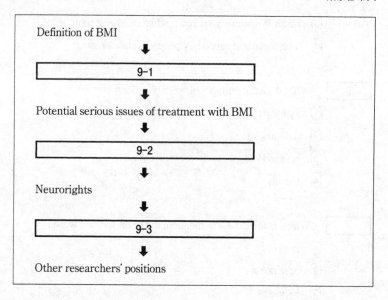

Part Ⅱ 次の英文の空欄 [10] から [18] に入る最も適切な単語を選択肢から選び，形を変えずに解答欄に書きなさい。ただし，各選択肢は一度しか使えません。

Forest bathing is now a popular healing form practiced around the world. Also known as forest therapy, it is the practice of self-exposure to the natural atmosphere in forests. Above all, the [10] of forest bathing is in its simplicity. Just walking through the woods and feeling the presence of trees, rocks, birds, streams, and breezes would help you [11] something you would not expect in the busyness of daily lives. Unlike energy-consuming hiking or exercising, forest bathing doesn't [12] you sweating or excited. All you [13] is experiencing a natural setting, feeling the connection to nature around you. You can thus enjoy immersing yourself in natural environments. Many practitioners of forest bathing say [14] themselves to the sights, sounds, and smells of forests brings them numerous benefits. They take a walk in the forest because it helps them relax, reduce stress and improve health. A large amount of research conducted since the 1980s has proved the positive [15] of forest bathing. For example, it can improve high blood pressure, weak immune system, or mental stresses like [16] or trauma. More and more doctors are recognizing its power of [17] recovery from surgery or illness as well as reducing blood pressure and boosting immunity. Anyone who practices forest bathing would agree it is [18] doing to ensure a healthy life.

選択肢

accelerating	depression	discover	effect	exposing
leave	need	popularity	worth	

Part Ⅲ 次の表とそれに続く英文を読んで，[19] から [22] の質問の答えとして最も適切なものを選び，その番号をマークしなさい。(注：使用されているデータ等は架空のものです。)

Tables

Relocated (by age group)				Not relocated	TOTAL
18-29	30-49	50-64	65+	all ages	
11. 0%	4. 0%	3. 0%	2. 0%	80. 0%	100%

Reasons for relocation (all ages)	
Reducing risks to be infected	7. 2%
College campus being closed	4. 9%
Hoping not to be away from family	4. 6%
Facing financial difficulties	3. 3%
TOTAL	20. 0%

Note.
N=6, 270 (All residents)
The survey does not allow multiple answers.

This survey was conducted among 6, 270 adults over age 18 in Opera City from May 4 to May 10, 2020. The participants answered questions online.

Millions of people in our country moved in 2020 because of the COVID-19 outbreak. In Opera City, about 3, 000 people either moved or know someone who did, and 20% of all the surveyed people actually moved. Roughly one in ten adults (11%) were aged 18 to 29. The number is large compared to other age groups: for 30 to 49 (4%), for 50 to 64 (3%), and for 65 or older (2%). As for the reasons, 7. 2% said they wanted to reduce their risk of getting infected by the virus. Another 4. 9% said it was because their college campus closed. In addition, 4. 6% said they wanted to be with family. An additional 3.3% said the crucial reason was related to financial problems. Among them, 2.0% was job loss, and 1.3% was other money-related reasons.

19 Which of the following best summarizes the information shown in the tables?

① Calculation of adults moving out from the city
② Difficulties in finding a place to move in
③ Influence of COVID-19 on moving
④ Protective measures taken against COVID-19

20 What do the survey results say about the moving due to COVID-19?

① One in six people surveyed moved because of money problems.
② Students were often told to stay on campus to avoid the disease.
③ The older people moved more because they didn't want to get infected.
④ The youngest age group had a higher moving rate than any other group.

21 What do the survey results say about the causes of moving?

① More than 3% of all the surveyed people moved because they lost their jobs.
② The biggest reason for moving was the desire to live with family.
③ The highest number of people had fears of being badly affected by the virus.
④ The majority of students were infected inside the college campus.

22 How many adults aged 18-29 actually moved?

① about 2,400

② about 700

③ about 180

④ not given

Part Ⅳ 次の 23 から 26 の会話の空欄に入る最も適切な表現を選び，その番号をマークしなさい。

23

Miho：Hi, Jake. I just finished my exam today, and… Oh, you look awful. Are you all right?

Jake：Well, not really. I stayed up all night.

Miho：Did you have a final, too?

Jake：Yes, but that is not the reason. I just couldn't stop playing video games online with my friends. I got too excited. Then I started studying around 5:00 in the morning and just finished the exam.

Miho：Oh boy.（　　　）

You should get some sleep now. By the way, how did the exam go?

Jake：Don't ask. I think I am going to fail. I should have started studying and gone to bed earlier instead of playing video games.

Miho：Oh well, seems like you learned your lesson.

① No wonder you look so exhausted.

② Nobody notices how tired you are.

③ You could have woken up earlier.

④ You should have studied later.

24

Pita： Have you heard anything from James? I thought he was looking for a job to be a police officer. Do you know anything about it?

Mark：I really don't know. But I think it is going well because when I saw him this morning, he said he was quite satisfied with the interview.

Pita： Oh, really? I just saw him. He was running to his car while answering the phone. He looked a bit upset.

Mark：(　　　), he rushed into his car? Umm... Just hope nothing serious has happened to him. I'll give him a call tonight.

① As soon as you called him
② Before you saw him
③ By hanging up the phone
④ On receiving a phone call

25

Student Leader：Thank you very much for attending the fundraising presentation this evening. Before we start, do you have any questions?

Alexandria： Yes, I do. I was wondering (　　　)

Student Leader：Thank you for showing interest. Yes, we have been doing presentations at community centers in different areas once a month.

Alexandria： Oh, I see. Do I have any chance to join the group?

Student Leader：Sure. You're welcome anytime.

① how long you have been doing this kind of presentation.
② how much money we should raise.
③ how often you hold this kind of event.
④ how we can participate in the association.

26 Masahiro： Thank you for having me at your home. I had a wonderful time with you.

Host mother：It was such a pleasure having you. We will miss you.

Masahiro： I will miss you, too. I don't know how to express my feelings. (　　)

Host mother：Please come back, all right? You are always welcome at our place.

Masahiro： Thank you. Until then, make sure to keep in touch!

Host mother：Yes, have a safe trip back home.

Masahiro： Thank you very much again!

① I am filled with gratitude for all of your hospitality.
② It is very hard for me to say I'm sorry.
③ My stay could have been more enjoyable.
④ Your family must be feeling grateful for having me.

Part V 次の会話を読んで，質問 27 から 29 の答えをカッコ内の語句をすべて使って作りなさい。ただし，他の語句を加えてはいけません。解答は作成した部分のみを解答欄に記入すること。

都（Miyako）と俊（Shun）がネットで科学ニュースを見ている。

都：ねえ，見て。部屋の中のほこりって，宇宙を旅してきているものもあるんだって。

俊：え，そうなの？

都：ほこりが宇宙から来ているんではないか，っていう研究は 1891 年から行われているんですって。

俊：でもそのほこりって，元々は彗星や小惑星が出すチリでしょう？どうやって地球に来るんだ？

都：いろいろな惑星の引力や他の宇宙での力の関係で，長い旅をすることになるらしい。

俊：でも，ものすごい時間がかかるよ。

都：一秒間に 72 キロメートルの速度だって。

俊：すごいな。でも大気圏に突入するときにあとかたもなく燃えてしまうのでは？

都：毎年 15,000 トンくらい地球までやってきて，ほとんどが燃えてしまうけど，形を留めたまま地上にたどり着くものもあるらしいわよ。

俊：そうか。そんなに苦労して旅してきたのかと思うと，部屋のほこりも愛おしくて，掃除機で吸い取ったらかわいそうな気がするよな。

都：あのねえ，宇宙から来ようと，ほこりはほこりよ。さっさと掃除して！

27　How does space dust travel?

By the gravity of planets and other powers in space,
(distance at / the dust / long / second / 72 km / per / travels).

28　What usually happens to the dust when it enters the Earth's atmosphere?

Each year, about 15, 000 tons of dust falls to the Earth, (burns / but / going / it entirely /most of / through the / when) atmosphere.

29　How does Shun feel about the dust in his room?

He feels sorry to clean it up with the vacuum cleaner
(because / challenging / has / it / long and / traveled a / way).

日本史

（80分）

第1問　日本における，塩業の歴史について記した文章A～Cを読み，下の問い（問1～8）の答えを解答欄に記入せよ。

A　日本では岩塩が産出されないため，古来，海水からの製塩が行われてきた。単純に海水を煮詰めて蒸発させ，塩を抽出する直煮製塩は縄文時代には行われていたとされる。古墳時代までには，海藻に海水を注いで塩分量を増した上で焼き，水に溶かして煮詰める藻塩焼製塩に発展した。直煮製塩・藻塩焼製塩では<u>ⓐ土器</u>が用いられたとみられ，出土例も確認されている。

塩が人間の生活に不可欠であることは言うまでもなく，飛鳥・奈良時代の宮城遺跡や地方の官衙から出土した<u>ⓑ木簡</u>には，塩の記載もみられる。

現在の愛媛県弓削島においては，古墳時代には製塩が始められていたことが明らかになっている。平安時代末期には，島全体が後白河上皇の荘園（弓削島荘）となっていたが，彼の娘宣陽門院の手を経て，鎌倉時代に東寺に寄進された。

問1　下線部ⓐに関連して，もっとも広く使われた縄文式土器として正しいものを，次の①～④のうちから一つ選べ。　51

① 擦文土器　　② 隆起線文土器
③ 深鉢形土器　　④ 注口土器

問2　下線部ⓑに関連して，木簡に関して述べた文章として**誤っているもの**を，次の①～⑥のうちから一つ選べ。　52

① 縦長の短冊形の木札に，墨書されたものが多い。

② 諸国から都への貢進物を記した木簡が発見されている。

③ 文字の練習のための木簡も出土している。

④ 出土した木簡のほとんどは，丁寧に保管されていたものであった。

⑤ 飛鳥池遺跡から出土した木簡から，「天皇」号の使用が確認された。

⑥ 長屋王の邸宅跡から出土した木簡には，「長屋親王」と書かれていた。

B　次の史料は，鎌倉時代末期，1314 年に伊予国弓削島荘の百姓が荘園の領家である東寺に提出した訴状の一部である。なお，史料は書き下しに直し，書き改めたりしたところもある。

伊与国弓花島領家御方百姓等謹んで言上す，

当所預所殿として，先例無き条々非法横行，年々色々臨時重役等を充て懸け，責め取られる間，侘傺《たてい》(注1) せしめ無為の方処《ほうじょ》，いよいよ新儀非法致されるに依り，安堵し難きに就き，百姓等重代相伝の名主職ならびに住宅等を打ち捨て，已《すで》に今月廿一日御領内を罷り出でおわんぬ。且《かつう》は (注2) 道理に任せ，且は不便の御高察を垂れられ，当御代官を改易せられ，穏便の御代官を補せられ，条々新儀非法を停止し，先例に任すべきの旨仰せ下され，百姓等安堵せしむべきの由《よし》，御成敗を蒙らば，本宅に還住せしめ，限り有る御年貢已下の諸御公事《くじ》等を全うせんと欲す。条々子細の事，

一，当島御年貢塩は，八九月中に弁進 (注3) せしむる事は先例也。然るお《〔を〕》当御代官弁殿 (注4) は，新儀を以て正月より七月中に至り，これを責め取られると雖《いえど》も，京都に運上せずして，冬時に至り運上する時は，御年貢塩を閣《さしお》き私用せしめて，これを責め取りて，限り有る塩躭の外，新儀を以て縁々自他の躭と称し，一年に七ヶ度躭を致されるの条，有り難き非法也，（後略，数ヶ条省略）

一，(中略) この逃失《とうしつ》にいよいよ面々の損失莫大なり。その故は，家内の物等兼日に (注5) 運び渡すにおいては，もし見合わせ奉りて恥を与えらるべきの間，かの難を恐れ逃隠《とういん》するに依り，家内に細々色々の物ならびに若干の垂塩 (注6) 等を打ち捨ててこれを取らざるの条，世に以てその隠れ無し。かの家

内の具足等は，弁殿運び取られおわんぬ。垂塩等においては，焼き取られるの条顕然也，（後略）

（「東寺百合文書」）

（注1）侘傺：失意・困窮すること。

（注2）且は：ひとつには。

（注3）弁進：年貢などを調えて進上すること。

（注4）弁殿：東寺が派遣した弓削島荘の代官である承誉のこと。

（注5）兼日に：あらかじめ。

（注6）垂塩：ここでは精製過程の塩水（鹹水《かんすい》）を指す。

問3　史料から読み取ることのできる範囲で，東寺に訴訟を起こす前に百姓が取った抵抗手段の呼称としてもっとも適切なものを，次の①〜④のうちから一つ選べ。 53

①　一揆　　②　逃散　　③　強訴　　④　打ちこわし

問4　史料から読み取ることのできる内容として**誤っているもの**を，次の①〜④のうちから一つ選べ。 54

①　東寺の代官が新たな税を賦課したことが問題となっている。

②　百姓は東寺の代官の交代を要求している。

③　東寺の代官は，増税した分の塩を自分のものにしてしまっている。

④　本来，塩年貢の徴収は冬に行われるものであった。

問5　史料から読み取ることのできる文章Ｘ・Ｙの正誤の組合せとして正しいものを，次の①〜④のうちから一つ選べ。 55

Ｘ：百姓は，重くて持ち運ぶのが困難なため，精製過程の塩水を家屋に残してきたと主張している。

Y：百姓は，残してきた精製過程の塩水について，代官が焼いて塩分を抽出したことは明らかだと非難している。

① X－正　Y－正　② X－正　Y－誤
③ X－誤　Y－正　④ X－誤　Y－誤

C　室町中期になると，新たに［ア］法が用いられるようになった。これは満潮時の海水面より少し高い場所を平たくし，そこに海水を運んできて砂地にまき，砂に塩の結晶を付着させる方法である。最終的に煮詰めて塩をとることは，これまでの方法と変わりはない。

また一部地域では，満潮時の海水面より低い砂地を活用するために堤防を築き，潮の満ち引きに任せて海水を導入することで，運送労力を省く［イ］法の先駆的形態がみられた。これにより，より濃い塩の濾過が可能となった。ただその本格展開は江戸時代に入ってからで，［ウ］沿岸を中心に特に栄えた製塩は，十州塩と呼ばれている。こうした商品を運ぶため，近世では海路・河川を用いた水上交通による運輸網が発展した。その際には，動脈となる河川流路の変更や護岸工事も行われ，物資を積み降ろすための ⓒ港湾が設けられていった。その中には，塩の積み卸しを主目的としたものも存在する。

なお［イ］法は1950年頃まで，日本独特の製塩法として，国内で主流の地位を占めた。しかし明治に入り，安価で品質も良い外国産の塩が輸入されるようになると，国内塩業保護の機運が高まった。戦費増大を補うための財源不足という政府側の事情もあり，1905年に塩は専売制となった。政府は塩業保護政策を繰り返したが，講和成立で戦費調達という目的が薄れたため，ⓓ1919年に安価な塩の提供を主眼とする公益性重視の方向へと舵を切った。塩専売制は，1997年まで続く。

いっぽうで製塩法は，1950年頃に流下式製塩法へと切り替わった。そしてイオン交換膜法という工業的な塩生産システムの実用化を背景に，1971年に塩業近代化臨時措置法が出され，塩田生産は消滅していくことになる。

問6 　ア ・ イ ・ ウ に入る語句・地名の組合せとして正しいものを，次の①～⑥のうちから一つ選べ。 56

① ア ― 入浜　　イ ― 揚浜　　ウ ― 伊勢湾
② ア ― 入浜　　イ ― 揚浜　　ウ ― 瀬戸内海
③ ア ― 入浜　　イ ― 揚浜　　ウ ― 日本海
④ ア ― 揚浜　　イ ― 入浜　　ウ ― 伊勢湾
⑤ ア ― 揚浜　　イ ― 入浜　　ウ ― 瀬戸内海
⑥ ア ― 揚浜　　イ ― 入浜　　ウ ― 日本海

問7 　下線部ⓒに関して，河川流通の物資や人の輸送用に設けられた着岸場の呼称として正しいものを，次の①～④のうちから一つ選べ。 57

① 渡船場　　② 河岸　　③ 定六　　④ 下り荷

問8 　下線部ⓓと同じ年に起きた出来事として正しいものを，次の①～④のうちから一つ選べ。 58

① 関東大震災　　② 米騒動の勃発
③ ヴェルサイユ条約の調印　　④ 第一次護憲運動

第2問　弥生～古墳時代の歴史と，菅原道真について記した文章**A**～**C**を読み，下の問い（**問1**～**9**）の答えを解答欄に記入せよ。

A　弥生時代の倭国では複数の国が乱立していた。中国の史書は，その状況を下の史料1のように記している。

その後西暦57年，倭国のうちの奴国は後漢王朝の初代皇帝である光武帝に使節を派遣した。安帝の時代の西暦107年には倭の国王帥升が使節を派遣したが，その後の桓帝・霊帝の時代には国が乱れ，女王卑弥呼が即位して収まったという。邪馬台国を中心とした連合国の誕生である。卑弥呼の治世においては，伊都国が大きな役割を果たした様子が，中国の史書に記されている（史料2）。

なお史料1・2とも，漢文を書き下し文に改めた。

〔史料1〕

夫れ［　ア　］海中に倭人有り，分れて百余国と為る。歳時を以て来り献見すと云ふ。

（『漢書』地理志）

〔史料2〕

（末廬国より）東南に陸行すること五百里にして，伊都国に到る。官を爾支《ねぎ》と曰い，副を泄謨觚《えもこ》・柄渠觚《へここ》と曰う。千余戸有り。世《よよ》（注1）王有り。皆，女王国（邪馬台国）に統属す。（中国からの）郡使往来するとき，常に駐《とど》まる所なり。

東南して奴国に至る。百里なり。官を兕馬觚《しまこ》と曰い，副を卑奴母離《ひなもり》と曰う。二万余戸有り。

（略）

女王国自《よ》り以北には，特に一大率を置きて，諸国を検察せしめ，諸国之《これ》を畏憚《いたん》す。常に伊都国に治す。国中に於いて，刺史《しし》（注2）の如く有り。（略）

（『三国志』「魏書」東夷伝倭人条〈「魏志」倭人伝〉）

（**注1**）世：代を重ねること。代々。

（注2）刺史：中国の前漢王朝が設置した州・郡の監察官。時期により権限の変遷がみられるが，ここでは根幹にある監察権の保持者を示すと思われる。

問1　史料1の ア に当てはまる郡名として正しいものを，次の①～④のうちから一つ選べ。 59

①　帯方　　②　山東　　③　楽浪　　④　玄菟

問2　史料1の ア の中心地を示した地図上の位置として正しいものを，次の①～④のうちから一つ選べ。 60

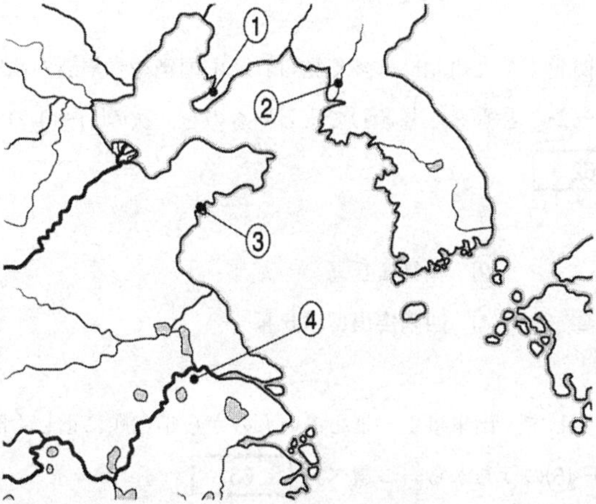

問3　邪馬台国連合における伊都国の役割は，史料2からどのように読み取れるか。文章X・Yの正誤の組合せとして正しいものを，次の①～④のうちから一つ選べ。 61

X：伊都国は中国の使節が往来する際，宿泊地となる場所であった。

Y：伊都国には卑弥呼とは別に国王が存在したばかりか，特に人口が多かったため，諸国の監察官である一大率が置かれていた。

①　X－正　Y－正　　②　X－正　Y－誤
③　X－誤　Y－正　　④　X－誤　Y－誤

B　弥生時代の人々は中国や朝鮮半島から伝わった水稲農耕を生活の基礎とし，集落が大規模化して環濠集落も見られた。死者は集落近くのⓐ墓地に葬られたが，大型の墳丘墓や多量の副葬品のある墓も発見されており，各地に強力な支配者が存在していたことがわかる。

古墳時代になると東アジア諸国との交渉はさらに活発になり，渡来人等から須恵器生産など様々な技術が伝えられた。儒教やⓑ仏教もこの時期に朝鮮半島から伝来した。

問4　下線部ⓐに関して，九州北部に多く見られ，中国鏡や青銅製の武器などの副葬品が発見されたこともある墓として正しいものを，次の①～④のうちから一つ選べ。［62］

①　甕棺墓　　②　楯築墳丘墓
③　方形周溝墓　　④　四隅突出型墳丘墓

問5　下線部ⓑに関して，出来事Ⅰ～Ⅲを古いものから年代順に正しく配列したものを，次の①～⑥のうちから一つ選べ。［63］

Ⅰ　仏教の公伝　　Ⅱ　磐井の乱　　Ⅲ　物部氏の滅亡

①　Ⅰ→Ⅱ→Ⅲ　　②　Ⅰ→Ⅲ→Ⅱ　　③　Ⅱ→Ⅰ→Ⅲ
④　Ⅱ→Ⅲ→Ⅰ　　⑤　Ⅲ→Ⅰ→Ⅱ　　⑥　Ⅲ→Ⅱ→Ⅰ

C　887年に即位した宇多天皇は，生母が藤原氏の女性でなかったこともあり，［イ］を関白から転任させようとした。この試みは［イ］の反論により失敗に終わるが，891年に［　イ　］が没すると，宇多天皇は関白を置かず，藤原氏の権力抑制を図った。

その代わり，重用されたのが文章博士ⓒ菅原道真である。道真は遣唐大使に任ぜられ，838年以来途絶えていた遣唐使派遣復活を検討した。ただ当時の唐は衰退期にあり，道真自身の反対で，894年の遣唐使派遣は中止となった。その後907年に唐は滅亡し，道真の見識は証明された。

しかし宇多天皇が子息の醍醐天皇に譲位して上皇となると，道真の地位は徐々に弱まった。901年，［　ウ　］の讒言によって，道真は［　エ　］に左遷され，まもなく死去した。

道真は宇多天皇の下で政治家として活躍したが，その本分は学者である。ⓓ六国史を内容別に整理した『類聚国史』を編纂し，漢詩集『菅家文草』を取りまとめて醍醐天皇に献上するなど，多くの事績を残した。

問6　［　イ　］に入る初めて関白の地位を得た人物として正しいものを，次の①～⑥のうちから一つ選べ。［64］

① 藤原冬嗣　② 藤原良房　③ 藤原基経
④ 藤原兼家　⑤ 藤原道隆　⑥ 藤原道長

問7　［　ウ　］・［　エ　］に入る菅原道真を左遷に追いやった人物名とその左遷後の官職名の組合せとして正しいものを，次の①～④のうちから一つ選べ。
［65］

① ウ－藤原時平　エ－大宰権帥　② ウ－藤原時平　エ－出雲権守
③ ウ－藤原忠平　エ－大宰権帥　④ ウ－藤原忠平　エ－出雲権守

問8　下線部ⓒに関して，菅原道真の活躍した時期を含む9世紀後半から10世紀前半の出来事に関する説明として正しいものを，次の①～④のうちから一つ選べ。［66］

① 宇多天皇と醍醐天皇による親政は天皇政治の理想とされ，延喜・天暦の治と呼ばれた。

② 戸籍を基準に課税する律令体制の原則が崩れ，受領が土地を基礎に負名から徴税する体制が構築された。

③ 応天門の変が起き，伴氏と橘氏が没落した。

④ 勅撰和歌集『新古今和歌集』が紀貫之らによって編纂された。

問9　下線部ⓓに関して，六国史に該当する書物として**誤っているもの**を，次の①〜⑥のうちから一つ選べ。［67］

① 『日本書紀』　② 『日本三代実録』　③ 『続日本紀』

④ 『日本後紀』　⑤ 『古事記』　⑥ 『日本文徳天皇実録』

第3問

院政と荘園公領制，および室町時代の文化について記した文章**A**・**B**を読み，下の問い（**問1〜7**）の答えを解答欄に記入せよ。

A　1068 年に即位した後三条天皇は，生母が藤原氏ではない久しぶりの天皇であった。ⓐ後三条は積極的な天皇親政を行ったが，病気のため 1072 年に譲位し，上皇となった。この結果，即位したのが長男の白河天皇である。後三条上皇は翌年に没するが，白河は 14 年間にわたり天皇親政を，その後 43 年間にわたり上皇として政治を主導した。この間，白河は子息の堀河・孫の鳥羽・曾孫の崇徳を次々に天皇とし，後継天皇指名権を藤原摂関家から奪還した。1129 年に白河上皇が没した後は，鳥羽上皇が 27 年間，政治を主導する。鳥羽もまた，自身の子息を次々に天皇に指名した。この結果，ⓑ上皇（院）のうち最有力者で，天皇の直系尊属にあたる人物が政権を担う院政が，中世における朝廷のあり方として確立するにいたる。

古代末期の段階で，律令制に基づく税の徴収体制は崩壊しており，上皇や摂関家，京都・奈良の有力寺社といった上級貴族は，私的領地である荘園を設置することで，収入の確保に務めた。各国内の一定領域を自己の荘園に指定し，現地の有力者にその管理と徴税を委ねたのである。それを主導したのが上皇であり，荘園制が根付くのは，実際には院政期のことであった。

荘園にならず，国司が統治権を維持できた地域は，公領・国衙領などと呼ばれる。しかし，上皇や摂関家はそこにも目を付けた。ⓒ各国の行政を担う国守（受領）になることは収入確保に繋がったが，上皇の就任は不可能であり，摂関家のような上級貴族が就任するにも，身分の低すぎる不釣り合いな官職であった。そのため，ⓓ自身の子弟や家来を名目上の国守に任命し，公領からの収益を確保できる権利が生み出され，朝廷において分配された。実はこれこそが，新たな荘園設置を国守が拒めなかった背景である。これにより，各国の公領も，上皇や摂関家の私領に近い状態となり，荘園公領制が確立した。

問 1　下線部ⓐの後三条天皇の行った政策として**誤っているもの**を，次の①～④のうちから一つ選べ。 **68**

① 荘園整理令を出した。
② 公定枡として，宣旨枡を定めた。
③ 記録荘園券契所を設けた。
④ 大江広元を初めとする有能な実務官人を登用した。

問 2　下線部ⓑにあたる人物の呼称としてもっとも適切なものを，次の①～④のうちから一つ選べ。 **69**

① 太上天皇　② 治天の君　③ 東宮　④ 法皇

問 3　下線部ⓒの背景を説明する文章として正しいものを，次の①～④のうちから一つ選べ。 **70**

① 8 世紀には全国一律の班田収授が行われなくなり，従来の方法では税収確保が難しくなった。

② 三善康信は「意見封事十二箇条」を村上天皇に提出し，財政窮乏と経費節減・地方制度改革などを進言した。

③ 国司の最上席者である国守が現地に赴任し，徴税を任されるとともに，余剰分を私的収入として確保した。

④ 収益を上げることに成功した受領は，儀式や造宮・造寺のための私財を出すことで，見返りに別の官職を得る重任を行うほどの余力ができた。

問4　下線部ⓓのような立場についた人物の呼称として正しいものを，次の①～④のうちから一つ選べ。［71］

① 遙任国司　② 本家　③ 知行国主　④ 任用国司

B　室町時代の初期にあたる南北朝期の文化には，公家文化と，華美を追求したバサラ文化，幕府が重んじた禅宗の中国風の文化が混在していた。南北朝動乱を終結させたⓔ義満政権期になると，日明貿易が行われたこともあり，三者を融合させた新たな文化へと発展した。義満は将軍を辞した後も，建立した山荘から幕府の実権を掌握し続けた。このため義満期の文化を，山荘の名前をもとに［ア］という。

義満政権期に確立したもののひとつが，猿楽能である。能は，平安時代中期までに，広い支持を集めていた猿楽と田楽における演目の一つで，歌と舞を中心とした演劇として，鎌倉時代に生み出された。当初は田楽能が中心であったが，室町時代になると近江・大和を拠点に猿楽能が活発となる。大和興福寺・春日社に奉仕した大和猿楽四座のうち，結崎座（後の観世座）の観阿弥・［イ］父子が，室町幕府第3代将軍足利義満の庇護を受けた。観阿弥の能は優美さを新たに取りこみつつも，大和能楽の特徴である物まね芸を活かした大衆性の強いものであった。しかし［イ］は幽玄の美を追求し，芸術性の高い猿楽能を大成させたのである。

問5　下線部ⓔに関連して，足利義満は勢力の大きすぎる守護については，守護家の内紛を利用し，謀反の嫌疑で軍事討伐することでその力を削いだ。義満に軍事討伐された守護家として**誤っているもの**を，次の①～④から一つ選べ。

72

① 土岐氏　② 細川氏　③ 山名氏　④ 大内氏

問6 **ア** に当てはまる文化名と，それを代表する水墨画の組合せとして正しいものを，次の①～⑥のうちから一つ選べ。 **73**

〔義満政権期の文化名〕

X：東山文化　Y：北山文化

〔代表的な水墨画〕

Ⅰ：四季山水図巻　Ⅱ：松林図屛風　Ⅲ：瓢鮎図

① X－Ⅰ　② X－Ⅱ　③ X－Ⅲ
④ Y－Ⅰ　⑤ Y－Ⅱ　⑥ Y－Ⅲ

問7 **イ** に当てはまる人名と，その人物がみずから記した能楽書の書名の組合せとして正しいものを，次の①～⑥のうちから一つ選べ。 **74**

〔人名〕

X：善阿弥　Y：世阿弥　Z：能阿弥

〔能楽書〕

Ⅰ：『申楽談儀』　Ⅱ：『風姿花伝』

① X－Ⅰ　② X－Ⅱ　③ Y－Ⅰ
④ Y－Ⅱ　⑤ Z－Ⅰ　⑥ Z－Ⅱ

第4問　織田信長および田沼意次の政治について記した文章A～Cを読み，下の問い（問1～8）の答えを解答欄に記入せよ。

A　1565年，室町幕府第13代将軍足利義輝が三好氏に殺害され，弟の義昭は，奈良を脱出して諸大名に上洛支援を呼びかけた。これにいち早く応じたのが織田信長である。1568年，足利義昭は織田信長に擁立されて上洛し，第15代将軍の座についた。

信長の軍事力により，京都を中心とする畿内の情勢は安定に向かった。しかし1570年，新将軍義昭に挨拶せよと，信長が諸大名へ上洛命令を出したことで事態は一変した。朝倉・浅井・三好・本願寺そして同盟を結んでいた武田信玄までもが相次いで挙兵し，信長は窮地に追い込まれた。信長の苦境をみた将軍足利義昭も，1573年に信長と決別し，みずから挙兵するに至る。

しかし義昭挙兵直後，病に倒れた武田信玄が撤退中に死去したことで，信長は勢いを盛り返した。信長の攻撃で足利義昭は京都を追われ，結果的に室町幕府は滅亡する。1575年，信長は武田信玄の後継者であるⓐ武田勝頼に大勝利し，越前も一向一揆から奪還した。危機感を募らせた本願寺は，信長に和睦を申し出て，畿内情勢は再び安定に向かう。

これを踏まえ，信長は自身を室町幕府将軍に変わる新たな武家政権の主宰者「天下人」と位置づけ，本格的な畿内支配に着手した。同時に，信長は織田家の家督と本拠地を嫡男信忠に譲り渡しており，みずからはⓑ新たに築いた城で「天下人」としての政務を行おうと考えていたとみられる。

信長の政策は，しばしば改革的といわれるが，他の戦国大名と同様のものも多く，再検討を要する。ただⓒ経済・流通を重視したという評価は事実とみなしてよいだろう。

問1　下線部ⓐの合戦の名称として正しいものを，次の①～④のうちから一つ選べ。

75

①　三方ヶ原の戦い　　②　長篠合戦
③　桶狭間の戦い　　④　姉川の戦い

問2　下線部ⓑに記した信長の新たな居城の場所を示した地図上の位置として正しいものを，次の①～④のうちから一つ選べ。 **76**

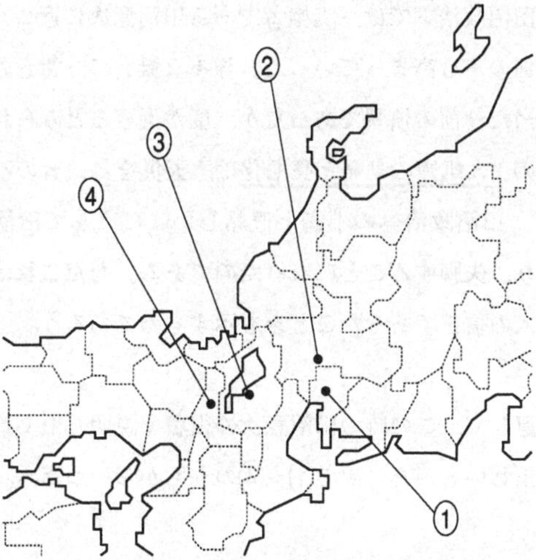

問3　下線部ⓒに関連して，信長の経済政策として**誤っているもの**を，次の①～④のうちから一つ選べ。 **77**

① 貿易都市であった堺を直轄支配下に置いた。

② 関所を撤廃し，流通の活性化を図った。

③ 撰銭令を出し，円滑な貨幣流通を目指した。

④ 楽市・楽座令を，信長が支配する全領国に出した。

B　ⓓ1772年に江戸幕府の実権を掌握した田沼意次は，幕府財政の再建に乗り出した。この時期の幕政の課題は，年貢収益が頭打ちになってきたことにある。これへの対応を目指したのが享保の改革であったが，十分な成果をあげられたとは言いがたい側面があった。

田沼意次が着目したのは，ⓔ商人への課税と一部商品の幕府専売制導入である。もっとも新規の課税は不満を呼ぶことは明らかであるので，商人への特権付与も併行して進められた。さらに富裕な町人層の助力を得て，大規模な干拓にも着手した他，ロシアとの貿易を探るなど，貿易振興も目指した。貿易振興を意図した政治は，ⓕ18世紀後半の学問とも，相互に影響を及ぼしあうものでもあった。

しかしながら，田沼政治下では，実権者である田沼意次に近づくための賄賂が横行するなど，批判の声も高まっていった。様々な機会に，謝意の証しとして進物を送ることは，当たり前の慣習であったが，度が過ぎるとみられたのである。そうした状況下でのⓖ大飢饉の勃発と長期化は，天災を為政者の不徳とみなす前近代社会において，田沼政治への不満と直結した。こうして田沼意次は，1786年の将軍交代により，失脚することになったのである。ただこれは，田沼の権力の源泉が，将軍個人の信任であったことをも示すものであろう。

問4　下線部ⓓに関連して，この時の田沼意次の役職を説明した文章X・Yの正誤の組合せとして正しいものを，次の①～④のうちから一つ選べ。　78

X：老中に就任した。
Y：将軍徳川家斉の側用人を務めていた。

①　X－正　Y－正　　②　X－正　Y－誤
③　X－誤　Y－正　　④　X－誤　Y－誤

問5　下線部ⓔに関連して，田沼意次が進めた経済政策として正しいものを，次の①～④のうちから一つ選べ。　79

①　はじめて株仲間を公認し，都市・農村部の商人・職人に結成を許した。
②　御用金を新設し，商人・職人に賦課する営業税として恒常化させた。
③　真鍮座や鉄座を新設し，幕府の専売制とした。
④　重さを図って使用していた銀貨に，金貨・銭貨と同様の計数貨幣を導入し，一朱銀を流通させた。

問6　下線部ⓕに関連して，田沼時代の学問としてもっとも適切なものを，次の①～④のうちから一つ選べ。 **80**

① 青木昆陽が幕命で蘭学を学び始めた。

② 近藤重蔵が蝦夷地を調査した。

③ 前野良沢・杉田玄白が『解体新書』を出版した。

④ 伊能忠敬が『大日本沿海輿地全図』の作製を進めた。

問7　下線部ⓖの大飢饉の説明として正しいものを，次の①～④のうちから一つ選べ。 **81**

① 洪水・冷害が不作の要因で，幕府の元役人が蜂起する事態を招いた。

② いなごやうんかが西日本で大量に発生し，全国的な飢饉に発展した。

③ 西日本の干魃と東日本の長雨・冷害が重なって飢饉が深刻化した。

④ 東北を中心とした長雨による不作が続いたところに，浅間山が噴火して飢饉が深刻化した。

C　田沼意次は，失脚後に家督を継ぐ孫に対し，自筆の遺訓を与えている。以下に掲げるのは，そのうち勝手向（財政）に関して特記した別紙の一部である。なお，史料は書き下しに直し，一部の誤脱・誤記を補記したり，書き改めたりしたところもある。

別紙

大身《たいしん》小身とも，都《すべ》て，勝手向之事ハ，年分《ねんぶん》収納是程《これほど》と存じ候事ハ，時ニより知行損耗《そんもう》と言う事あり。存外，収納減じ候事，多少ハ候えども，数多これある事ニ候。又諸入用《にゅうよう》(注1)は，年分是程と存じ候所ニ，存じ寄らず吉凶之物入《ものいり》，其の外，拠《よんどころ》無く(注2)，不時の入用，或は年数之内ニは，大なる臨時入用等もこれあり，費用存外ニ増し候事ハ，絶えずこれある事ニ候。かくの如くニて，収納増し候事ハ決してこれなく，入用増し候事ハ，極めてこれある儀，此の出入数年を経《へ》候内ニは，是非無勝手《むかって》ニは成るべき事ニ候。借金，譬《たとえ》バ千両出来候えば，その利金大概十分一ハ是非遣し候事故《ゆえ》，翌年よりハ知行百両分減じたるニ相当り，大借ニ至り候てハ，其の割合ニて増長候えども，たとへ半高ニ成り候ても，やはり我が持ちたる高之減じたるを弁《わきま》え居《お》らず，大借金ニ成り，取り直すべき術尽《つ》き候，よく心得常々心を用ひ，聊《いささ》かも奢《おご》りこれなく，無益を除き，倹約怠らず候上，若拠《もしよんどころ》無き儀ニて少しも繰り合い悪しくなり候ハバ，深く心ニかけ取り仕切り，役人共えも厳重ニ申し付け，早く取り直し置き，用金等相応ニこれあり候様，聊か以て油断なく心に掛けらるべく候。尤も，領分取箇《とりか》(注3)等，無体《むたい》ニ強く申し付け，是を以て不足を補うべしなど無筋《むすじ》の儀，決して慎しまらるべく候。都て百姓町人に無慈悲にこれあらば，家の害これあるべからず候(「べく候」の誤記)，幾重にも正道を以て万事におよほし申さるべく候。(後略)

(「田沼意次自筆遺訓案」)

(注1) 入用：支出。
(注2) 拠無く：そうするより外にしようがない。やむを得ない。
(注3) 取箇：田畑に賦課した年貢のこと。

問8　この史料から読み取ることのできる田沼意次の財政観を示した文章Ⅰ～Ⅲの正誤の組合せとして正しいものを，次の①～⑥のうちから一つ選べ。

82

Ⅰ：年貢収入が減ることは少ないが，急な支出が出ることは多い。
Ⅱ：借金をすると，おおよそ1割の利息が取られるから，避けるべきだ。
Ⅲ：財政再建のためには，年貢を増税すべきだ。

①　Ⅰ―正　Ⅱ―正　Ⅲ―正　　②　Ⅰ―誤　Ⅱ―正　Ⅲ―正
③　Ⅰ―正　Ⅱ―誤　Ⅲ―正　　④　Ⅰ―正　Ⅱ―誤　Ⅲ―誤
⑤　Ⅰ―誤　Ⅱ―正　Ⅲ―誤　　⑥　Ⅰ―誤　Ⅱ―誤　Ⅲ―誤

第5問　明治維新から日中戦争までの鉄道とそれに関連する歴史を記した文章A・Bを読み，下の問い（問1～9）の答えを解答欄に記入せよ。

A　日本は日米和親条約で開国した後，欧米諸国から様々な文物，技術を輸入し，取り込んできた。その一つが鉄道という大きなインフラであった。そしてⓐ日本初の官営鉄道が開設されたのはⓑ明治5年，つまり1872年のことであった。1889年には，東京と神戸を結ぶ東海道線全線が開通している。一方，この全線開通前にも，国内の殖産興業の進展は交通機関の発達をもたらし，各地に民営鉄道を建設させるところともなった。このように，民営鉄道は官営鉄道と相互補完関係にあったと言えるのである。しかしながら，明治政府は軍事的理由などからⓒ鉄道国有法を制定し，主要な民営鉄道を国有化するところとなった。

さて，我が国の鉄道史を考えるに当たり，国外の鉄道にも目を向ける必要がある。たとえば，日本が仮想敵としていたロシアは1891年に，モスクワとウラジヴォストークを結ぶシベリア鉄道の敷設を開始し，これを1904年に完成させた。さらに，ロシアはより短時間での輸送を可能にするため，ⓓ満州を通過する東清鉄道敷設を1898年に始めており，ⓔいずれの鉄道も極東に兵員と軍需物資を運ぶ大動脈とならざるをえず，ロシアは朝鮮での権益確保をめざす日本にとって看過できない存在となっていた。その結果，ⓕ日露戦争が起こった。これに勝利した日本はポーツマス条約で東清鉄道の長春以南を譲渡されたことを受け，半官半民の南満州鉄道会社，つまりいわゆる「満鉄」を興した。

そしてⓖ日露戦争勝利後，特に満鉄を巡り，日本は満州国建国を経て大陸支配を強めていくことになるのである。

問1　下線部ⓐに関連して，1900年に楽譜と歌詞だけで刊行された『鉄道唱歌・東海道編』は大ベストセラーになるが，その1番は次の通りであった。

♪汽笛一声《いっせい》新橋を　はやわが汽車は離れたり 愛宕《あたご》の山に入りのこる　月を旅路の友として♪

この歌は66番まであり，終点は神戸となっているが，始発は新橋駅であったことが1番からわかる。では，1872年にこの日本初の官営鉄道が開業され

た際，線路は新橋からどこまで開通したか。次の①～④のうちから一つ選べ。 83

① 品川　② 横浜　③ 鎌倉　④ 京都

問 2　下線部ⓑに関連して，明治 5 年の出来事として**誤っているもの**を，次の①～⑥のうちから一つ選べ。 84

① 田畑永代売買の解禁　② 富岡製糸場の開業
③ 国立銀行条例の公布　④ 太陽暦の採用決定
⑤ 日朝修好条規の締結　⑥ 学制公布

問 3　下線部ⓒの鉄道国有法に関する文章中のX・Y・Zの正誤の組合せとして適切なものを，次の①～⑥のうちから一つ選べ。 85

【鉄道国有法は［X：伊藤博文首相］の下で制定されたが，それは［Y：日清戦争］を経験する中で，鉄道輸送の画一化，能率化が強く求められた結果，実現した。なお，日本国有鉄道（国鉄）は［Z：中曽根康弘首相］の下で 1987 年に分割民営化された。】

① X－正　Y－正　Z－正　② X－正　Y－正　Z－誤
③ X－正　Y－誤　Z－誤　④ X－誤　Y－正　Z－正
⑤ X－誤　Y－誤　Z－正　⑥ X－誤　Y－誤　Z－誤

問 4　下線部ⓓに関連して，ロシアは東清鉄道から遼東半島に至る南満州鉄道も完成させた。これら二つの鉄道の乗り換え駅はどこか。次の①～④のうちから一つ選べ。 86

① 旅順　② 奉天　③ 長春　④ ハルビン

問5　下線部ⓔに関連して，日清戦争の終戦から日露戦争の開戦まで日本を巡る外交関係は著しく変化した。この間に生じた出来事として**誤っているもの**を，次の①～⑥のうちから一つ選べ。 **87**

①　三国干渉　　②　北清事変　　③　日英同盟の成立
④　閔妃殺害事件　　⑤　大韓帝国への国号変更　　⑥　ハーグ密使事件

問6　下線部ⓕに関する文章中のX・Y・Zの正誤の組合せとして適切なものを，次の①～⑥のうちから一つ選べ。 **88**

【日露戦争を巡っては，開戦前後に国内で様々な意見が提示された。つまり，［X：『国民新聞』］を創刊した社会主義者の幸徳秋水らは非戦論・反戦論を唱える一方で，［Y：『平民新聞』］を創刊した徳富蘇峰は主戦論を展開した。一方，歌人の与謝野晶子は［Z：『みだれ髪』］において「君死にたまふこと勿《なか》れ」という反戦詩を発表した。】

①　X－正　Y－正　Z－正　　②　X－正　Y－正　Z－誤
③　X－正　Y－誤　Z－誤　　④　X－誤　Y－正　Z－正
⑤　X－誤　Y－誤　Z－正　　⑥　X－誤　Y－誤　Z－誤

問7　下線部ⓖに関連して，満州をめぐる出来事を古いものから年代順に正しく配列したものを，次の①～⑥のうちから一つ選べ。 **89**

①　リットン調査団の派遣　→　張作霖爆殺事件　→　柳条湖事件
②　リットン調査団の派遣　→　柳条湖事件　→　張作霖爆殺事件
③　張作霖爆殺事件　→　柳条湖事件　→　リットン調査団の派遣
④　柳条湖事件　→　張作霖爆殺事件　→　リットン調査団の派遣
⑤　柳条湖事件　→　リットン調査団の派遣　→　張作霖爆殺事件
⑥　張作霖爆殺事件　→　リットン調査団の派遣　→　柳条湖事件

B　次の史料1は，夏目漱石が1912年1月から4月まで『朝日新聞』で連載した小説『彼岸過迄《まで》』の一節である。主人公の田川敬太郎は，友人からの依頼を受け，東京においてとある服装の男を捜す探偵ごっこの最中であった。

また史料2は，森鷗外が1910年1月に発表したある小説の一節である。いずれも，当時の東京の情景をもとに書かれている。なお史料は，旧字体を新字体に，また繰り返し記号を横書き用に書き改めた。

(史料1)

敬太郎はこうして店から店を順々に見ながら，つい天下堂の前を通り越して唐木細工の店先まで来た。その時後から来た［ア］が，突然自分の歩いている往来の向う側でとまったので，もしやという心から，筋違に通を横切って細い横町の角にある唐物屋の傍へ近寄ると，そこにも一本の鉄の柱に，先刻のと同じような，小川町停留所という文字が白く書いてあった。彼は念のためこの角に立って，二三台の［ア］を待ち合わせた。すると最初には青山というのが来た。次には九段新宿というのが来た。が，いずれも万世橋の方から真直に進んで来るので彼はようやく安心した。

これでよもやの懸念もなくなったから，そろそろ元の位地に帰ろうというつもりで，彼は足の向を更えにかかった途端に，南から来た一台がぐるりと美土代町の角を回転して，また敬太郎の立っている傍でとまった。彼はその［ア］の運転手の頭の上に黒く掲げられた巣鴨の二字を読んだ時，始めて自分の不注意に気がついた。ⓗ三田方面から丸の内を抜けて小川町で降りるには，神田橋の大通りを真直に突き当って，左へ曲っても今敬太郎の立っている停留所で降りられるし，また右へ曲っても先刻彼の検分しておいた瀬戸物屋の前で降りられるのである。そうして両方とも同じ小川町停留所と白いペンキで書いてある以上は，自分がこれから後を跟けようという黒い中折の男は，どっちへ降りるのだか，彼にはまるで見当がつかない事になるのである。

(『彼岸過迄』)

(史料2)

ア は両側に店のある町に出た。

ちんゝゝといふ車掌の合図で，ア は留まつた。

二三人降りて二三人乗る。前の方からも降りる人があるので戸が開く。冷たい風が砂埃を吹き込む。僕は体を横にして降りる人を通して遣つた。併し此停留場での客の昇降は，僕の革に吊り下がつてゐる一角には，格別変動をも来さなかつた。

ちんゝゝ。ちんゝゝ。ア が又動き出した。どつどつ，ごう。

店に明りの附いたのが段々多くなる。街灯が附く。繁華な通りも人通りは少い。どこでも夕飯を食ふ時刻なのである。

ア にぱつと明りが附いた。

或る町の角を ア が鋭く曲つた。

(『ア の窓』)

問8　史料1・2で描写される交通機関 ア の意味を示すX・Y・Zと，それが最初に開業した地名Ⅰ・Ⅱの組合せとして正しいものを，次の①～⑥のうちから一つ選べ。 90

〔「ア」の意味〕X：鉄道馬車　Y：路面電車　Z：蒸気機関車

〔地名〕　Ⅰ：京都　Ⅱ：大阪

① X－Ⅰ　② X－Ⅱ　③ Y－Ⅰ　④ Y－Ⅱ

⑤ Z－Ⅰ　⑥ Z－Ⅱ

問9　下線部ⓗの三田にかつて設けられていた官営組織の名称として正しいものを，次の①～④のうちから一つ選べ。 91

① 製糸場　② 製絨所　③ 農学校　④ 育種場

第6問　第二次世界大戦における陸軍の動向と，戦後の公害問題について概観した文章**A**・**B**を読み，下の問い（**問1**～**9**）の答えを解答欄に記入せよ。

A　近年，第二次世界大戦勃発の背景として，ⓐ1939年5月に関東軍がソ連と衝突したノモンハン事件が注目されている。これは関東軍の独断行動であったが，ソ連を脅威とする認識は，広く陸軍に浸透したものであった。日独間では防共協定が結ばれていたが，同年8月，ドイツは突如独ソ不可侵条約を結び，日本政府・軍部に衝撃を与えた。翌9月，ドイツがポーランド侵攻を開始し，第二次世界大戦が始まる。

陸軍のソ連への警戒感はなお薄れなかったが，政府はドイツ・イタリアとの関係を同盟に格上げするとともに，ソ連とも相互不可侵を約束した日ソ中立条約を結んだ。この結果，アメリカに過半を依存する石油の確保を目指し，陸軍は南方進出へと方針を転換し，ⓑフランス領インドシナ（仏印）を段階的に占領した。しかしこれは，アメリカの姿勢を硬化させ，ⓒＡＢＣＤラインの成立と，石油を含む対日全面禁輸を招いた。

アメリカとの交渉決裂により，1941年12月8日，太平洋戦争が始まる。一般に海軍による真珠湾攻撃で開戦と考えられることが多いが，実際には陸軍のマレー半島上陸作戦のほうがわずかながら早い。陸軍は東南アジア制圧による石油資源確保を目的としており，対米開戦を主導したわりには，対米戦争は海軍の担当と考えていたようで，陸軍・海軍の戦争認識には乖離があった。

しかし海軍は翌1942年6月のミッドウェー海戦の敗北で主力空母を喪失し，次第に劣勢となっていった。この結果，東南アジア近海にもアメリカ軍が姿を見せるようになる。勢力挽回に焦ったⓓ当時の総理大臣兼陸軍大臣の意向もあり，1944年にはインド攻略を目指したインパール作戦が実施されるが，補給を度外視した無謀な作戦であり，多くの死者を出して失敗に終わった。その直後，サイパン島陥落で内閣は総辞職し，ⓔ総理大臣が陸軍大将，事実上の副総理が海軍大将という連立内閣で事態打開を図ることになる。

問1　下線部ⓐに関連して，ノモンハン事件から日米開戦までの出来事を古いものから年代順に正しく配列したものを，次の①～④のうちから一つ選べ。

92

① 北部仏印進駐 → 独ソ不可侵条約の締結 → 南部仏印進駐 → 独ソ戦争開始

② 独ソ戦争開始 → 独ソ不可侵条約の締結 → 北部仏印進駐 → 南部仏印進駐

③ 北部仏印進駐 → 南部仏印進駐 → 独ソ戦争開始 → 独ソ不可侵条約の締結

④ 独ソ不可侵条約の締結 → 北部仏印進駐 → 独ソ戦争開始 → 南部仏印進駐

問2 下線部ⓑのフランス領インドシナ（仏印）進駐について説明した文章X・Yの正誤の組合せとして正しいものを，下の①～④のうちから一つ選べ。

93

X：南部仏印進駐後，アメリカは在米日本資産を凍結した。
Y：南部仏印進駐を実行したのは，第3次近衛内閣である。

① X－正　Y－正　② X－正　Y－誤
③ X－誤　Y－正　④ X－誤　Y－誤

問3 下線部ⓒのＡＢＣＤラインを構成した国家として正しいものを，次の①～④のうちから一つ選べ。 94

① ドイツ　② カナダ　③ デンマーク　④ オランダ

問4 下に掲げた地図は，北部仏印進駐前の東南アジアの植民地支配概略図である。一部の植民地については，宗主国の略称を（　）で示した。残る各地域の宗主

国X～Zと，植民地化された国名・地域呼称Ⅰ～Ⅳの正誤の組合せとして正しいものを，次の①～⑥のうちから一つ選べ。 95

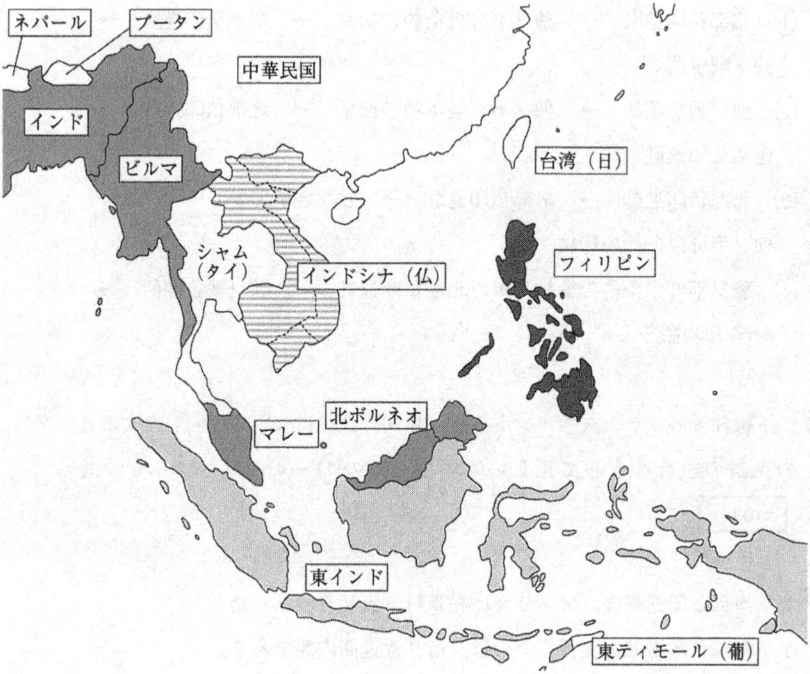

〔国名〕

X：オランダ　Y：イギリス　Z：アメリカ

〔植民地〕

Ⅰ：マレー・ビルマ（ミャンマー）・インド・北ボルネオ

Ⅱ：フィリピン

Ⅲ：シャム（タイ）

Ⅳ：東インド（インドネシア周辺島嶼部）

① X－Ⅰ　Y－Ⅱ　Z－Ⅲ　② X－Ⅱ　Y－Ⅰ　Z－Ⅳ

③ X－Ⅱ　Y－Ⅳ　Z－Ⅲ　④ X－Ⅲ　Y－Ⅰ　Z－Ⅱ

⑤ X－Ⅳ　Y－Ⅰ　Z－Ⅱ　⑥ X－Ⅳ　Y－Ⅱ　Z－Ⅰ

問5　下線部ⓓに当てはまる総理大臣の名前として正しいものを，次の①～⑥のうちから一つ選べ。 96

① 東条英機　② 米内光政　③ 広田弘毅
④ 平沼騏一郎　⑤ 林銑十郎　⑥ 小磯国昭

問6　下線部ⓔの連立内閣において，総理大臣を務めた陸軍大将の名前として正しいものを，次の①～⑥のうちから一つ選べ。 97

① 阿部信行　② 林銑十郎　③ 小磯国昭
④ 米内光政　⑤ 鈴木貫太郎　⑥ 岡田啓介

B　戦後の高度経済成長期において，放送や出版などのマス=メディアは大量の情報を伝達し始め，レジャー産業とともに国民生活にゆとりをもたらした。国民の生活は経済的にも文化的にも，かつてないほど豊かになった一方，社会には深刻なひずみも生み出した。

1953年2月，NHKがテレビの本放送を開始したことに続き，8月には日本テレビ放送網も放送を始めた。さらに1960年にはカラーテレビの本放送が始まった。出版では， ア が著した『点と線』がベストセラーとなり，社会派推理小説を確立させていく。社会派推理小説は，社会性の高い問題を扱ったもので，後進に多くの刺激を与えた。この他，歴史小説の イ や，純文学の ウ らの作品が人気を博した。

こうした国民生活の豊かさとは裏腹に，経済成長を優先させた大気汚染や水質汚濁など公害の問題は深刻なものがあった。1967年には エ が制定され，1971年には オ が発足した。水俣病をはじめとするⓕ四大公害訴訟が始まり，いずれも被害者側（原告）が勝訴している。

問7　 ア ・ イ ・ ウ に入る人名の組合せとして正しいものを，次の①～④のうちから一つ選べ。 98

① ア－司馬遼太郎　イ－松本清張　ウ－三島由紀夫
② ア－松本清張　イ－司馬遼太郎　ウ－三島由紀夫
③ ア－司馬遼太郎　イ－三島由紀夫　ウ－松本清張
④ ア－松本清張　イ－三島由紀夫　ウ－司馬遼太郎

問8　[エ]・[オ]に入る法律と組織名の組合せとして正しいものを，次の①～④のうちから一つ選べ。[99]

① エ－環境基本法　オ－環境庁
② エ－環境基本法　オ－環境省
③ エ－公害対策基本法　オ－環境庁
④ エ－公害対策基本法　オ－環境省

問9　下線部ⓕの四大公害訴訟には含まれない公害を，次の①～④のうちから一つ選べ。[100]

① カネミ油症事件　② 新潟水俣病
③ 四日市ぜんそく　④ イタイイタイ病

世界史

(80分)

第1問　以下は大規模な「人流」の歴史の一部をまとめたものである。文章をよく読み，下の問い（**問**1～10）の答えを解答欄にマークせよ。

コロナ禍において「人流」の抑制が叫ばれているが，われわれ人類の歴史は地域を越えた大規模な「人流」から始まる。先史時代，およそ20万年前のアフリカに現れた新人（ホモ=サピエンス）はユーラシア大陸に広がったのみならず，アメリカ大陸にまで移動し，東南アジアを経てオセアニアにも達した。ここから，世界各地で文明が発展し，さらなる「人流」が起こっていく。

古くは紀元前1500年頃，インドではインド=ヨーロッパ語系のⓐアーリヤ人が北西部のパンジャーブ地方に進出し，先住民社会を征服した。紀元前1000年を過ぎると，彼らは肥沃な大地を求めてガンジス川上流域に移動し，稲作を中心とする定住農耕社会を構築した。農耕の発展は生産に従事しない人々を生み出し，しだいに王権社会や身分制度を発達させた。一方，紀元前8世紀ごろの古代ギリシアでは，人々の集住によりポリスと呼ばれる都市国家が成立した。まもなく，ギリシア人は人口増加による土地不足に対応するために大規模な植民活動に着手し，地中海や黒海の沿岸地域にⓑ植民市を建設した。

後7世紀のイスラーム教の誕生以後には，イスラーム勢力は東方および西方への広域な進出を示した。東方では中央アジア，インドに及び，そしてイスラーム化の現象は東南アジアにも広がった。西方でイスラーム勢力は北アフリカ，さらにはⓒイベリア半島まで進出した。イスラームによるイベリア半島支配は，1492年にⓓナスル朝がスペイン王国に滅ぼされるまでのおよそ800年間に及んだ。

13世紀のユーラシア大陸ではモンゴル民族が各地への侵攻を開始し，力を増したモンゴル勢力は1258年にバグダードを陥落させてアッバース朝を滅ぼした。こうした侵攻の結果，ⓔモンゴル帝国は13世紀半ばまでに中国からロシア，イランに至る広大な領土を支配した。しかし，これによって東西の交易網が整備され，東西文化の交流が活発化した。マルコ・ポーロの『世界の記述』が著されたのもこの時期である。

ヨーロッパでは『世界の記述』の影響などもあってアジアの特産品や文化に対する関心が高まっていった。同時に遠洋航海技術も発展しており，イスラーム支配と戦いキリスト教を海外に布教する意欲の強かったポルトガルやスペインを皮切りに，ⓕ15 世紀から 17 世紀にかけて大西洋を通じたアジアやアメリカ大陸への航海が積極的に行われた。この時代は，アメリカ大陸が交易網に組み入れられたことで交易範囲が地球の大部分へと広がり，庶民の生活も世界経済と深く関わるようになったという意味でⓖ世界の一体化の始まった時期といわれる。一方，東ヨーロッパでは，15 世紀になるとⓗロシアがモンゴル支配から自立し，その後シベリアへの東方進出を行い，さらには西方に領土を拡大する動きも見せた。

世界の一体化はヨーロッパ諸国による世界的な交易を活発化させたが，18 世紀以降，ヨーロッパ諸国はしだいにアジアやアメリカ大陸の領土支配を重視するようになった。スペインはラテンアメリカの大半を植民地化し，北アメリカ大陸ではイギリスが東部に 13 植民地を建設しつつ，ⓘイギリスとフランスが植民地支配をめぐって激しく争った。その後，独立宣言を経てアメリカ合衆国はイギリスからの独立を承認され，徐々に西部開拓を進めて領土を拡大していった。南北戦争後には広大な国内市場の統一，豊富な資源などにより世界一の工業国になるなど急速に大国化していったが，それとともにⓙ他地域からの移民も増加した。しかし，当時の移民はそれ以前の強制的な移民ではなく労働を求めての移民が主となっていた。

このように，大規模な「人流」は領土拡大，信仰，富裕な生活などを求めて様々な地域で何度も起こり，軍事的衝突，宗教の伝播，盛んな交易や地域を超えた文化交流を通じて世界の歴史に大きな影響を与えてきたのである。

問 1　下線部ⓐに関して，アーリヤ人について述べた次の X と Y の文章の正誤について正しい組合せを，下の①～④から一つ選べ。［ 1 ］

X：ヴァルナ制と呼ばれる身分的上下観念を形成し，これが現在のカースト制度の基礎となった。

Y：自然神を崇拝し，神々に捧げる賛歌集『ラーマーヤナ』を編纂した。

① X－正　Y－正　② X－正　Y－誤
③ X－誤　Y－正　④ X－誤　Y－誤

問2　下線部ⓑに関して，古代ギリシアの植民市やポリスについて述べたものとして**誤った文章**を，次の①～④から一つ選べ。 **2**

① ポリスでは市民と奴隷の区別があった。
② マッサリアやネアポリスのように，当時の植民市が現代まで続く都市もある。
③ 植民市の建設は母市のポリス間との交易を盛んにし，ポリスでは商工業が発展した。
④ 植民市は母市に統治された従属的なポリスであった。

問3　下線部ⓒに関して，イスラーム勢力のイベリア半島進出について述べた次の文章中のX・Yの正誤について正しい組合せを，下の①～④から一つ選べ。 **3**

【［X：後ウマイヤ朝］は北アフリカ征服に続きイベリア半島に進出し，西ゴート王国を滅ぼしたが，アッバース朝の建国後にはイベリア半島に逃れ，［Y：ムワッヒド朝］を建てた。】

① X－正　Y－正　② X－正　Y－誤
③ X－誤　Y－正　④ X－誤　Y－誤

問4　下線部ⓓに関して，アルハンブラ宮殿があることでも知られるナスル朝の首

都はどこであったのか。地名（Ⅰ）と地図上の場所（Ⅱ）について，正しい組合せを次の①～⑥から一つ選べ。 **4**

① Ⅰ―トレド　　Ⅱ―あ
② Ⅰ―トレド　　Ⅱ―い
③ Ⅰ―コルドバ　Ⅱ―あ
④ Ⅰ―コルドバ　Ⅱ―い
⑤ Ⅰ―グラナダ　Ⅱ―あ
⑥ Ⅰ―グラナダ　Ⅱ―い

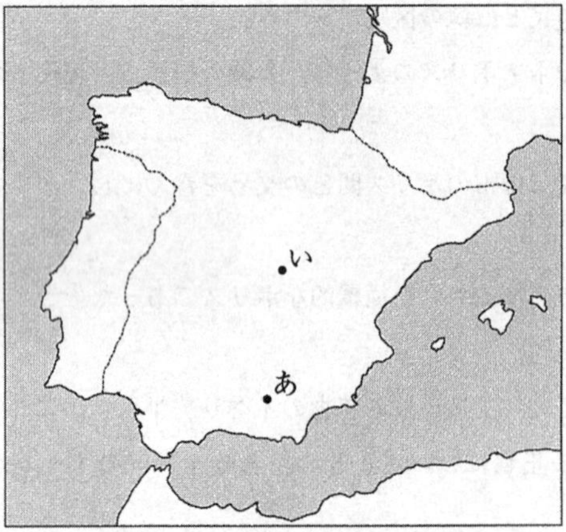

16世紀のイベリア半島

問5　下線部ⓔに関して，モンゴル帝国について述べたものとして正しい文章を，次の①～④から一つ選べ。 **5**

① のちの日本の貞享暦の基礎となる授時暦が郭守敬によって作成された。
② フラグはワールシュタットの戦いでドイツ・ポーランド連合軍に勝利した。
③ 大都に派遣されたプラノ=カルピニは中国でのカトリック布教につとめた。
④ フランス王ルイ9世によってイブン=バットゥータがモンゴル帝国へ使節として送られた。

問6　下線部ⓕに関して，この時期のヨーロッパの芸術や学問はルネサンスの真っ只中にあった。ルネサンス期の絵画のタイトルとして**誤った事項**を，次の①～④から一つ選べ。 **6**

① 「ヴィーナスの誕生」　　② 「夜警」
③ 「最後の晩餐」　　④ 「農民の踊り」

問7　下線部ⓖに関して，この時期にはヨーロッパ諸国の遠隔地貿易の中心は大西洋を越えたアメリカ大陸やアジアの国々へと移行したが，これと関連する次のXとYの文章の正誤について正しい組合せを，下の①～④から一つ選べ。

7

X：ポルトガルは東南アジアに進出してマラッカ王国を占領し，マニラを拠点として海上交易を盛んに行った。

Y：ポトシ銀山などアメリカ大陸の銀山からヨーロッパに大量の銀が流入し，ヨーロッパの物価が高騰する価格革命が起こった。

① X－正　Y－正　　② X－正　Y－誤
③ X－誤　Y－正　　④ X－誤　Y－誤

問8　下線部ⓗに関して，ロシアについて述べたものとして正しい文章を，次の①～④から一つ選べ。 **8**

① イヴァン4世はコサックの首長イェルマークとの戦いに勝利し，シベリアの一部を獲得した。

② ピョートル1世は西欧諸国から国内への影響を排除し，農奴制を強化した。

③ ロシアは1860年に清とアイグン条約を締結し，ウラジヴォストーク港を開いた。

④ ロマノフ朝はバルト海に面するペテルブルクを，新たな首都とした。

問9　下線部ⓘに関して，イギリスの植民地支配について述べたものとして正しい文章を，次の①～④から一つ選べ。 9

① イギリスはマラーター戦争でフランスを破り，イギリス領インドの基礎を築いた。

② ニューイングランド植民地はピルグリム=ファーザーズの渡航をきっかけに形成された地域で，ケベックを拠点とした。

③ インド統治では地域によって，領主に土地所有権を与えるザミンダーリー制や農民に土地所有権を与えるライヤットワーリー制によって地税を徴収した。

④ フレンチ=インディアン戦争に勝利したイギリスは，1763年のユトレヒト条約でミシシッピ川以東のルイジアナなどを獲得した。

問10　下線部ⓙに関して，アメリカ合衆国への移民について述べた次の文章中のX・Y・Zの正誤について正しい組合せを，下の①～⑥から一つ選べ。
10

【1840年代後半から1850年代までの移民はジャガイモ飢饉を経験した［X：ドイツ系］といった西欧からの「旧移民」が多かったが，1880年代以降は東欧・南欧からの「新移民」が増加してアメリカの経済発展を支えた。一方，1848年に［Y：カリフォルニア］で金鉱が発見されると，ゴールドラッシュが起こり，［Z：中国］などからのアジア移民が一気に急増した。】

① X－正　Y－正　Z－正
② X－正　Y－正　Z－誤
③ X－正　Y－誤　Z－誤
④ X－誤　Y－正　Z－正
⑤ X－誤　Y－誤　Z－正
⑥ X－誤　Y－誤　Z－誤

第2問　以下はイスラーム国家の興亡や列強支配からの脱却を，イランとインドネシアに関してまとめたものである。[A]と[B]の文章を読み，下の問い（**問1～10**）の答えを解答欄にマークせよ。

[A]　ユーラシア大陸を席巻したモンゴル帝国が衰退へと向かっていくと，中央アジアではティムールが広大な領域を支配した。しかし，その死後，政治は不安定化し，ⓐティムール朝は衰退していく。これを受けて，イランの地にはⓑサファヴィー朝が成立した。そして16世紀末からの首都は「ⓒイスファハーンは世界の半分」と言われるほどの繁栄を示した。だが，18世紀，イランは様々な勢力が乱立する不安定な地域となる。同世紀末にⓓカージャール朝が成立したものの，ⓔ19世紀にイランはロシアとイギリスの勢力争いの場となってしまった結果，政権は脆弱であった。第一次世界大戦後，イランはパフレヴィー朝の支配下に置かれるところとなった。

問1　下線部ⓐに関して，正しい文章を，次の①～④から一つ選べ。　11

① キプチャク=ハン国滅亡後のイランを支配した。
② ニコポリスの戦いでオスマン軍を破り，スルタンのバヤジット1世を捕虜にした。
③ トルコ=イスラーム文化が成立した。
④ タブリーズを首都とした。

問2　下線部ⓑに関して，**誤った文章**を，次の①～④から一つ選べ。　12

① 神秘主義教団の教主イスマーイールがこの王朝を創設した。
② スンナ派の十二イマーム派を国教とした。
③ 君主称号として，「シャー」を採用した。
④ 最盛期はアッバース1世の治世であった。

問3 下線部ⓒに関して，その正しい位置を，下の地図の①～④から一つ選べ。 13

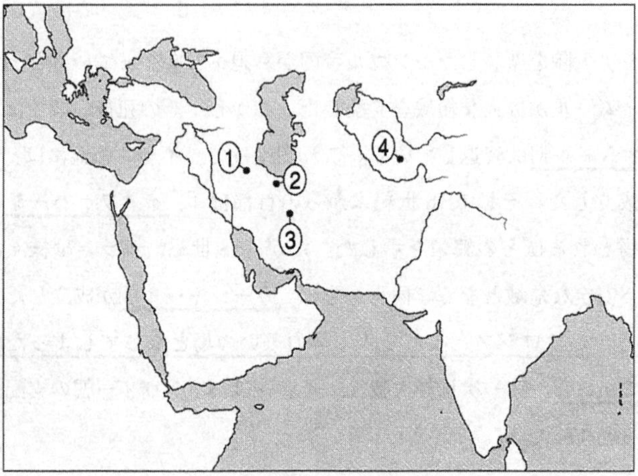

サファヴィー朝下のイラン

問4 下線部ⓓに関して，**誤った文章**を，次の①～④から一つ選べ。 14

① 首都をテヘランに置いた。

② トルコ系王朝であった。

③ ギュルハネ勅令を発したが，国政打開に失敗した。

④ アフガーニーの説くパン=イスラーム主義の影響を受け，大規模な民衆運動が起こった。

問5 下線部ⓔに関して，正しい文章を，次の①～④から一つ選べ。 15

① カージャール朝はカフカスを巡ってロシアと戦うが，敗れ，トルコマンチャーイ条約によりアフガニスタンの独立を認めた。

② タバコ販売の利権がロシアに譲渡されると，タバコ=ボイコット運動が展開された。

③　日清戦争における日本の勝因を憲法に帰したイランでは立憲革命が起こったが，英露の干渉で議会は解散されてしまった。

④　救世主（マフディー）の再臨を説くバーブ教の信者が反乱を起こしたが，鎮圧された。

［B］　インドネシアは東南アジアに位置し，古来よりⓕ南シナ海とインド洋の結節点にあるため，貿易面で栄え，三仏斉やⓖマジャパヒト王国の存在が知られている。当然のことながら，イスラーム商人との交易はこの地のイスラーム化をもたらしたのであるが，その流れを大きく推し進めた要因はⓗマラッカ王国の存在にあった（現在，インドネシア国民の 90％がムスリムである）。しかし 16 世紀以降，ポルトガルがアジアに本格的に進出した結果，マラッカ王国は崩壊し，その後，ⓘオランダ東インド会社がこの地を事実上支配し，やがてオランダ領東インドとしてオランダの植民地となった。太平洋戦争中は日本の軍政下に置かれたが，1945 年 8 月 17 日，ⓙインドネシアの独立が宣言された。

問6　下線部ⓕに関して，**誤った文章**を，次の①～④から一つ選べ。　**16**

①　中国商人とムスリム商人は互いに本拠地を行き来しなくても，中間にあるマレー半島，スマトラ島，ジャワ島などで取引可能であった。

②　中国商人はジャンク船を用いた。

③　ムスリム商人はダウ船を用いた。

④　チャム人が建てたマラッカ王国は雲南とベンガル湾を結ぶ交易で繁栄した。

問7　下線部ⓖに関して，正しい文章を，次の①～④から一つ選べ。　**17**

①　元の襲来を排撃したことを機に，マジャパヒト王国が成立した。

②　この王国はアンコール=ワット遺跡に認められるように典型的なヒンドゥー教国家であった。

③　この王国はチュノム（字喃）という独自の文字を創り，使用した。

④ この王国の中心地はスマトラ島にあった。

問8 下線部ⓗに関して，正しい文章を，次の①～④から一つ選べ。 18

① マラッカ王国は清による鄭和の南海遠征の重要拠点となったため，繁栄した。

② この王国の影響下，イスラーム国家としてスマトラにマタラム王国，ジャワにアチェ王国が成立した。

③ 鄭和の南海遠征終了と共に，マラッカ王国の繁栄も終わった。

④ マラッカ国王のイスラーム教への改宗がこの地のイスラーム化を決定づけた。

問9 下線部ⓘに関して，**誤った文章**を，次の①～④から一つ選べ。 19

① いわゆる鎖国下の江戸幕府はオランダに対して，唯一の海外交易を認めた。

② オランダ東インド会社はモルッカ諸島を支配下に置いて，当地の特産品ナツメグ・クローブを独占し，他のヨーロッパ諸国に対し優位に立った。

③ アンボイナ事件により，オランダ東インド会社はイギリスの勢力をインドネシアから撤退させた。

④ オランダ東インド会社は1602年に，オランダからアジア貿易独占権を付与された。同社は「史上初の株式会社」と評価されている。

問10 下線部ⓙに関して，**誤った文章**を，次の①～④から一つ選べ。 20

① スカルノを党首とするインドネシア国民党が結成されていた。

② スカルノがインドネシア独立を宣言した。

③ スハルトが九・三〇事件を機に実権を握った。

④ スハルトは五・三〇運動を組織し，民族運動を発展させた。

第3問　以下は1989年から4年にわたり『週刊少年ジャンプ』に連載され，大人気を博した『ジョジョの奇妙な冒険』第3部を簡略に紹介したものである。文章をよく読み，下の問い（**問1～10**）の答えを解答欄にマークせよ。

荒木飛呂彦『ジョジョの奇妙な冒険』は東日本大震災後にスタートし，10年間に及ぶ長期連載を昨年8月に完結した「ジョジョリオン」を第8部と位置付けつつ，コミックスで通算131巻を誇る一大ベストセラー漫画である。中でも，荒木によれば，このジョジョ・シリーズのファンは第3部「スターダストクルセイダース」（『ジョジョの奇妙な冒険』12－28巻）を高く評価していると云う。その理由について荒木は自著『荒木飛呂彦の漫画術』（集英社新書，2015年）の中で分析し，2点を挙げている。先ずは，「双六《すごろく》」のように各地を旅行しながら，その途上で敵と次々と戦い，勝利していくという当時としては斬新なストーリー展開にあった。次に，他者を「幼くする」「磁石にする」「凍らせる」といった様々な超能力，特殊能力とそれを可視化した像，つまり「スタンド」を初めて登場させた結果，敵との戦闘シーンが多様化し，幅広いストーリー展開が可能になったというのである。そして時を止めることのできる「ザ・ワールド」というスタンドを駆使する悪の宿敵DIO《ディオ》に対して，主人公の空《くう》条《じょう》承《じょう》太《た》郎《ろう》は「スタープラチナ」というスピードとパワー，精密動作性を兼ね備えたスタンドで相対するのであった。

以上を踏まえ，第3部のストーリーを概観したいのであるが，その前提になるのは第1部「ファントムブラッド」である。**表1**の家系図が示すように，1888年，考古学者を目指すイギリス貴族の青年ジョナサン=ジョースター（略してジョジョ）が研究していたⓐアステカ王国の遺物とされる謎の石仮面を悪人ディオ=ブランドーが奪い，「おれは人間をやめるぞ！ジョジョ」と絶叫して石仮面を自ら装着し，不死身の吸血鬼と化した（弱点は太陽光である）。その後，ディオに父を殺されたジョナサンは修行により「波紋」というチベット由来の特殊な技を習得し，これでディオを何とか倒すのであるが，最終的に頭部のみになった不死身のディオは大西洋上でジョナサンを殺し，その遺体を乗っ取ってしまう。そしてディオはDIOとして1984年にアフリカ西岸，カナリア諸島沖合において引き揚げられた鉄の箱の中から復活を遂げる。そこで，第3部においてジョナサンの孫のジョセフ=ジョースター，ジョセフの孫の空条承太郎（いずれもジョジョ）がアブドゥルらの仲間と共にエジプトのⓑカイロに潜伏するDIOを倒しに向かうことになるのであった。

ところが，成田国際空港を1988年□月△日20:30に離陸したジョジョ一行のフライトはカイロ空港に翌日の13:00に到着するはずであったが，この予定はDIOにより差し向けられた敵のスタンド使いにより早々と阻まれ，以後も一行は次々と襲撃された挙げ句，カイロに着くまで船，自動車，セスナ機，潜水艦など陸路，海路，空路を問わず，様々な移動手段の利用を余儀なくされてしまう。DIO打倒は日本出発から実に50日後のことであった。

さて，これ以上のストーリー紹介は不要であるものの，この間の旅程は示しておくべきであろう（**表2**参照）。そして旅程を**地図**にもまとめておいた。

表1. ジョースター家の家系図

［══は婚姻関係，┃は実子関係，…は養子関係，⟺は敵対関係を意味。］

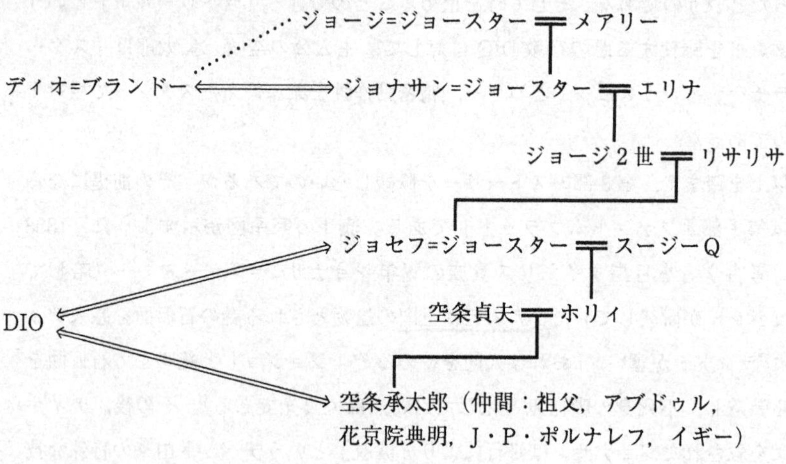

表2. 第3部の旅程

〈Bは敵のスタンド使いとのバトルを意味。［あ］～［お］は地名不明のため，漫画内の地図に従い，大まかな場所を下の地図で示しておいた。〉

カイロに向け成田国際空港を20:30に離陸→機内でB→［あ］ⓒ香港沖35kmの海上に不時着→香港でB→チャーター船に乗り込むが，［い］南シナ海ⓓフィリピン沖でB→船の爆破によりボートで漂流→［う］幽霊船に乗り組み，船内でB→南シナ海を再びボートで漂流→シンガポール上陸後，B，B→インドのⓔカルカッタ（現コルカタ）でB→インド北部の聖地ベナレス（現ヴァーラーナシー）でB→インド北部のⓕデリーを経て，［え］パキスタン国境近くでB→［お］ⓖパキスタン西部でB→パキスタン南部のカラチでB→船でⓗペルシア湾を渡り，アラブ首長国連邦のアブダビに到着→サウジアラビア横断中にB，B→紅海横断中にB，B→エジプト南部に上陸後，B→ⓘアスワンでB→ナイル川を北上中にB→ⓙルクソールでB，B→カイロでB，B，B，B，B，B，B，B（DIOとの最終戦）

［以上は荒木飛呂彦『ジョジョの奇妙な冒険』集英社（ジャンプ・コミックス），12－28巻，1989－1992年に基づき作成されたものである。］

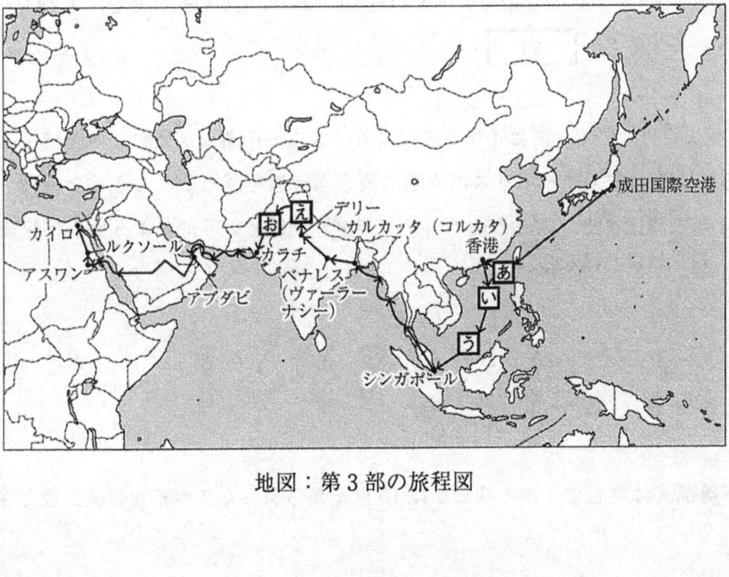

地図：第3部の旅程図

問1　下線部ⓐに関して，正しい文章を，次の①〜⑥から一つ選べ。 21

① ピサロに征服された。
② 首都はクスコであった。
③ 首都はテノチティトランであった。
④ 首都はマチュ=ピチュであった。
⑤ 統計や数字を記録するためキープ（結縄）を用いた。
⑥ 世界最大の産出量を誇るポトシ銀山を領有していた。

問2　下線部ⓑのカイロを建設した王朝名を，次の①〜⑥から一つ選べ。 22

① アケメネス朝　② プトレマイオス朝　③ サーマーン朝
④ セルジューク朝　⑤ マムルーク朝　⑥ ファーティマ朝

問3　下線部ⓒに関して，アヘン戦争に敗れた清はイギリスと1842年，南京条約を結び，香港島を割譲した。そして第3部連載中の香港はまだイギリス領であった。さて，次の文章中のX・Yの正誤について正しい組合せを，下の①〜④から一つ選べ。 23

【南京条約の翌年，清はイギリスにより［X：虎門寨追加条約］の締結を強いられ，その結果，イギリスに片務的最恵国待遇を認めるところとなった。1844年に清はフランスとの間で［Y：望厦］条約という同じような不平等条約を結ばねばならなかった。】

① X—正　Y—正　② X—正　Y—誤
③ X—誤　Y—正　④ X—誤　Y—誤

問4　下線部ⓓに関して，フィリピンは16世紀から長らくスペインの植民地とされてきた。これに対し19世紀末から20世紀初にかけて，いわゆる「フィリピン革命」が起こったが，アメリカ=スペイン戦争を経てアメリカのフィリピン支配に切り替わった結果，革命は失敗に終わってしまう。これら一連の事象に関わった人物を，次の①〜⑥から一つ選べ。 24

① バオダイ　② アギナルド　③ ファン=ボイ=チャウ
④ ホセ=リサール　⑤ マルコス　⑥ アウン=サン

問5 下線部ⓔに関して，この都市はインド北東部に位置し，ガンジス川に接する港湾都市であり，長らくイギリス東インド会社の拠点として繁栄した。この会社の経済活動について**誤った文章**を，次の①〜④から一つ選べ。 25

① エリザベス1世の特許状によりアジア貿易独占権を与えられた。
② モルッカ諸島での香辛料貿易を巡ってオランダ東インド会社との間にアンボイナ事件が発生した。
③ インドや東南アジアにおいて綿花やコーヒー豆，天然ゴムなどの強制栽培制度を導入した。
④ 北アメリカの植民地を巡り，イギリス政府はイギリス東インド会社の経済再建策として茶法を制定し，同社に対し北アメリカへの茶の独占的販売権を与えた。

問6 下線部ⓕに関して，**誤った文章**を，次の①〜④から一つ選べ。 26

① デリー=スルタン朝とはデリーを首都として，君主がスルタンを名乗った4つの王朝の総称である。
② デリー=スルタン朝の最初の支配者はアイバクである。
③ デリー=スルタン朝はイスラーム教を強制しなかったので，インドのヒンドゥー社会は維持された。
④ デリー=スルタン朝最後のロディー朝はアフガン系の王朝であった。

問7　下線部ⓖに関して，正しい文章を，次の①～④から一つ選べ。　27

① インド帝国からの独立前，パキスタンの分離独立を求める全インド=ムスリム連盟のジンナーと統一インドを主張するガンディーが対立した。

② ガンディーは過激派のイスラーム教徒により殺害された。

③ パキスタンはインダス川流域の西パキスタンとガンジス川流域の東パキスタンに分かれて独立し，間にインドが横たわるという飛び地国家であったが，1971年に西パキスタンは独立し，国名を「バングラデシュ」とした。

④ パキスタンの初代大統領はモサデグであった。

問8　下線部ⓗに関して，1979年からペルシア湾岸地域は世界の注目を集め，かつ世界に影響を及ぼすところとなった。最大の原因は石油の供給地であったため，紛争が石油の供給量を左右する点にあった。以上を踏まえ，**誤った文章**を，次の①～④から一つ選べ。　28

① 1979年，イランではパフレヴィー朝を打倒したイラン革命が起こり，ホメイニが新政権を樹立した。しかし彼は反ソ・反米を唱え，第2次石油危機を引き起こし，世界経済を混乱させた。

② イラン革命の混乱に乗じて，イラクがピノチェト大統領の下，イランに侵攻し，1980～1988年にイラン=イラク戦争となった。

③ イラン=イラク戦争で経済的に疲弊したイラクは石油資源を求めてクウェートに侵攻した。

④ イラクのクウェート侵攻に対し，国連安全保障理事会の決議に基づいて多国籍軍が派遣された。

問9　下線部ⓘに関して，近隣にはアブシンベル神殿などがあり，古代エジプト文明を十分に意識させる都市であるが，ここではアスワン=ハイダムに着目したい。次の文章中のX・Yの正誤について正しい組合せを，下の①～④から一つ選べ。　29

【19 世紀後半からスエズ運河はイギリスの支配下に置かれてきたが，エジプトの大統領となった［X：サダト］は経済開発のためにアスワン=ハイダムの建設をめざした。しかし欧米諸国はエジプトへの経済援助を停止した。そこで，Xは 1956 年，スエズ運河国有化を宣言した。これに対して，イギリス・フランス・イスラエルがエジプトに侵攻し，［Y：スエズ戦争（第 2 次中東戦争）］が勃発した。】

① X ― 正　Y ― 正　② X ― 正　Y ― 誤
③ X ― 誤　Y ― 正　④ X ― 誤　Y ― 誤

問10　下線部ⓙに関して，ここには古代エジプトの都市テーベのみならず，ツタンカーメンの王墓を含む「王家の谷」があり，言うまでもなく世界遺産として登録されている。次の文章中のX・Yの正誤について正しい組合せを，下の①〜④から一つ選べ。 30

【古代ローマ帝国は古代エジプトを支配した際に，各地から多数のオベリスク（記念碑）を持ち帰った。その証拠に現在のローマ市では，いくつもの広場（ピアッツァ）でオベリスクを見ることができる。それらオベリスクには［X：神聖文字（ヒエログリフ）］で情報が公式に刻まれていた。この文字は［Y：ヴェントリス］により解読されるところとなる。】

① X ― 正　Y ― 正
② X ― 正　Y ― 誤
③ X ― 誤　Y ― 正
④ X ― 誤　Y ― 誤

第4問　以下は中国の清朝成立前後から滅亡までの歴史を，政治，社会，経済，文化，国際関係などから多面的にまとめたものである。文章をよく読み，下の問い（問1～10）の答えを解答欄にマークせよ。

清はかつて，中国の宋を江南に追いやり（南宋），中国北部から東北アジアを支配下に置いたⓐ金をルーツとする。そして金の末裔であるⓑ後金が国号を清と定め，中国全土を支配下に置くところとなった。征服王朝である清の施策は当然ながら，漢人との摩擦を招いたのであるが，その一方で，シベリアへと東進してきたロシアとの間で，ⓒ国境や通商規程を巡りヨーロッパ的な国際条約を結ばねばならず，ここに従来の中華的な朝貢関係や羈縻政策からの転換も迫られたのであった。また明から清にかけての経済発展により，ⓓ海外から大量の銀が中国に流入した。他方，キリスト教の宣教師はヨーロッパ文化を中国に伝えるというプラスの側面を担ったが，ⓔ典礼問題も生じさせてしまった。

19世紀以降，清の国情は明らかな動揺に転じた。イギリスは中国茶輸入による貿易赤字に対し，インドからのアヘン密輸を利用して三角貿易を展開し，結果的に清との間にアヘン戦争を引き起こし，勝利を収めたのであった。この敗北により南京条約を結ぶことを余儀なくされた清は次々とⓕ諸国と不平等条約を結ぶことを強いられていった。

これらと並行して，国内ではⓖ太平天国の乱を始めとして，いくつもの反乱が生じた。この動きに対して，ⓗ欧米諸国の軍人も反乱鎮圧に協力し，それに成功した。とはいえ，ⓘ清の弱体化は明白であり，様々な改革がなされたが，それらは実らず，ⓙ1912年，清は滅亡したのであった。

問1　下線部ⓐに関して，次の文章中のX・Y・Zの正誤について正しい組合せを，下の①～⑥から一つ選べ。 31

【金は［X：耶律阿保機］を建国者とし，また［Y：八旗］制を行政・軍事の柱とした一方で，中国文明の影響の下，［Z：女真］文字を作るに至っていた。】

① X－正 Y－正 Z－正
② X－正 Y－正 Z－誤
③ X－正 Y－誤 Z－誤
④ X－誤 Y－正 Z－正
⑤ X－誤 Y－誤 Z－正
⑥ X－誤 Y－誤 Z－誤

問2 下線部ⓑに関して，清は中国国内を掌握したとはいえ，それは完全な統治を意味しなかった。明が滅亡し，清が中国を本格的に支配したが，しばらくの間，中国は不安定な状況に置かれていたからである。このような時期の出来事を時系列に沿って古いものから並べたとき，正しい組合せを次の①～⑥から一つ選べ。 32

① 三藩の乱 → 鄭成功による台湾占領 → 李自成の乱
② 三藩の乱 → 李自成の乱 → 鄭成功による台湾占領
③ 鄭成功による台湾占領 → 李自成の乱 → 三藩の乱
④ 鄭成功による台湾占領 → 三藩の乱 → 李自成の乱
⑤ 李自成の乱 → 鄭成功による台湾占領 → 三藩の乱
⑥ 李自成の乱 → 三藩の乱 → 鄭成功による台湾占領

問3 下線部ⓒに関して，その端緒となったのがロシアとのネルチンスク条約であった。この条約はロシアにおいてはピョートル１世の治世下に結ばれたが，清は誰の治世下にあったのか（Ⅰ），そしてネルチンスクは下の地図のどこに該当するのか（Ⅱ）。ⅠとⅡの正しい組合せを，下の①～⑥から一つ選べ。

33

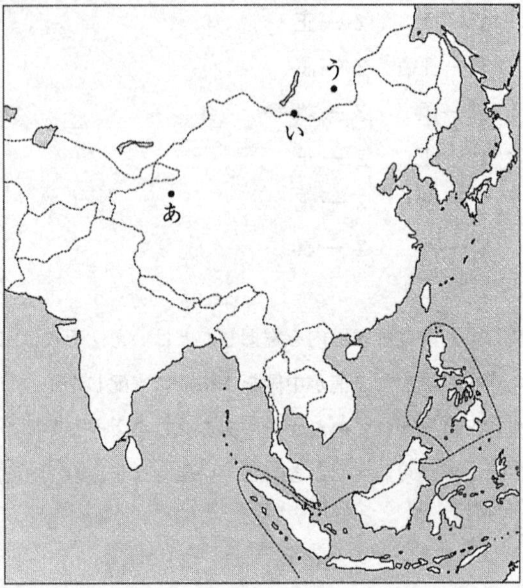

19世紀後半の東アジア

① Ⅰ－康熙帝　　Ⅱ－あ

② Ⅰ－康熙帝　　Ⅱ－い

③ Ⅰ－康熙帝　　Ⅱ－う

④ Ⅰ－乾隆帝　　Ⅱ－あ

⑤ Ⅰ－雍正帝　　Ⅱ－い

⑥ Ⅰ－雍正帝　　Ⅱ－う

問4　下線部ⓓに関して，正しい文章を，次の①～④から一つ選べ。 **34**

① 国内における銀の大量流通を背景に，清は税制を両税法から地丁銀へと切り換えた。

② 財政規模拡大を背景に，清は辮髪令に応じた中央アジア出身の色目人を財務官僚に登用した。

③ 同治帝はヨーロッパ船の来港を広州に限定し，貿易を公行に管理させるこ

とに踏み切った。

④ コーヒーから茶へと飲料嗜好が移っていった 18 世紀のイギリスは茶の輸出国である清に対し貿易赤字に直面し，通商改善を求めてマカートニーを派遣したが，交渉は決裂した。

問5 下線部ⓔに関して，**誤った文章**を，次の①〜④から一つ選べ。 35

① キリスト教の布教禁止後も，技術者として清に残る宣教師もいた。

② ドミニコ会やフランチェスコ会は孔子崇拝や祖先崇拝を容認するイエズス会を批判した。

③ 18 世紀初にローマ教皇はイエズス会の容認（典礼問題）を異端とした。

④ 康熙帝はキリスト教の布教を全面的に禁止した。

問6 下線部ⓕに関して，アヘン戦争後の清の対外問題を時系列に沿って古いものから並べたとき，正しい組合せを次の①〜④から一つ選べ。 36

① アロー号事件 → 義和団事件 → 日清戦争

② 日清戦争 → 義和団事件 → アロー号事件

③ 義和団事件 → アロー号事件 → 日清戦争

④ アロー号事件 → 日清戦争 → 義和団事件

問7 下線部ⓖに関して，**誤った文章**を，次の①〜④から一つ選べ。 37

① イエスの弟を名乗る洪秀全が拝上帝会という宗教結社を結成し，やがて太平天国を建国した。

② 太平天国は南京を占領して首都とし，「天京」と改称した。

③ 太平天国は「扶清滅洋」をスローガンとしつつも，辮髪廃止，纏足廃止など改革派的側面を有していた。

④ このような反乱を鎮圧したのは清の正規軍ではなく，曾国藩の湘軍，李鴻章の淮軍といった郷勇と呼ばれる義勇軍であった。

問8　下線部ⓗに関して，次の文章中のX・Yの正誤について正しい組合せを，下の①～④から一つ選べ。 38

【太平天国の乱に対し，［X：黒旗軍］を率いたイギリス人ゴードンは清軍に協力した。その後，彼はスーダンでの［Y：マフディー運動］との戦いで戦死した。】

① X－正　Y－正　② X－正　Y－誤
③ X－誤　Y－正　④ X－誤　Y－誤

問9　下線部ⓘに関して，清の弱体化は東アジアにおける冊封体制の崩壊をもたらした。これについて述べた正しい文章を，次の①～⑥から一つ選べ。
39

① フランスとの戦争に敗れた陳朝ベトナムは清の宗主権から離脱し，フランスの保護国となった。
② 江華島事件後に結ばれた日朝修好条規は清の宗主権からの朝鮮離脱を定めた。
③ 下関条約は清の宗主権からの朝鮮離脱を定めた。
④ 清末期の変法自強運動は朝鮮が清の宗主権から離脱する契機となった。
⑤ フランス領インドシナ連邦の成立が清の宗主権からのベトナム離脱を確定した。
⑥ ポーツマス条約が清の宗主権からの朝鮮離脱を初めて明記した。

問10　下線部ⓙに関して，清滅亡前後の事情を述べた正しい文章を，次の①～④から一つ選べ。 40

① 清政府が鉄道網整備を進めるべく，民間鉄道を一方的に国有化しようとしたことに対し，四川省で暴動が起こり，これが辛亥革命の契機となった。

② 清末期の混乱に絶望した胡適や魯迅らは民衆による根本的社会改革を目指し，文学革命と呼ばれる啓蒙活動を開始した。

③ 清政府により革命側との交渉を託された袁世凱は光緒帝の退位と引き換えに，中華民国の臨時大総統の地位を孫文から譲り受けた。

④ 辛亥革命の勃発に乗じて，外モンゴルも内モンゴルも中国からの独立を宣言した。

第5問 以下は 19 世紀後半から 20 世紀初頭のアフリカ，第二次世界大戦後の米ソ歩み寄りに関する歴史の一部をまとめたものである。[A]と[B]の文章を読み，下の問い（**問 1 ～ 10**）の答えを解答欄にマークせよ。

[A] 19 世紀後半，ⓐ産業技術と生産能力が大きく発展した。これは第 2 次産業革命と呼ばれている。第 2 次産業革命による主要国の経済発展により主要国相互の競合が激しくなると，将来のための資源供給地や生産品の輸出先として，植民地の重要性が見直されるようになった。加えて，ヨーロッパ近代文明の優越意識や，交通・情報手段また軍事力が圧倒的に優位である状況により，列強諸国はアジア・アフリカに植民地や勢力圏をうちたてるべく侵攻するに至った。

1880 年代のはじめ，中央アフリカ地域をめぐるヨーロッパ諸国の対立が見られるようになったため，ⓑ1884 年から 1885 年にアフリカ分割に関する国際会議がヨーロッパ列強により開催され，アフリカ植民地化の原則が定められた。この後，列強はアフリカ大陸に殺到し，その大部分を分割して植民地にしてしまった。

なかでもⓒイギリスはアフリカの北部と南部の双方から内陸に向かって植民地を拡大させた。そして，フランスは 1881 年にチュニジアを保護国とし，サハラ砂漠地域を占領し，その後アフリカを横断する形で自国の植民地を連結させようとした。だが，この 2 国の植民地拡大は 1898 年に衝突し，ⓓファショダ事件が発生した。この事件はフランスが譲歩することで解決した。

結局，ⓔ20 世紀初頭において，アフリカ大陸の独立国はわずか 2 国にとどまった。

問1　下線部ⓐに関して，次の文章中のX・Yの正誤の正しい組合せを，下の①～④から選べ。 41

【第2次産業革命においては，石油等の動力を用いて［X：鉄鋼・機械・造船・化学工業といった重化学工業］が発展した。この革命の中心国は［Y：フランスとアメリカ］であった。】

① X－正　Y－正　　② X－正　Y－誤
③ X－誤　Y－正　　④ X－誤　Y－誤

問2　下線部ⓑに関わる事柄として**誤った文章**を，次の①～④から一つ選べ。 42

① この国際会議はドイツのビスマルクの提唱で開催された。
② この国際会議を通して，イタリアがニジェール川河口の統治権を取得した。
③ この会議によって成立したコンゴ自由国は後にベルギーの正式な植民地になった。
④ 植民地の境界画定や行政・治安機構の制定などの条件があるものの，先に占領した国が領有できることが会議にて取り決められた。

問3　下線部ⓒに関して，南アフリカ戦争を引き起こした人物を，次の①～⑥から一つ選べ。 43

① ジョゼフ=チェンバレン　② ディズレーリ
③ ロイド=ジョージ　④ アムンゼン
⑤ リヴィングストン　⑥ マッキンリー

問4　下線部ⓓの事件が発生した場所として正しい位置を，下の地図の①～④から一つ選べ。 44

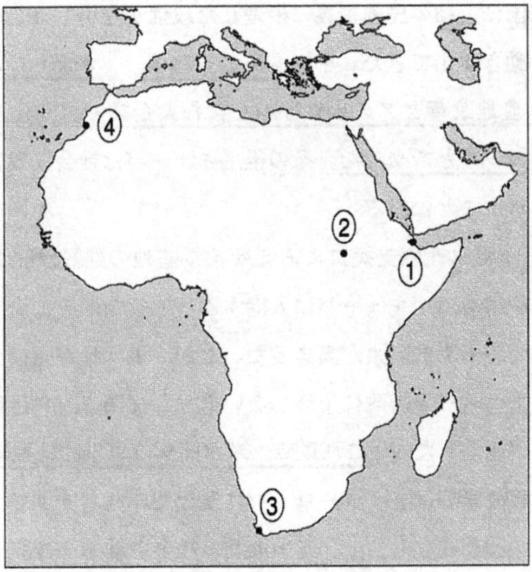

20世紀初頭のアフリカ大陸

問5　下線部ⓔに関して，独立国として残った国として正しい組合せを，次の①～⑥から一つ選べ。 45

① トランスヴァール共和国とオレンジ自由国
② トランスヴァール共和国とエチオピア帝国
③ トランスヴァール共和国とリベリア共和国
④ オレンジ自由国とエチオピア帝国
⑤ オレンジ自由国とリベリア共和国
⑥ エチオピア帝国とリベリア共和国

［B］　スターリンの死後，ソビエト連邦では外交政策の見直しが始まった。1956年にフルシチョフはスターリン体制に対する批判を行うとともに，西側資本主義国との平和共存を打ち出した。このような変化は，ⓕ東欧や中国といった社会主義諸国に動揺をもたらした。

他方，ⓖ第二次世界大戦後，アメリカ合衆国の強い影響下にあったラテンアメリカ（中南米）諸国に，強い民族主義に根差した政権が登場しはじめ，アメリカの干渉に反発する動きが出てきた。中でもキューバは，ⓗカストロが指導する革命運動が成功し，農地改革とアメリカ資本を含む大企業の国有化を行った。結果，アメリカはキューバと断交した。その後，キューバは社会主義宣言を行い，ソ連寄りの姿勢を示すことになる。

1962年，キューバでソ連の支援によるミサイル基地の建設が発覚した。アメリカは基地の撤去を求めて，キューバに入港するソ連貨物船を公海上で封鎖した。これにより，米ソ間で軍事的緊張が高まった。だが，米・ソが直接交渉を行い，アメリカ合衆国がキューバの内政に干渉しないことと交換に，ソ連がミサイル基地を撤去する合意が成立した。ⓘこれ以降，米ソ両国は軍事的緊張緩和に転じる。

米・ソの緊張緩和の影響はまずヨーロッパに現れた。西ドイツでは社会民主党を中心とする連立政権が成立し，ⓙソ連・東欧の社会主義国との関係改善をはかる外交が開始された。そして，ソ連・ポーランドと国交正常化条約を締結した後，東西両ドイツは相互承認を行い，両国ともに国際連合に加盟した。

問6　下線部ⓕに関わる事柄として**誤った文章**を，次の①～④から一つ選べ。
46

① ポーランドの共産党は，反ソ連暴動のあと，ゴムウカを指導者にした。

② ハンガリーでは，社会主義体制とソ連からの離脱を求める運動が全国に拡大した。これに対し，ソ連が軍事介入によってこの事態を鎮圧した。

③ ソ連は動揺を抑えるべく，東欧6か国と経済相互援助会議を創設した。

④ アメリカ合衆国との対立路線をとった中国はソ連を公に批判し，両国は対立することとなった。

問7　下線部ⓖに関わる地域協力組織を，次の①～④から一つ選べ。　47

① 北米自由貿易協定（NAFTA）

② 米州機構（OAS）

③ 新興工業経済地域（NIES）

④ 南米南部共同市場（MERCOSUR）

問8　下線部ⓗに関して，カストロによる革命前の親米的なキューバの為政者（Ⅰ）と革命後に断交を行ったアメリカ大統領（Ⅱ）について正しい組合せを，次の①～④から一つ選べ。 48

① Ⅰ―ペロン　　Ⅱ―ケネディ
② Ⅰ―バティスタ　　Ⅱ―ケネディ
③ Ⅰ―ペロン　　Ⅱ―アイゼンハワー
④ Ⅰ―バティスタ　　Ⅱ―アイゼンハワー

問9　下線部ⓘに関して，出来事を時系列に沿って古いものから並べたとき，正しい組合せを次の①～⑥から一つ選べ。 49

① 部分的核実験禁止条約の締結 → 核拡散防止条約の締結 → 戦略兵器制限交渉
② 部分的核実験禁止条約の締結 → 戦略兵器制限交渉 → 核拡散防止条約の締結
③ 核拡散防止条約の締結 → 部分的核実験禁止条約の締結 → 戦略兵器制限交渉
④ 核拡散防止条約の締結 → 戦略兵器制限交渉 → 部分的核実験禁止条約の締結
⑤ 戦略兵器制限交渉 → 部分的核実験禁止条約の締結 → 核拡散防止条約の締結
⑥ 戦略兵器制限交渉 → 核拡散防止条約の締結 → 部分的核実験禁止条約の締結

問10　下線部ⓙに関して，次の文章中のＸ・Ｙの正誤の正しい組合せを，下の①～④から一つ選べ。 50

【西ドイツの首相［X：ブラント］は従来の方針を転換し，東方外交を展開した。たとえば，ポーランドと交渉を行い，［Y：国境（オーデル=ナイセ線）］を認めた国交正常化条約を締結した。】

① X－正　Y－正　② X－正　Y－誤
③ X－誤　Y－正　④ X－誤　Y－誤

数学

◀理工・建築都市デザイン・情報工学部▶

(90 分)

1. 次の問に答えよ。

(1)　$5\left(x+\dfrac{1}{n}\right)^{10}$ を展開したとき，x^8 の係数が整数となる最大の正の整数 n を求めよ。

(2)　ベクトル $\vec{a}=(x, 2, 0)$，$\vec{b}=(1, 2, 2)$，$\vec{c}=(2, y, z)$ について，$\vec{c}$ が $\vec{a}$，$\vec{b}$ に垂直で，$|\vec{c}|=3$ であるとき，x，y，z の値を求めよ。

(3)　$\triangle$ABC において，AB $=4$，BC $=5$，CA $=6$ とする。また，$\angle$BAC の二等分線と辺 BC との交点を D とする。線分 AD の長さを求めよ。

2. 次の問に答えよ。

(1)　虚部が 0 でない複素数 z に対し，$\dfrac{2+z^2}{z}$ が実数であるとする。$|z|$ の値を求めよ。

(2)　極限 $\displaystyle\lim_{x\to 0}\frac{\sin 3x-\sin 7x}{\sin 2x}$ を求めよ。

(3)　定積分 $\displaystyle\int_0^1 e^{-x^4}x^3\,dx$ を求めよ。

3. xを正の実数とし，$t=x+\dfrac{1}{x}$，$S=\dfrac{x(x^2+1)}{x^4+x^2+1}$とおく。

(1)　xが正の実数全体を動くとき，tの最小値を求めよ。

(2)　Sをtの式で表せ。

(3)　xが正の実数全体を動くとき，Sの最大値を求めよ。

4. 関数 $f(x)=\dfrac{1}{4}x^4-\dfrac{7}{2}x^2-6x$ について次の問に答えよ。

(1)　関数 $f(x)$ の増減を調べ，$f(x)$ の最小値を求めよ。

(2)　$y=f(x)$ のグラフを描け。

(3)　kを実数とする。$y=f(x)$ のグラフと直線 $y=k$ の共有点の個数が2であるようなkの範囲を求めよ。

◀環境・メディア情報・都市生活・人間科学部▶

（90 分）

1. 次の［　　］を埋めよ。ただし，**解答用紙には計算過程も示せ。**

(1)　10 進法の数 2022 を 4 進法で表すと［ア］である。また，5 進法の数 $2.022_{(5)}$ を 10 進法で表すと［イ］である。

(2)　a を実数の定数とする。xy 平面上に等式 $x^2+y^2-10x+6y+a=0$ を満たす点 $(x,\ y)$ が存在しないとき，a の満たすべき条件は［ウ］である。また，xy 平面上で方程式 $x^2+y^2-10x+6y+a=0$ の表す図形と x 軸との共有点が 1 個であるときの a の値は $a=$［エ］である。

(3)　i を虚数単位とし，$z^2=-7+24i$ を満たす複素数 z の実部が負であるとする。このとき z の実部は［オ］，z の虚部は［カ］である。

(4)　x を $2\leqq x\leqq 128$ を満たす実数とし，関数 $y=4(\log_4 x)^2-\log_4(x^{16})+\log_2(x^2)+1$ を考える。$t=\log_2 x$ として y を t の式で表すと $y=$［キ］となる。したがって y が最大値をとるときの t，x はそれぞれ $t=$［ク］，$x=$［ケ］であり，y が最小値をとるときの t，x はそれぞれ $t=$［コ］，$x=$［サ］である。

(5)　三角柱 OAB-CDE において $\mathrm{OA}=4$，$\mathrm{OB}=3$，$\mathrm{OC}=6$，$\mathrm{AB}=5$ とし，辺 AD を $1:2$ に内分する点を P，辺 BE の中点を Q とする。また，$\overrightarrow{\mathrm{OA}}=\vec{a}$，$\overrightarrow{\mathrm{OB}}=\vec{b}$，$\overrightarrow{\mathrm{OC}}=\vec{c}$ とおく。このとき $\overrightarrow{\mathrm{OP}}$ と $\overrightarrow{\mathrm{OQ}}$ は $\vec{a}$，$\vec{b}$，$\vec{c}$ を用いて $\overrightarrow{\mathrm{OP}}=$［シ］，$\overrightarrow{\mathrm{OQ}}=$［ス］と表せる。$\angle\mathrm{PCQ}=\theta$ とおくと $\cos\theta=$［セ］となり，$\triangle\mathrm{CPQ}$ の面積は［ソ］となる。

(6)　a を実数の定数とする。関数 $f(x)=|x^2-9|+|x+3|$ は，絶対値を使わずに表すと $x\leqq -3$ のとき $f(x)=$［タ］，$-3<x<3$ のとき $f(x)=$［チ］，

$x \geqq 3$ のとき $f(x) =$ ツ となる。$y = f(x)$ のグラフと直線 $y = x + a$ の共有点が4個あるとき，a の値の範囲は テ である。

(7)　n を自然数とする。初項が4，公差が2の等差数列 $\{a_n\}$ に対し $a_1 + a_3 = s$，および $a_1 \times a_3 = t$ とおく。数列 $\{a_n\}$ の一般項は $a_n =$ ト であり，$s =$ ナ ，$t =$ ニ である。また，$\{a_n\}$ とは異なる等差数列 $\{b_n\}$ が $b_1 + b_3 = s$，$b_1 \times b_3 = t$ を満たすとすると，数列 $\{b_n\}$ の一般項は $b_n =$ ヌ となる。

(8)　ラムネが8粒入る箱が6個あり，それぞれの箱に1～6の番号が付けられている。「すべての箱から1粒ずつラムネを取り出して食べた後，1つのさいころを投げ，出た目の約数の番号の箱すべてにラムネを2粒ずつ加える試行」をいずれかの箱のラムネが8粒になるまで繰り返す。ただし，ラムネを取り出すとき，空の箱に対しては何もしない。最初，すべての箱にそれぞれ3粒ずつラムネが入っていたとき，この試行を繰り返す回数は ネ 回である。すべての試行が終わったとき，2番の箱にラムネが8粒入っている確率は ノ である。すべての試行が終わったとき，3番の箱にラムネが1粒入っている確率は ハ である。すべての試行が終わったとき，4番の箱にラムネが1粒も入っていない確率は ヒ である。

2.　k は $0 < k < 4$ を満たす定数とし，xy 平面上の曲線 $C : y = x(x-2)^2$ と直線 ℓ : $y = kx$ で囲まれた2つの部分の面積が等しいとする。このとき，以下の問に答えよ。ただし，**解答用紙には計算過程も示せ。**

(1)　曲線 C のグラフを xy 平面上に図示せよ。

(2)　曲線 C と直線 ℓ の原点以外の2つの交点の x 座標を α，β とするとき，α，β，および k の値を求めよ。ただし，$\alpha < \beta$ とする。

(3)　曲線 C と直線 ℓ で囲まれた2つの部分の面積の和を求めよ。

理科

(80 分)

出題科目	設問	選択方法
物　理	第1～2問	左の3科目（設問第1～6問）6問のうちから，**2問**を選択し，解答しなさい。**指定数をこえて解答してはいけません。**
化　学	第3～4問	
生　物	第5～6問	
物　理	第7問	左の3科目（設問第7～9問）3問のうちから，**1問**を選択し，解答しなさい。**指定数をこえて解答してはいけません。**
化　学	第8問	
生　物	第9問	

物　理

第1問　以下の問1～問3について，[1]～[6]に最も適するものを，それぞれの解答群の中から1つずつ選べ。

問1　一定の速さ 4.9 m/s で鉛直上向きに上昇している気球がある。地表からの高さが 98 m のところで，この気球から小物体を静かに放した。小物体が地表に到達したときの小物体の速さは [1] m/s である。また，このとき，気球は小物体を放した位置から [2] m 上昇している。ただし，重力加速度の大きさを 9.8 m/s^2 とし，小物体を放した後も，気球は鉛直上向きに上昇し，その速さは変わらないものとする。また，落下する小物体にはたらく空気抵抗は無視できるものとする。

[1] **の解答群**

①　4.9　②　9.8　③　16　④　22　⑤　44　⑥　98

2 の解答群

① 4.9　② 9.8　③ 13　④ 25　⑤ 49　⑥ 98

問2　ある熱容量の金属製の容器内に氷100 g を入れたところ，氷の温度が −20.0 ℃で一定になった。この容器に，1秒あたりに200 J の熱を与え続けたところ氷は温度上昇して溶け，さらに溶けた水も温度上昇していった。この氷または水と容器の温度は常に同じで，その温度変化はグラフのようになった。0 ℃の氷100 g が融解して0 ℃の水になるために必要な熱量は **3** J である。また，氷の比熱は **4** J/(g·K) と求まる。ただし，水の比熱を 4.2 J/(g·K) とし，与えた熱は容器と氷または水の間でやり取りされ，それ以外の熱の出入りはないものとする。

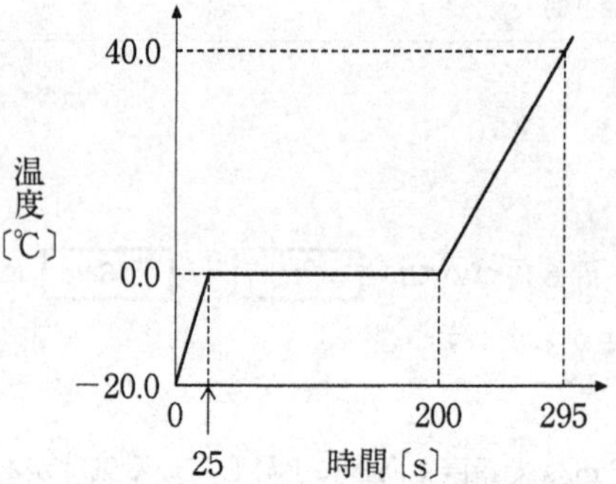

3 の解答群

① 1.5×10^2　② 2.5×10^2　③ 3.5×10^2
④ 1.5×10^4　⑤ 2.5×10^4　⑥ 3.5×10^4

4 の解答群

① 0.80　② 1.5　③ 2.0　④ 2.7　⑤ 3.5　⑥ 4.2

問3　抵抗Aと，抵抗値が抵抗Aの2倍の抵抗Bがある。これら抵抗AとBを直列接続したものを合成抵抗Cとする。また抵抗AとBを並列接続したものを合成抵抗Dとする。合成抵抗Cの抵抗値は合成抵抗Dの抵抗値の [5] 倍である。また，合成抵抗Dに起電力 1.5 V の電池をつないだところ，電池から 30 mA の電流が流れ出た。抵抗Aの抵抗値は [6] Ωである。ただし，電池の内部抵抗は無視できるものとする。

[5] の解答群

① 2　② $\frac{5}{2}$　③ 3　④ $\frac{7}{2}$　⑤ 4　⑥ $\frac{9}{2}$

[6] の解答群

① 15　② 30　③ 45　④ 60　⑤ 75　⑥ 90

物　理

第2問　以下の問1～問3について，[7] ～ [12] に最も適するものを，それぞれの解答群の中から1つずつ選べ。

問1　質量 M の太陽を一つの焦点とする楕円軌道上を運動する質量 m の周回物体がある。図の破線 AB はこの楕円の長軸であり，太陽から最も近い軌道上の点を点A，最も遠い点を点B，太陽から点Aまでの距離を r_A，太陽から点Bまでの距離を r_B とする。万有引力定数を G とすると，点Aで周回物体が持つ万有引力による位置エネルギーは [7] である。ただし，無限遠での位置エネルギーを0とする。また，周回物体の点Aでの速さを v_A，点Bでの速さを v_B とする。このとき，ケプラーの第2法則から導かれる $\frac{1}{2}r_A v_A = \frac{1}{2}r_B v_B$ を用いると，$v_B =$ [8] となる。ただし，太陽以外の天体から周回物体にはたらく力は無視できるものとする。

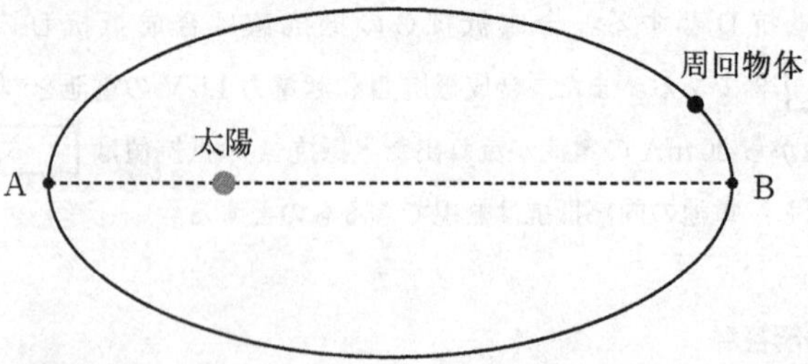

7 の解答群

① $G\dfrac{Mm}{r_A}$　② $G\dfrac{Mm}{{r_A}^2}$　③ $G\dfrac{M}{r_A}$

④ $G\dfrac{M}{{r_A}^2}$　⑤ $-G\dfrac{Mm}{r_A}$　⑥ $-G\dfrac{Mm}{{r_A}^2}$

8 の解答群

① $\sqrt{\dfrac{GMr_B}{r_A(r_A+r_B)}}$　② $\sqrt{\dfrac{GMr_A}{r_B(r_A+r_B)}}$　③ $\sqrt{\dfrac{2GMr_B}{r_A(r_A+r_B)}}$

④ $\sqrt{\dfrac{2GMr_A}{r_B(r_A+r_B)}}$　⑤ $\sqrt{\dfrac{GMr_B}{2r_A(r_A+r_B)}}$　⑥ $\sqrt{\dfrac{GMr_A}{2r_B(r_A+r_B)}}$

問 2　滑らかに動くピストンのついた容器に単原子分子理想気体を入れ，図のように圧力が p_0 で体積が V_0 の状態 A から状態 B を経て，状態 C に変化させた。ただし，図のように A → B，B → C の状態変化は直線に沿った変化である。このとき，A → B の状態変化で気体が吸収する熱量は **9** である。また，B → C の状態変化で気体が吸収する熱量は **10** である。

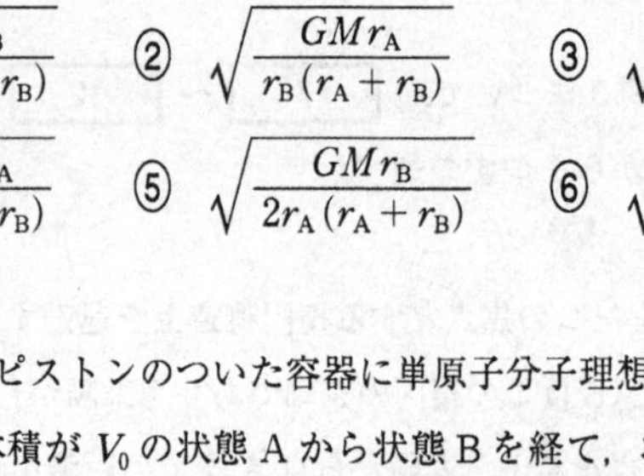

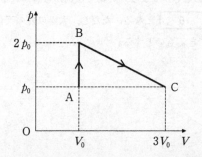

9 ，10 の解答群

① $\frac{1}{2}p_0V_0$　② p_0V_0　③ $\frac{3}{2}p_0V_0$

④ $2p_0V_0$　⑤ $\frac{5}{2}p_0V_0$　⑥ $\frac{9}{2}p_0V_0$

問3　電気量 Q〔C〕に帯電した金属小球Aと電気量 q〔C〕に帯電した金属小球Bを距離 R〔m〕離して固定した。無限遠での電位を0Vとし，クーロンの法則の比例定数を k〔$N\cdot m^2/C^2$〕とすると，小球AとBを結ぶ線分の中点での電位は 11 〔V〕である。また，このとき小球AとBの間にはたらく静電気力は引力で，その大きさは F〔N〕であった。つぎに，小球AとBを接触させて，再び距離 R〔m〕離して固定したところ，小球AとBの間にはたらく静電気力は斥力となり，その大きさは $\frac{1}{3}F$〔N〕であった。このとき，$|q|>|Q|$ とすると，Q と q の関係は 12 である。ただし，小球AとBの材質は同じで，AとBを接触させると電荷は均等に分かれるものとする。

11 の解答群

① $-\frac{4k(Q+q)}{R^2}$　② $\frac{4k(Q+q)}{R^2}$　③ $-\frac{2k(Q+q)}{R^2}$

④ $\frac{k(Q+q)}{R}$　⑤ $-\frac{2k(Q+q)}{R}$　⑥ $\frac{2k(Q+q)}{R}$

12 の解答群

① $q=-2Q$　② $q=-3Q$　③ $q=-4Q$

④ $q=-5Q$　⑤ $q=-6Q$　⑥ $q=-7Q$

化　学

第3問　次の問い（問1〜問6）の答えを**解答欄**に記入せよ。

問1　20℃において 2.0×10^5 Pa の空気が水 2.0 L と接している。水に溶けている酸素 O_2 の質量はいくらか。次の①〜⑧のうちから最も近いものを1つ選べ。ただし，空気は窒素 N_2 と酸素 O_2 が 4：1 の体積比で混合した気体であるとし，気体はすべて理想気体とする。また，20℃において 1.0×10^5 Pa の酸素 O_2 は水 1 L に 1.4×10^{-3} mol 溶けるものとし，原子量は O＝16.0 とする。

| 13 | mg

①　12　　②　18　　③　24　　④　36
⑤　48　　⑥　60　　⑦　72　　⑧　96

問2　0.016 mol/L の塩酸 100 mL に 0.013 mol/L の水酸化ナトリウム水溶液 200 mL を加えて，300 mL の混合水溶液を得た。この水溶液の pH はいくらか。次の①〜⑧のうちから最も近いものを1つ選べ。ただし，$\log_{10}3=0.48$ とする。

| 14 |

①　1.5　　②　2.5　　③　3.5　　④　4.5
⑤　9.5　　⑥　10.5　　⑦　11.5　　⑧　12.5

問3　次の水溶液 **a**〜**d** の pH の大小関係を正しく表したものを下の①〜⑧のうちから1つ選べ。ただし，すべての水溶液のモル濃度は等しいものとする。

| 15 |

a　NH_4NO_3 水溶液
b　$Ca(OH)_2$ 水溶液
c　$CaCl_2$ 水溶液
d　$NaHCO_3$ 水溶液

① a < b < c < d　② a < c < d < b　③ b < c < d < a
④ b < d < a < c　⑤ c < d < a < b　⑥ c < a < b < d
⑦ d < a < b < c　⑧ d < b < c < a

問4　空欄 ア ～ ウ にあてはまるものの組み合わせとして最適なものを下の①～⑧のうちから1つ選べ。ただし，気体は理想気体とし，気体定数は $R=8.31\times10^3$ Pa・L/(K・mol) とする。また，ファラデー定数は $F=9.65\times10^4$ C/mol とする。 16

塩化ナトリウム水溶液を電気分解するために，電解槽を陽イオン交換膜でしきり，陽極側に塩化ナトリウムの飽和水溶液，陰極側に水を入れた。陽極に炭素電極，陰極に鉄電極を用いて 5.00 A の電流で電気分解を ア 秒間おこなったところ イ では標準状態（0℃，1.013×10^5 Pa）で 112 mL の水素が生じた。電気分解後に陰極側の水溶液を回収したところ， ウ が得られた。

	ア	イ	ウ
①	96.5	陽極	塩酸
②	96.5	陽極	水酸化ナトリウム水溶液
③	96.5	陰極	塩酸
④	96.5	陰極	水酸化ナトリウム水溶液
⑤	193	陽極	塩酸
⑥	193	陽極	水酸化ナトリウム水溶液
⑦	193	陰極	塩酸
⑧	193	陰極	水酸化ナトリウム水溶液

問5　空欄 ア ～ ウ にあてはまるものの組み合わせとして最適なものを下の①～⑧のうちから1つ選べ。 17

銅に加熱した ア を作用させると二酸化硫黄が生じ，二酸化硫黄を水に溶かすと［　イ　］が生じる。また，二酸化硫黄を硫化水素と反応させると［　ウ　］と水が生じる。

	ア	イ	ウ
①	希硫酸	亜硫酸	硫黄
②	希硫酸	亜硫酸	三酸化硫黄
③	希硫酸	硫酸	硫黄
④	希硫酸	硫酸	三酸化硫黄
⑤	濃硫酸	亜硫酸	硫黄
⑥	濃硫酸	亜硫酸	三酸化硫黄
⑦	濃硫酸	硫酸	硫黄
⑧	濃硫酸	硫酸	三酸化硫黄

問6　ア～ウの正誤の組み合わせとして最適なものを下の①～⑧のうちから1つ選べ。［　18　］

ア　銀の単体は塩酸に溶ける。

イ　塩化銀はチオ硫酸ナトリウム水溶液に溶ける。

ウ　塩化銀には感光性があり，光で分解する。

	ア	イ	ウ
①	正	正	正
②	正	正	誤
③	正	誤	正
④	正	誤	誤
⑤	誤	正	正
⑥	誤	正	誤
⑦	誤	誤	正
⑧	誤	誤	誤

化 学

第4問 次の問い（問1～問6）の答えを**解答欄**に記入せよ。

問1 アンモニアと酸素が反応して一酸化窒素と液体の水が生じるとき，アンモニア1 molあたりの反応熱はいくらか。次の①～⑧のうちから最も近いものを1つ選べ。ただし，アンモニア(気)，一酸化窒素(気)および水(液)の生成熱は，それぞれ，46 kJ/mol，－90 kJ/mol，286 kJ/molとする。 [19] kJ/mol

① 193　② 293　③ 393　④ 493
⑤ 593　⑥ 693　⑦ 793　⑧ 893

問2 **ア～エ**のうち，一分子中のすべての原子が同一平面上にあるものはどれか。最適な組み合わせを下の①～⑧のうちから1つ選べ。 [20]

ア エチレン
イ プロペン
ウ 塩化ビニル
エ 酢酸ビニル

① アとイ　② アとウ　③ アとエ　④ イとウ
⑤ イとエ　⑥ ウとエ　⑦ アとイとウ　⑧ イとウとエ

問3 炭素，水素，酸素からなる化合物16 mgを完全燃焼させたところ，気体Aと気体Bが生成した。これらを，塩化カルシウム管，ソーダ石灰管の順に通したところ，気体Aはすべて塩化カルシウム管に，気体Bはすべてソーダ石灰管に吸収され，塩化カルシウム管の質量は18 mg，ソーダ石灰管の質量は22 mg増加した。この化合物の組成式として最適なものを次の①～⑧のうちから1つ選べ。ただし，原子量は$H=1.0$，$C=12.0$，$O=16.0$とする。 [21]

① CH_2O　② CH_2O_2　③ CH_4O　④ C_2H_4O

⑤ C_2H_6O　⑥ C_3H_6O　⑦ $C_3H_6O_2$　⑧ C_3H_8O

問4　ア～ウの正誤の組み合わせとして最適なものを下の①～⑧のうちから1つ選べ。 22

ア　マレイン酸とフマル酸は，どちらもジカルボン酸である。

イ　マレイン酸とフマル酸は，シス－トランス異性体の関係にある。

ウ　マレイン酸を加熱すると，分子内で脱水反応が起きて酸無水物が生じる。

	ア	イ	ウ
①	正	正	正
②	正	正	誤
③	正	誤	正
④	正	誤	誤
⑤	誤	正	正
⑥	誤	正	誤
⑦	誤	誤	正
⑧	誤	誤	誤

問5　空欄 ア ～ ウ にあてはまるものの組み合わせとして最適なものを下の①～⑧のうちから1つ選べ。 23

希塩酸に ア を溶解させた水溶液を冷却しながら，これに亜硝酸ナトリウム水溶液を加えると，塩化ベンゼンジアゾニウムが得られる。塩化ベンゼンジアゾニウムの水溶液にナトリウムフェノキシドの水溶液を加えると，橙赤色の イ が得られる。 イ の分子はアゾ基 ウ をもつ。

	ア	イ	ウ
①	アニリン	2,4,6-トリニトロフェノール	$-N=N-$
②	アニリン	2,4,6-トリニトロフェノール	$-N^+\equiv N$
③	アニリン	*p*-ヒドロキシアゾベンゼン	$-N=N-$
④	アニリン	*p*-ヒドロキシアゾベンゼン	$-N^+\equiv N$
⑤	クロロベンゼン	2,4,6-トリニトロフェノール	$-N=N-$
⑥	クロロベンゼン	2,4,6-トリニトロフェノール	$-N^+\equiv N$
⑦	クロロベンゼン	*p*-ヒドロキシアゾベンゼン	$-N=N-$
⑧	クロロベンゼン	*p*-ヒドロキシアゾベンゼン	$-N^+\equiv N$

問 6　グリシン $CH_2(NH_2)COOH$ とアラニン $CH_3CH(NH_2)COOH$ に関する記述ア～ウの正誤の組み合わせとして最適なものを下の①～⑧のうちから１つ選べ。

24

ア　どちらも鏡像異性体が存在する。

イ　どちらも水に溶けやすい。

ウ　どちらもニンヒドリン反応を示す。

	ア	イ	ウ
①	正	正	正
②	正	正	誤
③	正	誤	正
④	正	誤	誤
⑤	誤	正	正
⑥	誤	正	誤
⑦	誤	誤	正
⑧	誤	誤	誤

生　物

第5問　次の問い（問1～問6）の答えを**解答欄**に記入せよ。

問1　空欄 ア ～ ウ にあてはまるものの組み合わせとして最適なものを下の①～⑧のうちから1つ選べ。 **25**

減数分裂は，連続して起こる2回の分裂からなり，最初の分裂を第一分裂，引き続いて起こる分裂を第二分裂という。第一分裂前期では，複製を終えたそれぞれの相同染色体どうしが平行に並んで対合し， ア 本の染色体からなる二価染色体を形成する。このとき，対合した染色体の間では，染色体の部分的な イ が起こることがあり，このことにより，多様な遺伝的組み合わせが生じる。第一分裂，第二分裂を終えると，1個の母細胞から ウ 個の娘細胞が形成される。

	ア	イ	ウ
①	8	連鎖	4
②	8	連鎖	2
③	8	乗換え	4
④	8	乗換え	2
⑤	4	連鎖	4
⑥	4	連鎖	2
⑦	4	乗換え	4
⑧	4	乗換え	2

問2　次の記述を読み，最適なものを下の①～⑧のうちから1つ選べ。 26

以下に示す脊椎動物の器官のうち，外胚葉由来のものはどれか。

①	甲状腺
②	骨格筋
③	心臓
④	腎臓
⑤	真皮
⑥	肺
⑦	平滑筋
⑧	網膜

問3　空欄 ア ～ ウ にあてはまるものの組み合わせとして最適なものを下の①～⑧のうちから1つ選べ。 27

ア 神経繊維においては，隣接するランビエ絞輪に次々と興奮が伝わっていく。このことを興奮の跳躍 イ という。 ウ 動物の神経の多くは ア 神経繊維からなる。

	ア	イ	ウ
①	無髄	伝達	脊椎
②	無髄	伝達	無脊椎
③	無髄	伝導	脊椎
④	無髄	伝導	無脊椎
⑤	有髄	伝達	脊椎
⑥	有髄	伝達	無脊椎
⑦	有髄	伝導	脊椎
⑧	有髄	伝導	無脊椎

問4　空欄［ア］～［ウ］にあてはまるものの組み合わせとして最適なものを下の①～⑧のうちから1つ選べ。［28］

リボソームで生合成されるタンパク質のアミノ酸配列は，［ア］の3個ずつの塩基のならびと対応している。この塩基のならびをコドンとよび，［イ］種類ある。この数はタンパク質を構成する［ウ］種類のアミノ酸に対応するには十分な数である。

	ア	イ	ウ
①	mRNA	27	11
②	mRNA	27	20
③	mRNA	64	11
④	mRNA	64	20
⑤	tRNA	27	11
⑥	tRNA	27	20
⑦	tRNA	64	11
⑧	tRNA	64	20

問5　空欄 ア ～ ウ にあてはまるものの組み合わせとして最適なものを下の①～⑧のうちから1つ選べ。 29

ヒトの血液の血しょうには，様々なタンパク質が含まれている。 ア は水に溶けやすいタンパク質で，ホルモンなどを結合して運んだり，血液の水分保持にはたらく。 イ は生体防御に関わる抗体としてはたらく。 ウ は血液凝固の際に血中に形成される繊維状のタンパク質である。

	ア	イ	ウ
①	アクチン	サイトカイン	コラーゲン
②	アクチン	サイトカイン	フィブリン
③	アクチン	免疫グロブリン	コラーゲン
④	アクチン	免疫グロブリン	フィブリン
⑤	アルブミン	サイトカイン	コラーゲン
⑥	アルブミン	サイトカイン	フィブリン
⑦	アルブミン	免疫グロブリン	コラーゲン
⑧	アルブミン	免疫グロブリン	フィブリン

問6　空欄 ア ～ ウ にあてはまるものの組み合わせとして最適なものを下の①～⑧のうちから1つ選べ。 30

植物が窒素同化に利用する無機窒素化合物は， ア から吸収され還元される。たとえば，吸収されたNO_3^-はNO_2^-を経て イ に還元される。 イ は酵素のはたらきにより ウ に変換される。

	ア	イ	ウ
①	根	N_2	グルコース
②	根	N_2	グルタミン
③	根	NH_4^+	グルコース
④	根	NH_4^+	グルタミン
⑤	葉	N_2	グルコース
⑥	葉	N_2	グルタミン
⑦	葉	NH_4^+	グルコース
⑧	葉	NH_4^+	グルタミン

生　物

第6問　次の問い（問1～問6）の答えを解答欄に記入せよ。

問1　空欄［ア］～［ウ］にあてはまるものの組み合わせとして最適なものを下の①～⑧のうちから1つ選べ。［31］

遺伝子組み換えでは，目的の遺伝子のDNAを［ア］とよばれる遺伝子の運び手となるDNAに組み込んで細胞に導入することが多い。大腸菌の場合，自身のDNAとは別に，独立して増殖するプラスミドとよばれる［イ］のDNAを持っており，これが［ア］として利用される。プラスミドに目的のDNAを組み込む際には，制限酵素や［ウ］が用いられる。

	ア	イ	ウ
①	オペロン	環状	DNA ポリメラーゼ
②	オペロン	環状	DNA リガーゼ
③	オペロン	線状	DNA ポリメラーゼ
④	オペロン	線状	DNA リガーゼ
⑤	ベクター	環状	DNA ポリメラーゼ
⑥	ベクター	環状	DNA リガーゼ
⑦	ベクター	線状	DNA ポリメラーゼ
⑧	ベクター	線状	DNA リガーゼ

問 2　空欄 ア ～ ウ にあてはまるものの組み合わせとして最適なものを下の①～⑧のうちから 1 つ選べ。 32

すべての生物は， ア をもつ， イ ， ウ するという特徴をもつ。ウイルスは イ が， ウ するわけではなく，生物には含まれない。

	ア	イ	ウ
①	細胞膜	有性生殖を行う	無機物だけを利用
②	細胞膜	有性生殖を行う	エネルギーを利用
③	細胞膜	遺伝情報をもつ	無機物だけを利用
④	細胞膜	遺伝情報をもつ	エネルギーを利用
⑤	細胞壁	有性生殖を行う	無機物だけを利用
⑥	細胞壁	有性生殖を行う	エネルギーを利用
⑦	細胞壁	遺伝情報をもつ	無機物だけを利用
⑧	細胞壁	遺伝情報をもつ	エネルギーを利用

問 3　空欄 ア ～ ウ にあてはまるものの組み合わせとして最適なものを下の①～⑧のうちから 1 つ選べ。 33

一定面積内の生産者によってつくられた有機物のすべてから，呼吸量を差し引いたものを ア という。ここから イ である草食動物による被食と，枯死によって失ったものを差し引いたものが生産者の ウ である。

	ア	イ	ウ
①	純生産量	一次消費者	成長量
②	純生産量	一次消費者	現存量
③	純生産量	二次消費者	成長量
④	純生産量	二次消費者	現存量
⑤	総生産量	一次消費者	成長量
⑥	総生産量	一次消費者	現存量
⑦	総生産量	二次消費者	成長量
⑧	総生産量	二次消費者	現存量

問4　空欄 ア ～ ウ にあてはまるものの組み合わせとして最適なものを下の①～⑧のうちから1つ選べ。 34

オオムギやイネなどの発芽能力を有する種子が十分吸水すると，胚で ア の合成が起こり，この ア が イ にはたらきかけて ウ の合成を誘導する。

	ア	イ	ウ
①	サイトカイニン	形成層	アミラーゼ
②	サイトカイニン	形成層	リパーゼ
③	サイトカイニン	糊粉層	アミラーゼ
④	サイトカイニン	糊粉層	リパーゼ
⑤	ジベレリン	形成層	アミラーゼ
⑥	ジベレリン	形成層	リパーゼ
⑦	ジベレリン	糊粉層	アミラーゼ
⑧	ジベレリン	糊粉層	リパーゼ

問5　空欄 ア ～ ウ にあてはまるものの組み合わせとして最適なものを下の①～⑧のうちから1つ選べ。 35

細胞小器官である ア の内部は，タンパク質や糖などの有機物，無機塩類などを含む細胞液で満たされており，細胞内における物質の濃度の調整や，老廃物の貯蔵に関与している。 ア は特に イ で発達し，成長に伴って，細胞の体積に占める割合が ウ していく。

	ア	イ	ウ
①	液胞	植物細胞	減少
②	液胞	植物細胞	増加
③	液胞	動物細胞	減少
④	液胞	動物細胞	増加
⑤	小胞体	植物細胞	減少
⑥	小胞体	植物細胞	増加
⑦	小胞体	動物細胞	減少
⑧	小胞体	動物細胞	増加

問6　空欄 ア ～ ウ にあてはまるものの組み合わせとして最適なものを下の①～⑧のうちから1つ選べ。 36

細胞膜を介した物質の輸送において，濃度勾配にしたがった拡散により起こる輸送は ア である。特定の物質に結合してこの輸送を行うタンパク質を イ といい，主にアミノ酸や糖など比較的低分子で極性のある物質を運搬する。より大きな物質は細胞膜に包み込まれて運搬され，これにより細胞内に取り込まれる。このことを ウ という。

	ア	イ	ウ
①	受動輸送	担体	エキソサイトーシス
②	受動輸送	担体	エンドサイトーシス
③	受動輸送	チャネル	エキソサイトーシス
④	受動輸送	チャネル	エンドサイトーシス
⑤	能動輸送	担体	エキソサイトーシス
⑥	能動輸送	担体	エンドサイトーシス
⑦	能動輸送	チャネル	エキソサイトーシス
⑧	能動輸送	チャネル	エンドサイトーシス

物　理

第7問　以下の文章を読み，各問の答えを**解答欄**に記入せよ。ただし，重力加速度の大きさを g とし，空気抵抗は無視できるものとする。

図のように，一端が固定され，他端に質量が無視できる軽い板を取り付けたばね 1 と 2 が水平面上に置かれている。これらばね 1 と 2 のばね定数はそれぞれ k である。この水平面上には摩擦区間 ab があり，それ以外の水平面は滑らかである。また水平面上には，質量が未知の小球が置かれている。

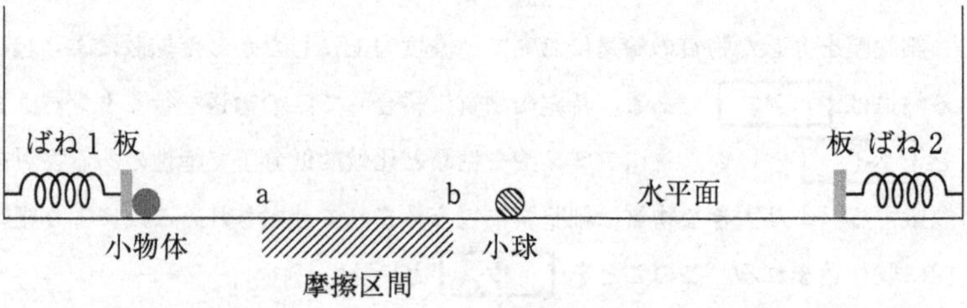

質量 M の小物体をばね 1 に取り付けられた板に押し付け，ばね 1 を距離 d だけ押し縮めて静かに放したところ，小物体は運動を始め，板から離れた。その後，小

物体は水平面上を運動し，摩擦区間 ab に入った。

問1　板から離れた瞬間の小物体の速さを求めよ。

小物体は摩擦区間 ab を通過した後に小球と衝突して一体となった。その後，この一体となった物体は水平面上を運動し，さらにばね2に取り付けられた板と衝突して一体となり，振幅 A，周期 T で単振動した。

問2　小球の質量を T，k，M で表せ。

問3　一体となった物体がばね2と衝突する直前の速さを求めよ。

問4　小球と衝突する直前の小物体の速さを求めよ。

問5　小物体が摩擦区間 ab を通過する前後で失った運動エネルギーを求めよ。

化　学

第8問　次の記述を読み，問い（**問1～問8**）の答えを**解答欄**に記入せよ。

炭素数が1の化合物を他の化合物へ変換する技術は「C1化学」と呼ばれ，工業的にも極めて重要である。下図は，炭素数が1の化合物の相互変換反応を，ヒドロキシ基を有する化合物Aを起点として示したものである。

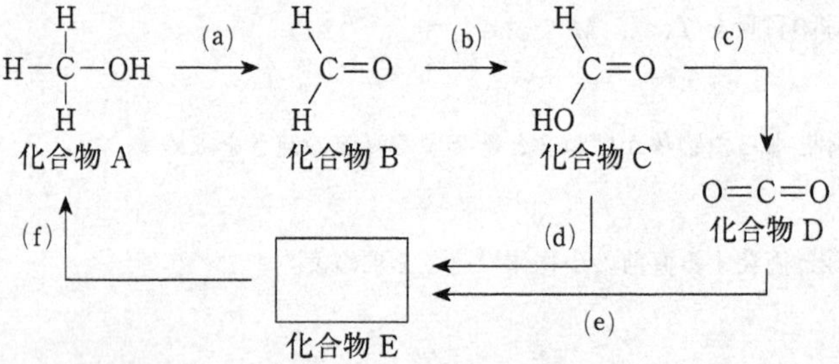

反応(a)：化合物Aを酸化すると，化合物Bが得られる。

反応(b)：化合物Bを酸化すると，化合物Cが得られる。

反応(c)：化合物Cを酸化すると，化合物Dが得られる。

反応(d)：化合物Cを濃硫酸とともに加熱すると，化合物Eが得られる。

反応(e)：化合物Dを高温の黒鉛（グラファイト）と反応させると，化合物Eが得られる。

反応(f)：化合物Eを触媒の存在下で高温高圧で水素H_2と反応させると，化合物Aが得られる。

問1　化合物Aの名称を記せ。

問2　化合物BとCはいずれも還元性を示す化合物である。その還元性は化合物BとCがともに有する分子構造中の官能基に由来する。この官能基名を答えよ。

問3　反応(b)により炭素原子の酸化数はいくつからいくつへ変化するか。ただし，0以外の酸化数は符号つきの整数で表せ。

問4　化合物AとCを脱水縮合するとエステルが得られる。そのエステルの構造式を示せ。

問5　反応(c)において化合物Cは還元剤としてはたらく。その反応を半反応式（電子 e^- を含む反応式）で示せ。ただし，反応式中では化合物CとDは化学式で表すこと。

問6　化合物Dは常温常圧で気体である。化合物D（気体）の生成熱はいくらか。ただし，化合物A（液体）の生成熱は239 kJ/mol，燃焼熱は726 kJ/molとし，水（液体）の生成熱は286 kJ/molとする。

問7　化合物Eを化学式で示せ。

問8　化合物A～Cのうちの1つは，その水溶液に炭酸水素ナトリウム水溶液を加えると化合物Dが発生する。その反応の反応式を記せ。ただし，反応式中では化合物A～CやDは化学式で表すこと。

生　物

第9問　次の記述を読み，問い（**問1～問6**）の答えを**解答欄**に記入せよ。

大陸から非常に離れた島にて，ある植物が広く繁茂しているとの報告を 10 年前に受けたため，その年以降，毎年その植物の個体数調査を行った。この島は 3 km^2 と非常に広いために，(ア)区画法による調査を 8 人で実施した。この島に 10×10 m の正方形の区画を 1 人 1 区画の合計 8 区画設け，それぞれの区画の重複は無いようにした。10 年前の調査の結果，8 人がそれぞれ 10，20，30，20，10，15，25，20 個体を確認した。そのために，この島に分布する全個体数が，[イ] 個体であると推定された。それ以降の調査で個体数は増加を示し，3 年前の調査の結果は，8 人がそれぞれ 20，30，40，30，10，25，25，30 個体を確認し，その際に推定された個体群密度は [ウ] 個体 /km^2 と推定された。しかし，この年以降は，この植物の (エ)個体群密度がほぼ変わらなかった。

個体群密度の変化に伴って，個体の成長や生理的・形態的な性質が変化することは (オ)密度効果とよばれる。ここ数年，この植物の個体群密度がほぼ変わらなかったために，これまでの個体群に注目した調査に加えて，新たにこの植物の花の色や形に注目した調査を行った。この植物には様々な花の色や形があり，これまでの報告から花の色に関する対立遺伝子である A と a について，遺伝子型が AA は赤色，aa は青色，Aa は紫色となることが知られていた。そのためにこの植物をランダムに 200 個体を選び調査したところ，花色が赤のものが 70 個体，青のものが 70 個体，紫のものが 60 個体と分けることができた。花色に関して突然変異が起こらないとすると，a の遺伝子頻度が [カ] であることが分かった。また，花の形についても調査したところ，(キ)雄しべや雌しべがそれぞれ花弁やがく片に変化したホメオティック突然変異体を見つけることができた。

近年は，この島で外来生物を見かけるようになり，島にもとからいた在来生物の生活に影響を与えるようになってきた。(ク)外来生物は在来生物の絶滅を引き起こす要因の 1 つとなっており，今後はこの島の在来生物への影響が懸念される。

問1　空欄 [イ]，[ウ]，[カ] に入る数値を記せ。

問 2　下線部（**ア**）について，区画法による調査が適さない生物を，次の選択肢①～⑥の中からすべて番号で選べ。

①　モンシロチョウ　　②　クロフジツボ　　③　シオカラトンボ
④　トノサマガエル　　⑤　ハイマツ　　⑥　ソテツ

問 3　下線部（**エ**）の理由を記せ。

問 4　下線部（**オ**）に関して，密度効果によって同一種の形態や行動に著しい違いが生じる現象は何とよばれるか記せ。

問 5　下線部（**キ**）に関して，ABC モデルを基に理由を記せ。

問 6　下線部（**ク**）に関して，在来生物が外来生物の影響を受けやすい理由を記せ。

れるにふさわしい形で提示されるあり方が出現したということ。

問十　空欄 D に入れるのに最も適切な語を、本文中から抜き出しなさい。解答番号は 29 。

問十一　筆者の考えに最も合致しているものを、次の①～④のうちから一つ選びなさい。解答番号は 30 。

① 取材や編集を経ない生の情報にいつでもどこでも触れることができ、人気のある情報が目にとまりやすい環境のなかでは、文化はすり減り衰えていく。

② 編集は、生命活動の最初から始まっており、それを外部化・自動化することで文化文明は発展してきたのだから、コンピュータによる全面的編集は人類の発展の必然である。

③ スマホに依存しないようにしていけば、日本人独特の感覚が後退することは防げるので、音楽や芸能がコンピュータにとりこまれても日本文化が衰退することはない。

④ コンピュータ・ネットワークには大量の情報が集まっているが、情報の本質は区別力にあるので、コンピュータ・ネットワーク上で人気のある情報は価値が高い。

②　すべての情報をフラットにし、アクセス数によってヒットしやすい順に並び替えるＳＮＳには、現場性や編集性が欠けている。
③　ニュースをディープなものにしたり、日本文化の再興を支えたりする可能性がＳＮＳにはある。
④　ＳＮＳにはいろいろな問題があるが、信頼するに足るビッグデータの形成に資するものであることにはかわりはない。

問八　空欄 C に入れるのに最も適切な熟語を、本文中から漢字で抜き出しなさい。解答番号は 27 。

問九　――線部6「『もうひとつの世界』のあり方の出現」の説明として最も適切なものを、次の①〜④のうちから一つ選びなさい。解答番号は 28 。
①　ヒトの脳が複雑化して言葉や道具が作られ、文字や数字を使うことで、情報の一部のみならず多くが自動化されていくようになった世界が出現したということ。
②　ＩｏＴやロボティクス、人工知能（ＡＩ）によるディープ・ラーニング（深層学習）により、人間には不可能な高度な編集が可能になり、情報の社会的価値が向上した世界が出現したということ。
③　コンピュータ・ネットワークに蓄積された大量の情報世界の中から、一人一人にふさわしいと自動的に判断選択された情報が個人に届くようなあり方が出現したということ。
④　取材する者とされる者による緊張感のある駆け引きによって浮かび上がった新しい情報世界が、人々に届けら

問五　――線部3「『現場性』や『編集性』は〝緊張する情報群〟と直結していた」とあるが、筆者が考えるこれとは対照的な状況として最も適切なものを、次の①～④のうちから一つ選びなさい。解答番号は 24 。

① ニュースのきっかけがどのようなものであってもかまわない状況。
② 「いいね」ボタンに引っかからない情報も重視される状況。
③ 「現場性」や「編集性」が報道文化を支えている状況。
④ 自動報道性がユビキタスに広がっている状況。

問六　――線部4「その同じ目で最近の日本文化が語れないのです」から読み取れる筆者の考えとして最も適切なものを、次の①～④のうちから一つ選びなさい。解答番号は 25 。

① 過去同様現代においても、日本文化の際立つ特色を強調することは出来ない。
② 一九二〇年代などの昔の日本文化と最近の日本文化を比較する必要はない。
③ 最近の日本文化はどれも似たり寄ったりのものが多く、個性がはっきりしない。
④ 最近の日本文化の強い個性や特色を強調するには、新しい視点が必要である。

問七　――線部5「かなりおかしな話です」が指し示している部分から読み取れる、筆者のSNSに対する評価として最も適切なものを、次の①～④のうちから一つ選びなさい。解答番号は 26 。

① フェイク情報や炎上情報がアクセス数上位を独占する可能性が高いため、SNSの情報には信頼性がおけない。

問二　空欄 A ・ B に入る最も適切な組み合わせを、次の①～④のうちから一つ選びなさい。解答番号は 21 。

① A　報告 ―― B　予報
② A　広報 ―― B　公報
③ A　応報 ―― B　報道
④ A　報知 ―― B　諜報

問三　――線部1「新しい波頭にしていくのがニュースです」とあるが、ここでのニュースの特性をわかりやすく説明している箇所を、本文中から三十字以上三十五字以内で抜き出し、最初と最後の五字をそれぞれ記しなさい。句読点や記号も一字に数えます。解答番号は 22 。

問四　――線部2「情報と行動は一緒くたになり」とはどういう意味か。説明として最も適切なものを、次の①～④のうちから一つ選びなさい。解答番号は 23 。

① ツイッターやユーチューブに投稿することが情報になるということ。
② 監視カメラによる行動の記録がそのまま情報になるということ。
③ 記者やライター、カメラマン等の取材行動が情報になるということ。
④ 情報収集のための緊張したかけひきがトーンダウンするということ。

そんなことは心配無用かもしれませんが、さあ、これまたどうか。

第五には、以上とは逆に、日本人が電子メディアをもっと［D］なものにできることを期待したいということです。

これらは、まだ控えめの課題です。もう少し大きな課題としては「日本的情報文化論」のようなものを構想できる才能や研究者があらわれること、日本のマクルーハンや日本のウンベルト・エーコの出現を期待したいのです。

（松岡正剛『日本文化の核心』による）

注1　ユビキタス……いつでもどこでも扱えること。

注2　サイバネティクス……機械、生物、社会のシステムにおける制御や通信・情報伝達の構造を、基本的に同一の視点や方法で研究しようとするもの。

注3　メルクマール……物事の判断基準や指標。もしくは達成までの中間的指標のこと。

注4　IoT……〝Internet of Things〟の略。パソコン類以外の物をインターネットに接続することでコントロールすること。

注5　ロボティクス……ロボットの設計・製作・制御を行う「ロボット工学」のこと。

問一　——線部a～eの漢字は読みをひらがなで、カタカナは漢字に直して楷書で書きなさい。解答番号はa［16］・b［17］・c［18］・d［19］・e［20］。

されることになりました。けれどもそれは情報の一部が自動化されるだけだったのです。

ところがチューリング・マシンが考案され、コンピュータとデジタル化の技術が出現すると、事態は一変した。驚くべきスピードで大量の情報がコンピュータ・ネットワークの中に入るようになったのです。のみならず、その大半がパーソナライズされて、個人の手元に届き、個人はそのデジタル情報世界を相手にするようになったのです。私がアップルのパソコンに出会ったのは三〇代後半のことで、そのときは画期的な電子文房具の登場に感動したのでしたが、それは認識が甘かったのです。それは6「もうひとつの世界」のあり方の出現だったのです。

いまや、情報世界とコンピュータ・ネットワークは同義です。そこにＩｏＴ[注4]やロボティクス[注5]が加わり、人工知能（ＡＩ）によるディープ・ラーニング（深層学習）が加わりました。ニュースはこちらが圧倒的に吸収しています。編集工学を提唱してきた私としては、ここは大いに考えこむべきことが一挙に到来してきたことになります。

すでに私の前にはいくつかの課題がピックアップされています。本書は日本文化についての本なので、それに関連することだけをお知らせするにとどめますが、ここにはいくばくかの老婆心も差し込みます。

第一には、日本の電子文化は海外の情報機器に席捲されるのかどうかということです。これは日本の経済社会の情報インフラにかかわります。第二に、日本人によるソフトウェアやアプリがどのくらいヒットできるかということです。とくにインターフェースやブラウザーに日本的な工夫がほしいところなのですが、そこはどうか。

第三に、記憶や学習の方法に質的な変化がおこるのかどうかということです。これは今後の教育のカリキュラムに関係してくるでしょう。第四には、音楽や芸能がコンピュータに採り込まれることによって、本書でも話題にしてきた日本人独特の「間拍子」や「引き算」の感覚が後退するのではないかという心配があります。スマホに頼らないようにすれば、

本文化が語れないのです。それは情報文化の突起をＳＮＳが拾えなくなって以来のことのような気がします。ＳＮＳはすべての情報をフラットにするだけでなく、アクセス数によってヒットしやすい順に並べ替えてしまいます。これは新聞が読者の投票によって毎日の記事を一面から組んでいるようなもので、5かなりおかしな話です。しかもアクセス数が多ければ、フェイク情報や炎上情報が上位を独占する。ではここから何が変化してくるといいのか。容易にdシンキジクがあるとは思いませんが、そのメルクマール（注3）は、ニュースと笑いがディープになることにかかっているように思います。

もうひとつ、気になることがあります。コンピュータ・ネットワークの技術が驚異的に発達して、ほとんどの情報がデジタル情報となったことによって、コンピュータ・ネットワークの集合体が超巨大な情報社会を形成しているということです。むろん日本もこの中に組みこまれている。

情報の本質は区別力にあります。グレゴリー・ベイトソンは「差異」と言いましたが、区別力と見たほうがわかりやすいでしょう。この情報の区別力は生命体がつくりだしたものでした。太陽系の中の惑星のひとつに生命が誕生したのは、無数にありうる物質の組み合わせに劇的な変化がおこって（海底のシアノバクテリアが光合成をおこして）、やがてアミノ酸やタンパク質による自己複製化や自己組織化が進むようになったからです。つまり情報を編集する力はすべて生命情報のしくみに起因していたのです。

かくして生物の多様な進化がおこり、ヒトが出現し、脳が複雑化して、言葉や道具がつくられた。これによって何がおこったかといえば、生命情報の編集のしくみが［Ｃ］され、人間はその外部化された情報を扱うようになり、文明や文化を構成することになったということです。文字と数字がそのための最も重要なツールとなります。

その後、時計や活版印刷や蒸気機関やeボウセキ機や写真機や通信機が発明されると、情報の組み立てがしだいに自動化

こうして3「現場性」や「編集性」は〝緊張する情報群〟と直結していたという事情から後退せざるをえなくなってきたのです。

むろん、これらがまずい事態だということではありません。どんなきっかけからニュースが取り出されようと、それはそれで立派なニュースなのですが、このような自動報道性のユビキタスな広がりは、もうひとつの問題をおこしていたのです。それは、リークや監視カメラや「いいね」ボタンに引っ掛からない情報を摩滅させていったのです。その摩滅しつつあるものは何かというと、それが「文化」というものでした。

かつて私は『情報の歴史』（NTT出版）という大複合年表を、数年をかけてつくったことがあります。政治・経済・社会動向・科学・医療・アート・商品・消費動向・流行・事件・人物・技術動向・メディア動向・環境動向を一緒くたにし、国とジャンルをこえて年代を追って並べてみたものです。

このとき、情報文化がありとあらゆる場面に染み出していくダイナミズムを如実に実感できました。たとえばエリザベス女王とイヴァン雷帝とスレイマン大帝と信長と家康は、数歳ちがいの同時代人なのですが、この時代の情報文化はまことに強烈で、実に充実していました。また、一九二〇年代の情報文化にはハイデガーもベルクソンもコクトーも菊池寛も柳宗悦も、シュルレアリスムも未来派もシェーンベルクも「タイム」も「文芸春秋」も、真空管ラジオもプロペラ飛行機もガンジーも正力松太郎も江戸川乱歩もカポネもCゴエツ同舟で、どんなところからも極上で個性の激しい情報文化が噴き出ていました。そういう時期とくらべる必要があるかどうかはべつにしても、昨今の日本文化は（世界の先進国の情報文化も似たり寄ったりではあるものの）、その特色がかなり薄くなっていると言わざるをえません。

本書は日本文化の際立つ特色をできるだけ強調するようにつとめてきたのですが、残念なことに4その同じ目で最近の日ニュースも笑いも編集されるのです。つまり、最近の日本の情報文化が低迷しつつあるとすると、これは編集力の低下によるものだったともいえるのでした。

ニュース（news）は「新しいもの」という意味です。あふれかえる情報の海の中から、新しい出来事としてピックアップできる情報を「知らせる形」にしたもの、それがニュース（ニューズ）です。もともとインフォメーションとしての情報は「イン・フォーム（in-form）されたもの」という意味ですから、情報はそれ自体が「知らせる形」をもっているのですが、それを1さらに新しい波頭にしていくのがニュースです。当然、何が新しいのか、尺度が必要です。

昭和四一年（一九六六）、日本新聞協会は万余の情報ソースがそれなりのニュースになりうる尺度があるとすれば、それは次の八項目がインディケータ（目安）になるだろうということを示しました。①新奇性、②人間性、③普遍性、④社会性、⑤影響性、⑥記録性、⑦国際性、⑧地域性、この八項目です。当たらずとも遠からずですが、いまやそこに「現場性」や「編集性」がa躍如するかというと、そこが変質してしまっています。ニュースは報道されるものですから、たえず取材が必要です。だから新聞記者も雑誌記者もテレビ記者も、どんどん取材する。一方、取材される側は書いてほしい情報をできるだけ外に向け、ヤバイ情報はなるべくフタをしたい。そこを記者が突破し、ライターが敷衍《ふえん》し、編集者が抉《えぐ》り、カメラマンがb疾駆する。その駆け引きが報道文化をつくってきたわけでした。

ところが、ウェブ情報時代と監視カメラ時代がやってきて、なんでもツイッターでリークができて、なんでもスマホでユーチューブに投稿できるようになってくると、以前の緊張した駆け引きはトーンダウンせざるをえなくなってきたのです。また監視カメラが街頭にも駅のホームにもタクシーの中にもゆきわたってくると、2情報と行動は一緒くたになり、その「証拠」は自動的に抽出できるようになっていきました。

第二問　次の文章を読んで、後の問いに答えなさい。

情報という言葉は「インフォメーション」（information）の訳です。明治で「情報」という言葉が登場したのはフランス語の〝renseignement〟を陸軍が「敵情を［A］する」という意味で「情報」としたことに始まっています。その後、福沢諭吉が『民情一新』の中で〝information〟を「インフォルメーション」とそのまま抜き出し、おそらくは陸軍軍医でもあった森鷗外がそれに「情報」をあてはめたのだと思います。

しかし、ながらく日本語の情報は「インテリジェンス」（intelligence）という意味としてつかわれてきました。インテリジェンスは地政学的で、軍事的な［B］的情報です。

今日でいう「情報」の意味は、ユビキタス（注1）な情報環境をととのえるための通信や電話や電報が発達してから使われるようになったもので、敗戦後はインテリジェンスのほうの情報はあまり研究もされなくなりました。

その後、生物学で「遺伝情報」とか「生体情報」という言葉が広まってきて、そのうちシャノンの情報通信理論やウィナーのサイバネティクス（注2）が確立し、さらにはマルチメディアやＡＩが機能するようになって、生命情報も心理情報も、社会情報も機械情報も環境情報も、そのすべてが統計学的な情報として解釈されるようになってきた。いまや、大半の情報はビッグデータとしての情報の範疇で語られます。これはコンピュータに入るものすべてが情報コンテンツとみなされたのが大きかったからでした。

しかし情報はどんな情報であれ、編集されることによって情報力をもつはずのものだったのです。遺伝情報もニュース情報も、編集されてナンボです。知識も文学も技術も編集されてきた。編集されない情報はおそらくないといっていい。

② B　あなたの能力　——　C　あなたの能力を試す人びとの社会

③ B　独立した個人　——　C　それら個人の集合としての社会

④ B　個々の身体　——　C　身体を支配する社会的環境

問十一　——線部8「ヤングは能力をまだ本質主義的に捉えすぎている」ことの説明として最も適切なものを、次の①～④のうちから一つ選びなさい。解答番号は **15** 。

① ヤングは、能力は個々の人間に本質的な特徴として確定されていると考えていた。しかし、障害学の観点から見ると、その考え方は個人モデルに基づいており、能力がないことであるディスアビリティをインペアメントとみなして障害者を抑圧するエイブリズムと同じ問題を孕んでいる。

② ヤングは能力を「知能＋努力」と定義するため、能力の本質を個人の努力の有無で判断する考え方につながり、それが自己責任論として障害者を抑圧してきた。エイブリズム批判は、その努力の限界が設備や制度などで決められていることを問題視する点でヤングの議論の不十分さを明らかにしている。

③ ヤングは、生得的な能力による競争を結果の平等から遠ざけるものとして批判したが、障害学のエイブリズム批判では、ある人の身体的・精神的な不具合は個性と認識される。結果の平等にこだわり過ぎて、人によって様々な個性の実現を認めない点で、ヤングは能力を本質主義的にとらえている。

④ ヤングは、能力は個々の人間に生まれつき不平等に備わっていて、その格差はどうしようもないものであると考えた。しかし、能力はその人を取り囲む特定もしくは不特定の人びとの配慮の不足と欠如、ならびにそれらを自明視ないし正当化する制度によって異なって判断されるものである。

② 能力は業績と同種の概念とみなされ、メリトクラシーは近代社会への発展という肯定的な意味を付与されたから。

③ 属性に対置される業績という概念が現れ、両者を接続する制度としてメリトクラシーが肯定的に理解されたから。

④ 能力は業績でしか測れないため、メリトクラシーは属性主義を打破する民主的な改革として肯定的に評価されたから。

問九　――線部7「エイブリズム」に関する記述として適切ではないものを、次の①～④のうちから一つ選びなさい。解答番号は 13 。

① エイブリズムは身体的にできることも理由に人を抑圧する。

② エイブリズムは人びとの能力を医学モデルに基づいて判断する。

③ エイブリズムはインペアメントとディスアビリティを区別する。

④ エイブリズムは正常とされるものに近づけることが良いと考える。

問十　空欄 B ・ C に入る組み合わせとして最も適切なものを、次の①～④のうちから一つ選びなさい。解答番号は 14 。

① B　あなた個人　――　C　あなたを取り囲む社会

会の平等を進めれば進めるほど、先天的な知能の優れたエリートが資本家や経営者となる。その結果、労働運動は「愚鈍な人びと」に担われることになるため、運動としては衰退していくほかないから。

問七　——線部5「不可避の自然の不平等をあらわにし、いっそう明らかにする以外に、教育の不平等をなくする目的はあるのだろうか」の説明として最も適切なものを、次の①〜④のうちから一つ選びなさい。解答番号は 11 。

① 義務教育制度はすべての子どもに適用されるため、そのなかから生まれつき才能のある子どもを選び出してエリートに育成する仕組みとして成功していることを婉曲的に述べている。

② 人間は天賦の才能が不平等であるため、多様性にもとづく競争が生まれて社会が発展するのだが、それにもかかわらず義務教育が不平等をなくすることを建前としてきたことを皮肉っている。

③ 教育の不平等をなくすためには、避けることのできない天賦の才能の違いを超えて、すべての子どもたちが平等に自分の能力を開花できる教育を実現する必要があることを暗黙のうちに表現している。

④ 義務教育制度は教育の平等を保障することを目的の一つとして導入されたが、その意図せざる結果として、子どもたちの生まれついての能力の不平等を際立たせることになったことを反語的に表現している。

問八　——線部6「否定的なものから肯定的なものに変化した」理由として最も適切なものを、次の①〜④のうちから一つ選びなさい。解答番号は 12 。

① 行政や企業で業績による評価が一般化し、メリトクラシーは平等な社会への転換を意味すると肯定されたから。

① なぜ労働運動は衰退するのか
② 社会主義は能力主義を強化する
③ なぜ義務教育は不平等をつくり出すのか
④ メリトクラシーは結果の平等を否定する

問六　——線部4「だから、労働運動は衰退するのである」とあるがなぜか。その理由として最も適切なものを、次の①～④のうちから一つ選びなさい。解答番号は 10 。

① メリトクラシーは能力や業績で人を評価するために、機会の平等を前提に地位や所得の不平等は是認する。これに対して労働運動は、地位や所得の平等を目指してきた。したがって、労働運動を進めることはメリトクラシーにとって有害であり、メリトクラシーのもとでは労働運動は衰退せざるをえないから。
② メリトクラシーは機会均等という賞を得たことによって広がったが、そこから先は能力と努力によって権力と収入を得るための競争になる。そこで万人は平等であるという理想を訴えると、人びとは競争する意味を失い、同時に経営者や政府に対抗して労働運動を進める意欲もなくなってしまうから。
③ 貧しいために能力を発揮できない人たち、能力はないのに親の遺産で大金持ちになっている人たち、そのどちらもあってはならないとするのがメリトクラシーである。この能力主義の考え方を進めることによって、不平等の問題はほとんど解決する。したがって、労働運動を進める意味が無くなってしまうから。
④ メリトクラシーの社会では努力してもどうにもならない知能によって地位や所得が決まるので、労働運動が機

④ 社会主義は労働者中心の福祉国家を目指しているが、生まれつき持っている能力と試験や労働における努力によって競争社会を勝ち抜くことを高く評価する社会になると、障害を持つ人びとや高齢者などを低く評価することにつながり、人びとが福祉国家を望まなくなる可能性がある。

問四　——線部3「メリトクラシーとデモクラシーの違いは、ここで最も鮮明になる」とあるがなぜか。その理由として最も適切なものを、次の①〜④のうちから一つ選びなさい。解答番号は 8 。

① 職業選択における学力や学歴をめぐる争いだけでなく、知能の低い人びとの政治参加を制限することで、さらに階級間の対立を激化させて、非暴力的な民主主義社会の秩序を破壊するから。

② 「才能ある人びと」に公務員の職務や権限を与えることに加えて、普通の人びとの選挙権をも不平等にするという点で、万人の平等な政治参加という民主主義の理念と対立するから。

③ 業績や能力によって収入に格差をつけるだけでなく、それらの格差を是正するための政治家を選ぶ過程にも能力主義を用いることで、民主主義の基礎である経済的な平等を掘り崩すから。

④ 女性や低所得者を排除していた従来の選挙制度に加えて、本人の努力ではどうすることもできない生得的な知能によって政治的な差別を行うことは民主的とは言えないから。

問五　空欄 A に入る小見出しとして最も適切なものを、次の①〜④のうちから一つ選びなさい。解答番号は 9 。

たまま機会の平等のみを唱え、エイブリズムは社会的につくられたものである能力の基準を固定化して人々を抑圧する。どちらも結果として不平等を助長し、平等主義的な民主主義の理念を損なうものである。

④　能力主義をメリトクラシーとエイブリズムに分けて考えると、メリトクラシーは「利口な人たち」が「愚鈍な人たち」を支配する階級制であり、エイブリズムは「個人モデル」に「社会モデル」を対置して社会制度の不備を放置する。どちらも不平等を自己責任に還元し、社会変革の可能性を奪う有害な言説である。

問三　――線部2「社会主義がメリトクラシー（能力主義）という形で新たな不平等や支配を生み出しうる」ことの説明として最も適切なものを、次の①～④のうちから一つ選びなさい。解答番号は［7］。

①　社会主義は資本家と労働者の対立を解消するために富の平等な配分を目指したが、生まれつき金持ちである者が有利にならないようにするために、試験や業績による競争原理を導入すると、能力の差による不平等や能力のある者がない者を支配する新たな階級社会を招く可能性がある。

②　社会主義は平等な社会を理想として、コネや生まれではなく業績や能力によって地位や所得が決まる社会を目指し、そのための競争の土台として初等教育の義務化を実施したが、高等教育への進学は経済格差を反映するため、結局のところ平等の理想は実現されないことになり得る。

③　社会主義は生まれついての貴族や資本家による支配を終わらせて平等な社会を築くために、個人の能力や努力を評価する制度を導入したが、そうして選ばれたエリートによる政治に大衆が反乱を起こすことによって、結果として平等な社会の実現が阻まれるという事態が起こり得る。

注1　ベヴァレッジ報告……一九四二年に英国の経済学者ウィリアム・ベヴァレッジがまとめた報告書。後に「ゆりかごから墓場まで」と呼ばれる社会福祉政策の土台となった。
注2　ハナ・アーレント……ドイツ出身の哲学者（一九〇六―一九七五）。
注3　トマ・ピケティ……フランスの経済学者（一九七一― ）。

問一　――線部a～eの漢字は読みをひらがなで、カタカナは漢字に直して楷書で書きなさい。解答番号はa [1]・b [2]・c [3]・d [4]・e [5]。

問二　――線部1「能力主義とは何か」への著者の答えを本文に即して考えたとき、最も適切なものを次の①～④のうちから一つ選びなさい。解答番号は [6]。

① 能力主義をメリトクラシーとエイブリズムに分けて考えると、メリトクラシーは遺伝決定論に基づいて優生学的な運動を促進し、エイブリズムは精神的、身体的にできないことのみを理由として人に対する不平等な処遇を助長する。どちらも結果の平等を否定し、少数のエリートによる支配をもたらす点で問題である。

② 能力主義をメリトクラシーとエイブリズムに分けて考えると、メリトクラシーは個人の努力を重視した機会の平等を守ることで平等な社会の基礎をつくるが、エイブリズムは身体的、精神的な違いを理由に不平等を助長する考え方を含む。したがって、メリトクラシーは維持しつつも、エイブリズムを変えていく必要がある。

③ 能力主義をメリトクラシーとエイブリズムに分けて考えると、メリトクラシーは個人間の能力の違いを温存し

ある人をそう名指すことで、できない人、能力を欠いている人という思い込みが始まってしまう。

第五に、優生学。これには、(一) 何らかの異常や欠損があると思われる人が生まれないようにすること、(二) 生まれつき異常や欠損がある人が子どもをもたないようにすること、(三) 異常や欠損があると思われる人を施設に閉じ込めたり、場合によっては殺害すること、の三つがあると執筆者のサンドラ・J・レヴィは言い、選択的中絶を優生学の今日的形態の一つとしている。

障害学のエイブリズム批判と、ヤングのメリトクラシー批判は、次の点で異なっている。ヤングは能力のある人とない人の分断が新たな支配を生み、人びとを平等、特に結果の平等という理念から遠ざけると批判したが、障害学がエイブリズムという言葉で批判してきたのは、能力があるとか、ないといった判断そのものが、思い込みで成り立っているということである。8ヤングは能力をまだ本質主義的に捉えすぎている。あるいは、障害学の言葉で言えば、能力を「個人モデル」で考えている。

駅にエレベーターがあれば、電車に乗ることができないとされてきた車椅子ユーザーも電車に乗ることができる。あるいは、話が理解できないとされてきたろう者も、手話で伝えれば、話している本人以上にその人の話を理解できる。ヤングのメリトクラシー批判は、できない人、能力のない人の救済という話に向かってゆき、ヤング自身、その救済について悲観的にしかなれなかったけれども、そもそも誰が、どういう前提で、できないとか、能力がないと判断しているのか。その物差しを揺さぶって、一つではなく、いくつもの軸を開いてゆくことが、障害学のエイブリズム批判である。

（市野川容孝「能力主義を問いなおす」による）

らだ」と答えるのに対して、社会モデルは「車椅子の人が使えるエレベーターが駅にないからだ」と答える。同様に、「あの人はなぜ私の話が分からないのか」という問いに、医学モデルが「あの人は耳が聞こえないからだ」と答えるのに対して、社会モデルは「私が手話で伝えないからだ」あるいは「音声だけで伝えるからだ」と答える。医学モデルが「[B]にどのような問題があるのか」と問うのに対して、社会モデルは「[C]にどのような問題があるのか」と問うのである。

二〇〇六年出版の『ディスアビリティ事典』は、エイブリズムを「見かけ上の、あるいは想定された、身体的、精神的、もしくは行動上の違いを理由として、人に対する不平等な処遇を助長する考え方と実践」と定義した上で、その具体例を五つあげている。

第一に、どうせ無理だと思うこと。障害をもつ子どもたちに対して、大人たちが最初から、どうせ無理だと諦めること自体が、子どもたちから能力を奪ってゆく。たとえば、発話障害のある子どもたちは、理解力も劣っていると誤解されることが多い。

第二に、正常（とされたもの）に近づけるのが良いと思い込むこと。たとえば、教師や親たちは、ろうの子どもたちの教育に際して口話主義でのぞみ、手話によるコミュニケイションを低く見がちだけれども、それは手話を一つの言語として平等に扱わないということである。

第三に、自己決定の制限。非障害者は、障害者は自分のことについて自分で決めることができないと思い込み、障害者に対してパターナリスティックに振る舞いがちだが、そのこと自体が障害者から能力と可能性を奪ってゆく。

第四に、「障害者」という言葉そのものを使うこと。disabledという英語は特にそうだが、「障害者」という日本語も、

私たちは、もう一度、ヤングに立ち戻って、デモクラシーを裏切るものとしてメリトクラシー（能力主義）を問いなおすこともできるはずだ。

もう一つの7「エイブリズム」という英語に照らして、能力主義を問いなおそう。

ＯＥＤ（オックスフォード英語辞典）のオンライン最新版は、ableism の初出を Off Our Backs というアメリカのフェミニズム雑誌の、障害をもつ女性たちを特集した一九八一年五月号に求めている。そこでエイブリズムは「一群の人びとを、その人たちが身体的、精神的にできること、もしくはできないことを理由にシステマティックに抑圧すること」と定義されている。「できない」ことだけでなく、「できる」ことが、抑圧につながりうるとされている点が興味深い。女性は、妊娠・出産「できる」がゆえに、家で育児にあたるべきで、外で働くべきではない、というのが、その一例だろう。

ableism という言葉はさらに、一九八〇年代に英語圏で確立された障害学（ディスアビリティ・スタディーズ）でもeヒンパンに用いられてゆく。障害学はまず、インペアメントとディスアビリティを区別する。インペアメントはある人の身体的・精神的な不具合——障害学ではさらにそれを一つの個性とも考える——を意味するのに対して、ディスアビリティはそのインペアメントを理由になされる一連の社会的な可能性剝奪（dis-abling）のプロセスを言う。

この区別に重ねて、障害学は「医学モデル」に「社会モデル」を対置する。医学モデルが、ある人が何かをできないことの理由を、その人のインペアメントに求めるのに対して、社会モデルはその理由を、その人を取り囲む特定もしくは不特定の人びとの配慮の不足と欠如、ならびにそれらを自明視ないし正当化する制度（法律等）に求める。医学モデルは「個人モデル」とも言われる。

たとえば、「あの人はなぜ電車を使わないのか」という問いに、医学モデルが「あの人は足が悪くて階段が登れないか

さて、最初は否定的な意味をもって生まれた言葉や概念が、その後、肯定的な意味で用いられるようになる、というのは、よくあることで、ヤングの造った「メリトクラシー」もその一例である。

今日、社会科学において「メリトクラシー」は、本人にはどうすることもできない性別や肌の色や年齢といった「属性」ではなく、本人の努力によって変化しうる「業績」によって、その人を評価する制度、すなわち「業績主義」という意味で用いられている。属性と業績は、アメリカの社会学者のタルコット・パーソンズが一九五一年の『社会体系論』で、前近代的な社会原理であるゲマインシャフト、近代的なゲゼルシャフトというF・テンニースのdベンベツを、さらに細かく分解した五組の対概念の一つとして提示したものだが、ヤングの『メリトクラシーの台頭』はその七年後の一九五八年の刊行なので、パーソンズはまだ「メリトクラシー」という言葉を知らないし、使ってもいない。ヤングがディストピアを描くために造った「メリトクラシー」が、パーソンズの「アチーヴメント（業績）」に接続される（あるいは、それと混同される）ことで、社会科学ではその意味合いも6否定的なものから肯定的なものに変化したと見てよい。

(注3)トマ・ピケティの『二十一世紀の資本』（二〇一三年）は、そうした変化を経て、メリトクラシーを基本的に望ましい原理・価値観としている著作の一例だ。格差の拡大や、富の一握りの人たちへの集中が批判されるべきなのは、メリトクラシー（パーソンズの言う業績主義）を脅かすからだとピケティは言う。「私たちの民主主義社会は能力主義的な世界観、少なくとも能力主義的希望に基づいている。それは、格差が血縁関係やレント（不労所得）ではなく能力や努力に基づいた社会を信じているという意味だ」。

ピケティは、メリトクラシーを守るために、格差の拡大と富の集中を批判する。しかし、それは機会の平等を説くだけで、結果の平等を最初から諦めることにならないか。ピケティはメリトクラシーをデモクラシーと同一視するけれども、

「人間は結局、天賦の才能が平等でなく、不平等であるため、注目すべき存在なのである。（…中略…）不可避の自然の不平等をあらわにし、いっそう明らかにする以外に、教育の不平等をなくする目的はあるのだろうか」（同書、一三八頁）。義務教育は、どの子どもも見逃さないという点で、スクリーニングとしては完璧とも言える。

メリトクラシーと優生学

ヤングによれば、メリットは「知能＋努力」と定義でき、さらに知能にも生育環境が関与するので、メリトクラシーは遺伝決定論ではないが、人びとが自分の子どものメリットを少しでも高めようとする結果、「優生運動」が広がる。「知能指数の低い女性と結婚する高い知能指数の男性は、自分の遺伝子を浪費しているわけであるから、女性の方の父や祖父の記録も調べるのが普通の慎重さである」（同書、二一一頁）。ヤングの小説では、二〇一六年、イギリス国内のすべての三歳児について調査が実施され、その結果を優生学研究所が一九五〇年以降、集めてきた四世代にわたる記録と照らし合わせることで、「子どもの知能はその祖先の知能から予言して間違いない」（同書、二一八頁）ことが証明される。

フェビアン協会所属の社会主義者だった作家のジョージ・バーナード・ショーは、優生学の熱心な支持者としても有名だ。彼の主張は「社会的な階級差別と貧富の差が、人びとを優生的に最も望ましい結婚から疎外している以上、階級の区別をなくせば生物学的に望ましい男女の結合が増えるはずだ」というものだった。ショーのような社会主義者は他にもたくさんいた。イギリスに限ったことでもない。ヤングの『メリトクラシーの台頭』は、社会主義の立場から、社会主義の中のそういう流れを批判した本だと言える。

て階級に分かれている」のであり（邦訳『メリトクラシー』一七頁）、かつての上級階級と下層階級の「利口な人たち」が両階級の「愚鈍な人たち」を支配する（同書、一二八頁）。

メリトクラシーにおいては選挙に関して「一人の票数をその知能に比例させる比例代表制」という極端な提案も出されるが（同書、一六五頁）、3メリトクラシーとデモクラシーの違いは、ここで最も鮮明になる。（注2）ハナ・アーレントも「教育の危機」という論考（一九五八年）で「メリトクラシーは、ほかの寡頭制と同じく、平等の原理つまり平等主義的民主主義の原理と対立する」と述べている。

［　A　］

ヤングの小説の第六章は「労働運動の衰退」と題されている。なぜ、労働運動は衰退するのか。メリトクラシーがそれを機会の平等で立ち止まらせ、さらに結果の平等へ進むことを阻むからである。「社会主義者は、平等を説くことによって機会均等という賞を得たが（…中略…）機会均等が実現されると、平等を説き続けることは明らかに不必要であるばかりでなく、労働運動が名誉とすることのできる成果でさえダメにしてしまうと考えられた」（同書、一五四―五頁）。

メリトクラシーは、機会が平等になることで作動するが、逆に（能力に関係なく）結果の平等がもたらされれば無意味になる、そういう制度である。能力はあるのに、貧しい家庭に生まれたがゆえに、それを発揮できない人たち。その逆に、能力は全くないのに、親の遺産で大金持ちになっている人たち。そのどちらもあってはならないとしながら、社会主義は、しかし能力主義を知らず知らずのうちに強化してゆく。4だから、労働運動は衰退するのである。

機会の平等を保障する（とされる）義務教育も、結果的には不平等をつくり出すものでしかない、とヤングは言う。

な不平等や支配を生み出しうることへの警告として書かれている。

小説の舞台は、二〇三四年のイギリス。その前年の五月に、メリトクラシーに抗して一般大衆が反乱をおこすという想定で、その反乱が社会をどう変えうるか、という問いかけで、この小説は始まり、また終わるのだが、小説の大部分は、一八七〇年から二〇三四年までのイギリス社会の歩みのふりかえりにあてられている（出版年の一九五八年以降のことはヤングの想像）。

なぜ、一八七〇年から始まるのか。この年にイギリスでは初等教育が義務制になる。と同時に、公務員職も、権限をもつ者によるaシイ的な任用ではなく、競争試験によるbトウヨウが原則となった。これ以降、コネや生まれではなく、メリット（業績や能力）によって、その人の地位や権限や所得が決められる制度が徐々に広がると同時に、そのメリットを育む機会が初等教育として万人に提供されてゆく。つまり、一八七〇年は、イギリスにおけるメリトクラシー元年なのだ。

今では人口に膾炙《かいしゃ》しているが、この小説が発表された一九五八年当時は、誰もが初めて目や耳にする新奇な言葉だった「メリトクラシー」を、作者のヤング自身はどのようなものとして描いたか。少なくとも三点ある。

メリトクラシーはデモクラシーではない

メリトクラシーは、万人の平等を前提とし、またその実現を目指す「デモクラシー」とは別物である。それは、これまでの「生まれつきの貴族の支配」や「富豪たちのc寡頭政治」に取って代わる「才能ある人びと」「もっとも優秀な人びとによる支配」であり、支配するエリートたちは最低でも知能指数一二五の持ち主で、その数は国民の五％。

メリトクラシーによって階級対立はなくならない。そうではなく、ヤングの描く未来社会では、人びとは「能力によっ

国語

（九〇分）

第一問　次の文章を読んで、後の問いに答えなさい。

「能力主義」という日本語は、狭義には、日本的雇用の特徴とされる年功主義との対比で、年齢や勤続年数ではなく、その人の業績や職務や職能によって職位や給与を決定していくことを指すが、広義には、次の二つの英語に対応するものと理解されている。一つはmeritocracy（メリトクラシー）、もう一つはableism（エイブリズム）であり、どちらも「能力主義」と訳されてきた。この二つの英語に照らしながら1能力主義とは何かを問いなおしてみよう。

一つ目の「メリトクラシー」という英語は、イギリスの社会学者、マイケル・D・ヤング（一九一五―二〇〇二）が一九五八年に著した『メリトクラシーの台頭』という近未来小説で広められた。実はとても新しい言葉である。その二年前の一九五六年に、同じくイギリスの社会学者のアラン・フォックスが「階級と平等」という論考で、「メリトクラシー」という言葉を批判されるべきものとして用いている。

ヤングは、学者になる前は、労働党系の社会主義者として活動し、アトリー労働党政権がベヴァレッジ（注1）報告等をベースに現代福祉国家を築いてゆく際にも尽力した。彼のこの小説は、2社会主義がメリトクラシー（能力主義）という形で新た

解答編

英語

I 解答　1―②　2―④　3―④　4―①　5―④　6―③
7―④

8-1．ある研究者は，自分が売っているものについて，すなわち脳神経データについて熟知しているのであれば，それを自分が欲しいものと交換する権利は制限されるべきでないと言っている。

8-2．脳科学の技術はその可能性と影響力が多岐にわたっていて，すべての技術に対して網羅して対応できる解決法が存在しないからである。

9-1．④　9-2．②　9-3．⑧

◀解　説▶

≪ブレイン=マシーン=インターフェース技術の可能性と問題点≫

1．第1段ではさまざまな頭字語 BMI のそれぞれの意味が紹介されている。①はプラスチックの bismaleimide，③は肥満指数，④は経営情報を表す際に BMI が用いられていることが前置きとして述べられている。そして本文第2段以下につながっていくのはブレイン=マシーン=インターフェース技術であるから②を選択する。

2．③は by using 以下が本文と一致しない。本文では第2段第5文（Using brain signals, …）「体に接続されていない義手を動かしてナイフとフォークでうまく食べられる」と書かれている。④は第2段の最後の2文（Another example is … his brain signal.）の内容と一致する。瞬きでコミュニケーションを取れる人の例を挙げている。

3．「BMI 研究を発展させるうえで倫理問題を規制するために研究者は何が必要であると考えているか」が設問の意味。第4段第3・4文（Some research groups … our organs are.）に「プライバシー保護のための厳格な法律」と「脳細胞データの保護」が必要である旨が言及されていることに着目する。

解答編

4．neurorights「脳神経に関する権利」は新しい概念で辞書等にも出ていないが，それについては第5段（Concerned researchers led …）で論じられている。この権利が網羅する領域は5つあるとされている。精神的プライバシー，精神的不可侵権（アイデンティティ権），精神的自由意志，認知強化権，メンタル=バイアスである。このことから①「個人の財産を侵害するいかなる意図にも抗議する権利と同種のもの」が想定される。

5．「BMIによる『認知を高めるドーピング』がありふれたものになるとしたら，何が懸念となるだろうか」が設問の意味。第6段第6文（The advocates of neurorights …）で貧富の差によって認知力を高められるかどうかが決められるようなことがあってはならないと論じられている。

6．下線部theyを含む文の前文の意味は「例えば，研究者は依存症と鬱症状の原因となる脳活動を突き止める器具を開発してきた」となり主語がresearchersになっていることに着目する。

7．advocate「擁護者，支持者」

8-1．質問は「人間の脳が新たな資産となりつつあるときに，我々の脳のデータについて研究者は何と述べているか」である。最終段第2文（One researcher claims …）でのyouは〈総称のyou〉で読者を含め一般の人々を表す。what you are sellingのwhatは先行詞を含む関係代名詞で「自分が売っているもの」と解する。whatを疑問詞として「自分が何を売っているか」と解してもかまわない。exchange *A* for *B*「*A*と*B*を交換する」 something (that) you want（=what you want)「欲しいもの」

8-2．質問は「エモリー大学のある教授によると，現在ある医療ガイドラインが精神面でのプライバシーと自由を扱うのに，うまく機能していないのはなぜか」ということ。最終段の第6～最終文（Yet, each technology … using brain technologies.）に説明されている。第7文の主部はsolutions to cover every technologyで，現時点ではまだそれが存在していないことが原因である。

9-1．第2段（The initial research …）では2019年に事故で四肢が動かせなくなった患者の脳に電極を埋め込み，脳波を送ることによって患者の義手を動かせるようになった事例などが紹介されていることから，④の「医学を目的とするBMIの最新の成果」が紹介されている。

9－2．第 4 段（Many neuroscience researchers …）では脳神経に関する技術に対する脳科学者の懸念が述べられているので，②の「BMI 悪用に関する科学者の主張」を選ぶ。特に同段第 2 文（However, if it …）を参照。続く第 3 文（Some research groups …）以下に，脳細胞データは，臓器と同様に保護されるべきという主張がされているので⑤「脳神経データを保護する全体的指針」と迷うかもしれないが，具体的な指針が示されているわけではないので，⑤はメインポイントとしては不適切である。

9－3．第 6 段（Apart from privacy …）では BMI 装置を利用して cognitive capabilities「認知能力」を高めることが可能になるかもしれないことが述べられ，貧富の差によってそれを利用できる者とできない者が生まれないようにすべきことが述べられている。したがって⑧の「認知能力の強化に潜在する問題」を選ぶ。

II 解答

10. popularity　11. discover　12. leave　13. need　14. exposing　15. effect　16. depression　17. accelerating　18. worth

◀解　説▶

≪森林浴の効能≫

10.「森林浴の人気はその単純さにある」

11. 空欄を含む文の主部は Just walking … and breezes である。「毎日の生活の忙しさにまぎれて誰もが期待していなかったようなものを発見する助けとなるでしょう」

12. leave *A doing*「*A* が～する状態のままにする」 leave *A done*「*A* が～される状態のままにする」

13. All (that) you need is *doing*「～するだけでよい」 experiencing と feeling は動名詞で補語となっている。

14. expose *oneself* to ～「～に触れる，～に身をさらす」

15. 空欄を含む文の主部は A large amount … the 1980s である。positive effect「プラス効果，好影響」

16.「鬱病とか心的外傷のような精神的ストレス」

17. accelerate recovery「回復を加速する」

18. worth *doing*「～する価値がある」

Ⅲ　解答　19―③　20―④　21―③　22―②

◀解　説▶

≪新型コロナウイルス感染症が人口動態に及ぼした影響の調査≫

19. 表は年齢層別移住者が百分比で示され，さらに移住理由が一覧で示されている。調査対象者はオペラ市（架空の市）の 18 歳以上の成人 6270 名であることに留意する。英文の冒頭に「2020 年に新型コロナウイルス感染症の流行ゆえにこの国で数百万の人々が移住した」とあることから③を選択する。

20. 表から 18-29 歳の年齢層が 11％で最大の集団になっていることがわかる。

21. 移住理由で 7.2％を占める「感染するリスクを減らすため」から判断する。

22. 調査対象者 6270 名のうち 18-29 歳の年齢層で実際に移住した者は 11％であることから算出する。

Ⅳ　解答　23―①　24―④　25―③　26―①

◀解　説▶

23. 空欄の後の言葉，「今すぐに睡眠をとるべきよ」から，①「疲れた顔をしているのも当然ね」を選ぶ。look awful「ひどい顔色している」 stay up all night「徹夜する」 final「期末試験」

24. 空欄の前の言葉，「電話を受けながら車に駆けて行ったよ」から，④「電話を受けるやいなや」が流れとなる。

25. 空欄に続く言葉の中に once a month「ひと月に一回」から頻度が質問されていることがわかる。

26. ホームステイ先での別れの挨拶であることを念頭に置くこと。①「みなさんのおもてなしに対して感謝で胸がいっぱいです」が自然な流れとなる。

V　解答

27. the dust travels long distance at 72km per second

28. but most of it entirely burns when going through the

29. because it has traveled a long and challenging way

◀解　説▶

27. per second「一秒につき」

28. when they are going through the atmosphere となるが，主節の主語と従属節の主語が同じ場合，従属節では〈主語＋be 動詞〉は省略され，when going through the atmosphere となる。

29. travel a long way「長旅をする」

日本史

1 解答

問1．③　問2．④　問3．②　問4．④　問5．③
問6．⑤　問7．②　問8．③

◀解　説▶

≪塩業の歴史≫

問2．④誤文。木簡とは木の札に文字を墨書したものであり，役所における官人の日常的な文書や，都への貢進物の荷札など，さまざまな場面で使用された。その多くは，丁寧に保管されることなく，破棄されて土の中に埋もれたものである。

問4．④誤文。史料文の10行目に，「一，当島御年貢塩は，八九月中に弁進せしむる事は先例也」とあるので，年貢の徴収は冬ではない。

問5．③正答。X．誤文。史料文の16行目以降を参照すると，「重くて持ち運ぶのが困難」との記載はない。Y．正文。

問6．⑤正答。ア．問題文の1～3行目の説明から揚浜法が適当。揚浜法による製塩は，主に中世から始まった。イ・ウ．イは，問題文の5行目以降の説明から入浜法が適当。入浜法による製塩は室町時代後期に伊勢地方で始まり，近世には瀬戸内地方で発達した。

問7．②正答。河岸とは江戸時代に河川や湖沼の沿岸にできた着岸場の呼称である。

2 解答

問1．③　問2．②　問3．②　問4．①　問5．③
問6．③　問7．①　問8．②　問9．⑤

◀解　説▶

≪弥生時代から古墳時代の歴史，平安前期の歴史≫

問3．②正答。X．正文。Y．誤文。史料文中から伊都国が「特に人口が多かった」ことは読み取れない。

問4．①正答。甕棺墓は弥生時代に九州北部で多く見られた墓制であり，一つもしくは二つの土器の中に死者を葬った。

②誤り。楯築墳丘墓は岡山県にある弥生後期の大墳丘墓で，墳丘の両側に

突出部を持つ。
③誤り。方形周溝墓は，弥生前期から見られる低い墳丘の周りに溝がめぐらされた墓である。
④誤り。四隅突出型墳丘墓は，山陰地方に見られる墓制である。
問5．③正答。Ⅱ．磐井の乱は筑紫国造磐井が527年に新羅と結んで起こした反乱。Ⅰ．仏教の公伝は，『元興寺縁起』や『上宮聖徳法王帝説』によると538年，『日本書紀』によると552年である。Ⅲ．587年に大臣の蘇我馬子が大連の物部守屋を攻撃し，物部氏は滅亡した。
問8．②正文。①誤文。延喜・天暦の治と呼ばれる天皇親政は，醍醐天皇と村上天皇の治世のことである。
③誤文。応天門の変では，首謀者とされた伴善男や紀豊城，紀夏井が処罰された。842年の承和の変では，伴健岑と橘逸勢が処罰された。
④誤文。紀貫之が編纂に関わったのは『古今和歌集』である。『新古今和歌集』は，後鳥羽上皇の命令で藤原定家・家隆らによって1205年に編纂された。

3 解答

問1．④　問2．②　問3．③　問4．③　問5．②
問6．⑥　問7．④

◀解　説▶

≪院政と荘園公領制，室町時代の文化≫
問1．④誤文。後三条天皇により登用された実務官人は，大江匡房である。大江広元は鎌倉幕府において公文所の初代別当に就任した人物である。
問3．③正文。①誤文。最後の班田は902年なので，8世紀ではなく10世紀の誤り。
②誤文。「意見封事十二箇条」を提出したのは三善康信ではなく三善清行であり，提出した天皇は村上天皇ではなく，醍醐天皇である。
④誤文。重任とは成功によって再度同じ官職に任命されることである。
問7．④正答。人名は世阿弥。観阿弥と父子関係なのは世阿弥である。能楽書は『風姿花伝』。世阿弥みずからが記した芸術論書である。『申楽談儀』は，世阿弥の子が世阿弥の談話を筆録したものである。

4 解答

問 1．②　問 2．③　問 3．④　問 4．②　問 5．③
問 6．③　問 7．④　問 8．⑤

◀解　説▶

≪織田信長，田沼意次の政治≫

問 3．④誤文。楽市・楽座令は織田信長が支配する全領国に出されてはおらず，1567 年に美濃加納や 1577 年に安土山下町に出された。

問 4．②正答。X．正文。Y．誤文。田沼意次が側用人を務めたのは，10 代将軍である徳川家治の治世である。

問 5．③正文。①誤文。株仲間をはじめて公認したのは 8 代将軍の徳川吉宗の治世である。

②誤文。御用金とは，幕府や諸藩が財政不足を補うために御用商人に課した臨時の賦課金である。問題文にあるような営業税として徴収されたのは，運上・冥加金である。

④誤文。田沼時代に鋳造された計数銀貨は，一朱銀ではなく南鐐二朱銀と呼ばれる二朱銀である。

問 6．③正文。前野良沢・杉田玄白は田沼時代の 1774 年に『解体新書』を出版した。

①誤文。青木昆陽は徳川吉宗の命令で蘭学を学んだ。

②誤文。近藤重蔵が蝦夷地探索を行い，択捉島に「大日本恵登（土）呂府」の標柱を設置したのは徳川家斉の時代の 1798 年である。

④誤文。伊能忠敬が『大日本沿海輿地全図』の作製を進めたのは，徳川家斉の時代の 1800～16 年である。

問 7．④正文。①誤文。天保の飢饉に関する文である。対処への不満から大塩平八郎が蜂起した。

②誤文。享保の飢饉に関する文である。享保の飢饉は，いなごやうんかなどの害虫が原因となった。

③誤文。寛永の飢饉に関する文である。寛永の飢饉は江戸時代最初の飢饉であり，その後，田畑永代売買の禁令や田畑勝手作りの禁令など，本百姓の没落を防ぐための政策が整えられた。

問 8．⑤正答。Ⅰ．誤文。史料文の 2 行目より，年貢収入が減じることについて言及している。Ⅱ．正文。史料文 7・8 行目と合致する。Ⅲ．誤文。史料文 14～16 行目より，田畑に賦課した年貢で不足を補うことは本筋ではないと述べている。

5 解答

問1．②　問2．⑤　問3．⑤　問4．④　問5．⑥
問6．⑥　問7．③　問8．③　問9．④

◀解　説▶

≪鉄道の歴史と小説≫

問3．⑤正答。X．誤り。鉄道国有法が制定されたのは第1次西園寺公望内閣の時である。Y．誤り。鉄道国有法は日露戦争後の 1906 年に制定された。Z．正しい。

問4．④正答。東清鉄道はロシアが建設した鉄道であり，本線の途中ハルビンから旅順・大連に向けて南に延びる支線が存在した。なお，その後，支線の長春～旅順間の経営権はポーツマス条約により日本に譲渡され，南満州鉄道株式会社が設立された。

問6．⑥正答。X．誤り。幸徳秋水らが日露戦争における非戦論を展開した新聞は，『平民新聞』である。Y．誤り。徳富蘇峰が主戦論を展開した新聞は，『国民新聞』である。Z．誤り。歌人である与謝野晶子が「君死にたまふこと勿れ」を発表したのは，夫である与謝野鉄幹が主宰する雑誌『明星』である。

6 解答

問1．④　問2．①　問3．④　問4．⑤　問5．①
問6．③　問7．②　問8．③　問9．①

◀解　説▶

≪第二次世界大戦と陸軍，戦後の公害問題≫

問1．④正答。独ソ不可侵条約の締結はノモンハン事件と同じ 1939 年の出来事である。ドイツはソ連との条約により背面を固め，この年の9月に隣国ポーランドに侵攻し，第二次世界大戦が勃発した。快進撃によってドイツが 1940 年6月にパリを占領すると，日本は 1940 年9月に北部仏印に進駐した。1941 年6月になるとドイツは突如として独ソ戦争を開始し，日本は 1941 年7月に天然資源の確保を目的とする南部仏印進駐を開始した。

問3．④正答。日本に対して経済封鎖を行ったのはアメリカ（America），イギリス（Britain），中国（China），オランダ（Dutch）の四カ国である。

この四カ国の頭文字をとって ABCD ライン（包囲陣）という。

問4．⑤正答。X．オランダの植民地となったのは，Ⅳ．東インド（インドネシア周辺島嶼部）である。Y．イギリスの植民地となったのは，Ⅰ．マレー・ビルマ（ミャンマー）・インド・北ボルネオである。Z．アメリカの植民地となったのは，Ⅱ．フィリピンである。Ⅲ．シャム（タイ）は歴史上一度も他国の植民地となったことはない。

問7　②正答。ア．長編推理小説である『点と線』を書いたのは松本清張である。イ．『竜馬がゆく』や『燃えよ剣』などの歴史小説を書いたのは司馬遼太郎である。ウ．『仮面の告白』，『潮騒』，『金閣寺』など純文学を書いたのは三島由紀夫である。

世界史

1 解答

問1．②　問2．④　問3．④　問4．⑤　問5．①
問6．②　問7．③　問8．④　問9．③　問10．④

◀解　説▶

≪古代～近代における「人流」の歴史≫

問1．X．正文。Y．誤文。アーリヤ人が編纂した神々への賛歌集は『リグ=ヴェーダ』。

問2．④誤文。ポリスは植民市であっても政治的には独立していた。

問5．①正文。②誤文。ワールシュタットの戦いで勝利したのはバトゥ。
③誤文。プラノ=カルピニはカラコルムに派遣された。
④誤文。ルイ9世によって派遣されたのはルブルック。

問7．X．誤文。マニラを拠点としたのはスペイン。Y．正文。

問8．④正文。①誤文。イヴァン4世の命を受けて，イェルマークがシビル=ハン国に勝利し，シベリアへ進出した。
②誤文。ピョートル1世は，西欧諸国を視察し，改革の模範とした。
③誤文。ロシアは1860年の北京条約によって沿海州を手に入れ，ウラジヴォストーク港を開いた。

問9．③正文。①誤文。イギリスはマラーター戦争でマラーター同盟を破った。
②誤文。ケベックはフランスが拠点とした。
④誤文。イギリスは1763年のパリ条約でミシシッピ川以東のルイジアナなどを獲得した。

問10．X．誤り。ジャガイモ飢饉を経験して多くが移民したのはアイルランド。Y．正しい。Z．正しい。

2 解答

問1．③ 問2．② 問3．③ 問4．③ 問5．④
問6．④ 問7．① 問8．④ 問9．① 問10．④

◀解　説▶

≪イランとインドネシアにおける国家の興亡と列強支配からの脱却≫

問2．②誤文。サファヴィー朝はシーア派の十二イマーム派を国教とした。

問4．③誤文。ギュルハネ勅令を発したのはオスマン帝国。

問6．④誤文。マラッカ王国はマレー人の王国。

問7．①正文。②誤文。アンコール=ワット遺跡は真臘（カンボジア）の遺跡。

③誤文。チュノム（字喃）はベトナムの陳朝で作られた文字。

④誤文。マジャパヒト王国はジャワ島東部を中心に栄えた。

問9．①誤文。江戸幕府は，長崎に中国船の往来を認め，朝鮮や琉球との交易も認めていた。

問10．④誤文。五・三〇運動は1925年に上海で起きた民族運動。

3 解答

問1．③ 問2．⑥ 問3．② 問4．② 問5．③
問6．① 問7．① 問8．② 問9．③ 問10．②

◀解　説▶

≪近世～現代のアジア・エジプト≫

問5．③誤文。強制栽培制度は，オランダがインドネシアで導入した。

問6．①誤文。デリー=スルタン朝は，奴隷王朝，ハルジー朝，トゥグルク朝，サイイド朝，ロディー朝の5つの王朝の総称。

問7．①正文。②誤文。ガンディーは過激派のヒンドゥー教徒に殺害された。

③誤文。1971年にバングラデシュとして独立したのは東パキスタン。

④誤文。パキスタンの初代大統領はジンナー。

問8．②誤文。イラン=イラク戦争の時のイラクの大統領はフセイン。

問9．X．誤り。アスワン=ハイダムの建設をめざし，その資金確保のためにスエズ運河国有化を宣言したのはナセル大統領。Y．正しい。

問10．X．正しい。Y．誤り。神聖文字の解読者はシャンポリオン。

4 解答

問1．⑤　問2．⑤　問3．③　問4．④　問5．④
問6．④　問7．③　問8．③　問9．③　問10．①

◀解　説▶

≪清代の中国史≫

問1．X．誤り。金の建国者は完顔阿骨打。Y．誤り。金は猛安・謀克制を採用した。Z．正しい。

問2．⑤正答。李自成の乱は1631年に勃発。鄭成功による台湾占領は1661年。三藩の乱は1673年に勃発。

問4．④正文。①誤文。銀の流通によって税制は明代に両税法から一条鞭法に切り換わった。

②誤文。色目人を登用したのは元朝。

③誤文。ヨーロッパ船の来航を広州に限定し，貿易を公行に管理させたのは乾隆帝。

問5．④誤文。キリスト教の布教を全面的に禁止したのは雍正帝。

問6．④正答。アロー号事件は1856年，日清戦争は1894年勃発，義和団事件は1900年勃発。

問10．①正文。②誤文。文学革命は中華民国時代に開始した。

③誤文。袁世凱が退位させたのは宣統帝。

④誤文。辛亥革命後も，内モンゴルは中華民国にとどまった。

5 解答

問1．②　問2．②　問3．①　問4．②　問5．⑥
問6．③　問7．②　問8．④　問9．①　問10．①

◀解　説▶

≪アフリカの植民地化，東西冷戦下の米ソ関係≫

問2．難問。②誤文。ニジェール川河口の統治権はイギリスが取得した。

問6．③誤文。経済相互援助会議創設は1949年で，スターリンの死去した1953年より前である。

問7．難問。②正答。リード文の流れから，アメリカ合衆国の強い影響下にあり，キューバ革命（1959年）以前に結成された米州機構（OAS：1948年結成）が正しい。

①誤り。北米自由貿易協定（NAFTA）は1992年結成。

③誤り。新興工業経済地域（NIES）は，1980年代に経済発展が進んだ韓

国，台湾，香港，シンガポール，メキシコ，ブラジルなどの地域のことで，地域協力組織ではない。

④誤り。南米南部共同市場（MERCOSUR）はブラジル・アルゼンチン・パラグアイ・ウルグアイによって 1995 年に設立された。

問 8．④正答。キューバ革命で倒れたのは親米派のバティスタ政権。アメリカはキューバ革命後，1961 年にアイゼンハワー政権がキューバと断交している。

問 9．①正答。部分的核実験禁止条約の締結は 1963 年，核拡散防止条約の締結は 1968 年，戦略兵器制限交渉は 1969 年に開始。

数学

◀理工・建築都市デザイン・情報工学部▶

1 **解答** (1)　二項定理より，$5\left(x+\dfrac{1}{n}\right)^{10}$ を展開したときの x^8 の係数は

$$5\cdot{}_{10}\mathrm{C}_8\cdot\left(\frac{1}{n}\right)^2=5\cdot\frac{10\cdot 9}{2\cdot 1}\cdot\frac{1}{n^2}=\frac{5^2\cdot 3^2}{n^2}$$

これが整数となる最大の正の整数 n は

$n=15$　……(答)

(2)　$\vec{a}\perp\vec{c}$ より　　$\vec{a}\cdot\vec{c}=0$

$x\cdot 2+2\cdot y+0\cdot z=0$

$x+y=0$

$y=-x$

$\vec{b}\perp\vec{c}$ より　　$\vec{b}\cdot\vec{c}=0$

$1\cdot 2+2\cdot y+2\cdot z=0$

$1+y+z=0$

$z=-y-1$

$z=x-1$

$|\vec{c}|=3$ より　　$|\vec{c}|^2=9$

$2^2+y^2+z^2=9$

$4+(-x)^2+(x-1)^2=9$

$2x^2-2x-4=0$

$x^2-x-2=0$

$(x-2)(x+1)=0$

よって　　$x=2,\ -1$

$x=2$ のとき　　$y=-2,\ z=1$

$x=-1$ のとき　　$y=1,\ z=-2$

以上より

$$(x,\ y,\ z)=(2,\ -2,\ 1),\ (-1,\ 1,\ -2)$$　……(答)

(3)　∠BACの二等分線がADであることから

$$\mathrm{AB}:\mathrm{AC}=\mathrm{BD}:\mathrm{DC}$$

よって

$$\mathrm{BD}=5\times\frac{4}{10}=2$$

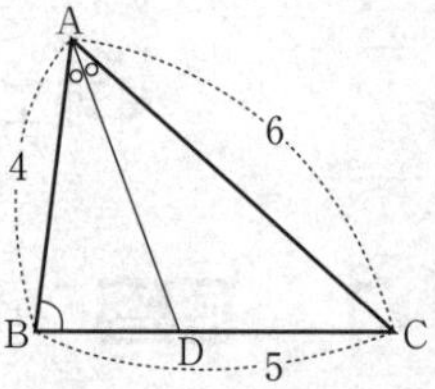

△ABCに余弦定理を適用して

$$\cos\angle\mathrm{ABC}=\frac{4^2+5^2-6^2}{2\cdot4\cdot5}$$

$$=\frac{1}{8}$$

△ABDに余弦定理を適用して

$$\mathrm{AD}^2=\mathrm{AB}^2+\mathrm{BD}^2-2\cdot\mathrm{AB}\cdot\mathrm{BD}\cdot\cos\angle\mathrm{ABC}$$

$$=4^2+2^2-2\cdot4\cdot2\cdot\frac{1}{8}$$

$$=18$$

よって，$\mathrm{AD}>0$ より

$$\mathrm{AD}=3\sqrt{2}$$　……(答)

◀解　説▶

≪小問3問≫

(1)　二項定理で x^8 の係数を求める。

(2)　成分表示されたベクトルの内積と絶対値の計算から求める。

(3)　角の二等分線の性質を用い，余弦定理を適用する。

2　解答

(1)　$\dfrac{2+z^2}{z}$ が実数であることから

$$\overline{\left(\frac{2+z^2}{z}\right)}=\frac{2+z^2}{z}$$

$$\frac{2+(\overline{z})^2}{\overline{z}}=\frac{2+z^2}{z}$$

$$2z-2\overline{z}+(\overline{z})^2\cdot z-z^2\cdot\overline{z}=0$$

$$2(z-\overline{z})-|z|^2(z-\overline{z})=0$$

$$(z-\overline{z})(2-|z|^2)=0$$

z は虚部が 0 でないので　　$z\neq\overline{z}$

よって　　$|z|^2=2$

$$|z|=\sqrt{2}\quad\cdots\cdots(\text{答})$$

(2)　$$\lim_{x\to0}\frac{\sin 3x-\sin 7x}{\sin 2x}=\lim_{x\to0}\frac{\dfrac{\sin 3x}{3x}\times 3x-\dfrac{\sin 7x}{7x}\times 7x}{\dfrac{\sin 2x}{2x}\times 2x}$$

$$=\lim_{x\to0}\frac{\dfrac{\sin 3x}{3x}\times 3-\dfrac{\sin 7x}{7x}\times 7}{\dfrac{\sin 2x}{2x}\times 2}$$

$$=\frac{3-7}{2}$$

$$=-2\quad\cdots\cdots(\text{答})$$

(3)　$t=-x^4$ とおくと　　$dt=-4x^3dx$

x	$0\to1$
t	$0\to-1$

$$\int_0^1 e^{-x^4}x^3dx=-\frac{1}{4}\int_0^1 e^{-x^4}(-4x^3)\,dx$$

$$=-\frac{1}{4}\int_0^{-1}e^tdt$$

$$=-\frac{1}{4}\Big[e^t\Big]_0^{-1}$$

$$=-\frac{1}{4}\left(\frac{1}{e}-1\right)$$

$$=\frac{1}{4}\left(1-\frac{1}{e}\right)\quad\cdots\cdots(\text{答})$$

◀解　説▶

≪小問3問≫

(1)　複素数 z が実数であることより，$\overline{z}=z$ が成り立つことを用いる。

(2)　$\displaystyle\lim_{x\to0}\frac{\sin x}{x}=1$ を利用できる形に変形する。

(3)　$t=-x^4$ として，置換積分をする。$t=x^4$ と置換してもよい。

3　解答

(1)　$x>0$ より，相加平均と相乗平均の大小関係を用いて

$$x+\frac{1}{x}\geqq 2\sqrt{x\cdot\frac{1}{x}}=2$$

等号は $x=\dfrac{1}{x}$ のとき，すなわち $x=1$ のとき成り立つ。

したがって

$$t\geqq 2$$

$x=1$ で，t の最小値は　2　……(答)

(2)　$x>0$ より，S の分母分子を x^2 で割ると

$$S=\frac{x+\dfrac{1}{x}}{x^2+1+\dfrac{1}{x^2}}$$

$$=\frac{x+\dfrac{1}{x}}{\left(x+\dfrac{1}{x}\right)^2-1}$$

$$=\frac{t}{t^2-1}\quad\text{……(答)}$$

(3)　(1)，(2)より　$S=\dfrac{t}{t^2-1}$　$(t\geqq 2)$

$$S'=\frac{t^2-1-t\cdot(2t)}{(t^2-1)^2}$$

$$=\frac{-t^2-1}{(t^2-1)^2}<0$$

増減表は右のようになる。

t	2	…
S'		−
S	$\dfrac{2}{3}$	↘

$t=2$ のとき $x=1$ より

$x=1$ で，S の最大値は　$\dfrac{2}{3}$　……(答)

◀解　説▶

≪分数関数の最大値≫

(1)　相加平均と相乗平均の大小関係を用いる。

(2)　S の分母分子を x^2 で割ると，S を t で表すことができる。

(3)　(1)・(2)の結果より，S を微分して増減を調べ，最大値を求める。

4　**解答**　(1)　$f(x)=\frac{1}{4}x^4-\frac{7}{2}x^2-6x$

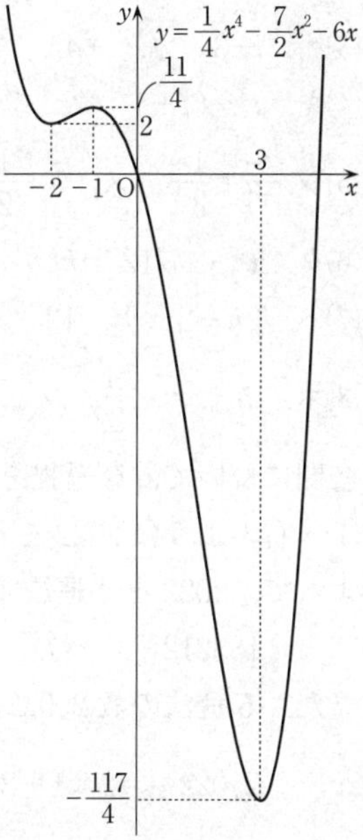

$$f'(x)=x^3-7x-6$$
$$=(x+1)(x^2-x-6)$$
$$=(x+1)(x+2)(x-3)$$

$f'(x)=0$ とすると　　$x=-2,\ -1,\ 3$

増減表は以下のようになる。

x	…	-2	…	-1	…	3	…
$f'(x)$	$-$	0	$+$	0	$-$	0	$+$
$f(x)$	↘	2	↗	$\frac{11}{4}$	↘	$-\frac{117}{4}$	↗

$x=3$ で，$f(x)$ の最小値は　　$-\frac{117}{4}$　……(答)

(2)　(1)よりグラフは右のようになる。

(3)　(2)のグラフと $y=k$ の共有点が 2 個であることより，求める k の範囲は

$$-\frac{117}{4}<k<2,\ \frac{11}{4}<k\quad \text{……(答)}$$

◀解　説▶

≪4 次関数の最小値とグラフ，共有点の個数≫

(1)　$f(x)$ を微分して，増減表を作成し，最小値を求める。

(2)　増減表をもとに，グラフを描く。

(3)　(2)で作成したグラフと $y=k$ の共有点が 2 個になる範囲を求める。

◀環境・メディア情報・都市生活・人間科学部▶

1 解答

(1)ア．$133212_{(4)}$　イ．2.096

(2)ウ．$a>34$　エ．25

(3)オ．-3　カ．-4

(4)キ．t^2-6t+1　ク．7　ケ．128　コ．3　サ．8

(5)シ．$\vec{a}+\frac{1}{3}\vec{c}$　ス．$\vec{b}+\frac{1}{2}\vec{c}$　セ．$\frac{1}{2}$　ソ．$6\sqrt{3}$

(6)タ．x^2-x-12　チ．$-x^2+x+12$　ツ．x^2+x-6　テ．$3<a<12$

(7)ト．$2n+2$　ナ．12　ニ．32　ヌ．$-2n+10$

(8)ネ．5　ノ．$\frac{1}{32}$　ハ．$\frac{16}{243}$　ヒ．$\frac{625}{972}$

各問について計算過程を示す。

(1)　右のように2022を4で割った余りを順次求める。

4	) 2022	
4	) 505	……2
4	) 126	……1
4	) 31	……2
4	) 7	……3
	1	……3

よって，2022を4進法で表すと

$133212_{(4)}$　→ア

また，5進法の数 $2.022_{(5)}$ を10進法で表すと

$$2.022_{(5)}=2\times1+2\times\frac{1}{5^2}+2\times\frac{1}{5^3}$$

$$=2+0.08+0.016$$

$$=2.096\quad→イ$$

(2)　$x^2+y^2-10x+6y+a=0$

$(x-5)^2+(y+3)^2=-a+34$

これを満たす点 $(x,\ y)$ が存在しないのは

$-a+34<0$

$a>34$　→ウ

x 軸との共有点が1個であるとき，$x^2+y^2-10x+6y+a=0$ と $y=0$ を連立して，重解をもてばよいから

$x^2-10x+a=0$

よって，判別式を D とすると

$$\frac{D}{4}=25-a=0$$

$a=25$　→エ

(3)　$z=x+yi$　(x, y は実数かつ $x<0$)

$z^2=-7+24i$

$(x+yi)^2=-7+24i$

$x^2-y^2+2xyi=-7+24i$

x^2-y^2, $2xy$ は実数より実部と虚部でそれぞれ比較すると

$$\begin{cases} x^2-y^2=-7 \\ 2xy=24 \end{cases}$$

$y=\dfrac{12}{x}$ より

$x^2-\dfrac{144}{x^2}=-7$

$x^4+7x^2-144=0$

$(x^2+16)(x^2-9)=0$

x は実数で，$x<0$ より　　$x=-3$, $y=-4$　→オ，カ

(4)　$2 \leqq x \leqq 128=2^7$ より

$1 \leqq t \leqq 7$　……①

$y=4(\log_4 x)^2-\log_4(x^{16})+\log_2(x^2)+1$

$=4\left(\dfrac{\log_2 x}{\log_2 4}\right)^2-16\cdot\dfrac{\log_2 x}{\log_2 4}+2\log_2 x+1$

$=(\log_2 x)^2-8\log_2 x+2\log_2 x+1$

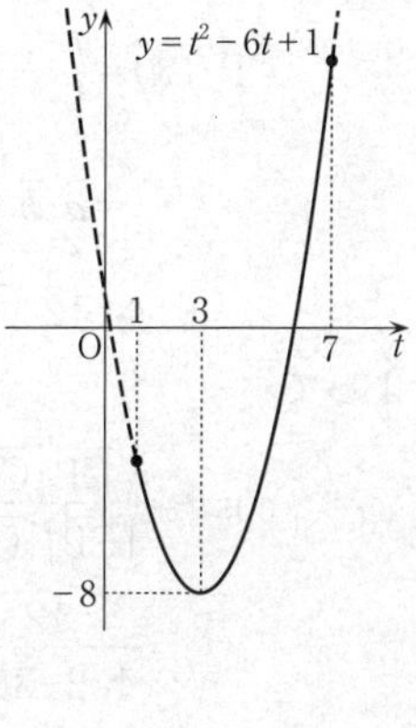

$t=\log_2 x$ とすると

$y=t^2-6t+1$　→キ

$=(t-3)^2-8$

①において y が最大値をとるのは

$t=7$, このとき　　$x=128$　→ク，ケ

①において y が最小値をとるのは

$t=3$, このとき　　$x=8$　→コ，サ

(5)　$\overrightarrow{OP}=\overrightarrow{OA}+\overrightarrow{AP}=\vec{a}+\dfrac{1}{3}\vec{c}$　→シ

$\overrightarrow{OQ}=\overrightarrow{OB}+\overrightarrow{BQ}=\vec{b}+\dfrac{1}{2}\vec{c}$　→ス

ここで　　$|\vec{a}|=4$, $|\vec{b}|=3$, $|\vec{c}|=6$

$OA^2+OB^2=AB^2$ より，$\vec{a}\perp\vec{b}$ で　$\vec{a}\cdot\vec{b}=0$

また，$\vec{a}\perp\vec{c}$，$\vec{b}\perp\vec{c}$ より　$\vec{a}\cdot\vec{c}=0$，$\vec{b}\cdot\vec{c}=0$

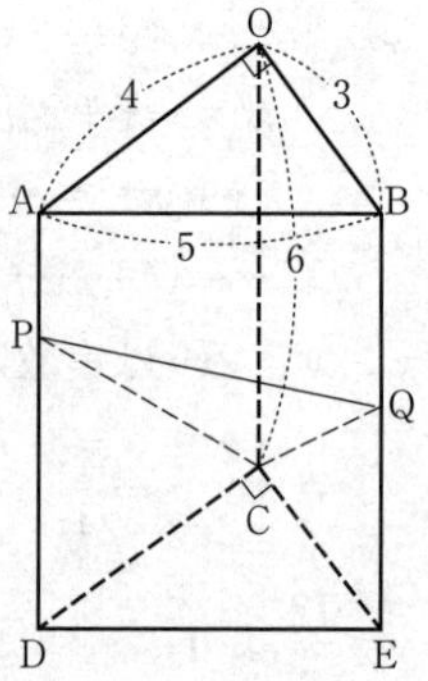

$$
\begin{aligned}
|\overrightarrow{CP}|^2&=|\overrightarrow{OP}-\overrightarrow{OC}|^2\\
&=\left|\vec{a}-\frac{2}{3}\vec{c}\right|^2\\
&=|\vec{a}|^2-\frac{4}{3}\vec{a}\cdot\vec{c}+\frac{4}{9}|\vec{c}|^2\\
&=16+\frac{4}{9}\cdot 36\\
&=32
\end{aligned}
$$

$$|\overrightarrow{CP}|=4\sqrt{2}$$

$$
\begin{aligned}
|\overrightarrow{CQ}|^2&=|\overrightarrow{OQ}-\overrightarrow{OC}|^2\\
&=\left|\vec{b}-\frac{1}{2}\vec{c}\right|^2\\
&=|\vec{b}|^2-\vec{b}\cdot\vec{c}+\frac{1}{4}|\vec{c}|^2\\
&=9+9\\
&=18
\end{aligned}
$$

$$|\overrightarrow{CQ}|=3\sqrt{2}$$

$$
\begin{aligned}
\overrightarrow{CP}\cdot\overrightarrow{CQ}&=\left(\vec{a}-\frac{2}{3}\vec{c}\right)\cdot\left(\vec{b}-\frac{1}{2}\vec{c}\right)\\
&=\vec{a}\cdot\vec{b}-\frac{1}{2}\vec{a}\cdot\vec{c}-\frac{2}{3}\vec{b}\cdot\vec{c}+\frac{1}{3}|\vec{c}|^2\\
&=12
\end{aligned}
$$

よって

$$
\begin{aligned}
\cos\theta&=\frac{\overrightarrow{CP}\cdot\overrightarrow{CQ}}{|\overrightarrow{CP}||\overrightarrow{CQ}|}\\
&=\frac{12}{4\sqrt{2}\cdot 3\sqrt{2}}\\
&=\frac{1}{2}\quad\to セ
\end{aligned}
$$

$0°<\theta<180°$ より $\theta=60°$ となるので　$\sin\theta=\dfrac{\sqrt{3}}{2}$

△CPQ の面積は

$$\frac{1}{2}|\overrightarrow{CP}||\overrightarrow{CQ}|\sin\theta=\frac{1}{2}\cdot4\sqrt{2}\cdot3\sqrt{2}\cdot\frac{\sqrt{3}}{2}$$

$$=6\sqrt{3}\quad\to ソ$$

(6)　$x\leqq-3$ のとき　　$x^2-9\geqq0$

$x+3\leqq0$ より

$$f(x)=x^2-9-(x+3)$$

$$=x^2-x-12\quad\to タ$$

$-3<x<3$ のとき　　$x^2-9<0$

$x+3>0$ より

$$f(x)=-(x^2-9)+x+3$$

$$=-x^2+x+12\quad\to チ$$

$x\geqq3$ のとき　　$x^2-9\geqq0$

$x+3\geqq0$ より

$$f(x)=x^2-9+x+3$$

$$=x^2+x-6\quad\to ツ$$

以上より，$y=f(x)$ のグラフは右のようになる。

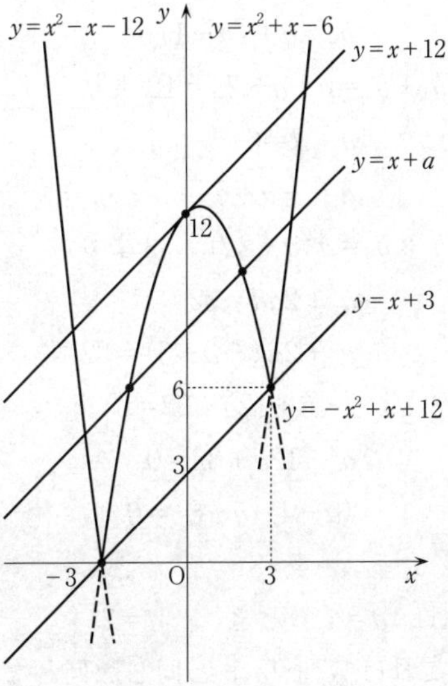

また，$y=x+a$ は傾き1の直線である。

$y=x+a$ が $(-3,\ 0)$ を通るとき

$$a=3$$

$y=x+a$ が，$y=-x^2+x+12$ の $-3<x<3$ の部分と接するとき

$$x+a=-x^2+x+12$$

が重解をもつので

$$x^2+a-12=0$$

より，判別式を D とすると

$$D=a-12=0$$

$$a=12$$

よって，$y=f(x)$ のグラフと $y=x+a$ の共有点が4個あるのは

$$3<a<12\quad\to テ$$

別解　テ．$y=f(x)$ と $y=x+a$ のグラフの共有点の x 座標は，$f(x)=x+a$ の実数解であり，$f(x)-x=a$ の実数解である。

$g(x)=f(x)-x$ とすると，$y=g(x)$ のグラフと $y=a$ の共有点が 4 個となる条件を求めればよい。

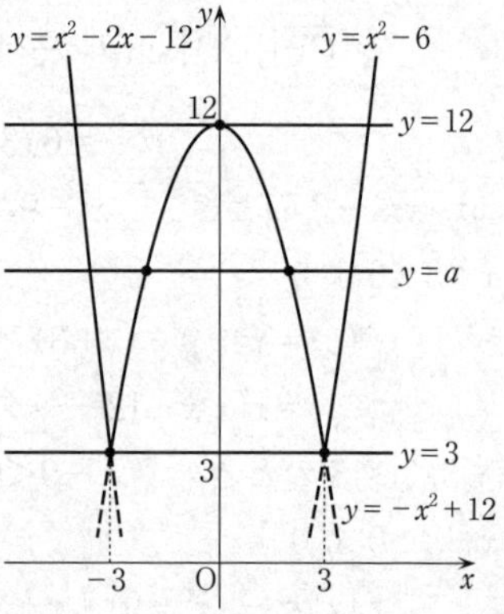

$$g(x)=\begin{cases} x^2-2x-12 & (x\leqq -3) \\ -x^2+12 & (-3<x<3) \\ x^2-6 & (x\geqq 3) \end{cases}$$

となるので

$y=g(x)$ のグラフは右のようになる。

$y=g(x)$ と $y=a$ の共有点が 4 個あるのは

$$3<a<12$$

(7)　数列 $\{a_n\}$ の一般項は

$$a_n=4+(n-1)\times 2=2n+2 \quad \rightarrow ト$$

$$s=a_1+a_3=4+8=12 \quad \rightarrow ナ$$

$$t=a_1\times a_3=4\times 8=32 \quad \rightarrow ニ$$

等差数列 $\{b_n\}$ の初項を a，公差を d とすると，一般項は

$$b_n=a+(n-1)d$$

$b_1+b_3=a+a+2d=12$ より

$$a+d=6$$

$$d=-a+6$$

$b_1\times b_3=a(a+2d)=32$ より

$$a^2+2ad=32$$

$$a^2+2a(-a+6)=32$$

$$-a^2+12a-32=0$$

$$a^2-12a+32=0$$

$$(a-4)(a-8)=0$$

$$a=4,\ 8$$

(i)　$a=4$ のとき　　$d=2$

これは数列 $\{a_n\}$ と同じ数列となるので不適。

(ii)　$a=8$ のとき　　$d=-2$

このとき数列 $\{b_n\}$ の一般項は

$$b_n=8+(n-1)\times(-2)$$

$$=-2n+10 \quad \rightarrow ヌ$$

(8)　1はすべての自然数の約数なので，1番の箱は1回の試行で必ず1粒のラムネが増える。したがって1番の箱は5回の試行でラムネが8粒となり終了する。この試行を繰り返す回数は　　5回　→ネ

すべての試行が終わったとき，2番の箱にラムネが8粒入っているのは，5回の試行すべてで2の倍数の目が出るときである。

その確率は

$$\left(\frac{3}{6}\right)^5=\frac{1}{32}\quad \rightarrow ノ$$

すべての試行が終わったとき，3番の箱にラムネが1粒入っているのは，1回～3回の試行で，3の倍数以外の目が出て，4回目の試行で3の倍数の目が出て，5回目の試行で3の倍数以外の目が出る場合である。

その確率は

$$\left(\frac{4}{6}\right)^3\left(\frac{2}{6}\right)\left(\frac{4}{6}\right)=\frac{16}{243}\quad \rightarrow ハ$$

すべての試行が終わったとき，4番の箱にラムネが1粒も入っていないのは，以下の2つの場合である。

(i)　1回～3回の試行で4の目が1回，4以外の目が2回出て，4回目，5回目の試行でともに4以外の目が出る場合で，その確率は

$${}_3C_1\left(\frac{1}{6}\right)\left(\frac{5}{6}\right)^2\times\left(\frac{5}{6}\right)^2=\frac{3\cdot 5^4}{6^5}$$

(ii)　1回～5回のすべての試行で4以外の目が出る場合で，その確率は

$$\left(\frac{5}{6}\right)^5=\frac{5^5}{6^5}$$

以上より

$$\frac{3\cdot 5^4}{6^5}+\frac{5^5}{6^5}=\frac{625}{972}\quad \rightarrow ヒ$$

◀解　説▶

≪小問8問≫

(1)　10進法→4進法，5進法→10進法の変換の仕方を覚えておこう。

(2)　円の半径の2乗が負になる条件を求める。また，$y=0$としてxの2次方程式が重解をもつ条件を求める。

(3)　$z=x+yi$として，実部と虚部を比較する。

(4)　底を変換し，y と t で表す。このとき t の変域に注意する。

(5)　$\overrightarrow{CP}$ と $\overrightarrow{CQ}$ の内積と絶対値から $\cos\theta$ を求める。さらに $\sin\theta$ を求め，$\triangle CPQ$ の面積を求める。

(6)　絶対値の中の正負によって，場合分けをして，グラフを作成する。$y=x+a$ は傾き1の直線であることに注意して，$y=f(x)$ と $y=x+a$ の共有点が4個となる a の範囲を求める。〔別解〕のように $y=f(x)-x$ と $y=a$ の共有点を考える解法でもよい。

(7)　等差数列 $\{a_n\}$ の一般項を求め，s，t を計算する。

(8)　1はすべての自然数の約数となることに着目すると，1番の箱は試行のたびにラムネが1粒ずつ増える。空の箱に対する試行の結果は，空のままか，ラムネが2粒になることに注意する。

3番の箱が1粒になるのは，粒数が

$$3\to2\to1\to0\to2\to1$$

と変化する場合のみである。

4番の箱が0粒になるのは，粒数が

$$3\to4\to3\to2\to1\to0$$
$$3\to2\to3\to2\to1\to0$$
$$3\to2\to1\to2\to1\to0$$
$$3\to2\to1\to0\to0\to0$$

と変化する4通りの場合である。

2　解答

(1)　$y=x(x-2)^2$

$$y=x^3-4x^2+4x$$
$$y'=3x^2-8x+4$$
$$y'=(3x-2)(x-2)$$

$y'=0$ とすると　　$x=\dfrac{2}{3}$，2

増減表は以下のようになる。

x	$\cdots$	$\frac{2}{3}$	$\cdots$	2	$\cdots$
y'	$+$	0	$-$	0	$+$
y	↗	$\frac{32}{27}$	↘	0	↗

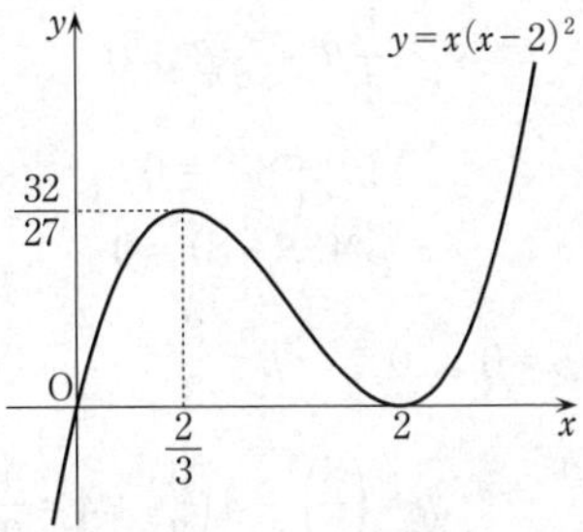

よって，曲線 C のグラフは右のようになる。 ……(答)

(2)　　$x(x-2)^2=kx$

$x(x^2-4x+4-k)=0$

$x=\alpha$，β は $x^2-4x+4-k=0$ の 2 つの実数解である。……①

また，曲線 C と直線 l で囲まれた 2 つの部分の面積が等しいことから，右図を参照して

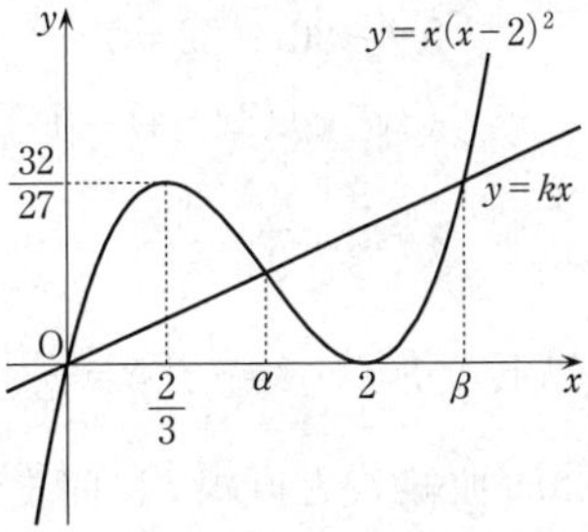

$$\int_0^{\alpha}\{x(x-2)^2-kx\}\,dx$$

$$=\int_{\alpha}^{\beta}\{kx-x(x-2)^2\}\,dx$$

$$\int_0^{\alpha}\{x(x-2)^2-kx\}\,dx+\int_{\alpha}^{\beta}\{x(x-2)^2-kx\}\,dx=0$$

$$\int_0^{\beta}\{x(x-2)^2-kx\}\,dx=0$$

$$\int_0^{\beta}\{x^3-4x^2+(4-k)x\}\,dx=0$$

$$\left[\frac{x^4}{4}-\frac{4}{3}x^3+\frac{4-k}{2}x^2\right]_0^{\beta}=0$$

$$\frac{\beta^4}{4}-\frac{4}{3}\beta^3+\frac{4-k}{2}\beta^2=0 \quad \cdots\cdots②$$

ここで，①より

$$\beta^2-4\beta+4-k=0$$

$$4-k=-\beta^2+4\beta$$

これを②に代入して

$$\frac{\beta^4}{4}-\frac{4}{3}\beta^3+\frac{-\beta^2+4\beta}{2}\beta^2=0$$

$$-\frac{1}{4}\beta^4+\frac{2}{3}\beta^3=0$$

$$-3\beta^4+8\beta^3=0$$

$$-\beta^3(3\beta-8)=0$$

$\beta \neq 0$ より　　$\beta=\frac{8}{3}$

$$k=\left(\frac{8}{3}\right)^2-4\left(\frac{8}{3}\right)+4=\frac{4}{9}$$

また①より

$$x^2-4x+4-\frac{4}{9}=0$$

$$9x^2-36x+32=0$$

$$(3x-8)(3x-4)=0$$

$$x=\frac{8}{3},\ \frac{4}{3}$$

以上より　　$\alpha=\frac{4}{3},\ \beta=\frac{8}{3},\ k=\frac{4}{9}$　……(答)

(3)　曲線 C と直線 l に囲まれた2つの部分の面積が等しいことから，面積の和は

$$2\int_0^{\frac{4}{3}}\left\{x(x-2)^2-\frac{4}{9}x\right\}dx=2\int_0^{\frac{4}{3}}\left(x^3-4x^2+\frac{32}{9}x\right)dx$$

$$=2\left[\frac{x^4}{4}-\frac{4}{3}x^3+\frac{16}{9}x^2\right]_0^{\frac{4}{3}}$$

$$=2\left\{\frac{1}{4}\left(\frac{4}{3}\right)^4-\frac{4}{3}\left(\frac{4}{3}\right)^3+\frac{16}{9}\left(\frac{4}{3}\right)^2\right\}$$

$$=2\left(\frac{64}{81}-\frac{256}{81}+\frac{256}{81}\right)$$

$$=\frac{128}{81}$$　……(答)

◀解　説▶

≪3次関数のグラフと直線で囲まれた部分の面積≫

(1)　微分して増減表を作成しグラフを描く。

(2)　2つの部分の面積が等しいことを利用して，〔解答〕のように定積分を変形する。$x=\alpha,\ \beta$ が $x^2-4x+4-k=0$ の実数解であることを用いて，

β の方程式を立て，α，β，k を求める。

(3)　曲線 C と直線 l の上下関係を考慮して，(2)で求めた α，k の値を用いて定積分で面積を求める。

理科

〔物　理〕

1　解答

問1．1―⑤　2―④　問2．3―⑥　4―③
問3．5―⑥　6―⑤

◀解　説▶

≪上昇する気球からの自由落下，水の状態変化，抵抗の接続≫

問1．地表で静止している観測者から見ると，この小物体は鉛直上向きに4.9m/sの初速度で運動しているように見える。鉛直上向きを正の向きとし，小物体の地表に到達したときの速度をv〔m/s〕とすると，等加速度運動の式より

$$v^2-(4.9)^2=2\cdot(-9.8)\cdot 98 \qquad \therefore \quad v=-44.1\fallingdotseq -44\text{〔m/s〕}$$

小物体が地表に到達するまでにかかった時間をt〔s〕とすると，等加速度運動の式より

$$-98=4.9t+\frac{1}{2}\cdot(-9.8)t^2 \qquad \therefore \quad t=5.0\text{〔s〕} \quad (\because \quad t>0)$$

気球は一定の速さで上昇しているので，求める距離をx〔m〕とすると，等速度運動の式より

$$x=4.9\times 5.0=24.5\fallingdotseq 25\text{〔m〕}$$

問2．氷が融解しているのは25秒から200秒の間である。氷と容器の温度は常に同じであるので，この間に加えられた熱はすべて氷の融解に使われている。求める熱量をQ〔J〕とすると

$$Q=(200-25)\times 200=3.5\times 10^4\text{〔J〕}$$

200秒から295秒の間に加えられた熱は水の温度変化と容器の温度変化に使われている。容器の熱容量をC〔J/K〕とすると

$$(295-200)\times 200=(100\times 4.2+C)\times(40.0-0.0)$$

$$\therefore \quad C=55\text{〔J/K〕}$$

0秒から25秒までに加えられた熱は氷の温度変化と容器の温度変化に使われている。氷の比熱をc〔J/(g·K)〕とすると

$$25\times 200=100\times c\times 20.0+55\times 20.0$$

$\therefore\quad c=1.95\fallingdotseq 2.0$〔J/(g·K)〕

問３．抵抗Aの抵抗値を $R_A=R$〔Ω〕とすると，抵抗Bの抵抗値は $R_B=2R$〔Ω〕となる。

合成抵抗C，Dの抵抗値をそれぞれ R_C〔Ω〕，R_D〔Ω〕とすると，合成抵抗の式より

$$R_C=R+2R=3R\text{〔Ω〕}$$

$$R_D=\frac{R\cdot 2R}{R+2R}=\frac{2}{3}R\text{〔Ω〕}$$

$$\therefore\quad \frac{R_C}{R_D}=\frac{9}{2}$$

オームの法則より

$$1.5=\frac{2}{3}R\cdot 30\times 10^{-3}\qquad \therefore\quad R=75\text{〔Ω〕}$$

〔物　理〕

2　**解答**　問１．7―⑤　8―④　問２．9―③　10―⑥
問３．11―⑥　12―②

◀解　説▶

≪太陽のまわりの楕円軌道上を運動する物体，気体の状態変化，帯電した金属球の間にはたらく力≫

問１．求める万有引力による位置エネルギーを U とする。無限遠を基準とした万有引力による位置エネルギーの式より

$$U=-G\frac{Mm}{r_A}$$

ケプラーの第二法則より

$$\frac{1}{2}r_Av_A=\frac{1}{2}r_Bv_B\qquad \therefore\quad v_A=\frac{r_B}{r_A}v_B$$

点A，点Bの間での力学的エネルギー保存則より

$$\frac{1}{2}mv_A{}^2+\left(-G\frac{Mm}{r_A}\right)=\frac{1}{2}mv_B{}^2+\left(-G\frac{Mm}{r_B}\right)$$

上記２式より，v_A を消去して v_B を求めると

$$v_B=\sqrt{\frac{2GMr_A}{r_B(r_A+r_B)}}$$

問２．状態Ａでの絶対温度を T_0 とする。状態Ｂでの絶対温度 T_B は，ボイル・シャルルの法則より

$$\frac{p_0 V_0}{T_0}=\frac{2p_0 V_0}{T_B} \qquad \therefore \quad T_B=2T_0$$

Ａ→Ｂの変化は定積変化であるので，気体は外部に仕事をしない。
求める熱量を $Q_{A\to B}$ とすると，熱力学第一法則，単原子分子理想気体の内部エネルギーの式，状態方程式より

$$Q_{A\to B}=\frac{3}{2}nR(2T_0-T_0)+0=\frac{3}{2}nRT_0=\frac{3}{2}p_0V_0$$

状態Ｃでの絶対温度 T_C は，ボイル・シャルルの法則より

$$\frac{p_0 V_0}{T_0}=\frac{p_0\cdot 3V_0}{T_C} \qquad \therefore \quad T_C=3T_0$$

気体がした仕事は p-V グラフで囲まれた面積で表されるので，求める熱量を $Q_{B\to C}$ とすると，熱力学第一法則，単原子分子理想気体の内部エネルギーの式，状態方程式より

$$Q_{B\to C}=\frac{3}{2}nR(3T_0-2T_0)+(p_0+2p_0)\cdot(3V_0-V_0)\cdot\frac{1}{2}$$

$$=\frac{3}{2}nRT_0+3p_0V_0=\frac{9}{2}p_0V_0$$

問３．金属小球Ａ，Ｂが線分 AB の中点につくる電位をそれぞれ V_A〔V〕，V_B〔V〕とすると，点電荷がつくる電位の式より

$$V_A=k\frac{Q}{\frac{R}{2}}=\frac{2kQ}{R}〔\mathrm{V}〕 \qquad V_B=k\frac{q}{\frac{R}{2}}=\frac{2kq}{R}〔\mathrm{V}〕$$

求める電位を V〔V〕とすると，電位の重ね合わせより

$$V=V_A+V_B=\frac{2k(Q+q)}{R}〔\mathrm{V}〕$$

小球Ａ，Ｂの間にはたらく静電気力が引力であることから，Q と q は異符号であることがわかる。静電気力の大きさをクーロンの法則を用いて表すと

$$F=k\frac{|Qq|}{R^2} \quad \cdots\cdots ①$$

小球Ａ，Ｂを接触させた後の電気量はともに $\frac{|q+Q|}{2}$ になるので，このと

きの静電気力の大きさをクーロンの法則を用いて表すと

$$\frac{1}{3}F=k\frac{\left(\frac{|q+Q|}{2}\right)^2}{R^2}\quad\cdots\cdots②$$

①，②式より

$$\frac{1}{3}|Qq|=\left(\frac{|q+Q|}{2}\right)^2$$

Q と q は異符号であることを用いて絶対値をはずすと

$$-\frac{1}{3}Qq=\left(\frac{q+Q}{2}\right)^2$$

上式を整理すると

$$(3q+Q)(q+3Q)=0\qquad\therefore\quad q=-3Q\qquad(\because\quad |q|>|Q|)$$

〔化　学〕

3　解答

問1．④　問2．⑦　問3．②　問4．⑧　問5．⑤
問6．⑤

◀解　説▶

≪小問集合≫

問1．ヘンリーの法則より，気体の液体への溶解は，温度が一定の下では，一定量の液体に溶ける気体の質量または物質量は，気体の分圧に比例する。このときの酸素の分圧は，$2.0\times10^5\times\frac{1}{5}=0.40\times10^5$〔Pa〕であるから，2.0Lの水に溶けている酸素（分子量；32.0）の質量は

$$1.4\times10^{-3}\times\frac{2.0}{1}\times\frac{0.40\times10^5}{1.0\times10^5}\times32.0\times10^3=35.8\fallingdotseq36\text{〔mg〕}$$

問2．塩酸中の水素イオン H^+ は

$$0.016\times\frac{100}{1000}=1.6\times10^{-3}\text{〔mol〕}$$

水酸化ナトリウム水溶液中の水酸化物イオン OH^- は

$$0.013\times\frac{200}{1000}=2.6\times10^{-3}\text{〔mol〕}$$

これらの水溶液を混合すると，300mLの混合水溶液中に

$$2.6\times10^{-3}-1.6\times10^{-3}=1.0\times10^{-3}\text{〔mol〕}$$

の OH^- が残ることになるので，水のイオン積を用いて，混合水溶液中の水素イオン濃度 $[H^+]$ は次のようになる。

$$1.0\times10^{-14}=[H^+]\left(1.0\times10^{-3}\times\frac{1000}{300}\right)$$

$$[H^+]=3.0\times10^{-12}\,[\mathrm{mol/L}]$$

よって

$$\begin{aligned}pH&=-\log_{10}(3.0\times10^{-12})\\&=12-0.48\\&=11.52\fallingdotseq11.5\end{aligned}$$

問３．ａ～ｄの水溶液のうち，ｂのみが強塩基の水溶液で，強塩基性である。他は塩の水溶液である。塩の液性（酸性，中性，塩基性）は中和前の酸と塩基の強弱から判断するとわかりやすい。

強酸と強塩基からなる塩の液性は，中性。

強酸と弱塩基からなる塩の液性は，（弱）酸性。

弱酸と強塩基からなる塩の液性は，（弱）塩基性。

したがって，ａ，ｃおよびｄの水溶液の液性は次のとおり。

ａ．弱酸性（硝酸＝強酸，アンモニア＝弱塩基）

ｃ．中性（塩酸＝強酸，水酸化カルシウム＝強塩基）

ｄ．弱塩基性（炭酸＝弱酸，水酸化ナトリウム＝強塩基）

以上より，ａ～ｄの水溶液を pH の低い順に並べると，次のようになる。

ａ．弱酸性＜ｃ．中性＜ｄ．弱塩基性＜ｂ．強塩基性

問４．この電気分解において，各極で起こる反応は次のとおり。

陽極：$2Cl^- \longrightarrow Cl_2+2e^-$　……①

陰極：$2H_2O+2e^- \longrightarrow H_2+2OH^-$　……②

水素 H_2 が発生するのは，②式なので陰極である。また，112mL が発生しているので，流れた電子は

$$\frac{112}{22.4}\times10^{-3}\times2=1.00\times10^{-2}\,[\mathrm{mol}]$$

これより，電気分解を行なった時間を x 秒とすると

$$\frac{5.00\times x}{9.65\times10^4}=1.00\times10^{-2}\qquad x=193\text{秒}$$

また，陽極側では Cl^- が反応により減少し，陰極側では OH^- が生じるた

め，電気的な偏りが生じる。この偏りを解消するため，陽極側の Na^+ が陰極側へ移動する。これにより，陰極側では水酸化ナトリウムの水溶液が得られる。

問５．ア～ウの反応は，それぞれ次のように表される。

ア．$Cu+2H_2SO_4 \longrightarrow CuSO_4+2H_2O+SO_2$

イ．$SO_2+H_2O \longrightarrow H_2SO_3$

ウ．$SO_2+2H_2S \longrightarrow 3S+2H_2O$

問６．ア．誤り。水素よりイオン化傾向の小さい銀は塩酸（希酸）には溶けない。

イ．正しい。塩化銀の沈殿にチオ硫酸ナトリウム $Na_2S_2O_3$ 水溶液を加えると，チオスルファト銀(Ⅰ)酸イオンを生じ，無色の水溶液となる。

$$AgCl+2Na_2S_2O_3 \longrightarrow [Ag(S_2O_3)_2]^{3-}+3Na^++NaCl$$

ウ．正しい。塩化銀に限らず，ハロゲン化銀 AgX は感光性を示し，光により銀 Ag が析出する。

$$2AgX \longrightarrow 2Ag+X_2$$

〔化　学〕

4 解答

問１．②　問２．②　問３．③　問４．①　問５．③
問６．⑤

◀解　説▶

≪小問集合≫

問１．アンモニアと酸素が反応して一酸化窒素と水が生じる反応の熱化学方程式は次のとおり。

$$4NH_3(気)+5O_2(気)=4NO(気)+6H_2O(液)+Q\,kJ$$

(反応熱)=(右辺の生成熱の総和)−(左辺の生成熱の総和) より

$$Q=(-90\times4+286\times6)-(46\times4)=1172〔kJ〕$$

これより，アンモニア 1mol あたりの反応熱は

$$1172\div4=293〔kJ〕$$

問２．二重結合の炭素に結合する原子は，同一平面上に位置する。

問３．塩化カルシウム管で吸収される気体Aは H_2O，ソーダ石灰管で吸収される気体Bは CO_2 である。これより，化合物に含まれるC，H，Oの質量は，以下のとおり。

$$C：22\times\frac{12}{44}=6〔mg〕$$

$$H：18\times\frac{2.0}{18}=2〔mg〕$$

$$O：16-(6+2)=8〔mg〕$$

また，物質量比は，以下のようになる。

$$C：H：O=\frac{6}{12}：\frac{2}{1.0}：\frac{8}{16}=1：4：1$$

よって，組成式は CH_4O となる。

問４．マレイン酸とフマル酸は，HOOC−CH=CH−COOH で表されるジカルボン酸で，シス-トランス異性体の関係である。シス型がマレイン酸で，トランス型がフマル酸である。２つのカルボキシ基が物理的に近い距離にあるマレイン酸は，加熱により脱水が起き，酸無水物（無水マレイン酸）が生じる。

問５．*p*-ヒドロキシアゾベンゼンの基本的な製法である。

問６．ア．誤り。α-アミノ酸で，グリシンのみが鏡像異性体をもたない。

イ．正しい。α-アミノ酸は，分子内のカルボキシ基とアミノ基により，双性イオン（分子内塩）を形成しているため，水に溶けやすい。

ウ．正しい。ニンヒドリン反応は，アミノ基の検出反応である。

〔生　物〕

5　解答

問１．⑦　問２．⑧　問３．⑦　問４．④　問５．⑧
問６．④

◀解　説▶

≪減数分裂，発生，有髄神経，翻訳，血しょう，窒素同化≫

問１．第一分裂前期に相同染色体が対合して二価染色体をつくる。このとき染色体の乗換えが起こる。

問２．外胚葉由来の器官は神経管由来の網膜。

問３．脊椎動物の神経の多くは有髄神経で，速度の速い跳躍伝導を行う。

問４．mRNA のコドンは 4×4×4=64 通りであり，20 種類のアミノ酸に対応できる。

問５．水溶性のアルブミン，抗体の免疫グロブリン，血液凝固のフィブリン。

問6．根から吸収された硝酸イオンは還元されて，亜硝酸イオンさらにアンモニウムイオンとなり，グルタミン酸と反応してグルタミンとなる。

〔生　物〕

6　解答

問1．⑥　問2．④　問3．①　問4．⑦　問5．②
問6．②

◀解　説▶

≪遺伝子組み換え，生物の共通性，物質収支，植物ホルモン，液胞，物質輸送≫

問1．大腸菌の環状DNAであるプラスミドを制限酵素で切り，目的の遺伝子を組み込んでDNAリガーゼでつなぎ合わせたプラスミドがベクターとして利用される。

問2．生物は細胞膜と遺伝情報をもち，エネルギーを利用する。ウイルスはそれ自身では代謝を行わない。

問3．純生産量＝総生産量－呼吸量
　　成長量＝純生産量－(被食量＋枯死量)

問4．胚でつくられたジベレリンが糊粉層にはたらきかけてアミラーゼを合成させる。

問5．液胞は植物で発達し，細胞の成長に伴って細胞の体積に占める割合が増加する。

問6．濃度勾配にしたがった輸送を受動輸送，濃度勾配に逆らった輸送を能動輸送という。担体とチャネルはどちらも受動輸送を行うが，アミノ酸や糖は担体によって運搬される。より大きな物質は，細胞膜に包み込まれるエンドサイトーシスによって細胞内に取り込まれる。

〔物　理〕

7　解答

問1．$d\sqrt{\dfrac{k}{M}}$　問2．$\dfrac{kT^2}{4\pi^2}-M$　問3．$\dfrac{2\pi A}{T}$

問4．$\dfrac{kAT}{2\pi M}$　問5．$\dfrac{1}{2}kd^2-\dfrac{k^2A^2T^2}{8\pi^2 M}$

◀解　説▶

≪ばねで打ち出された物体の運動≫

問1．求める小物体の速さを v_0 とすると，力学的エネルギー保存則より

$$\frac{1}{2}kd^2=\frac{1}{2}Mv_0{}^2 \qquad \therefore \quad v_0=d\sqrt{\frac{k}{M}}$$

問2．求める小球の質量を m とすると，ばね振り子の周期の式より

$$T=2\pi\sqrt{\frac{m+M}{k}} \qquad \therefore \quad m=\frac{kT^2}{4\pi^2}-M$$

問3．求める一体となった物体の速さを v_1 とすると，単振動のエネルギー保存則より

$$\frac{1}{2}(m+M)v_1{}^2=\frac{1}{2}kA^2$$

これに問2の解を代入して

$$v_1=\frac{2\pi A}{T}$$

問4．求める小物体の速さを v_2 とすると，運動量保存則より

$$Mv_2=(m+M)v_1$$

これに問2，問3の解を代入して

$$v_2=\frac{kAT}{2\pi M}$$

問5．求める運動エネルギーを ΔK とする。問1，問4の解を用いて

$$\Delta K=\frac{1}{2}Mv_0{}^2-\frac{1}{2}Mv_2{}^2=\frac{1}{2}kd^2-\frac{k^2A^2T^2}{8\pi^2M}$$

〔化　学〕

8　解答

問1．メタノール

問2．ホルミル基（アルデヒド基）

問3．$0\rightarrow+2$

問4．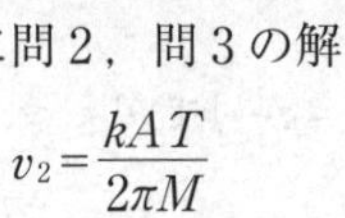

問5．$HCOOH \longrightarrow CO_2+2e^-+2H^+$

問6．393kJ/mol

問 7．CO

問 8．$HCOOH + NaHCO_3 \longrightarrow HCOONa + H_2O + CO_2$

◀解　説▶

≪メタノールを中心とした反応≫

問 2．還元性を示すのはアルデヒド R−CHO（R は炭化水素基）である。

問 3．反応(b)により，HCHO が HCOOH に変化している。

それぞれの化合物において，H 原子の酸化数を $+1$，O 原子の酸化数を -2，化合物中の原子の酸化数の総和は 0 であるので，これをもとにそれぞれの C 原子の酸化数を求める。

問 4．化合物 **C**（ギ酸）のカルボキシ基と化合物 **A**（メタノール）のヒドロキシ基より，水が取れて（脱水），エステル（ギ酸メチル）が生成する。

問 6．化合物 **A**（メタノール）の燃焼熱を表す熱化学方程式は次のとおり。

$$CH_3OH\,(液) + \frac{3}{2}O_2\,(気) = CO_2\,(気) + 2H_2O\,(液) + 726\,kJ$$

(反応熱) = (右辺の生成熱の総和) − (左辺の生成熱の総和) より

化合物 **D**（二酸化炭素）の生成熱を x〔kJ/mol〕とすると

$$726 = (x + 286 \times 2) - 239 \qquad x = 393\,〔kJ/mol〕$$

問 7．二酸化炭素と黒鉛より一酸化炭素が発生する反応は次のとおり。

$$CO_2 + C \rightleftarrows 2CO$$

この反応は可逆反応で，正反応は吸熱反応であるため，ルシャトリエの原理より，高温下では平衡は右に移動し CO がより生成する。

問 8．炭酸水素ナトリウム水溶液は，カルボン酸と弱酸の遊離反応により二酸化炭素（化合物 **D**）を発生させるため，カルボキシ基の検出反応として用いられる。化合物 **A**〜**C** は，順にメタノール，ホルムアルデヒド，ギ酸で，そのうちカルボキシ基を有するものはギ酸の化合物 **C** である。

〔生　物〕

9 **解答**　問 1．イ．562500　ウ．262500　カ．0.5

問 2．①，③，④

問 3．個体群は個体群密度の増加に伴って生物の生活に必要な資源が不足していき，やがて成長は抑制され環境収容力で止まり，一定となったから。

問 4．相変異

問５．雄しべが花弁に，雌しべががく片に変化した突然変異体では，Ｃクラスの遺伝子が欠損し，かわりにＡクラスの遺伝子が発現したから。

問６．外来生物にとっての天敵に相当するものがいないので，外来生物が移住先で一挙に増える場合がある。すると在来生物が排除され，個体数が激減してしまうから。

◀解　説▶

≪個体数調査，個体群の成長，密度効果，遺伝子頻度，ABC モデル，外来生物≫

問１．イ．８区画の調査地点での合計は $10\times10\times8\,\mathrm{m}^2$ あたり 150 個体であった。$3\,\mathrm{km}^2$ あたりの全個体数は次の式で求められる。

$$\frac{150}{8\times10^2}\times3\times10^6=562500\ 個体$$

ウ．８区画の調査地点での合計は $10\times10\times8\,\mathrm{m}^2$ あたり 210 個体であった。$1\,\mathrm{km}^2$ あたりの個体群密度は次の式で求められる。

$$\frac{210}{8\times10^2}\times1\times10^6=262500\ 個体/\mathrm{km}^2$$

カ．ａの遺伝子頻度は次の式で求められる。

$$\frac{70\times2+60}{200\times2}=0.5$$

問２．区画法は移動がみられないものに適している。適さないものは区画から移動するものを選べばよい。よって，①モンシロチョウ，③シオカラトンボ，④トノサマガエルが当てはまる。

問３．個体群の成長は生物の生活に必要な資源が十分にあれば成長を続けていくが，実際には個体群密度の増加に伴って資源が不足し，やがて成長は抑制される。一定の資源の環境下では収容できる個体数は環境収容力で止まり，一定となる。

問４．バッタにみられる低密度状態で生育したものは孤独相となるが，高密度状態で生育したものは移動に適した群生相となる。

問５．花の構造決定に関与する調節遺伝子には３種類（Ａ，Ｂ，Ｃ）があり，ABC モデルでは，そのはたらきによってＡのみがはたらくとがく片が，Ａ+Ｂがはたらくと花弁ができ，Ｂ+Ｃがはたらくと雄しべが，Ｃのみがはたらくと雌しべができる。Ａクラスの遺伝子が欠損すると，かわりにＣクラスの遺伝子が発現し，Ｃクラスの遺伝子が欠損すると，かわりにＡクラスの遺伝子が発現する。このように，ＡとＣはすべての領域で発現する可能性があり，互いに抑制し合っている。

問６．外来生物にとっての天敵に相当するものがおらず，また在来生物は外来生物に対抗できる防衛手段を十分にもっていないので，外来生物が増加することにより，在来生物に何らかの影響を与えることとなる。

いことに注意する。ここでの「おかしな話」とは、直前の比喩で明らかなように、情報の重要性の判断がアクセス数に基づくものになっていることである。そこには「現場性」や「編集性」が欠けていることになる。

問八　空欄Cの直後に書いてある「人間はその外部化された情報」という表現に着目する。「その」とあるので、空欄の直前の「生命情報の編集のしくみ」は「外部化」されたのである。

問九　傍線部6の段落の「ところがチューリング・マシンが考案され……個人はそのデジタル情報世界を相手にするようになったのです」のまとめが傍線部に相当する。

問十　空欄Dの前に「第五には、以上とは逆に」とあるので、「第四」まではどのような内容だったのかを確認する。「第三」を除いて、いずれも「日本の電子文化……席捲されるのか」「日本人によるソフトウェアやアプリ……ヒットできるか」「日本人独特の『間拍子』や『引き算』の感覚が後退するのではないか」と、直接的な表現で〈日本なるもの〉が失われることを心配している。よって、空欄Dには、そのような「日本」をまとめるような言葉で、空欄直後の「な」に続く言葉が入るだろうと見当をつけて探す。

問十一　第十段落の内容に、①が合致する。第十五～十八段落の内容から、②の「人類の発展の必然である」とまでは言えない。終わりから三段落目の内容には「スマホに頼らないようにすれば……さあ、これまたどうか」とあるので、③の「スマホに依存しないようにしていけば……日本文化が衰退することはない」とは言えない。④の「コンピュータ・ネットワーク上で人気のある情報は価値が高い」は、第十三段落の内容に反している。

問九 ③
問十 日本的
問十一 ①

▲解　説▼

問二 空欄Aでは、③「応報」が入らないということ以外は定まらない。「応報」とは、元来仏教語で、原因に応じた結果をいう。空欄Bで確定するだろう。直前に「軍事的な」とあるので、④「諜報」が入る。「諜報」とは敵情を密かに探って知らせることをいう。
問三 傍線部1の段落は「ニュース」について筆者なりの定義をしている段落である。よって、その段落中から探していく。「それがニュース（ニューズ）です」とあるので、「それ」が指す部分が解答である。指定字数にも合致する。
問四 傍線部2の直前に書いてある「監視カメラが街頭にも駅のホームにもタクシーの中にもゆきわたってくると」に着目する。傍線部は、〈どこにでも監視カメラがあるため、人々のあらゆる行動が監視カメラに写されて情報になる〉ということである。
問五 傍線部3の次の段落に書いてある「このような自動報道性のユビキタスな広がり」とは「『現場性』や『編集性』は〝緊張する情報群〟と直結していたという事情から後退せざるをえなくなってきた」を指している。したがって、傍線部の「対照的な状況」とは、「自動報道性のユビキタスな広がり」である。
問六 傍線部4とその後の「その同じ目で最近の日本文化が語れない」「情報文化の突起をSNSが拾えなくなって」という表現に注意する。④のように「新しい視点が必要」と述べているのではなく、その個性や特徴、特色がわかりづらくなった、ということを筆者は述べている。そこから、「日本文化はどれも似たり寄ったりのものが多く」と説明する③が正解である。
問七 「かなりおかしな話です」とはあるが、①のように「SNSの情報には信頼性がおけない」と述べているのではな

念」「近代社会への発展」と合致する。なお、メリトクラシーは「民主的な改革」ではないため④は不適。

問九　傍線部eを含む段落中に「障害学はまず、インペアメントとディスアビリティを区別する」と書かれている。これに照らし合わせると、③の「エイブリズム」は「障害学」でなければならない。

問十　空欄の前の段落に着目する。「医学モデル」か「社会モデル」かの問題であり、「医学モデルは『個人モデル』とも言われる」。つまり、原因を、「個人」に求めるのか、「社会」に求めるのか、という違いである。この対比が表現されているのは①のみである。

問十一　「本質主義」という言葉をその後に出てくる「個人モデル」で置き換えて考えるとよい。傍線部8は〈ヤングは能力を「個人モデル」「医学モデル」で捉えすぎているので、もっと「社会モデル」で捉えなければならない〉というほどのことである。

二

出典　松岡正剛『日本文化の核心――「ジャパン・スタイル」を読み解く』〈第一四講　ニュースとお笑い〉
（講談社現代新書）

解答

問一　a、やくじょ　b、しっく　c、呉越　d、新機軸　e、紡績
問二　④
問三　新しい出来～にしたもの
問四　②
問五　④
問六　③
問七　②
問八　外部化

る」とある。また、傍線部7の次の段落で「エイブリズム」についての定義が述べられている。この内容に合致するのは、③である。

問三　「メリトクラシー」について、傍線部cの次の段落中に「かつての上級階級と下層階級の『利口な人たち』が両階級の『愚鈍な人たち』を支配する」と書かれている。これは①の「新たな階級社会を招く」に合致する。

問四　傍線部aを含む文に「と同時に、公務員職も……原則となった」、傍線部cを含む文に「……『才能ある人びと』……」、傍線部3の次の段落中に「メリトクラシーは、ほかの寡頭制と同じく、平等の原理つまり平等主義的民主主義の原理と対立する」とある。以上の部分を参考にすると、②が適切であることがわかる。

問五　空欄Aの後の形式段落三段落分は、他の前後の小見出し「メリトクラシーはデモクラシーではない」「メリトクラシーと優生学」で明らかなように、「メリトクラシー」についての言及を目的としている。したがって、④「メリトクラシーは結果の平等を否定する」が適切である。

問六　①の「労働運動は、地位や所得の平等を目指してきた」は本文中に明記されていないため、わかりにくかったと思われる。しかし、これは本文の主旨から「メリトクラシー」と「労働運動」の差異を明確にすると導かれる結論である。本文中からそれに近い表現を探すと空欄Aの後の段落の「労働運動が名誉とすることのできる成果」が該当する。

問七　傍線部5の「教育の不平等をなくする」とは「義務教育」のことである。つまり、傍線部全体で、〈まるで義務教育の目的は一人ひとりの本来の能力の不平等を明らかにすることであるかのようになった〉というのである。①は「エリートに育成する仕組み」、②は「多様性にもとづく競争が生まれて社会が発展する」、③は「すべての子どもたちが平等に自分の能力を開花できる教育」が不適切。

問八　傍線部6を含む段落の最初の一文「今日、社会科学において『メリトクラシー』は……すなわち『業績主義』という意味で用いられている」、またはピケティからの引用を参考にしてもよいが、肯定的な側面は〈属性主義の打破〉と〈前近代的社会から近代社会への転換〉である点を押さえておく。以上の内容は、②の「能力は業績と同種の概

国語

一

出典　市野川容孝「能力主義を問いなおす」（伊藤書佳・工藤律子・市野川容孝・松嶋健・池田賢市・菊地栄治『能力2040——AI時代に人間する』〈第三章〉太田出版）

解答

問一　a、恣意　b、登用　c、かとう　d、弁別　e、頻繁

問二　③

問三　①

問四　②

問五　④

問六　①

問七　④

問八　②

問九　③

問十　①

問十一　④

◀解　説▶

問二　本文において「能力主義」は「メリトクラシー」と「エイブリズム」の二つの英語から説明されている。傍線部4の段落で、「メリトクラシーは、機会が平等になることで作動する」が、「結果の平等がもたらされれば無意味にな

2021年度

問題と解答

■一般選抜（前期）

問題編

▶試験科目・配点

区分		教　科	科　　目	配　点
3教科型	理工・建築都市デザイン・情報工	英　語	コミュニケーション英語Ⅰ・Ⅱ・Ⅲ，英語表現Ⅰ・Ⅱ	100 点
		数　学	数学Ⅰ・Ⅱ・Ⅲ・A・B（数列，ベクトル）	100 点
		理　科	「物理基礎，物理」3題，「化学基礎，化学」3題，「生物基礎，生物」3題の計9題のうち，任意の3題を解答	100 点
	環境・メディア情報（社会メディア）・都市生活	英　語	コミュニケーション英語Ⅰ・Ⅱ・Ⅲ，英語表現Ⅰ・Ⅱ	100 点
		選択①	日本史B，世界史B，理科（「物理基礎，物理」3題，「化学基礎，化学」3題，「生物基礎，生物」3題の計9題のうち，任意の3題を解答）より1科目選択	100 点
		選択②	「数学Ⅰ・Ⅱ・A・B（数列，ベクトル）」，国語総合（現代文のみ）より1科目選択	100 点
2教科型	メディア情報（情報システム）	英　語	コミュニケーション英語Ⅰ・Ⅱ・Ⅲ，英語表現Ⅰ・Ⅱ	100 点
		数　学	数学Ⅰ・Ⅱ・A・B（数列，ベクトル）	100 点
	人間科	英　語	コミュニケーション英語Ⅰ・Ⅱ・Ⅲ，英語表現Ⅰ・Ⅱ	100 点
		国　語	国語総合（現代文のみ）	100 点

▶備　考

- 2月1日実施分を掲載。
- 学部の指定する教科・科目を受験すれば学部をまたがって3学科まで併願可能（ただしメディア情報学部情報システム学科および人間科学部児童学科は併願不可）。
- 英語は外部試験を利用可。外部試験の得点は，大学の基準に従い，英語試験の得点として換算する。英語試験を受験した場合は，外部試験の換算点と英語試験の得点で高得点のものを判定対象とする。

英語

（80 分）

Part Ⅰ 次の英文を読んで設問に答えなさい。

Between the summer of 2015 and the spring of 2016, approximately 62,000 seabirds were found dead or dying on the west coast of the United States, ranging from Alaska to California. Yet, since only a small percentage of birds that die at sea is washed to the shore, researchers estimate that close to a million seabirds were dead during this period. Why so many deaths in such a broad geographical area? A study concludes that it was caused by the "Blob," which was a marine heatwave affecting the north-eastern Pacific from 2013 to 2016.

Marine heatwaves are defined as periods when ocean temperatures increase more than usual for at least five days in a row. They are caused by a mixture of various factors. The heat from sunlight warms the surface of the ocean, but usually winds mix this warm water with the cooler water beneath. However, the extra heat in the atmosphere generated by greenhouse gas emissions accelerates the warming of the ocean, and when winds are weak, the warm water stays on the surface and accumulates more heat.

The Blob was the most powerful marine heatwave in recorded history. It covered about 6.5 million square kilometers of ocean, and the ocean temperature rose 3.9 degrees Celsius above average at its peak. Scientists are not yet able to (6) nail down the exact causes of such a prolonged heatwave covering the vast area, but less and weaker winds were one of the factors that contributed to the phenomenon. Higher-than-usual atmospheric pressure over the northeastern Pacific prevented winter storms from forming, and thus, the surface of the ocean remained warm.

The one million seabirds were the victims of the Blob, but it was not the heated water itself that killed the birds. They were starved to death. Seabirds feed on small fish like sardines and anchovies whose main food source is plankton. Seabirds need to eat about half of their body weight each day to survive, and without food, they die within three to five days. However, due to the warmer temperatures, plankton became scarce, which in turn diminished the fish population and made it difficult for the birds to catch their prey. Furthermore, seabirds have to compete for food with large fish such as cod and tuna since they too feed on those small fish. Even in normal circumstances, large fish eat much more than seabirds, and when the water temperature rises two degrees Celsius, they consume 34 to 70 percent more. During the Blob, large fish consumed most of what seabirds needed, and this resulted in the die-off of the seabirds.

The case of the seabirds is just one example of the devastating damage induced by marine heatwaves. A study group found the link between the Blob and the increase in the number of whales entangled in the crab-fishing nets off the U.S. West Coast. As the surface temperature rises in the ocean, the prey of the whales moves closer to the coast searching for a cooler area with the whales following them. That is where fishermen place their nets to catch crabs. The number of whales entangled in the nets in 2014 was 10, but it went up to 53 in 2015 and 55 in 2016. In another case, the marine heatwave that struck the western coast of Australia in 2011 destroyed 900 square kilometers of seagrasses and some 100 kilometers of kelp forests. The Great Barrier Reef off the coast of Australia was also hit by a marine heatwave in 2016, which caused the death of nearly 30 percent of its corals. Seagrasses, kelp forests, and corals are extremely important as they provide habitat, food, and shelter for other marine creatures. The loss of those fundamental organisms endangers the marine ecosystem.

According to a study published in 2019, compared to the period from 1925 to 1954, between 1987 and 2016, on a global level, marine heatwaves occurred 34 percent more frequently and lasted 17 percent longer. The total number of annual marine heatwaves went up by more than 50 percent, and it is still increasing.

Nevertheless, while we often hear the news about heatwaves, the ones (7) on land, we do not hear much about marine heatwaves. That is probably because the former directly affect our lives while the latter do not.

However, we must not forget that marine heatwaves have a significant impact on our lives. Not only does marine life provide us with food, but it also supports our economy by sustaining the fishery and boosting tourism. When ocean warming drives certain species to change their habitats or even drives them into extinction, it severely affects the fishing industry and threatens the lives of fishermen. Then, how does it affect tourism? The Great Barrier Reef, for example, is a World Heritage Site and attracts lots of tourists, but if more corals are destroyed, the site might lose its attraction, thus leading to a decline in the industry. Even if marine heatwaves do not directly take our lives, we should raise awareness of what is going on in the ocean and think about what we can do to solve the problem.

[1] から [7] の質問の答えとして最も適切なものを選び，その番号をマークしなさい。

[1] Which of the following accurately describes marine heatwaves?

① Marine heatwaves refer to any event when the ocean gets relatively warm.

② More heat in the atmosphere can accelerate the occurrence of marine heatwaves.

③ Hot and strong winds blowing over the ocean can cause marine heatwaves.

④ There is no way of knowing why marine heatwaves occur.

[2] Which of the following accurately describes the Blob?

① It contributed to the death of the seabirds.

② It destroyed the marine life entirely in the Pacific Ocean.

③ It lasted from the summer of 2015 to the spring of 2016.

④ It was triggered by winter storms caused by high pressure.

3 What does the passage tell us about the seabirds?

① About one million seabirds were found dead on the shore in 2015 and 2016.

② During the Blob, they were unable to find enough food to survive.

③ They became the prey for the large fish during the Blob.

④ They have to consume more food when their body temperature rises.

4 Why did more whales come close to the coast during the Blob?

① because they came after their prey

② because they could not live in the high ocean temperature

③ because they were attracted by the fish traps fishermen set

④ because they were eager to eat crabs

5 What does the passage tell us about seagrasses, kelp forests, and corals?

① Approximately 30 percent of corals died in 2011 off the Australian coast.

② The Blob caused the destruction of these species all over the world.

③ They are the founders of the marine ecosystem.

④ They support the lives of other ocean creatures.

6 Which is the closest in meaning to the underlined words (6)?

① fasten

② identify

③ strike

④ value

7 What does the underlined word (7) refer to?

① heatwaves
② lives
③ marine heatwaves
④ people

8 最後の段落には下記の質問の答えがあります。その答えを**日本語**で要点を押さえて述べなさい。解答は解答欄に書きなさい。

8-1 How do marine heatwaves affect the fishery?

8-2 How do marine heatwaves affect tourism? Give an example.

9 下の表は，この文章のメインポイントを段落ごとに順番に並べたものです。本文の流れに沿って，空欄に適する選択肢を選び，その番号を解答欄に書きなさい。ただし，同じ選択肢は一度しか使えません。

Death of seabirds and its link to the Blob

↓

[9-1]

↓

Brief explanation of what the Blob was

↓

[9-2]

↓

[9-3]

↓

Increasing marine heatwaves and our lack of knowledge about it

↓

Impact of marine heatwaves on human life

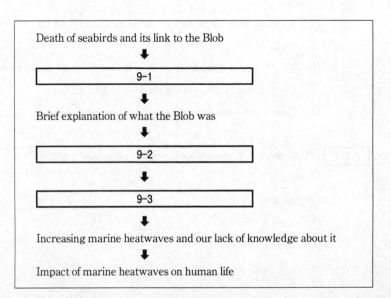

選択肢

① Cause and effect of marine heatwaves

② Competition between seabirds and large fish

③ Definition and causes of marine heatwave

④ Dietary habit of seabirds

⑤ Ecology of marine creatures

⑥ How the Blob caused the death of the seabirds

⑦ Influences of marine heatwaves upon the fishery

⑧ Other damages inflicted by marine heatwaves

Part Ⅱ 次の英文の空欄 [10] から [19] に入る最も適切な単語を選択肢から選び，形を変えずに解答欄に書きなさい。ただし，同じ選択肢は一度しか使えません。

Many environmental factors influence exam performance. Have you ever had the experience that you were doing well on an exam, but your score was lower than you [10] ? Sometimes, failure on exams may not be [11] to your knowledge or memory. One possible factor is the degree of noise [12] you. Imagine you are taking a listening exam and the person [13] next to you keeps talking. You might be okay with the situation, but most would think a noisy room is [14] for taking exams. Probably, you do not imagine a situation where you have to [15] with the audio while others are disturbing you. Can this really [16] ? On some English exams, students who complete the listening section can go to the speaking section and thus unfortunately start [17] the others continuing the listening part. The question you may have now is how you can bear with the noise surrounding you [18] the exam. In your preparation, keep practicing [19] on the materials and block out the noisy environment.

選択肢

around	bothering	concentrating	deal	during
expected	happen	related	sitting	uncomfortable

Part Ⅲ 次の英文の空欄 [20] から [29] に入る最も適切な語句を選び，その番号をマークしなさい。

What makes a good leader? People always hope their leaders are successful especially when going through a crisis. Leaders are expected to do their best under huge stress to make the hard decisions. You can tell if the leaders are good by seeing how they [20] the challenges they face.

There are some [21] many successful leaders have in common. As a successful leader, you need a leadership skill known as Emotional Intelligence (EI), which is defined as the ability to recognize, understand, and manage your own and others' emotions and to influence the emotions of others. An American psychologist claims there are five key elements in EI: self-awareness, self-regulation, motivation, empathy, and social skills.

Self-awareness is to know yourself well. If you are self-aware, you always know how you feel. You also know how your emotions and actions can affect the people around you. If you are a leader with high self-awareness, you will have a clear picture of your strengths and weaknesses. In a crisis, this awareness helps leaders to take action [22] their strengths and covering their weaknesses.

The second element, self-regulation, is controlling yourself. Leaders who can regulate themselves well rarely attack others verbally or physically. They never make emotional decisions hastily. Generally, people facing a psychologically difficult situation tend to be [23]. However, self-regulated leaders can take into account people's complaints without losing their temper. Or they explain calmly the reasons why they cannot satisfy the demands.

Also, self-motivated leaders work consistently toward their goals. They do not easily [24] what they are supposed to achieve. Under an emergency situation, leaders need to be brave and confident and spark inspiration and hope in people's hearts. People in a critical situation tend to be overwhelmed by stress. So leaders should illustrate a bright future ahead and lead people toward it as if it were destined to happen.

Having empathy for others is crucial for good leaders to manage the given situation. Leaders [25] empathy can put themselves in someone else's situation. Successful leaders are able to sympathize with people in taking care of the difficulties. This allows them to have a sense of togetherness and courage to [26] the crisis.

Good leaders should also have well developed social skills, which are a basis for good communication. [27] people cannot use communication channels easily in an emergency situation, leaders have to find the best way to keep people connected in the community. People tend to depend on gossip or rumor in a closed community. Under these circumstances, leaders should provide strong messages and correct [28] information.

Of course, prompt action is always needed for successful leaders. With it, they can cope with [29] such as natural disasters or virus infections. Leaders must analyze the situation, decide measures, and take action. By doing so, leaders are indeed able to "lead" people.

[20]
① develop　② handle
③ overlook　④ praise

[21]
① endless grumbles　② inner qualities
③ major defects　④ minimal outcomes

[22]
① being fond of　② feeling guilty of
③ getting rid of　④ making use of

23
① admirable ② isolated
③ offensive ④ trustworthy

24
① catch up with ② give up on
③ run back to ④ take part in

25
① at ② onto ③ under ④ with

26
① deny ② hide ③ meet ④ recall

27
① And ② But ③ Unless ④ When

28
① inaccurate or exaggerated ② overused or abandoned
③ searched or screened ④ unforgotten or hidden

29
① unforeseen events ② unforgettable memories
③ unreasonable demands ④ untouched areas

Part Ⅳ 次の [30] から [33] の会話の空欄に入る最も適切な表現を選び，その番号をマークしなさい。

[30]

(on the phone)

Amanda：Hey Kevin. Where are you?

Kevin：I just arrived at the station. I had to take care of something. I know I should be there by now... I'm so sorry.

Amanda：You know what time it is now? I have been waiting for you so long. [30]

Kevin：Give me 10 more minutes, please.

Amanda：I said I need to go now.

Kevin：So, I am left behind?

Amanda：Exactly. Just go by yourself.

① I am about to leave if you like.
② I will be back here when you arrive.
③ I can no longer stay here for you.
④ I can only wait for 10 minutes.

[31]

Amber：Hi, Jackie. It's a surprise to run into you here. What are you doing?

Jackie：Hi, Amber. It's great to see you. I just went to see a film.

Amber：Which one?

Jackie：You know, the one that recently won the prestigious award.

Amber：Oh, that one. I know it's been highly praised. How was it?

Jackie：[31] I used to dislike the actor starring in the film, but now I think he's great.

Amber：I will definitely go watch it then.

Jackie： Yeah, it's a must-see.

① It's worth seeing.

② It doesn't pay off.

③ It could have been better.

④ It's no better than average.

32

Liz：How is your new job at the apparel shop?

Bill：It's so exciting. I can get sales skills while serving customers.

Liz：Is it a good-paying job?

Bill：Not bad. I made $600 last month. I need to earn more to finance a trip to Japan. 32

Liz：Are you sure? We have the final exam. How would you manage your time?

Bill：No problem. I can balance work and study.

Liz：I doubt that.

① But I don't have enough time to work longer.

② I wonder if they could ask me to reduce working hours.

③ That's why I have to change the trip planning.

④ So I'm thinking of asking for more shifts next month.

33

Mother： Takashi, are you going to school, or are you taking classes online?

Takashi：I am going today, Mom.

Mother： Don't forget to wear a face mask.

Takashi：I know. Wait, can you drive me there? That would be fantastic!

Mother： 33

Takashi：What? Do you have something to do?

Mother： I have an important meeting online at 9:00.

① If I were you, I would drive you there.

② If you were in a hurry, I could stay home.

③ If you were tired, you could call me after school.

④ If I were free, I would be glad to take you there.

Part V 次の会話を読んで，質問の答えをカッコ内の語句をすべて使って作りなさい。ただし，他の語句を加えてはいけません。作成した部分のみを解答欄に記入すること。

隆（Takashi）がお金の計算をしており，有紀子（Yukiko）がそれを見ている。

隆：　あー，嫌になる。何度やっても計算が合わないぞ。計算書の提出の締切りは明日なのに。

有紀子：文化祭の模擬店の売り上げの計算？クラスでポテトを売ったんでしょ。私も列に並んで買ったわよ。たくさんお客さんが来てたわよね。

隆：　そうさ。良い天気だったし，ウチの学校の文化祭は街のお祭りと同じ日程で，街のお祭りの一部みたいだからね。近所の子供たちがたくさん来て，二日間で 400 セット売れたよ。1 セット 300 円だったんだ。

有紀子：すごい。12 万円も売れたんだ。

隆：　計算速いな。そうなんだけど，なぜか足りない。何回数えても 12 万円にならないんだよ。

有紀子：ねえ，二日目の午後から値下げして売ったんじゃないの？ 50 円引き，って言ってるのを聞いたわよ。

隆：　あ！そうだ。値下げして売ったのが 43 セットあった。じゃあ，いくらあればいいんだ？あー最初からやり直しだ。ねえ，有紀子，数学得意でしょ？代わりにやってよ。

有紀子：なんで私なのよ。同じクラスでもないし，私は定価の 300 円で買ったのよ！

34　What is Takashi doing?

He is [by / calculating / of the shop / run / the sales / was / which] Takashi's class at the school festival.

35　What did Yukiko point out?

She pointed out the fact [fifty yen / at / that / potatoes / sold / the / they] off in the afternoon on the second day.

36　What did Takashi ask Yukiko to do and why did he do so?

He asked her to [because / calculation / him / of / do / instead / the] she is good at numbers.

日本史

(80分)

第1問　日本における，和歌・連歌・俳諧・俳句の歴史について記した文章A・Bを読み，下の問い（**問1～8**）の答えを解答欄に記入せよ。

A　和歌は，古代歌謡から分化する形で生まれた。古代歌謡が集団として詠まれ，集団全体の感情を表現したのに対し，和歌は個人が表現したものと区別されている。歴史上，五・七・五・七・七の三十一文字で詠む短歌がもっとも好まれ，和歌の代名詞となった。万葉仮名で書かれたⓐ『万葉集』は，大伴家持が編纂に関与したとみられている。天皇または上皇の命で編纂されたものを勅撰和歌集と呼び，これに和歌が収められることが詠み手にとって大きな名誉となった。905年成立の『古今和歌集』に始まり，室町時代の『新続古今和歌集』まで，全21集が編まれている。編纂の経緯はさまざまだが，後白河上皇の勅撰和歌集『千載集』は，保元の乱で敗北し，配流先の讃岐で無念の死を遂げた［　ア　］の鎮魂を目的としている。

中世に入ると，和歌はひとりではなく，グループで詠むことが定着していく。鎌倉幕府を開いた源頼朝は，京で育ったこともあり，和歌に強い関心を寄せた。三代将軍源実朝はみずから［　イ　］を編纂し，はじめての親王将軍（皇族将軍）となった宗尊親王のもとで，鎌倉における和歌文化が花開いた。この結果，和歌は御家人にとって重要な教養となっていく。

鎌倉時代の公家藤原定家は，『新古今和歌集』編纂に加わり，その子為家は後妻として歌人ⓑ阿仏尼を娶った。定家の子孫は，二条・京極・冷泉の三家に分かれたが，二条・京極の二家は室町時代に断絶した。戦国時代になると，冷泉家が戦国大名との交流を深め，飛鳥井家と並んで歌道指南を担当する「和歌の家」という地位を確立させる。

鎌倉時代に和歌から派生して生まれたのが，上の句と下の句を交互に詠み続ける連歌で，合計百句となる百韻を基本形式とする。南北朝時代に［　ウ　］が編纂した『菟玖波集』が準勅撰となったことで，連歌は和歌と対等な文芸と認められた。室町期を通じて連歌も武家の必須教養となり，周防の戦国大名大内政弘が発起人となる形で『新撰菟玖波集』が編まれ，準勅撰となったことは，文化の地方伝播の象徴ともいえる。

問1　下線部ⓐに収められている「唐衣　裾に取りつき　泣く子らを　置きてそ来ぬや　母なしにして」という句は，古代国家が九州沿岸部防衛を目的として徴兵した兵の悲哀を詠んだものである。この兵士の呼称として正しいものを，次の①～④のうちから一つ選べ。［51］

①　健児　　②　衛士　　③　防人　　④　雑徭

問2　［ア］に入る人名として正しいものを，次の①～④のうちから一つ選べ。［52］

①　崇徳上皇　　②　安徳天皇　　③　順徳上皇　　④　鳥羽上皇

問3　［イ］に入る和歌集の名称として正しいものを，次の①～④のうちから一つ選べ。［53］

①　『金槐和歌集』　　②　『拾遺和歌集』
③　『懐風藻』　　④　『梁塵秘抄』

問4　下線部ⓑの人物が，訴訟のために鎌倉を訪ねた際の旅日記の名称として正しいものを，次の①～④のうちから一つ選べ。［54］

①　『明月記』　　②　『更級日記』
③　『十六夜日記』　　④　『蜻蛉日記』

問5　［ウ］に入る人名として正しいものを，次の①～④のうちから一つ選べ。［55］

① 三条西実隆　② 二条良基　③ 北畠親房　④ 一条兼良

B　江戸時代に入ると，連歌は衰退していく。その代わり，連歌の一部ではあるが，即興性・滑稽性が強く，軽視されてきた俳諧が主流となった。発句（上の句）のみを詠む俳句も成立し，江戸時代は一括して俳諧と呼んでいる。近世の俳諧は，連歌に並ぶため様式を整えていったが，その後自由奔放なものに変化した。行き過ぎた奔放性を憂えたⓒ松尾芭蕉が「さび」を導入して芸術性を高めるなど，時期による変遷も大きい。ただ庶民文化と密接に結びつくことが多かった点は，連歌と一線を画したものといえる。しかし江戸時代末期の俳諧は，松尾芭蕉の礼讃が著しく，新規性を失っていった。

この結果，明治維新後，連句形式の俳諧は姿を消し，発句のみの俳句が中心となっていく。俳句や短歌の改革はⓓ正岡子規によって進められ，子規は俳句雑誌［　エ　］に協力して多くの作品を発表した。

問 6　下線部ⓒの人物を含め，江戸時代の俳人とその活動時期について，古いものから年代順に正しく配列したものを，次の①～⑥のうちから一つ選べ。［ 56 ］

① 西山宗因 → 松永貞徳 → 与謝蕪村 → 松尾芭蕉 → 小林一茶
② 西山宗因 → 松永貞徳 → 松尾芭蕉 → 小林一茶 → 与謝蕪村
③ 西山宗因 → 松永貞徳 → 松尾芭蕉 → 与謝蕪村 → 小林一茶
④ 松永貞徳 → 西山宗因 → 松尾芭蕉 → 与謝蕪村 → 小林一茶
⑤ 松永貞徳 → 西山宗因 → 与謝蕪村 → 松尾芭蕉 → 小林一茶
⑥ 松永貞徳 → 西山宗因 → 松尾芭蕉 → 小林一茶 → 与謝蕪村

問 7　下線部ⓓの人物が進めた俳句・短歌改革として正しいものを，次の①～④のうちから一つ選べ。［ 57 ］

① 五・七・五にとらわれない，自由律俳句を詠んだ。
② 『万葉集』を重視する形で短歌改革を唱えた。
③ 『新古今和歌集』を重視する形で短歌改革を唱えた。
④ 写生的に詠むことを否定した。

問8　[エ] に入る雑誌名として正しいものを，次の①～④のうちから一つ選べ。[58]

①『アララギ』　②『白樺』　③『ホトトギス』　④『赤い鳥』

第2問

古代国家の政治と，東アジア社会の関わりについて記した文章A～Cを読み，下の問い（問1～9）の答えを解答欄に記入せよ。

A　以下の文章および地図・史料を読んで，問いに答えなさい。なお史料は掲載にあたり，漢文を書き下し文に改めた。

4世紀，倭国と中国の関係は史書から確認ができなくなるが，朝鮮半島との外交は盛んに行われていた。倭国は [ア] と7世紀まで続く友好・同盟関係を築き，小国家群のなかでは6世紀まで独立を維持した [イ] との友好関係も保った。

しかし5世紀に入ると，倭国は再び中国，特に南朝の宋と国交を持った。この時期に中国に使節を派遣した大王（天皇）を，倭の五王と呼ぶ。

4～5世紀頃の朝鮮半島情勢

史料

倭国は高麗（高句麗）の東南の大海中に在り，世々《よよ》貢職を修む。

高祖の永初二年（注1），詔して曰く，「倭の讃は，万里貢を修む。遠き誠は宜《よろ》しく甄《あらわ》すべく，除授を賜う（注2）べし，」と。(略)

讃死して弟の珍立つ。使いを遣わして貢献せしむ。自《みずか》ら使持節《しじせつ》，都督《ととく》（注3）倭・百済・新羅・任那（加耶）・秦韓（辰韓）・慕韓（馬韓）六国諸軍事，安東大将軍，倭国王と称す。(珍は) 表して除正（注4）せられんことを求む。

詔して安東将軍，倭国王に除《じょ》す。(略)

二十年，倭国王の済，使いを遣わして奉献す。復《ま》た以《も》って安東将軍，倭国王と為《な》す。二十八年，使持節，都督倭・新羅・任那・加羅・秦韓・慕韓六国諸軍事を加え，安東将軍は故《もと》の如し，(略)

済死す。世子の興，使いを遣わして貢献せしむ。(略) 詔して曰く，(略) 宜しく爵号を授くべく，安東将軍倭国王とすべしと。

興死して，弟の武立つ。自ら使持節，都督倭・百済・新羅・任那・加羅（加耶）・秦韓（辰韓）・慕韓（馬韓）七国諸軍事，安東大将軍，倭国王と称す。(略)

詔して武を使持節，都督倭・新羅・任那・加羅・秦韓・慕韓六国諸軍事，安東大将軍，倭王に除す。

(注1) 高祖の永初二年：ここでの高祖は，中国南朝宋の初代皇帝である武帝を指す。永初はその最初の年号（元号）である。

(注2) 除授を賜う：官職を授ける。

(注3) 都督：軍政長官のこと。その前の「使持節」は都督中のトップを指す。

(注4) 除正：正式な任命。

(『宋書』倭国伝)

問1　[ア]・[イ] に入る国名・地域名（小国家群名）の組合せとして正しいものを，次の①〜⑥のうちから一つ選べ。[59]

① ア — 新羅　　イ — 辰韓　　② ア — 新羅　　イ — 加耶

③ ア — 百済　　イ — 馬韓　　④ ア — 百済　　イ — 加耶

⑤ ア — 高句麗　イ — 辰韓　　⑥ ア — 高句麗　イ — 馬韓

問2 地図および史料から読み取ることのできる倭国の外交として，**誤っているもの**を，次の①～④のうちから一つ選べ。 60

① 倭国は，南朝宋の建国後，すぐに使節を派遣している。

② 讃については明記されていないが，珍以後の倭の五王は，宋から倭国王（倭王）に任じられている。

③ 倭国は，朝鮮諸国全体の軍政長官であると称し，その地位を認定するよう，宋に要求していた。

④ 宋は，倭国の要求のうち百済以外の軍政長官の地位は，結局容認した。

問3 史料から読み取ることのできる，倭の五王の父子兄弟関係として**誤っているもの**を，次の①～④のうちから一つ選べ。 61

① 讃と珍は兄弟である。

② 珍と済の関係は明らかにできない。

③ 済の子で，後継者と指名されていたのは興である。

④ 武は済の子で，その第二子である。

B 倭の五王以降，日本と中国との国交は途絶えていた。589年に隋が中国を統一したころ，国内では大臣の地位にあった蘇我氏が崇峻天皇を暗殺して政権を握った。その後即位した推古天皇の下，その甥の厩戸王は蘇我氏とともに国政の改革を始めた。内政では憲法十七条や ⓐ新たな官位制度を定め，対外政策としては600年には ⓑ遣隋使を派遣し，中国との国交を再開させた。また，この時代，蘇我氏や厩戸王が仏教を重んじたことや渡来人の活躍もあり， ⓒ仏教を中心とした文化が栄え，大規模な寺院が建立された。

問4 下線部ⓐに関して，厩戸王が定めた官位制度に関する文章X・Yの正誤の組合せとして正しいものを，次の①～④のうちから一つ選べ。 62

X：冠位十二階を定めたが，冠位は個人の才能や功績に応じて与えられるものではなかった。

Y：中央行政組織として神祇官と太政官の二官と政務を行う八省を置いた。

① X一正　Y一正　② X一正　Y一誤
③ X一誤　Y一正　④ X一誤　Y一誤

問5　下線部ⓑに関して，遣隋使またはそれに同行した人物として**誤っているもの**を，次の①〜④のうちから一つ選べ。 **63**

① 小野妹子　② 南淵請安　③ 吉備真備　④ 高向玄理

問6　下線部ⓒに関して，この時期に建立された寺院（Ⅰ）とその建立者（Ⅱ）の組合せとして正しいものを，次の①〜⑥のうちから一つ選べ。 **64**

① Ⅰ一飛鳥寺　Ⅱ一厩戸王
② Ⅰ一百済大寺　Ⅱ一舒明天皇
③ Ⅰ一四天王寺　Ⅱ一蘇我稲目
④ Ⅰ一飛鳥寺　Ⅱ一蘇我稲目
⑤ Ⅰ一四天王寺　Ⅱ一舒明天皇
⑥ Ⅰ一百済大寺　Ⅱ一厩戸王

C　8世紀の初め，律令政治では皇族や中央の有力貴族間で勢力が比較的均衡に保たれていたが，律令制の確立にも尽力した藤原不比等は実娘を文武天皇や聖武天皇に嫁がせ，ⓓ天皇家と密接な関係を築くことによって政治的権力を得るようになった。以後，ⓔ藤原氏はたびたび政治の中心的役割を担うようになった。また，この時代は中央集権的な国家体制が整い，平城京を中心にⓕ高度な貴族文化が花開いた。遣唐使のもたらした唐の文化の影響を強く受け，国際色豊かな点も特徴である。

問7　下線部ⓓに関して，藤原氏は天皇家との密接な関係により平安時代まで力を誇示し，藤原道長・頼通親子の時に栄華を極める。藤原道長・頼通親子や摂関政治に関する説明として**誤ったもの**を，次の①〜④のうちから一つ選べ。

65

① 藤原道長・頼通は天皇の外戚として摂関政治をおこない，権勢をふるった。
② 摂政は天皇が幼少の期間に政務を代行する地位，関白は天皇の成人後に後見役として補佐する地位である。
③ 摂関政治の下では律令制の官司が維持されたが，官職や位階は家柄や外戚関係によって決まることが多くなった。
④ 藤原頼通は法成寺と平等院鳳凰堂に代表される阿弥陀堂を建立した。

問 8　下線部ⓔに関して，藤原不比等の死後，政権担当者が目まぐるしく変化した。その政権担当者を古いものから年代順に正しく配列したものを，次の①～⑥のうちから一つ選べ。 66

① 長屋王 → 藤原武智麻呂 → 橘諸兄 → 藤原仲麻呂 → 道鏡 → 藤原百川
② 長屋王 → 藤原仲麻呂 → 橘諸兄 → 藤原百川 → 道鏡 → 藤原武智麻呂
③ 長屋王 → 藤原百川 → 橘諸兄 → 藤原武智麻呂 → 道鏡 → 藤原仲麻呂
④ 長屋王 → 藤原良房 → 橘諸兄 → 藤原仲麻呂 → 道鏡 → 藤原百川
⑤ 長屋王 → 藤原仲麻呂 → 橘諸兄 → 藤原百川 → 道鏡 → 藤原良房
⑥ 長屋王 → 藤原百川 → 橘諸兄 → 藤原良房 → 道鏡 → 藤原仲麻呂

問 9　下線部ⓕに関して，この時代の文化に関する説明として正しいものを，次の①～④のうちから一つ選べ。 67

① 貴族には漢詩文の教養が必要とされ，現存最古の漢詩集『凌雲集』が編集された。
② 仏教が国家的に保護され，大官大寺や薬師寺が建立された。
③ 三論宗，成実宗，法相宗，倶舎宗，華厳宗，律宗の南都六宗と呼ばれる仏教理論の学派が形成された。
④ 学僧源信は『往生要集』を著して念仏往生の教えを説いた。

第3問　鎌倉幕府の政治史について記した文章を読み，下の問い（問1～8）の答えを解答欄に記入せよ。

鎌倉幕府成立後，初代将軍源頼朝の子である頼家・実朝は相次いで暗殺され，執権北条氏が実権を掌握していく。北条義時は新たな将軍として後鳥羽上皇の皇子を望んだが拒絶され，摂関家から［ア］を四代将軍として迎えることとなった。ただ［ア］はまだ幼少であり，頼朝の未亡人である北条政子が政務を代行する形をとった。

この状況を幕府の混乱と考えた後鳥羽上皇は，北条義時追討令を出した。しかし幕府の迅速な対応により，上皇側は軍勢集結すらままならないまま敗北し，承久の乱はあっけなく幕を閉じた。幕府は後鳥羽上皇を流罪とするなど，ⓐ様々な戦後処理を行った。これにより幕府の影響力は，西国にも拡大していく。

北条義時の死後，嫡男泰時が執権となった。ⓑ北条泰時は幕府の政治体制整備に意を尽くし，ⓒ御成敗式目（貞永式目）を制定して御家人に配布した。北条氏は，幕府の中枢に位置した有力御家人を滅ぼすとともに，成人した将軍を京都に送還して実権を持たせないよう意を尽くした。1247 年の宝治合戦で［イ］を滅ぼしたことで，幕府内において北条氏に対抗できる勢力は消滅する。

この結果，政争の主体は北条氏内部へと移行した。北条氏庶流家（庶子家）が執権の座にある場合は，北条氏嫡流家（惣領家）の当主である得宗が実権を握るようになる。たとえば鎌倉幕府最後の執権は庶流家の北条守時であったが，実権は得宗である北条高時の元にあった。得宗が政治の中心になると，ⓓ得宗の直臣である御内人が台頭するようになる。

なお庶流家当主のうち［ウ］は，執権には就任しなかったものの，蔵書を集めた金沢文庫を創設したことで知られる。

問1　［ア］に当てはまる人名として正しいものを，次の①～④のうちから一つ選べ。［68］

①　藤原兼実　②　藤原頼嗣　③　藤原道家　④　藤原頼経

問2 下線部ⓐに関する説明として**誤っているもの**を，次の①～④のうちから一つ選べ。 69

① 朝廷の動向を監視するため，六波羅探題を設置した。

② 後鳥羽上皇に加担した公家や武士の所領を没収し，東国御家人を地頭に任じて恩賞とした。

③ 後堀河天皇を即位させ，その父親である土御門上皇が院政を行うこととなった。

④ 西国に新たに設置された地頭の得分は，新補率法で算出されることが多く，田畠11町ごとに1町を地頭分とすることなどが定められた。

問3 下線部ⓑの人物が行った政治改革の説明として正しいものを，次の①～④のうちから一つ選べ。 70

① 執権北条氏とともに幕政を担う合議組織として，評定衆を設置した。

② 守護の権限として，初めて大犯三カ条を定めた。

③ 幕府の訴訟機関として，引付衆を設置した。

④ 副執権として連署を新設し，一門の長老であった北条時頼を初代連署に任じた。

問4 下線部ⓒ制定の背景には，大飢饉に伴う訴訟増加への対応という目的もあったと考えられている。ⓒ制定の直前に起こった飢饉の名称として正しいものを，次の①～④のうちから一つ選べ。 71

① 養和の大飢饉 ② 正嘉の大飢饉

③ 寛喜の大飢饉 ④ 寛永の飢饉

問5 以下の史料は，下線部ⓒと同年に発布された鎌倉幕府の個別法である。

一，畿内近国ならびに西国堺相論の事，

右，共にもって公領たらば，尤も国司の成敗たるべし，庄園においては，領家（注 1）の沙汰として，奏聞を経《へ》，聖断（注 2）を蒙らせしむべし，しかるに地頭等自由（注 3）に任せ相論の条，慥《たし》かに停止せらるべし，

（鎌倉幕府追加法 42）

（注 1）領家：荘園領主。

（注 2）聖断：治天の君（上皇・天皇）による裁許。

（注 3）自由：身勝手な。

この史料から，読み取ることのできる鎌倉幕府の裁判姿勢に関する文章Ｘ・Ｙの正誤の組合せとして正しいものを，次の①～④のうちから一つ選べ。 [72]

Ｘ：鎌倉幕府は，畿内西国を中心とした国衙（国司）および皇族・公家・大寺社が支配する荘園同士の所領相論にも積極的に関与した。

Ｙ：鎌倉幕府は，畿内西国における地頭の横暴を問題視しており，道理にあわない地頭の訴訟を禁じた。

① Ｘ－正　Ｙ－正　② Ｘ－正　Ｙ－誤

③ Ｘ－誤　Ｙ－正　④ Ｘ－誤　Ｙ－誤

問 6 [イ] に入る人名として正しいものを，次の①～④のうちから一つ選べ。 [73]

① 梶原景時　② 三浦泰村　③ 畠山重忠　④ 比企能員

問 7 下線部ⓓについて記した文章として**誤っているもの**を，次の①～④のうちから一つ選べ。 [74]

① 弘安徳政を主導した御家人安達泰盛は，御内人平頼綱に滅ぼされた。

② 御内人平頼綱は，主君である北条時宗に滅ぼされた。

③　御内人の中心人物は，内管領と呼ばれた。

④　御内人長崎高資は，幕府滅亡時に鎌倉で自害した。

問8　［ウ］に入る人名として正しいものを，次の①～④のうちから一つ選べ。［75］

①　北条長時　　②　北条貞時　　③　北条重時　　④　北条実時

第4問

徳川綱吉将軍期の政治と文化について記した文章を読み，下の問い（問1～8）の答えを解答欄に記入せよ。

江戸幕府の体制確立は，1651年に将軍に就任した ⓐ4代将軍家綱期といえる。家綱の時代から5代将軍徳川綱吉の代にかけて，幕府政治は武断政治から文治政治へと大きな転換を遂げた。

初期の綱吉政権は，老中から ⓑ大老に上り詰めた堀田正俊が主導していた。しかし彼は江戸城の老中詰所の次の間において，若年寄に殺害されてしまう。事件当時の老中詰所（執務室）は，将軍の御座所に近かったため，警固の観点から，両者は遠ざけられることになった。この結果，将軍と老中の意思疎通を円滑にする役目を担ったのが［ア］と呼ばれる将軍側近である。

綱吉政権の政策としてもっとも著名なのは，ⓒ生類憐みの令と呼ばれた複数の法令である。犬の過剰な保護法令として悪名が高い。ただ，全体としては，殺生の禁止や愛護精神涵養を目指したものである。犬が特に重視され，かつ人々の記憶に残ったのは，江戸初期に風紀を乱していた［イ］が好んで犬を食べており，その統制を目指したこと，江戸の町人に犬小屋設置・維持のための税が賦課されたことなどによる。綱吉は子息の早逝を機に服忌令を編纂させ，江戸幕府における服喪期間を定めた。綱吉は儒教道徳を重んじたほか，人・動物の血や死の「穢れ」を強く忌避しており，「殺害は罪」とする政治姿勢を前面におしだした。これにより中世以来の荒々しい気風は，抑制されていく。いっぽう綱吉政権のもとでは，ⓓ元禄文化が花開いた。様々な意味で，時代の転換点であったといえる。

問1　下線部ⓐの時期の出来事として**誤ったものを**，次の①～④のうちから一つ選べ。［ 76 ］

① 末期養子の禁が緩和された。

② 朝鮮通信使が来日した。

③ 江戸で大火が起こり，江戸城天守閣が焼失した。

④ 田畑永代売買禁止令が出された。

問2　江戸幕府において，下線部ⓑに就任した人物として正しいものを，次の①～④のうちから一つ選べ。［ 77 ］

① 酒井忠徳　② 堀田正睦　③ 井伊直弼　④ 保科正之

問3　［ア］に当てはまる役職名を，次の①～④のうちから一つ選べ。［ 78 ］

① 武家伝奏　② 側用人　③ 御用取次　④ 奏者番

問4　徳川綱吉政権期に［ア］を務めた人物を，次の①～④のうちから一つ選べ。［ 79 ］

① 間部詮房　② 田沼意次　③ 柳沢吉保　④ 荻原重秀

問5　以下の史料は，下線部ⓒの一環として出された法令である。なお掲載にあたり書き下し文に改め，一部に濁点を付した。

覚

一,捨子これあり候ハヽ，早速届けに及ばず，その所の者いたハり置き，直に養ひ候か，または望みの者これあり候はば，遣わすべく候，急度付け届けに及ばざる事,一, 鳥類・畜類，人の疵付け候よう成る義ハ，唯今《ただいま》までの通り，相届けべく候，その外友くひ（共食い），又はおのれと痛み煩い候ばかりニてハ，届けるに及ばず，随分養生いたし，主これあり候はば，返し申すべく事，

一, 無主の犬，頃日は食い物給《たま》わせ申さず候様ニ相聞こえ候，畢竟《ひっきょう》(注1) 食い物給わせ候へば，その人の犬の様ニ罷り成り，已後（以後）までむつかしき事と存じ，いたハり申さずと相聞こえ，不届きに候，向後左様にこれなき様に相心得べき事，

一, 飼育の犬，死に候へば，支配方へ届け候様ニ相聞こへ候，別条なきにおいては，向後ケ様《かよう》の届け無用の事，

一, 犬ばかりに限らず，生類人の慈悲の心を元といたし，あハれみ候儀，肝要に候事，

以上，

貞享四卯四月日

（『武家厳制録』）

(注1) 畢竟：つまるところ。

この法令から読み取れる内容として**誤っているもの**を，次の①～④のうちから一つ選べ。[80]

① 野犬に餌を与え，飼育することを奨励している。
② 捨て子が出た場合，その養育を行うか，里親を探すよう命じている。
③ 人が疵付けた鳥や動物についても，見過ごしてはならないとしている。
④ 飼い犬が死んだ場合，必ず届け出を行うよう命じている。

問6　[イ] にあてはまる，江戸初期に風紀を乱すとして問題視されていた者の呼称として正しいものを，次の①～④のうちから一つ選べ。[81]

①　バサラ　　②　かぶき者　　③　悪党　　④　一揆

問7　下線部ⓓを代表する作品として**誤っているもの**を，次の①〜④のうちから一つ選べ。 82

①　『日本永代蔵』　②　『南総里見八犬伝』
③　『国性爺合戦』　④　『冥途の飛脚』

問8　下線部ⓓの時期に活躍した学者として**誤っているもの**を，次の①〜④のうちから一つ選べ。 83

①　関孝和　②　熊沢蕃山　③　塙保己一　④　山鹿素行

第5問

次の文章は江戸後期から日露戦争前後までの日本・ロシア関係史を概観したものである。これについて，下の問い（**問1〜9**）の答えを解答欄に記入せよ。

17世紀後半，ロシアはヨーロッパからアジアへと積極的な進出を開始し，国境の画定，通商の取り決めなどについて複数の条約を清と結ぶにいたっていた。そしてオホーツク海まで進出したロシアは1792年，漂流民の大黒屋光太夫を伴ったラクスマン（ラックスマン）を使節として北海道に送り込み，ここにⓐ江戸幕府との接点が初めて生まれた。ラクスマンは通商を求めたが，幕府はこれを拒否した。しかし，その後，ペリー来航を機に日米和親条約を結び，開国を決めた幕府はⓑ日露和親条約も結ぶところとなる。一方，ロシアが日本海に面するウラジヴォストークまで進出してくると，日本・ロシア間の国境の画定が最重要課題とならざるをえなかった。

その結果，1875年，明治政府はロシアと樺太・千島交換条約を結び，樺太の帰属問題を明確化した。しかしながら，ⓒ朝鮮を日本の影響下におこうとしてきた明治政府はロシアのシベリア鉄道計画を前にして，その極東支配を十分に認識した上で，ついに日清戦争に突入する。これに勝利をおさめた日本であるが，ⓓ下関条約に関して三国干渉がなされ，政府は遼東半島返還を余儀なくされた。一方，朝鮮は宗主国であった清の敗北を目のあたりにしたのみならず，北清事変においては，日本を含む連合軍への清の降伏に直面した。

ロシアが中国東北部（満州）を事実上占領する一方で，日本は朝鮮半島への影響力を強めようとしていたので，両国の関係は険悪化していく。日本国内では開戦論・反戦論が対立していた上，政治家も事態を楽観視していたが，1904 年，ⓔ日露戦争が始まった。この戦争は旅順要塞陥落，奉天会戦，日本海海戦などを経て日本軍の勝利により終結した。ⓕ講和条約はアメリカ大統領セオドア=ルーズベルトの仲介により，ポーツマスで結ばれた。ところが，国民は賠償金を取れない講和条約に不満を爆発させるところとなった。

問 1　下線部ⓐについて，日本・ロシア間外交や幕府のロシア船への対応に直接関係しない事項を，次の①～⑥のうちから一つ選べ。 **84**

①　最上徳内による探査　　②　ロシア使節レザノフ来航
③　間宮林蔵による探査　　④　ゴローウニン事件
⑤　フェートン号事件　　⑥　松前奉行の設置

問 2　下線部ⓑについて記した文章として正しいものを，次の①～④のうちから一つ選べ。 **85**

①　ロシア極東艦隊司令長官プチャーチンが長崎に来航し，条約締結を要求した。
②　開港地は，下田・箱館の 2 港であると条約に明記された。
③　条約により，択捉島以北が日本領となった。
④　大老の井伊直弼は朝廷の勅許を得られないまま，条約調印を断行した。

問 3　下線部ⓒに関わる出来事Ⅰ～Ⅲについて，古いものから年代順に正しく配列したものを，次の①～⑥のうちから一つ選べ。 **86**

Ⅰ　甲申政変　　Ⅱ　壬午軍乱　　Ⅲ　江華島事件

①　Ⅰ → Ⅱ → Ⅲ　　②　Ⅰ → Ⅲ → Ⅱ

③ Ⅱ → Ⅰ → Ⅲ　④ Ⅱ → Ⅲ → Ⅰ

⑤ Ⅲ → Ⅰ → Ⅱ　⑥ Ⅲ → Ⅱ → Ⅰ

問 4　下線部ⓓの内容と経過について説明した文章として**誤っているもの**を，次の①～④のうちから一つ選べ。 [87]

① 清は朝鮮の独立を認めた。

② 清からの賠償金は，官営八幡製鉄所の建設費にも当てられた。

③ 割譲された台湾に，樺山資紀が初代総督として派遣された。

④ 条約は伊藤博文と金玉均との間で結ばれた。

問 5　下線部ⓔに関して，激戦地となった旅順・奉天の場所はどこか。旅順・奉天とその地図上の位置（A～F）の組合せとして正しいものを，次の①～⑥のうちから一つ選べ。 [88]

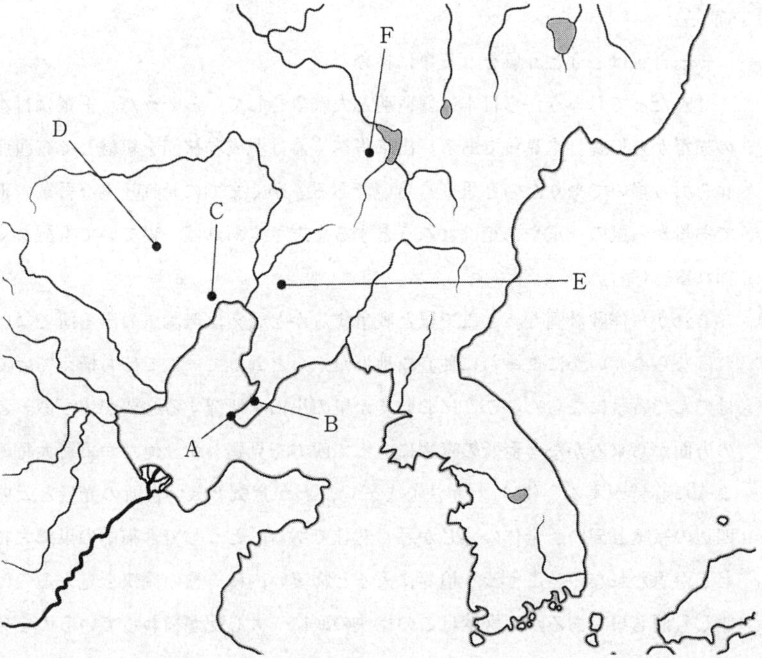

① 旅順―A　奉天―D　② 旅順―A　奉天―E
③ 旅順―B　奉天―D　④ 旅順―B　奉天―F
⑤ 旅順―C　奉天―E　⑥ 旅順―C　奉天―F

問6　下線部ⓔに関して，激戦の舞台となった満州を中心とする地域に，7世紀末から10世紀前半にかけて成立していた国家の名称として正しいものを，次の①～④のうちから一つ選べ。 **89**

① 高麗　② 金　③ 渤海　④ 匈奴

問7　下線部ⓔに関して，同時期に夏目漱石は『吾輩は猫である』を雑誌連載していた。以下は，同小説において日露戦争に触れた箇所の一部を，抜粋したものである。なお引用の前半部分は日本海海戦の戦勝後，後半部分は戦争終結翌月に執筆・掲載された。

(前半)

――吾輩はとうとう鼠をとる事に極めた。

せんだってじゅうから日本は露西亜《ろしあ》と大戦争をしているそうだ。吾輩は日本の猫だから無論日本贔負である。出来得べくんば混成猫旅団を組織して露西亜兵を引っ掻いてやりたいと思うくらいである。かくまでに元気旺盛な吾輩の事であるから鼠の一疋や二疋はとろうとする意志さえあれば，寝ていても訳なく捕れる。(略)

これから作戦計画だ。どこで鼠と戦争するかと云えば無論鼠の出る所でなければならぬ。いかにこっちに便宜な地形だからと云って一人で待ち構えていてはてんで戦争にならん。ここにおいてか鼠の出口を研究する必要が生ずる。どの方面から来るかなと台所の真中に立って四方を見廻わす。何だか東郷大将のような心持がする。(略) わが決心と云い，わが意気と云い台所の光景と云い，四辺の寂寞と云い，全体の感じが悉く悲壮である。どうしても猫中の東郷大将としか思われない。こう云う境界に入ると物凄い内に一種の愉快を覚えるのは誰しも同じ事であるが，吾輩はこの愉快の底に一大心配が横わっているのを発

見した。鼠と戦争をするのは覚悟の前だから何疋来ても恐くはないが，出てくる方面が明瞭でないのは不都合である。(略)

……東郷大将はバルチック艦隊が対馬海峡を通るか，津軽海峡へ出るか，あるいは遠く宗谷海峡を廻るかについて大に心配されたそうだが，今吾輩が吾輩自身の境遇から想像して見て，ご困却の段実に御察し申す。吾輩は全体の状況において東郷閣下に似ているのみならず，この格段なる地位においてもまた東郷閣下とよく苦心を同じゅうする者である。

(後半)

「僅々六十余字さ」と苦沙弥《くしやみ》先生いよいよ手製の名文を読み始める。

「大和魂！　と叫んで日本人が肺病やみのような咳をした」(略)「大和魂！　と新聞屋が云う。大和魂！　と掏摸《すり》が云う。大和魂が一躍して海を渡った。英国で大和魂の演説をする。独逸《どいつ》で大和魂の芝居をする」(略)「東郷大将が大和魂を有《も》っている。肴屋の銀さんも大和魂を有っている。詐偽師，山師，人殺しも大和魂を有っている」(略)「大和魂はどんなものかと聞いたら，大和魂さと答えて行き過ぎた。五六間行ってからエヘンと云う声が聞こえた」(略)「三角なものが大和魂か，四角なものが大和魂か。大和魂は名前の示すごとく魂である。魂であるから常にふらふらしている」

「先生だいぶ面白うございますが，ちと大和魂が多過ぎはしませんか」と東風君が注意する。「賛成」と云ったのは無論迷亭である。

「誰も口にせぬ者はないが，誰も見たものはない。誰も聞いた事はあるが，誰も遇《あ》った者がない。大和魂はそれ天狗の類か」(後略)

この部分から読み取ることができる，連載当時の夏目漱石の日露戦争観を記した文章Ｘ・Ｙの正誤の組合せとして正しいものを，次の①～④のうちから一つ選べ。 **90**

Ｘ：日本海海戦に勝利した，東郷平八郎を讃えている。

Ｙ：日露戦争勝利に沸く国民に対し，批判的まなざしを向けている。

①　Ｘ―正　　Ｙ―正　　　②　Ｘ―正　　Ｙ―誤

③　X ― 誤　　Y ― 正　　④　X ― 誤　　Y ― 誤

問 8　下線部ⓔに関して，戦争前後に，フランス・ロシア文学の影響によって「自然主義」が文壇の主流となった。田山花袋の代表作を，次の①～⑥のうちから一つ選べ。 91

①　『金色夜叉』　②　『草枕』　③　『浮雲』
④　『蒲団』　⑤　『一握の砂』　⑥　『不如帰』

問 9　下線部ⓕのポーツマス条約に関する説明として**誤っているもの**を，次の①～④のうちから一つ選べ。 92

①　日本全権の小村寿太郎とロシア全権ウィッテとの間で調印された。
②　ポーツマス条約締結後の 1905 年，朝鮮総督府を設置した。
③　戦勝にもかかわらず賠償金なしの事態に対し，日比谷焼打ち事件が発生した。
④　ロシアは北緯 50 度以南の樺太を日本に譲渡した。

第6問　戦前と戦後の政治経済情勢に関する次の文章A・Bを読み，下の問い（問1～8）の答えを解答欄に記入せよ。

A　1936 年の二・二六事件後，広田弘毅内閣は「陸軍・海軍大臣を現役の大将・中将に限る」とするⓐ軍部大臣現役武官制を復活させるなど，軍部に譲歩して成立した。広田内閣に続く林銑十郎内閣を通じて，軍部の発言力は強まっていく。1937 年 6 月の林内閣総辞職後，［ア］であった近衛文麿が第一次内閣を組閣すると間もなく盧溝橋事件が勃発し，日中戦争への扉が開かれた。

世界恐慌後の 1930 年代は，ヴェルサイユ体制やワシントン体制と呼ばれる世界の秩序が崩れ始めた時代であった。ドイツ，イタリアでは全体主義体制が確立し，一党独裁が現実となった。このころ，国力を急速に高めていたのがソ連であり，国際的な共産主義運動を展開した。こうした国際環境のなかで，第一次近衛内閣のもと［イ］が結ばれ，枢軸陣営が成立した。

国内においては，同内閣は，1937 年に［ウ］を展開，翌年に［エ］を制定し，これに基づく［オ］によって民間人が軍需産業に動員されるようになると，生活必需品が不足していった。

1941 年，対米強硬論者であった［カ］の更迭のため，第二次近衛内閣は総辞職をし，7 月に第三次近衛内閣を発足させたものの，対米外交継続を主張する近衛首相が開戦を主張する東条英機陸相と対立してしまう。10 月には東条内閣が成立し，太平洋戦争へと突入した。

問 1　下線部ⓐに関して，この制度を事実上廃止した政治家として正しいものを，次の①～④のうちから一つ選べ。［93］

①　山県有朋　　②　山本権兵衛　　③　井上馨　　④　大隈重信

問 2　［ア］に入る地位として正しいものを，次の①～④のうちから一つ選べ。［94］

①　軍事参議院議長　　②　貴族院議長
③　枢密院議長　　④　衆議院議長

問3　[イ] に入る国内外の条約・協定の名称として正しいものを，次の①～④のうちから一つ選べ。 [95]

① 日ソ中立条約　② 独ソ不可侵条約
③ 日独防共協定　④ 日独伊三国防共協定

問4　[ウ]・[エ]・[オ] に入る語句の組合せとして正しいものを，次の①～④のうちから一つ選べ。 [96]

① ウ－価格等統制令　エ－国民精神総動員運動　オ－国家総動員法
② ウ－国家総動員法　エ－国民徴用令　オ－国民精神総動員運動
③ ウ－国民精神総動員運動　エ－国家総動員法　オ－国民徴用令
④ ウ－価格等統制令　エ－国家総動員法　オ－国民精神総動員運動

問5　[カ] に入る閣僚の名前として正しいものを，次の①～④のうちから一つ選べ。 [97]

① 広田弘毅　② 松岡洋右　③ 平沼騏一郎　④ 米内光政

B　戦後の大型景気を迎えた日本において，1956年度の経済白書は「もはや戦後ではない」と宣言した。1960年，所得倍増計画を打ち立てた [キ] 内閣は，高度成長をさらに促進させた。

1960年代後半になると，産業構造は大きく変化した。第二次，第三次産業の比率が上がり，第一次産業の比率が下がった。石炭から石油へのエネルギー転換が起きたほか，高度経済成長を通じて，ⓑ日本的経営に支えられた企業活動は，低コスト・高品質の量産体制を可能にした。国民生活では「新三種の神器」とも呼ばれた [ク] の3Cが普及するなど，大衆消費社会が誕生した。

問6　[キ] に入る所得倍増計画時の首相として正しいものを，次の①～④のうちから一つ選べ。 [98]

① 岸信介　② 佐藤栄作　③ 石橋湛山　④ 池田勇人

問7　下線部ⓑに関して，日本的経営の組合せとして適切なものを，次の①〜④のうちから一つ選べ。 99

① 終身雇用・年功賃金・労使協調
② 派遣労働・成果主義・労使対立
③ 雇用流動化・市場主義・グローバリズム
④ 計画経済・生産手段の社会的所有・連帯

問8　ク に入る「新三種の神器」として正しいものを，次の①〜④のうちから一つ選べ。 100

① カメラ・コンピューター・ケーブルテレビ
② カー（自動車)・カラーテレビ・クーラー
③ コンピューター・ケーブルテレビ・クラウド
④ カー（自動車)・カラーテレビ・カメラ

世界史

（80分）

第1問　以下は紙と印刷の歴史の一部をまとめたものである。［A］と［B］の文章をよく読み，下の問い（**問1～10**）の答えを解答欄にマークせよ。

［A］　メソポタミアと並び世界最古の文明が起こったエジプトでは，絵や文字を書くために紙が用いられた。これはⓐパピルスと呼ばれ，英語のpaperの語源と言われる。中国では，ⓑ後漢の宦官だった蔡倫によって製紙法が改良され，木簡や竹簡に代わり紙が時代とともに徐々に普及していった。そして751年のタラス河畔の戦いを機に，ⓒ唐軍の兵士であった製紙技術者がイスラーム軍の捕虜となったことから，中国の製紙法がイスラームへと伝わり，サマルカンドやバグダードに製紙工場がつくられた。その後，エジプトからアフリカ北部沿岸，イベリア半島やシチリア島を経て，ヨーロッパ各地へと紙が広まるのは13世紀以降のことである。さらに，中国では宋代になると，貨幣経済の発展とともにⓓ紙幣が登場し，紙は貨幣としての役割も果たすようになった。一方，中国から製紙法が伝わるまでヨーロッパでは文書や写本作成のために羊皮紙が用いられていた。特に，ⓔ修道院は羊皮紙を用いた写本の生産と保存の場になっていた。

その後，19世紀には抄紙機が実用化し製紙技術が機械化され，さらに木材からパルプを製成する技術も発明されたことにより，パルプを原料とする紙の大量生産が可能となった。現在では，インターネットをはじめとするICT（情報通信技術）の発展に伴い，書籍の電子化など多方面でのペーパーレス化が進んでいる。紙の歴史は新たな局面を迎えていると言えるだろう。

問1　下線部ⓐに関して述べた次の文章中のX・Y・Zの正誤について正しい組合せを，下の①～⑥から一つ選べ。　［ 1 ］

【パピルスに描かれた［X：「死者の書」］は死者が［Y：オシリス神］の審

判を受けるのに必要な呪文などを記し，死者の幸福を祈った副葬品である。古代エジプト文字はロゼッタ=ストーンの発見を契機に［Z：ローリンソン］により解読された。】

① X－正　Y－正　Z－正
② X－正　Y－正　Z－誤
③ X－正　Y－誤　Z－正
④ X－誤　Y－正　Z－正
⑤ X－誤　Y－誤　Z－正
⑥ X－誤　Y－誤　Z－誤

問2　下線部ⓑに関して，漢代の出来事の説明として，**誤った文章**を，次の①～④から一つ選べ。［2］

① 前漢の武帝は郷挙里選を制定し，地方長官の推薦によって人材を登用した。
② 武帝の命を受けて西域に張騫が派遣され，その後の西方進出のきっかけとなった。
③ 後漢は衛氏朝鮮を滅ぼし，朝鮮に日南を含む4郡をおいた。
④ 黄巾の乱を契機に各地の豪族が自立し，後漢の滅亡につながった。

問3　下線部ⓒに関して，唐の隣接諸国について述べた次の文章中のXとYの正誤について正しい組合せを，下の①～④から一つ選べ。［3］

【チベットでは，7世紀前半，［X：ソンツェン=ガンポ］によって統一国家の［Y：渤海］が建設された。この国はのちに一時長安を占領するほどに成長した。】

① X－正　Y－正　② X－正　Y－誤
③ X－誤　Y－正　④ X－誤　Y－誤

問4　下線部ⓓに関して，宋で発行された世界最古の紙幣を，次の①～④から一つ選べ。 [4]

①　交子　　②　会子　　③　交鈔　　④　飛銭

問5　下線部ⓔに関して，次のXとYの文章の正誤について正しい組合せを，下の①～④から一つ選べ。 [5]

X：托鉢修道会の「祈り，働け」のモットーは古典古代以来の労働観を大きく変えた。

Y：修道院は12～13世紀に，森林を切り開いて耕地を広げる大開墾時代の先導役となった。

①　X－正　Y－正　　②　X－正　Y－誤
③　X－誤　Y－正　　④　X－誤　Y－誤

[B]　中国唐代の8世紀中頃，木の板に文字や絵を刻むⓕ木版印刷が本格的に開始された。宋の時代には，木版技術はさらに発展・普及し，科挙受験のための経典や参考書の需要が高まり，印刷，製本，販売という一連のシステムが確立した。13世紀には高麗で世界初の金属活字がつくられ，その後ⓖ15世紀の朝鮮では金属活字による印刷と出版が本格化した。一方，ⓗイスラーム帝国では行政文書の増大に伴い紙の工場生産が行われたが，イスラーム教の聖典『クルアーン（コーラン）』の書写は義務であり，印刷にはそぐわないものだった。

15世紀半ばには，活版印刷術がグーテンベルクによって改良され実用化された。贖宥状が印刷され，それを購入すれば，善行に該当するばかりか，過去の罪も赦されるとしてローマ=カトリック教会はそれを人々に販売し，サン=ピエトロ大聖堂の建設資金などを調達した。これに対してⓘルターは書籍や文書を次々と大量印刷して教会批判を行い，メディアを駆使して宗教改革を成功へと導いた。印刷物が大きな役割を果たした例は18世紀にも見られる。ⓙアメリカ独立戦争が始まる中，イギリスからの独立を「常識」だと主張するトマス=ペインの小冊子『コモン=センス』が短期間で12万部を売り上げ，独立宣言の発表に重要な影響を与えたのである。

その後，書籍，文書，新聞といった印刷物は現代まで重要なメディアの1つであり続けてきたが，近年のデジタルメディアの登場によって印刷需要は目に見えて減り，従来の印刷技術の役割は小さくなっている。今まさに印刷の歴史の大きな転機なのかもしれない。

問6　下線部ⓕに関して，海印寺に現存する高麗版大蔵経の版木が有名である。高麗をめぐる説明として，次の文章中のXとYの正誤について正しい組合せを，下の①～④から一つ選べ。 6

【10世紀前半，地方豪族の［X：王建］は新羅を滅ぼし，［Y：金城］を都として高麗を建てた。】

① X－正　Y－正　　② X－正　Y－誤
③ X－誤　Y－正　　④ X－誤　Y－誤

問7　下線部ⓖに関して，当時の朝鮮で制定された文字の名称（Ⅰ）とそれを制定した国王（Ⅱ）について，正しい組合せを，次の①～④から一つ選べ。
7

① Ⅰ：字喃　－　Ⅱ：大院君
② Ⅰ：訓民正音　－　Ⅱ：大院君
③ Ⅰ：字喃　－　Ⅱ：世宗
④ Ⅰ：訓民正音　－　Ⅱ：世宗

問8　下線部ⓗに関して，10世紀におこったファーティマ朝が建設した首都とはどこか。地名（Ⅰ）と地図上の場所（Ⅱ）について，正しい組合せを次の①～⑥から一つ選べ。 8

① Ⅰ―バグダード　　Ⅱ―あ
② Ⅰ―ダマスクス　　Ⅱ―い
③ Ⅰ―カイロ　　Ⅱ―あ
④ Ⅰ―バグダード　　Ⅱ―い
⑤ Ⅰ―ダマスクス　　Ⅱ―あ
⑥ Ⅰ―カイロ　　Ⅱ―い

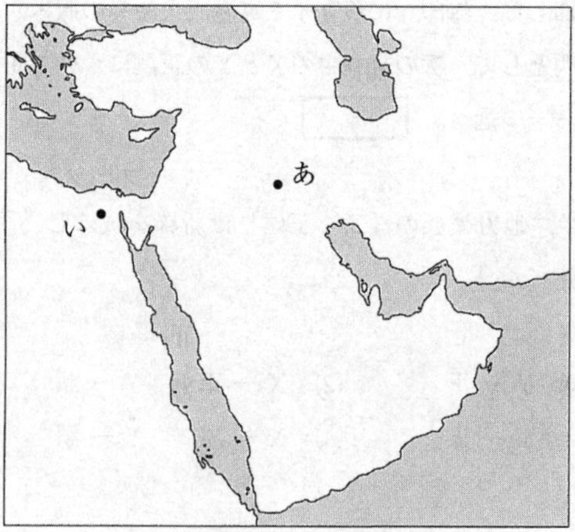

10世紀のアラビア世界

問9　下線部ⓘに関して，正しい文章を，次の①～④から一つ選べ。　9

① ルターは教皇レオ10世が推し進めた福音信仰を批判した。
② ミュンツァーはルターの説に影響を受け，ドイツ農民戦争を指導した。
③ カール5世はヴォルムスの帝国議会にルターを召喚し，その説を撤回させた。
④ アウクスブルクの和議によって，ルター派も含め個人の信仰の自由が認められた。

問10　下線部ⓙに関して，次のXとYの文章の正誤について正しい組合せを，下の①～④から一つ選べ。　10

X：ロシアなどヨーロッパ諸国が武装中立同盟を結び，イギリスの海上封鎖に対抗したため，独立軍には有利に働いた。

Y：独立軍には，コシューシコやトマス=ジェファソンなど進んで参加するヨーロッパ人もいた。

① X－正　Y－正　② X－正　Y－誤
③ X－誤　Y－正　④ X－誤　Y－誤

第2問 以下は二つのイスラーム帝国の衰亡をまとめたものである。[A]と[B]の文章をよく読み，下の問い（**問1～10**）の答えを解答欄にマークせよ。

[A] 16世紀のインドに ⓐムガル帝国の基礎が築かれた。この頃，ⓑイスラーム教とヒンドゥー教との融合が図られる動きがあった。しかし，この動きも17世紀後半のアウラングゼーブ帝により否定され，帝国は一気にイスラーム優遇に向かった。その結果，帝国内にはヒンドゥー教のマラーター王国などが現れ始め，ムガル帝国は解体へと向かうところとなった。これに伴い，ⓒヨーロッパ各国もムガル帝国内紛争に積極的に介入していくことになる。そして19世紀，産業革命を背景としたⓓ自由貿易主義の下，イギリス東インド会社はインド統治機関へと変貌した。これに対し，ⓔインド大反乱が起こる。その結果，インドはヴィクトリア女王を皇帝とするインド帝国に変質させられた。

問1 下線部ⓐに関して，正しい文章を，次の①～④から一つ選べ。 11

① ティムールの子孫アクバルが北インドに進出し，初代皇帝となった。
② 皇帝バーブルは全国的徴税制度を導入した。
③ 皇帝アクバルがアグラを首都とした。
④ 皇帝バーブルは非イスラーム教徒に対する人頭税（ジズヤ）を廃止した。

問2 下線部ⓑに関して，**誤った文章**を，次の①～④から一つ選べ。 12

① タージ=マハルはイスラーム様式とインド様式の融合建築と評される。

② 公用語（ペルシア語）と北インドの地域語とが融合したヒンディー語が誕生した。

③ ナーナクはイスラーム教の影響下にヒンドゥー教を改革したシク教を創始し，カーストによる差別を否定した。

④ イランのミニアチュール（細密画）がインドの伝統様式と融合し，ムガル絵画に発展した。

問3 下線部ⓒに関して，1757年，英仏間での「プラッシーの戦い」が挙げられる。この戦争について正しい文章を，次の①～④から一つ選べ。 13

① この戦争はヨーロッパのオーストリア継承戦争の英仏対決と連動していた。

② この戦争でイギリス軍はデュプレクスに，フランス軍はクライヴに率いられた。

③ この戦争と連動して，北米ではフレンチ=インディアン戦争が行われ，勝利したイギリスはユトレヒト条約でフロリダを割譲された。

④ この戦争後も，マイソール戦争，マラーター戦争，シク戦争が行われ，勝利したイギリス東インド会社はインドを支配圏に置くところとなった。

問4 下線部ⓓに関して，**誤った文章**を，次の①～④から一つ選べ。 14

① オコンネルとブライトによる反穀物法同盟が運動を展開し，1846年穀物法が廃止された。

② アダム=スミスは主著『諸国民の富』の中で自由貿易主義を唱えた。

③ 1849年，イギリスは航海法を廃止した。

④ 1833年，イギリス東インド会社は中国貿易独占権を廃止された。

問5 下線部ⓔに関して，正しい文章を，下の①～④から一つ選べ。 15

① 1857年，イギリス東インド会社のインド人傭兵（イェニチェリ）が新式

銃の弾薬包に塗られた動物脂への疑念から反乱を起こし，無力なムガル皇帝を擁立した。

② 反乱軍はデリーを占拠し，直ちに反乱は北インド全域に広がったが，やがて各地で鎮圧されていった。

③ イギリスは 1858 年，ムガル皇帝を廃して帝国を滅亡させた後，インドを引き続き東インド会社に統治させた。

④ イギリスは反乱鎮圧後の 1859 年，ヴィクトリア女王を皇帝として，インド帝国を成立させた。

［B］ 16 世紀半ばに最盛期を迎えたⓕオスマン帝国であったが，17 世紀末の第 2 次ウィーン包囲に失敗してからヨーロッパに対し守勢に回るところとなる。さらに，18 世紀以降，帝国内にⓖ分離独立化傾向が生まれる。このような帝国の危機を認識せざるをえなくなった帝国政府はアジア初の憲法（ミドハト憲法）を発布するものの，ⓗ憲法停止，議会解散をして，スルタンによる専制政治を復活した。その後，ヨーロッパ諸国に対し劣勢を強いられたオスマン帝国において，知識人や若手将校は 1908 年，青年トルコ革命を実現させ，憲法を復活させた。しかしバルカン戦争などが多発する中，新政権はドイツに接近し，この難局を乗り切ろうとした。こうして，ⓘオスマン帝国は第一次世界大戦において，同盟国側につくところとなる。敗戦後の国家的危機の下，ⓙムスタファ=ケマル（ケマル=アタテュルク）が立ち上がり，1923 年，トルコ共和国を樹立した。

問 6 下線部ⓕに関して，オスマン帝国は二つの聖都の保護者となったが，メッカの位置（Ⅰ）とメディナの位置（Ⅱ）はどこか，またオスマン帝国はイスラーム教のどの宗派を擁護したのか（Ⅲ）。正しい組合せを，下の①～④から一つ選べ。 **16**

① Ⅰ：あ — Ⅱ：い — Ⅲ：シーア派
② Ⅰ：あ — Ⅱ：い — Ⅲ：スンナ派
③ Ⅰ：い — Ⅱ：あ — Ⅲ：シーア派
④ Ⅰ：い — Ⅱ：あ — Ⅲ：スンナ派

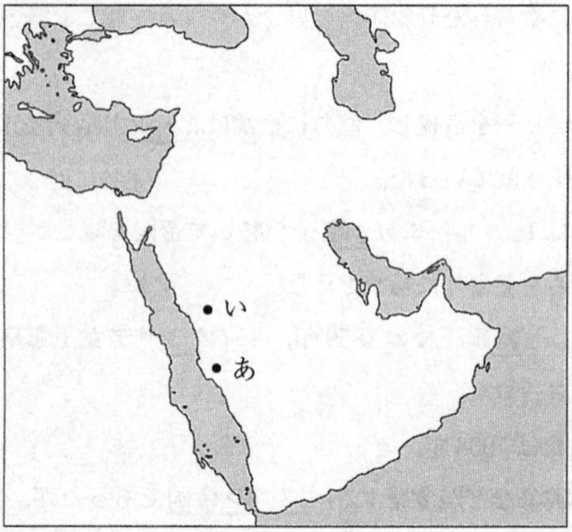

16 世紀のアラビア世界

問 7　下線部ⓖに関して，**誤った文章**を，次の①～④から一つ選べ。　17

①　イスラーム教の原点回帰を目指すワッハーブ派の動きは豪族サウード家の支持の下，ワッハーブ王国を生み出した。これが現在のサウジアラビアにつながる。

②　ムハンマド=アリーはオスマン帝国によりエジプト総督に任じられたものの，エジプト=トルコ戦争に至り，彼はエジプト・スーダン総督の地位を世襲することを認められた。こうして，エジプトは事実上，自立した。

③　スエズ運河に対するイギリス支配をベルリン会議が承認した結果，エジプトはイギリスの事実上の保護国となった。

④　ギリシアはオスマン帝国に対する独立戦争を起こし，それをロシア，イギリス，フランスが支持した。

問 8　下線部ⓗに関して，その契機になったのは何か。次の①～④から一つ選べ。

18

①　ロシア=トルコ戦争　　②　クリミア戦争

③　マフディー運動　　④　バーブ教徒の乱

問9　下線部ⓘに関して，戦時中，オスマン帝国を揺さぶろうと，イギリスは秘密外交を展開した。イギリスが秘かにユダヤ人のパレスティナ国家建設を容認したものを，次の①～④から一つ選べ。 19

① フサイン・マクマホン協定　② サイクス・ピコ協定
③ カイロ宣言　④ バルフォア宣言

問10　下線部ⓙに関して，**誤った文章**を，次の①～④から一つ選べ。 20

① トルコの首都をアンカラに置いた。
② ギリシア軍に占拠されたイズミルを奪還した。
③ スルタン制を廃止したほか，カリフ制を廃止した。
④ ワフド党を率い，トルコ共和国の初代大統領となった。

第3問　以下はアガサ=クリスティーの代表的な推理小説『オリエント急行殺人事件』を題材に，小説の時代背景や鉄道ルート，作者の執筆経緯などを歴史的に，かつ多面的にまとめたものである。文章をよく読み，下の問い（**問1～10**）の答えを解答欄にマークせよ。

イギリス生まれの推理作家アガサ=クリスティー（1890～1976年）は多くの小説を発表したのみならず，そのいくつもが世界中でベストセラーとなったがゆえに，彼女は「ミステリーの女王」と称されてきた。その作品の中でも傑作と高く評価されている一つがⓐ1934年に出版された『オリエント急行殺人事件』である。なお，主人公はベルギー人の名探偵エルキュール=ポワロである。

さて，そもそも「オリエント急行」とは何か。ⓑ鉄道開設前史を最初に確認してみよう。

ベルギーの名家に生まれた青年ジョルジュ=ナゲルマケールス（1845～1905年）はⓒ1865年，北アメリカをひた走る「寝台車」に乗り，いたく感銘を受け，ヨーロッパへの寝台車導入に夢をはせた。ただし，それは中央通路の両脇をカーテンで仕切っただけのアメリカ式寝台ではなく，片側通路にドアを設けて閉め切る「コンパートメント（車室）」という方式であった。ここに密室殺人の前提条件が現れるわけである。そして1872年，ナゲルマケールスはベルギーで「国際寝台車会社（ワゴン=リー社）」を設立したのであるが，その事業は既存の鉄道会社と契約し，その車両に寝台車を連結してもらうにすぎなかった。しかし，その後，彼は食堂車や豪華寝台車を連結して，ゴージャスな旅を提供するとともに，オスマン帝国の首都ⓓイスタンブールまでの国際長距離列車の運行を可能にしたのであった。

では，クリスティーはなぜオリエント急行を舞台にして小説を書いたのであろうか。彼女は1920年のⓔ『スタイルズ荘の殺人』でデビューしてから，作家として着実な歩みを示したが，1926年に転機が訪れる。母の死亡など家庭内問題があり，彼女自身10日間に及ぶ失踪事件まで起こしている。結局，1928年，夫とは離婚した。ところで，彼女の作品には西アジアを舞台とした小説が認められる。1934年の『オリエント急行殺人事件』，1936年の『メソポタミア殺人事件』，1937年の『ナイルに死す』，1938年の『死との約束』である。このように，年代的に集中しているのはなぜか。ⓕ1928年，離婚により傷心した彼女はオリエント急行経由で，バグダードに行き，ⓖ古代都市ウルの発掘現場にまで足を伸ばしている。1930年，彼女は再びウルの発掘現場を訪れ，そこで発掘助手の青年と運命的出会いを果たした。この年，クリスティーは14歳年下の彼と再婚している。そして1933年，夫はイラクのⓗニネヴェ近くの発掘調査をする中，彼女はこれに同行しつつ，執筆した小説が『オリエント急行殺人事件』であったのである。

最後に，この推理小説の内容にも若干触れておこう。ⓘシリアで一仕事を終えたエルキュール=ポワロは新たな仕事を依頼する電報を受け，直ちにロンドンに戻ることになる。そしてポワロは「イスタンブール　トリエステ　カレー」と行き先を示すブリキの板が取り付けられたオリエント急行の1等寝台車にイスタンブールから乗り込んだ。同じ車両の乗客はポワロを含め14名であり，車掌が常駐しているため，他車両からの出入りは不可能であった。ところが，ⓙベオグラード通過後，「ヴィンコヴツィとブロドの間で」汽車は積雪のため長時間にわたる停車を強いられ，その間に，1等寝台車の乗客1名の他殺体が発見された。しかも，密室殺人であった。ポワロの犯行推理，事件の大団円がどうであったのかについて，ここで明かすのは差し控えたい。

最後に，ポアロのロンドンまでの帰路をまとめておこう（クリスティーは「シンプロン・オリエント急行」と明記しているので，1930年代の当該ルートは以下の通りであった)。

【シンプロン・オリエント急行】：イスタンブール→ソフィア→ベオグラード→トリエステ→ヴェネツィア→ミラノ→［シンプロン・トンネル］→ローザンヌ→パリ→カレー→［ドーヴァー海峡：フェリー］→フォークストン→ロンドン

(以上の行程表は，アガサ・クリスティ（田内志文訳）『オリエント急行殺人事件』KADOKAWA（角川文庫)，2017年などを参照して，作成した。)

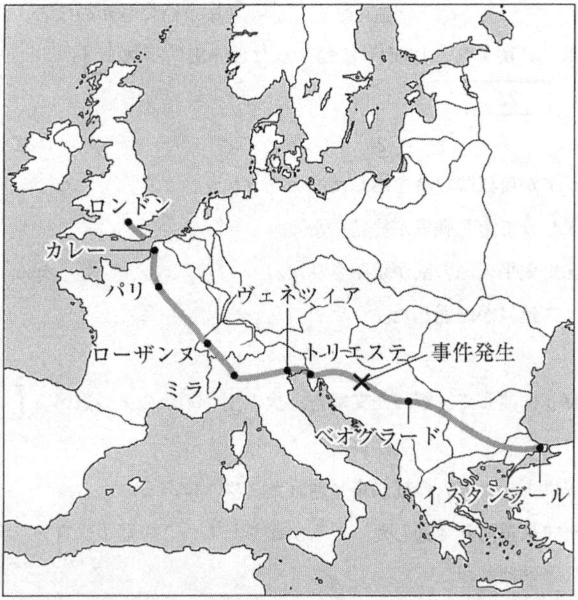

1930年代のヨーロッパとオリエント急行

問1　下線部ⓐに関して，1934年に起こった世界史的事件を，次の①〜④から一つ選べ。 21

① アメリカ合衆国大統領フランクリン=ローズヴェルト大統領によるニュー

ディール政策が始まった。

② 中国で第2次国共合作が成立した。

③ ソ連が国際連盟に加入した。

④ ドイツでナチス政権が成立した。

問2　下線部ⓑに関して，鉄道はイギリスの産業革命にさかのぼる。蒸気機関車を実用化した人物を，次の①～⑥から一つ選べ。 22

① フルトン　② クロンプトン　③ ダービー

④ ニューコメン　⑤ スティーヴンソン　⑥ ワット

問3　下線部ⓒに関して，1865年に起こった世界史的事件を，次の①～④から一つ選べ。 23

① ロシアが農奴解放令を出した。

② アメリカで南北戦争が終結した。

③ 中国で太平天国の乱が鎮圧された。

④ スエズ運河が開通した。

問4　下線部ⓓに関して，**誤った文章**を，次の①～④から一つ選べ。 24

① 起源はギリシア人の植民市ビザンティウムにある。

② ローマ皇帝コンスタンティヌスが遷都して，この都市はコンスタンティノポリスと呼ばれた。

③ 第4回十字軍はジェノヴァ商人の意向を受けてここを占拠して，「ラテン帝国」を樹立した。

④ ハギア=ソフィア聖堂はユスティニアヌス帝により再建された，ビザンツ様式の大聖堂である。

問5　下線部ⓔに関して，この小説は毒殺事件をテーマとしているが，彼女の長編小説66編中41編が毒と関係している。これはクリスティーが第一次世界大戦という総力戦の中，看護助手や薬剤師として働いたからと言われている。近代看護制度の確立者と称されるナイティンゲールに関する次のXとYの文章の正誤について正しい組合せを，下の①〜④から一つ選べ。 **25**

X：ナイティンゲールはイギリス・ロシア間のアフガン戦争の戦地に赴き，看護活動に従事した。

Y：ナイティンゲールの看護活動に触発されたデュナンは国際赤十字運動を提唱した。

① X－正　Y－正　　② X－正　Y－誤
③ X－誤　Y－正　　④ X－誤　Y－誤

問6　下線部ⓕに関して，この年，ソ連では第1次五カ年計画が実施されている。ロシアが革命後，ブレスト=リトフスク条約により第一次世界大戦から離脱して以降，第1次五カ年計画までの国内情勢を時系列に沿って古いものから並べたとき，正しい組合せを，次の①〜⑥から一つ選べ。 **26**

① ソヴィエト社会主義共和国連邦樹立宣言 → 新経済政策（ネップ）採用 → 戦時共産主義
② ソヴィエト社会主義共和国連邦樹立宣言 → 戦時共産主義 → 新経済政策（ネップ）採用
③ 新経済政策（ネップ）採用 → 戦時共産主義 → ソヴィエト社会主義共和国連邦樹立宣言
④ 新経済政策（ネップ）採用 → ソヴィエト社会主義共和国連邦樹立宣言 → 戦時共産主義
⑤ 戦時共産主義 → ソヴィエト社会主義共和国連邦樹立宣言 → 新経済政策（ネップ）採用
⑥ 戦時共産主義 → 新経済政策（ネップ）採用 → ソヴィエト社会主義共和国連邦樹立宣言

問7　下線部ⓖに関して，その都市を最初に築いたのは誰か。次の①〜④から一つ選べ。 27

① アッカド人　② カッシート人
③ シュメール人　④ ヒッタイト人

問8　下線部ⓗに関して，ニネヴェは古代アッシリア王国の首都であった。この国家について，次のXとYの文章の正誤について正しい組合せを，下の①〜④から一つ選べ。 28

X：アッシリアは国内を州に分け，総督に統治させただけでなく，駅伝制も設けた。
Y：アッシリア滅亡後，リディア，メディア，新バビロニア，エジプトが分立した。

① X－正　Y－正　② X－正　Y－誤
③ X－誤　Y－正　④ X－誤　Y－誤

問9　下線部ⓘに関して，次の文章中のXとYの正誤について正しい組合せを，下の①〜④から一つ選べ。 29

【第一次世界大戦で敗れたオスマン帝国は1920年，連合国側と［X：セーヴル条約］を結び，多くの領土を失う一方で，シリアは国際連盟により［Y：イギリス］の委任統治下に置かれるところとなった。】

① X－正　Y－正　② X－正　Y－誤
③ X－誤　Y－正　④ X－誤　Y－誤

問10　下線部ⓙに関して，**誤った文章**を，次の①〜④から一つ選べ。 30

① 1914年，サライェヴォ事件後，オーストリアはベオグラードを首都とするセルビアに宣戦した。

② 1918年，第一次世界大戦終結後，セルビアなど南スラブ系民族がまとまり，ベオグラードを首都とする国家を築いたが，1929年，これはユーゴスラヴィアと改称された。

③ 第二次世界大戦中，ユーゴスラヴィアはドイツに侵攻されたが，パルチザンを率いるティトーの下，ドイツ支配からの自力解放を実現し，戦後，社会主義国となった。

④ 1961年，ベオグラードで非同盟諸国首脳会議が開催され，平和十原則が採択された。

第4問　以下は，中国の宋（960～1276年）の歴史を概観したものである。文章をよく読み，下の問い（**問1～10**）の答えを解答欄にマークせよ。

安史の乱以降，衰退へと転じた唐は黄巣の乱を経て，907年滅亡した。これは節度使のⓐ朱全忠による建国を契機とした。とはいえ，中国は安定せず，「五代十国」という分立状態を経験した。このような中，ⓑ960年，趙匡胤が宋を建国し，全国をほぼ統一した。宋は唐滅亡原因の一端が節度使や藩鎮の独立化にあることを認識した結果，科挙による人材登用，ⓒ文治主義を打ち出した。しかし官僚組織維持費が国家財政の逼迫を招き，ⓓ財政改革をめぐり党争が生じた。一方，江南の稲作が発展し，「蘇湖（江浙）熟すれば天下足る」という言葉に示されるように，長江下流域は大穀倉地帯となったのである。この頃，茶を飲む習慣も広まり，茶器が必要とされた。陶磁器生産地としては，ⓔ景徳鎮がつとに有名である。

さて，宋は対外関係にも翻弄された。ⓕモンゴル高原の遼，黄河上流域の西夏，中国東北地方の女真（後の金）と対決したが，ⓖ1125年，宋は金とともに遼を滅ぼした。しかしⓗ1127年，首都開封は金により占領され，皇族や高級官僚が捕虜とされ，宋は事実上崩壊した。しかし皇太子はⓘ江南に逃れることで，宋（南宋）を再興した。これを受け，金に対してⓙ和平派，主戦派の対立が生じた。

結局，南宋はモンゴルのフビライ=ハンにより滅ぼされるところとなった。

問1　下線部ⓐに関して，朱全忠が建国した国名は何か。次の①～⑥から一つ選べ。 31

① 後梁　② 後唐　③ 後晋
④ 後漢　⑤ 後周　⑥ 後金

問2　下線部ⓑに関して，10世紀後半，ヨーロッパで起きた事件・事象を，次の①～④から一つ選べ。 32

① オットー1世がローマ教皇により皇帝の戴冠を受け，神聖ローマ帝国が誕生した。

② ローマ教皇ウルバヌス2世が聖地イェルサレム奪回を目指す十字軍の派遣を初めて提唱した。

③ ローマ=カトリック教会とギリシア正教会は破門しあうところとなり，東西の教会分裂は決定的になった。

④ 聖職叙任権闘争の結果，破門されたドイツ王がローマ教皇に謝罪するカノッサの屈辱が起こった。

問3　下線部ⓒに関して，武官に対し文官を重用する方針は科挙を前提とする。科挙や官僚について，**誤った文章**を次の①～④から一つ選べ。 33

① 宋の文官はおもに形勢戸と呼ばれる新興地主層から成った。

② 朱子学が古典と評価した四書はそれまでの五経に代わり，科挙の中心と位置付けられた。

③ 宋の最終試験は皇帝自ら行い，それは殿試と呼ばれた。

④ 高麗は中国の科挙を取り入れ，両班を形成するが，文官と武官の権力は最初から同等であった。

問 4　下線部ⓓに関して，王安石の富国強兵策（新法）に対して，司馬光らはそれに反対し，政界は混乱した。司馬光の代表作を，次の①～⑥から一つ選べ。 34

① 『古今図書集成』　② 『天路歴程』　③ 『五経大全』
④ 『四庫全書』　⑤ 『資治通鑑』　⑥ 『天工開物』

問 5　下線部ⓔの場所を，下の地図の①～④から一つ選べ。 35

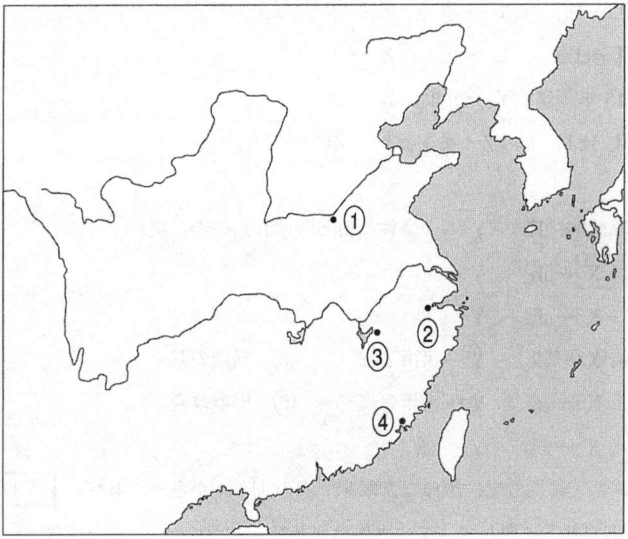

宋時代の中国

問 6　下線部ⓕに関して，**誤った文章**を次の①～④から一つ選べ。 36

① 遼を建国したのは完顔阿骨打である。
② 遼は渤海を滅ぼした後，燕雲十六州も獲得した。
③ 遼は農耕民と遊牧民に対し異なる支配体制（二重統治体制）をしいた。
④ 中国の漢字などの影響を受け，遼は契丹文字を生み出したが，まだ完全に解読されていない。

問7　下線部ⓖに関して，次の文章中のX・Y・Zの正誤について正しい組合せを，下の①～⑥から一つ選べ。 37

【金は［X：ツングース系］の民族で，半農・半牧の生活を送っていたが，1115年，建国し，軍事・行政制度として［Y：猛安・謀克］を採用した。しかし1234年，［Z：モンゴル］と南宋に挟撃され，滅んだ。】

① X―正　Y―正　Z―正
② X―正　Y―誤　Z―正
③ X―正　Y―誤　Z―誤
④ X―誤　Y―正　Z―正
⑤ X―誤　Y―正　Z―誤
⑥ X―誤　Y―誤　Z―誤

問8　下線部ⓗに関して，この事件は何と呼ばれたのか。次の①～⑥から一つ選べ。
38

① 靖難の変　② 済南事件　③ 党錮の禁
④ 壬午軍乱　⑤ 靖康の変　⑥ 甲申政変

問9　下線部ⓘに関して，**誤った文章**を，次の①～④から一つ選べ。 39

① 徽宗の子の高宗は江南に逃れて即位し，臨安を宋（南宋）の都とした。
② 商業，貿易が活発化し，広州に加え，杭州，泉州などにも市舶司が置かれた。
③ 日本でも，平氏政権下，日宋貿易が盛んに進められた。
④ 徽宗は院体画の画家としても名高いが，この時代，『三国志演義』『西遊記』などの小説も人気を博した。

問10　下線部ⓙに関して，**誤った文章**を，次の①～④から一つ選べ。 40

① 金に対する和平を唱えた中心は秦檜であった。

② 金に対する主戦を唱えた中心は岳飛であった。

③ 黄河をさかいに，北は金，南は南宋という領域が決まった。

④ 南宋は金に対して臣下の礼をとり，毎年，銀や絹を贈ることになった。

第5問 以下は南北アメリカ史，欧州史の一部をまとめたものである。［A］と［B］の文章をよく読み，下の問い（**問1～10**）の答えを解答欄にマークせよ。

［A］ 18世紀末，ラテンアメリカはフランス革命の影響を受け，植民地から独立する運動が始まった。ナポレオンが派遣したフランス軍を打ち破り，ⓐ史上初の黒人共和国ハイチが1804年に誕生した。続く1810～20年代には，ハイチに続き次々と独立国が誕生した。これに対し，アメリカ合衆国は，ⓑラテンアメリカ諸国の独立を支持した。

一方，北アメリカでは，アメリカ合衆国がⓒ東部から西部へと領土拡張を行っていた。この西部への開拓は，アメリカ合衆国内の北部と南部の対立を高めることとなった。対立の原因は，西部地域に対して自由州を拡大し，イギリスに対して保護貿易を求める北部とⓓ西部地域に対して奴隷制度を拡張し，綿花の輸出拡大のためイギリスとの自由貿易を求める南部という両地域の政治経済に関するスタンスの差である。そして，この北部・南部の対立が激化し，南北戦争が勃発する。結果，南軍が破れ，アメリカ合衆国は再統一された。

南北戦争後，工業，経済が継続的に発展し，19世紀末にはイギリス・ドイツを凌駕する世界一の工業国になった。例えば，合衆国では開拓による発展に伴い，東西をつなぐ通信・交通網も整備され，1869年には最初の大陸横断鉄道が完成した。他方，1890年代には，西部においてフロンティアが消滅した。このフロンティアの消滅やヨーロッパ移民の都市部での貧困問題等から，合衆国政権は，孤立主義を転換し，ⓔ海外への進出を積極化した。

問1 下線部ⓐに関して，ハイチの独立運動を指導した人物を，次の①～⑥から一つ選べ。［41］

① サン=マルティン　② トゥサン=ルヴェルチュール
③ シモン=ボリバル　④ サパタ
⑤ マデロ　⑥ ビリャ

問2　下線部ⓑに関して，次の文章中のXとYの正誤の正しい組合せを，次の①～④から一つ選べ。 42

【第5代大統領モンローが［X：1833年］に発表したモンロー教書では，［Y：西半球に対するヨーロッパ諸国の非干渉主義，ヨーロッパの問題に対するアメリカ合衆国の不干渉主義を含む3原則］が提示された。】

① X—正　Y—正　② X—正　Y—誤
③ X—誤　Y—正　④ X—誤　Y—誤

問3　下線部ⓒに関して，アメリカ合衆国の領土拡大に伴う出来事を時系列に沿って古いものから並べたとき，正しい組合せを次の①～⑥から一つ選べ。
43

① ゴールドラッシュ → アメリカ=メキシコ戦争 → テキサス併合
② ゴールドラッシュ → テキサス併合 → アメリカ=メキシコ戦争
③ アメリカ=メキシコ戦争 → ゴールドラッシュ → テキサス併合
④ アメリカ=メキシコ戦争 → テキサス併合 → ゴールドラッシュ
⑤ テキサス併合 → ゴールドラッシュ → アメリカ=メキシコ戦争
⑥ テキサス併合 → アメリカ=メキシコ戦争 → ゴールドラッシュ

問4　下線部ⓓについて，女性作家ストウがアメリカの奴隷制を批判する小説を執筆した。その書名として正しい選択肢を次の①～④から一つ選べ。 44

① 『人形の家』　② 『赤と黒』
③ 『悪の華』　④ 『アンクル=トムの小屋』

問5　下線部ⓔに関わる事柄として**誤った文章**を次の①～④から一つ選べ。

| 45 |

① 合衆国は，キューバの独立運動に乗じ，アメリカ=スペイン戦争を起こした。

② セオドア=ローズヴェルトはパナマ運河の建設をすすめるなど，積極的なカリブ海政策を展開した。

③ キューバが憲法において合衆国に関する付帯条項を認めた。

④ 日清戦争における日本の勝利と日英同盟の締結により，門戸開放宣言が出された。

［B］ 19 世紀後半に統一を果たしたイタリアは，プロイセン=オーストリア戦争に乗じて，ヴェネツィアや教皇領を自国の領土に加えた。だが，ⓕ一部地域がオーストリア領として留まり，それらは「未回収のイタリア」と呼ばれ，イタリアはこの地域の回復を要求し続けた。1882 年，フランスがチュニジアを占領したことに反発し，イタリアはドイツ=オーストリア同盟に加わり，三国同盟という軍事的相互同盟が成立した。三国同盟に加入したものの，「未回収のイタリア」問題があり，イタリアはオーストリアと対立するようになる。

イタリアは，第一次世界大戦においてその同盟を離脱し，連合国側についたため戦勝国となる。とはいえ，領土拡大は実現できず，講和条約にも不満が残った。他方，イタリア国民の生活は大戦後のインフレーションにより疲弊し，政府への不信が高まった。そして，農民運動，労働運動が現れるが，これに対して地主・資本家・軍部などの支配層が反撃にでることとなった。ⓖこの流れに合わせ勢力を伸ばし，権力を握るに至ったのがムッソリーニである。ムッソリーニ政権のイタリアは，対外的には，アルバニアを保護国化し，ⓗ国交断絶であったローマ教皇庁と和解し，その独立を認めた。

世界大恐慌の影響はイタリアにも届き，経済基盤が弱いイタリアは苦境に陥った。これに対し，ムッソリーニ政権は侵攻にて解決を図った。1935 年にイタリアはエチオピアに攻め入り，翌年全土を征服した。また，ⓘ政局が混乱していたスペインのフランコ政権を支援した。軍事同盟国であるドイツはオーストリアの併合をはじめとして領土の拡大を行った。この動きに同調し，イタリアはアルバニアを併合するところとなった。その後，ドイツのポーランド侵攻により第二次世界大戦が勃発した。

1942年後半から，アメリカ・イギリスの連合軍が北アフリカ戦線でドイツ・イタリア軍に攻勢をかけ，これを一掃した。ⓙそれから連合軍は北上し，ついにイタリア本土に上陸をした。その後，内戦が1945年4月まで継続した。

問6　下線部ⓕに関して「未回収のイタリア」として正しい地域の組合せを，次の①～⑥から一つ選べ。 **46**

① Ⅰ とⅡ　② Ⅰ とⅢ　③ Ⅰ とⅣ
④ Ⅱ とⅢ　⑤ Ⅱ とⅣ　⑥ Ⅲ とⅣ

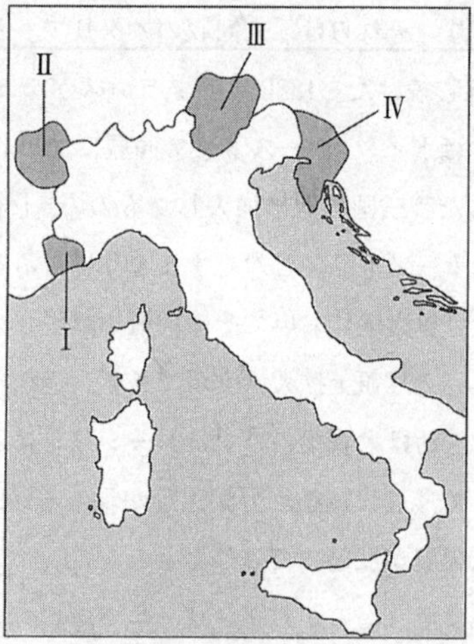

未回収のイタリア

問7　下線部ⓖに関して，出来事を時系列に沿って古いものから並べたとき，正しい組合せを，次の①～⑥から一つ選べ。 **47**

① ファシスト党の組織 → ローマ進軍 → 一党独裁体制の確立

② ファシスト党の組織　→　一党独裁体制の確立　→　ローマ進軍
③ ローマ進軍　→　一党独裁体制の確立　→　ファシスト党の組織
④ ローマ進軍　→　ファシスト党の組織　→　一党独裁体制の確立
⑤ 一党独裁体制の確立　→　ファシスト党の組織　→　ローマ進軍
⑥ 一党独裁体制の確立　→　ローマ進軍　→　ファシスト党の組織

問8　下線部ⓗに関して，イタリアとローマ教皇庁の間に結ばれた条約として正しいものを，次の①～④から一つ選べ。 48

① サン=ジェルマン条約　② ロカルノ条約
③ ラテラノ（ラテラン）条約　④ ブリアン・ケロッグ条約

問9　下線部ⓘに関して，スペイン内戦に世界各国の知識人や労働者が国際義勇軍に参加した。国際義勇軍に**参加していない**人物を，次の①～④から一つ選べ。 49

① オーウェル　② ヘミングウェイ
③ マルロー　④ トルストイ

問10　下線部ⓙに関して，次の文章中のXとYの正誤の正しい組合せを，次の①～④から一つ選べ。 50

【連合軍はイタリア本土上陸の前段階として，1943年7月［X：エルバ島］への上陸をおこなった。これにより，ムッソリーニは孤立し，失脚した。同年9月に連合軍がイタリアに上陸すると，［Y：カヴール］政権は無条件降伏を宣言した。】

① X－正　Y－正　② X－正　Y－誤
③ X－誤　Y－正　④ X－誤　Y－誤

数学

◀理工・建築都市デザイン・情報工学部▶

(90 分)

1. 次の問に答えよ。

(1)　m を自然数とする。m^2 を 9 で割った余りは 0, 1, 4, 7 のいずれかであることを示せ。

(2)　連立方程式 $\begin{cases} (\log_2 x)^2 + \log_2 y = 1 \\ x^2 y = \dfrac{1}{4} \end{cases}$ を解け。

(3)　a を定数とする。曲線 $C_1 : y = x^2 + a$ と曲線 $C_2 : y = (x-2)^2$ の交点を P とする。点 P において，C_1 の接線と C_2 の接線が垂直に交わるとき，a の値をすべて求めよ。

2. 次の問に答えよ。

(1)　a を正の定数とする。極限値 $\displaystyle\lim_{h \to 0} \frac{\log(2a+h) - \log a - \log 2}{\log(a+h) - \log a}$ を求めよ。

(2)　関数 $f(x) = x^3 - x + 1$ の $0 \leqq x \leqq 1$ における最大値と最小値を求めよ。

(3)　定積分 $\displaystyle\int_0^2 \sqrt{x^2 - 2x + 1}\, dx$ を求めよ。

3. aを実数とする。3つの2次方程式

$$x^2+4ax-2a+6=0 \quad \cdots\cdots ①$$

$$x^2-2ax+3a=0 \quad \cdots\cdots ②$$

$$x^2+ax+1=0 \quad \cdots\cdots ③$$

について次の問に答えよ。

(1) ①が虚数解をもつaの範囲を求めよ。

(2) ①，②，③のうち少なくとも1つが虚数解をもつaの範囲を求めよ。

(3) ①，②，③のうち1つだけが虚数解をもつaの範囲を求めよ。

4. a，bを定数とする。関数

$$f(x)=\sin^2 x+a\cos x+b \quad (0 \leqq x \leqq 2\pi)$$

が$x=\dfrac{\pi}{3}$で極値$\dfrac{1}{4}$をとるとき，次の問に答えよ。

(1) a，bの値を求めよ。

(2) 関数$f(x)$の増減を調べ，$y=f(x)$のグラフを描け。

(3) $y=f(x)$のグラフとx軸で囲まれる3つの部分の面積の和を求めよ。

◀環境・メディア情報・都市生活学部▶

(90 分)

1. 次の$\boxed{\quad}$を埋めよ。ただし，**解答用紙には計算過程も示せ。**

(1) i を虚数単位とする。複素数 x，y について，$x+y=-8i$，$\dfrac{y}{x}=1-2i$ が成り立つとき，x の実部は$\boxed{\text{ア}}$，虚部は$\boxed{\text{イ}}$，y の実部は$\boxed{\text{ウ}}$，虚部は$\boxed{\text{エ}}$である。

(2) $\left(\left(\sqrt{2}^{\sqrt{3}}\right)^{\sqrt{4}}\right)^{\sqrt{5}}=2^x$ とすると，$x=\boxed{\text{オ}}$である。
$\sqrt[3]{1331}\times\sqrt[4]{121}\times\sqrt[5]{11}=11^y$ とすると，$y=\boxed{\text{カ}}$である。
また，$2^{\log_{\sqrt{2}}3}=3^z$ とすると，$z=\boxed{\text{キ}}$である。

(3) 整式 $x^4+x^3+x^2+x+1$ を $x-2$ で割ったときの余りは$\boxed{\text{ク}}$である。整式 $P(x)$ を x^2-64 で割ったときの余りが $4x$ であるとき，$P(x)$ を $x-8$ で割ったときの余りは$\boxed{\text{ケ}}$である。a，b を実数の定数とし，整式 $ax+b$ を $x-1$ で割ったときの余りが 12，$x+3$ で割ったときの余りが -16 であるとき，$a=\boxed{\text{コ}}$，$b=\boxed{\text{サ}}$である。

(4) 等式 $a(b-2)=3$ を満たす整数 a，b の組をすべて求めると，$(a, b)=\boxed{\text{シ}}$となる。等式 $cd+2c+3d=-13$ を満たす整数 c，d の組をすべて求めると，$(c, d)=\boxed{\text{ス}}$となる。

(5) $0\leqq\theta\leqq\dfrac{\pi}{2}$ とする。不等式 $\left|2\cos^2\theta-1\right|\geqq\dfrac{1}{2}$ を満たす θ の値の範囲は$\boxed{\text{セ}}$であり，不等式 $\left|\dfrac{\tan\theta}{1-\tan^2\theta}\right|\geqq\dfrac{\sqrt{3}}{2}$ を満たす θ の値の範囲は$\boxed{\text{ソ}}$である。

(6) xy 平面上に 2 点 A$(-6, 2)$，B$(3, 10)$がある。円 $x^2+y^2=9$ 上に点 P があり，

△ABP の重心を点 Q とする。点 P が $x^2+y^2=9$ 上を動くとき，点 Q の軌跡は，中心の座標が［タ］，半径が［チ］の円となる。したがって，点 Q の x 座標の最小値は［ツ］となり，原点 O と点 Q の距離の最小値は［テ］となる。

(7)　n を自然数とする。数列 $\{a_n\}$ は $a_1=-10$，$a_2=-7$，$a_3=-1$ を満たし，階差数列が等差数列であるとする。このとき，数列 $\{a_n\}$ の一般項は $a_n=$［ト］であり，数列 $\{a_n\}$ の初項から第 n 項までの和 S_n は $S_n=$［ナ］と表される。また，数列 $\{b_n\}$ は $b_1=-10$，$b_2=-7$，$b_3=-1$ を満たし，階差数列が等比数列であるとする。このとき，数列 $\{b_n\}$ の一般項は $b_n=$［ニ］である。

(8)　xy 平面上を動く点 P が，最初に原点 O の位置にある。2 つのさいころ A，B を同時に投げ，その結果によって以下の規則で点 P を動かす試行を T とする。

> 【規則】A の出た目を 3 で割ったときの余りを a，B の出た目を 3 で割ったときの余りを b として，点 P を x 軸の正の向きに $a-1$，y 軸の正の向きに $b-1$ だけ動かす。

試行 T を 2 回続けて行うとき，1 回目の試行後の P の座標を (x_1, y_1)，2 回目の試行後の P の座標を (x_2, y_2) とする。このとき，$(x_2, y_2)=(0, 0)$ となる確率は［ヌ］であり，$y_2<x_2$ となる確率は［ネ］である。また，3 点 $(0, 0)$，(x_1, y_1)，(x_2, y_2) を頂点とする三角形の面積が 1 であることがわかっているとき，$(x_2, y_2)=(2, 0)$ である条件付き確率は［ノ］である。

2. a を正の実数とする。等式 $f(x) = x^3 + 2ax^2 + 8f'(a)x$ を満たす関数 $f(x)$ について，以下の問に答えよ。ただし，**解答用紙には計算過程も示せ。**

(1)　$f'(a)$ を a の式で表せ。

(2)　xy 平面上の曲線 $y = f(x)$ と x 軸で囲まれた部分のうち，$x \leqq 0$ の部分の面積を S_1，$x \geqq 0$ の部分の面積を S_2 とする。このとき，S_1，S_2 をそれぞれ a の式で表せ。

(3)　xy 平面上の曲線 $y = f(x)$ 上の点 $(0, 0)$ における曲線の接線を ℓ とする。曲線 $y = f(x)$ と直線 ℓ で囲まれた部分の面積 S_3 を a の式で表せ。

理科

(80 分)

出題科目	設問	選択方法
物理	第1～2問	左の3科目(設問第1～6問)6問のうちから，2問を選択し，解答しなさい。**指定数をこえて解答してはいけません。**
化学	第3～4問	
生物	第5～6問	
物理	第7問	左の3科目(設問第7～9問)3問のうちから，1問を選択し，解答しなさい。**指定数をこえて解答してはいけません。**
化学	第8問	
生物	第9問	

物　理

第1問　以下の問1～問4について，［1］～［6］に最も適するものを，それぞれの解答群の中から1つずつ選べ。ただし重力加速度の大きさを g とする。

問1　落下する小球が空気から受ける抵抗力(空気抵抗)の大きさ R と，小球が落下する速さ v の間には $R=kv$ (ただし k は比例定数)の関係が成り立つとする。質量 m の小球が空気中を落下するときの終端速度の大きさは［1］となる。

［1］**の解答群**

① mg　② kmg　③ k^2mg　④ $\dfrac{mg}{k}$　⑤ kg　⑥ $\dfrac{g}{k}$

問2　ばね定数が k_1 で自然長が l のばね1と，ばね定数が k_2 ($k_2>k_1$) で自然長が l のばね2を，水平な天井にばね同士の間隔が L となるようにつるした。図のように，長さが L で軽く細い棒の両端をばね1とばね2にとりつけ，棒の左

端から距離 a の位置に質量 m のおもりを軽い糸でつるしたところ，棒は水平となり，おもりは静止した。このとき，ばね1とばね2はそれぞれ鉛直に同じ長さだけ伸びた。$a=$ [2] である。

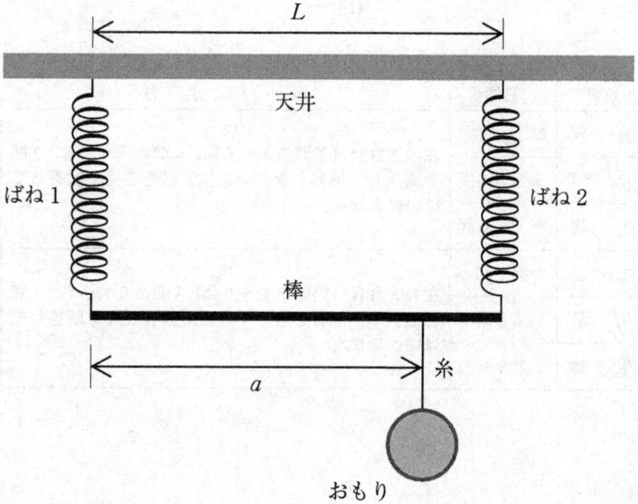

[2] の解答群

① $\dfrac{Lk_1}{k_1+k_2}$　② $\dfrac{Lk_2}{k_1+k_2}$　③ $\dfrac{L(k_1+k_2)}{k_1}$

④ $\dfrac{L(k_1+k_2)}{k_2}$　⑤ $L\left(\dfrac{k_2}{k_1}-1\right)$　⑥ $L\left(1-\dfrac{k_1}{k_2}\right)$

問3　振動数 5.0×10^2 Hz の音を出している音源が，静止している観測者に向かってまっすぐに 30 m/s の速さで近づいている。この観測者の聞く音の振動数は [3] $\times10^2$ Hz である。また，音源が 10 秒間，音を出し続けていたとすると，観測者にはこの音が [4] 秒間だけ聞こえる。ただし，音速を 3.4×10^2 m/s とし，風は吹いていないものとする。

[3] の解答群

① 4.5　② 4.7　③ 4.9　④ 5.1　⑤ 5.3　⑥ 5.5

[4] の解答群

① 8.3　② 9.1　③ 9.6　④ 10　⑤ 12　⑥ 14

問 4　巻数が 1000 回の一次コイルと巻数が 200 回の二次コイルからなる変圧器がある。一次コイル側に電圧の実効値が 1.0×10^2 V の交流電源を，二次コイル側に 4.0 kΩ の抵抗をつないだ。抵抗で消費される電力は [5] W であり，一次コイルに流れる電流の実効値は [6] mA である。ただし，変圧器による電力損失はないものとする。

[5] の解答群

① 0.10　② 0.50　③ 2.5　④ 5.0　⑤ 10　⑥ 13

[6] の解答群

① 0.010　② 0.050　③ 0.25　④ 0.50　⑤ 1.0　⑥ 2.5

物　理

第2問　以下の問 1 ～問 3 について，[7] ～ [12] に最も適するものを，それぞれの解答群の中から 1 つずつ選べ。

問 1　図のように，水平な床の上に点 P，点 Q がある。P から Q の方向に床となす角 60° の斜め上方へ，大きさ v_0 の初速度で小球 A を投げ出した。それと同時に Q から P の方向に床となす角 30° の斜め上方へ，小球 B を投げ出した。すると，A，B はともに最高点に達したところで衝突した。このとき，小球 B の初速度の大きさは，v_0 の [7] 倍である。また，PQ 間の距離は [8] となる。ただし，重力加速度の大きさを g とし，空気抵抗は無視できるものとする。

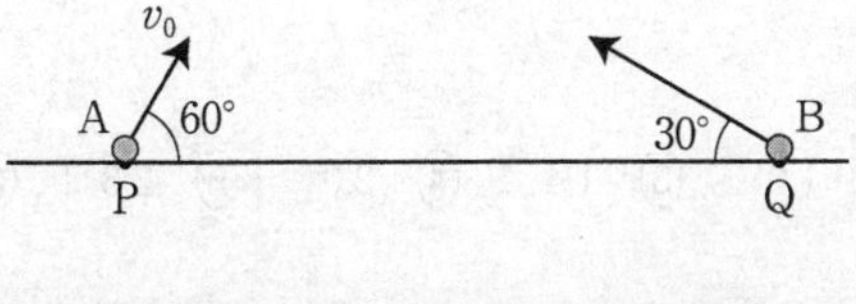

7 の解答群

① 2　② $\sqrt{3}$　③ $\frac{3}{2}$　④ 1　⑤ $\frac{1}{2}$　⑥ $\frac{\sqrt{3}}{2}$

8 の解答群

① $\frac{\sqrt{3}\,v_0^2}{g}$　② $\frac{\sqrt{2}\,v_0^2}{g}$　③ $\frac{\sqrt{3}\,v_0^2}{2g}$

④ $\frac{\sqrt{2}\,v_0^2}{2g}$　⑤ $\frac{\sqrt{3}\,v_0^2}{4g}$　⑥ $\frac{\sqrt{2}\,v_0^2}{4g}$

問 2　容積が 2.0×10^{-3} m^3 の容器にヘリウム（分子量 4.0）を封入したところ，気体の圧力が 1 気圧，温度が 27 ℃になった。容器内のヘリウムの物質量は **a** mol，質量は **b** g である。**a** と **b** の組み合わせで適しているものは **9** である。また，この状態のヘリウム分子の 2 乗平均速度を $\sqrt{\overline{v_0^2}}$〔m/s〕とする。次に，このヘリウムの温度を 327 ℃まで上昇させた。この状態のヘリウム分子の 2 乗平均速度を $\sqrt{\overline{v_1^2}}$〔m/s〕とすると，$\frac{\sqrt{\overline{v_1^2}}}{\sqrt{\overline{v_0^2}}}$ は **10** である。ただし，1 気圧を 1.0×10^5 Pa とし，気体定数を 8.31 J/(mol·K) とする。また，ヘリウムは単原子分子理想気体とみなせるものとする。

9 の解答群

	a	b
①	3.0×10^{-2}	0.12
②	8.0×10^{-2}	0.32
③	0.15	0.60
④	3.0×10^{-2}	7.5×10^{-3}
⑤	8.0×10^{-2}	2.0×10^{-2}
⑥	0.15	3.8×10^{-2}

10 の解答群

① 0.80　② 1.0　③ 1.4　④ 2.0　⑤ 2.5　⑥ 3.2

問 3　図のように，起電力が 12 V の電池 E，抵抗値 2.0 Ω の抵抗 R_A，抵抗値 3.0 Ω の抵抗 R_B，電気容量 2.0 μF のコンデンサー C，スイッチ S をつないだ回路がある。はじめ，スイッチは開いており，コンデンサーには電荷が蓄えられていないものとする。スイッチを閉じた瞬間に抵抗 R_A に流れる電流は [11] A である。また，スイッチを閉じて十分に時間が経過したときにコンデンサー C に蓄えられた電気量は [12] $\times 10^{-6}$ C である。ただし，電池の内部抵抗は無視できるものとする。

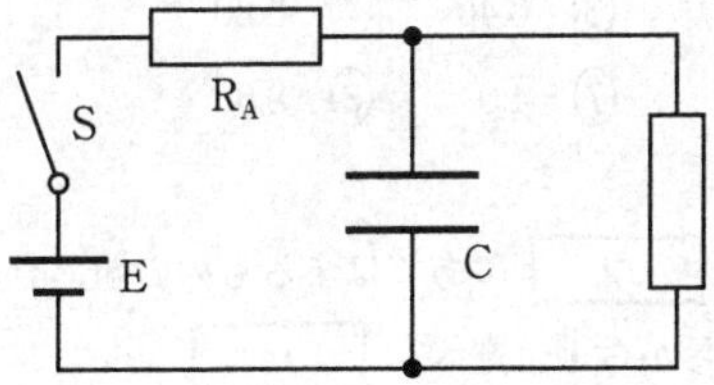

[11] の解答群

① 0.0　② 2.4　③ 4.8　④ 6.0　⑤ 7.2　⑥ 12

[12] の解答群

① 0.0　② 1.2　③ 2.4　④ 10　⑤ 14　⑥ 24

化　学

第3問　次の問い（問1～問6）の答えを**解答欄**に記入せよ。

問1　水酸化カリウム 11.2 g を完全に水に溶かして 100 mL にした水溶液のモル濃度はいくらか。次の①～⑧のうちから最も近いものを1つ選べ。ただし，原子量は H＝1.0，O＝16.0，K＝39.1 とする。 13 mol/L

① 0.10　② 0.20　③ 0.40　④ 0.80
⑤ 1.0　⑥ 2.0　⑦ 4.0　⑧ 8.0

問2　空欄 ア ～ ウ にあてはまるものの組み合わせとして最適なものを下の①～⑧のうちから1つ選べ。 14

酸化マンガン（Ⅳ）を触媒に用いて過酸化水素を分解した場合，分解反応の反応式は ア と表され，過酸化水素の分解速度 v と過酸化水素濃度 $[H_2O_2]$ の間には $v=k[H_2O_2]$ の関係が成り立つ。k は イ とよばれる。また，同じ温度で触媒を用いずに過酸化水素を分解した場合も，分解反応の反応式は ア と表され，過酸化水素の分解速度 v' と過酸化水素濃度 $[H_2O_2]$ の間には $v'=k'[H_2O_2]$ の関係が成り立つ。このとき，k と k' の大小関係は ウ となる。

	ア	イ	ウ
①	$H_2O_2 \rightarrow H_2+O_2$	反応速度定数	$k<k'$
②	$H_2O_2 \rightarrow H_2+O_2$	反応速度定数	$k>k'$
③	$H_2O_2 \rightarrow H_2+O_2$	平衡定数	$k<k'$
④	$H_2O_2 \rightarrow H_2+O_2$	平衡定数	$k>k'$
⑤	$2H_2O_2 \rightarrow 2H_2O+O_2$	反応速度定数	$k<k'$
⑥	$2H_2O_2 \rightarrow 2H_2O+O_2$	反応速度定数	$k>k'$
⑦	$2H_2O_2 \rightarrow 2H_2O+O_2$	平衡定数	$k<k'$
⑧	$2H_2O_2 \rightarrow 2H_2O+O_2$	平衡定数	$k>k'$

問3　ア〜ウの正誤の組み合わせとして最適なものを下の①〜⑧のうちから1つ選べ。 15

ア　炭酸カリウムの水溶液は塩基性を示す。
イ　硫化水素の水溶液は塩基性を示す。
ウ　シュウ酸ナトリウムの水溶液は塩基性を示す。

	ア	イ	ウ
①	正	正	正
②	正	正	誤
③	正	誤	正
④	正	誤	誤
⑤	誤	正	正
⑥	誤	正	誤
⑦	誤	誤	正
⑧	誤	誤	誤

問4　0.756 g のシュウ酸二水和物 $(COOH)_2 \cdot 2H_2O$ を完全に水に溶かして 100 mL の水溶液を得た。この水溶液 10 mL に希硫酸を加えてから 0.010 mol/L の二クロム酸カリウム $K_2Cr_2O_7$ 水溶液を滴下するとき，シュウ酸をすべて酸化するのに必要な二クロム酸カリウム水溶液の量はいくらか。次の①〜⑧のうちから最も近いものを1つ選べ。ただし，原子量は H＝1.0，C＝12.0，O＝16.0 とする。 16 mL

①　10　　②　20　　③　30　　④　40
⑤　50　　⑥　60　　⑦　70　　⑧　80

問5　ア〜ウの正誤の組み合わせとして最適なものを下の①〜⑧のうちから1つ選べ。 17

ア　黄リンは空気中で自然発火する。

イ　リン酸は2価の酸である。

ウ　十酸化四リンにおけるリン原子の酸化数は +4 である。

	ア	イ	ウ
①	正	正	正
②	正	正	誤
③	正	誤	正
④	正	誤	誤
⑤	誤	正	正
⑥	誤	正	誤
⑦	誤	誤	正
⑧	誤	誤	誤

問6　空欄［ア］～［ウ］にあてはまるものの組み合わせとして最適なものを下の①～⑧のうちから1つ選べ。［18］

炭酸カルシウムを強熱して生成した［ア］に水を加えたところ，発熱しながら反応した。この反応の生成物を水に溶かし，二酸化炭素を通じると［イ］の沈殿を生じたが，さらに二酸化炭素を通じたところ，沈殿は［ウ］となって溶解した。

	ア	イ	ウ
①	CaO	$Ca(OH)_2$	$Ca(HCO_3)_2$
②	CaO	$Ca(OH)_2$	$CaCO_3$
③	CaO	$CaCO_3$	$Ca(HCO_3)_2$
④	CaO	$CaCO_3$	$Ca(OH)_2$
⑤	$Ca(OH)_2$	CaO	$Ca(HCO_3)_2$
⑥	$Ca(OH)_2$	CaO	$CaCO_3$
⑦	$Ca(OH)_2$	$CaCO_3$	$Ca(HCO_3)_2$
⑧	$Ca(OH)_2$	$CaCO_3$	CaO

化　学

第4問　次の問い（問１～問６）の答えを解答欄に記入せよ。

問１　一酸化窒素がオゾンと反応すると，次の熱化学方程式に従って二酸化窒素と酸素が生成する。

$$NO(気) + O_3(気) = NO_2(気) + O_2(気) + 200\ kJ$$

二酸化窒素の生成熱はいくらか。次の①～⑧のうちから最も近いものを１つ選べ。ただし，一酸化窒素およびオゾンの生成熱は，それぞれ，－90 kJ/mol，－143 kJ/mol とする。 **19** kJ/mol

① －13　② －23　③ －33　④ －43
⑤ －53　⑥ －63　⑦ －73　⑧ －83

問２　**ア～エ**のうち，エタン，エチレン，アセチレンに関する記述として正しいものはどれか。最適な組み合わせを下の①～⑧のうちから１つ選べ。 **20**

ア 炭素原子間の結合距離は，エタンが最も短く，アセチレンが最も長い。

イ いずれも完全燃焼すると二酸化炭素と水を生じる。

ウ いずれも付加反応しやすい。

エ いずれも常温・常圧で気体である。

① アとイ　② アとウ　③ アとエ　④ イとウ
⑤ イとエ　⑥ ウとエ　⑦ アとイとウ　⑧ イとウとエ

問3 炭素，水素，酸素からなる化合物15.3 mgを完全燃焼させたところ，二酸化炭素26.4 mgと水8.1 mgが生じた。この化合物の組成式として最適なものを次の①～⑧のうちから1つ選べ。ただし，原子量はH＝1.0，C＝12.0，O＝16.0とする。 [21]

① CH_2O　② CH_3O　③ CH_4O　④ C_2H_3O
⑤ C_2H_4O　⑥ C_3H_6O　⑦ $C_3H_7O_2$　⑧ $C_4H_6O_3$

問4 空欄 [ア] ～ [ウ] にあてはまるものの組み合わせとして最適なものを下の①～⑧のうちから1つ選べ。ただし，原子量はH＝1.0，C＝12.0，O＝16.0とする。 [22]

リノール酸（$C_{17}H_{31}COOH$）だけで構成されている油脂Aがある。この油脂Aの分子量は [ア] である。1 molの油脂Aに付加する水素H_2は最大 [イ] molであり，油脂Aに水素を最大に付加して得られる油脂の融点は，油脂Aの融点よりも [ウ] 。

	ア	イ	ウ
①	843	3	高い
②	843	3	低い
③	843	6	高い
④	843	6	低い
⑤	878	3	高い
⑥	878	3	低い
⑦	878	6	高い
⑧	878	6	低い

問5　空欄 ア ～ ウ にあてはまるものの組み合わせとして最適なものを下の①～⑧のうちから１つ選べ。 23

・トルエンを穏やかな条件で酸化すると ア が得られる。 ア は空気中で徐々に酸化され，酸性を示す イ に変化する。

・*o*-キシレンが酸化されると ウ が生成する。

	ア	イ	ウ
①	*o*-クレゾール	安息香酸	フタル酸
②	*o*-クレゾール	安息香酸	テレフタル酸
③	*o*-クレゾール	フェノール	フタル酸
④	*o*-クレゾール	フェノール	テレフタル酸
⑤	ベンズアルデヒド	安息香酸	フタル酸
⑥	ベンズアルデヒド	安息香酸	テレフタル酸
⑦	ベンズアルデヒド	フェノール	フタル酸
⑧	ベンズアルデヒド	フェノール	テレフタル酸

問6　空欄 ア ～ ウ にあてはまるものの組み合わせとして最適なものを下の①～⑧のうちから１つ選べ。 24

セルロース分子中の［ア］基を化学的に処理することで，有用な物質がつくられている。例えば半合成繊維であるアセテート繊維は，セルロースと［イ］を反応させて生じるトリアセチルセルロースから作られる。また火薬に用いられる［ウ］は，セルロースと混酸の反応により生じる。

	ア	イ	ウ
①	ヒドロキシ	エタノール	トリニトロセルロース
②	ヒドロキシ	エタノール	ビスコースレーヨン
③	ヒドロキシ	無水酢酸	トリニトロセルロース
④	ヒドロキシ	無水酢酸	ビスコースレーヨン
⑤	カルボキシ	エタノール	トリニトロセルロース
⑥	カルボキシ	エタノール	ビスコースレーヨン
⑦	カルボキシ	無水酢酸	トリニトロセルロース
⑧	カルボキシ	無水酢酸	ビスコースレーヨン

生　物

第5問　次の問い（問1～問6）の答えを**解答欄**に記入せよ。

問1　空欄［ア］～［ウ］にあてはまるものの組み合わせとして最適なものを下の①～⑧のうちから1つ選べ。［25］

動物細胞の外側は［ア］で覆われている。電荷をもつイオンは，チャネルを介してイオンの濃度が［イ］に向かって移動することで［ア］を通過できる。［ア］を通過できない大きな分子の場合は，大きな分子を含んだ小胞が［ア］と融合して，内部にある大きな分子を細胞外へ放出する［ウ］により細胞外に分泌される。

	ア	イ	ウ
①	細胞壁	高いほうから低いほう	エキソサイトーシス
②	細胞壁	高いほうから低いほう	エンドサイトーシス
③	細胞壁	低いほうから高いほう	エキソサイトーシス
④	細胞壁	低いほうから高いほう	エンドサイトーシス
⑤	細胞膜	高いほうから低いほう	エキソサイトーシス
⑥	細胞膜	高いほうから低いほう	エンドサイトーシス
⑦	細胞膜	低いほうから高いほう	エキソサイトーシス
⑧	細胞膜	低いほうから高いほう	エンドサイトーシス

問2　空欄 ア ～ ウ にあてはまるものの組み合わせとして最適なものを下の①～⑧のうちから１つ選べ。 26

植物は ア エネルギーを利用して イ を合成し，その イ を分解する際に生じるエネルギーを使ってデンプンなどの有機物を合成している。酸素を使って呼吸をする際は，グルコースなどが酵素反応によって段階的に分解され，エネルギーの一部が イ に蓄えられる。このような代謝における化学反応は ウ の一種である。

	ア	イ	ウ
①	熱	アデノシン二リン酸	脱アミノ反応
②	熱	アデノシン二リン酸	酸化還元反応
③	熱	アデノシン三リン酸	脱アミノ反応
④	熱	アデノシン三リン酸	酸化還元反応
⑤	光	アデノシン二リン酸	脱アミノ反応
⑥	光	アデノシン二リン酸	酸化還元反応
⑦	光	アデノシン三リン酸	脱アミノ反応
⑧	光	アデノシン三リン酸	酸化還元反応

問 3　空欄 ア ～ ウ にあてはまるものの組み合わせとして最適なものを下の①～⑧のうちから1つ選べ。 27

ミトコンドリアと葉緑体はともに，細胞小器官でありながら独自の DNA を持ち増殖することができる。もともと ア とシアノバクテリアだったものが別の宿主細胞に取り込まれ，それぞれ細胞内に イ してできたのがミトコンドリアと葉緑体であるとする説がある。これを イ 説とよぶ。いずれも代謝に深い関わりをもつ細胞小器官であり，このうち葉緑体は ウ をつかさどっている。

	ア	イ	ウ
①	嫌気性細菌	共生	異化
②	嫌気性細菌	寄生	異化
③	好気性細菌	共生	異化
④	好気性細菌	寄生	異化
⑤	嫌気性細菌	共生	同化
⑥	嫌気性細菌	寄生	同化
⑦	好気性細菌	共生	同化
⑧	好気性細菌	寄生	同化

問 4　空欄 ア ～ ウ にあてはまるものの組み合わせとして最適なものを下の①～⑧のうちから1つ選べ。 28

真核生物の DNA は，タンパク質とともに折りたたまれ， ア を形成している。 ア がほどけると イ がプロモーターに結合できるようになり， ウ を開始できるようになる。

	ア	イ	ウ
①	クロマチン	DNAポリメラーゼ	複製
②	クロマチン	DNAポリメラーゼ	転写
③	クロマチン	RNAポリメラーゼ	複製
④	クロマチン	RNAポリメラーゼ	転写
⑤	リプレッサー	DNAポリメラーゼ	複製
⑥	リプレッサー	DNAポリメラーゼ	転写
⑦	リプレッサー	RNAポリメラーゼ	複製
⑧	リプレッサー	RNAポリメラーゼ	転写

問5　空欄 ア ～ ウ にあてはまるものの組み合わせとして最適なものを下の①～⑧のうちから1つ選べ。 29

DNA中にある特定の塩基配列を認識し，その部分でDNAの2本鎖を切断する酵素は， ア とよばれる。DNAの塩基配列がランダムであると仮定すると，DNA中に特定の4塩基からなる配列が出現する頻度は平均で イ である。全く規則性のない約460万塩基対からなる大腸菌のDNAを，6塩基の配列を認識する ア で切断すると，約 ウ 個のDNA断片が生じる。

	ア	イ	ウ
①	制限酵素	1/64	1100
②	制限酵素	1/64	11000
③	DNAリガーゼ	1/64	1100
④	DNAリガーゼ	1/64	11000
⑤	制限酵素	1/256	1100
⑥	制限酵素	1/256	11000
⑦	DNAリガーゼ	1/256	1100
⑧	DNAリガーゼ	1/256	11000

問6　空欄 ア ～ ウ にあてはまるものの組み合わせとして最適なものを下の①～⑧のうちから1つ選べ。 30

ヒトの免疫には，異物の種類を問わず反応する ア 免疫があり，この免疫において重要な役割を果たすのが骨髄中の イ から生じる白血球である。この白血球には，好中球，マクロファージ， ウ などの食細胞がある。

	ア	イ	ウ
①	適応	内分泌細胞	樹状細胞
②	適応	内分泌細胞	記憶細胞
③	適応	造血幹細胞	樹状細胞
④	適応	造血幹細胞	記憶細胞
⑤	自然	内分泌細胞	樹状細胞
⑥	自然	内分泌細胞	記憶細胞
⑦	自然	造血幹細胞	樹状細胞
⑧	自然	造血幹細胞	記憶細胞

生　物

第6問　次の問い（問１～問６）の答えを**解答欄**に記入せよ。

問１　空欄 ア ～ ウ にあてはまるものの組み合わせとして最適なものを下の①～⑧のうちから１つ選べ。 31

ヒトの体温は， ア が急激な温度の変化を感知し， イ により，すばやく各器官に指令を伝えることで調節される。例えば，冬の寒い時に，心臓の拍動が速くなるのは， ウ が主にはたらくためである。

	ア	イ	ウ
①	甲状腺	自律神経系	副交感神経
②	甲状腺	体性神経系	副交感神経
③	視床下部	自律神経系	副交感神経
④	視床下部	体性神経系	副交感神経
⑤	甲状腺	自律神経系	交感神経
⑥	甲状腺	体性神経系	交感神経
⑦	視床下部	自律神経系	交感神経
⑧	視床下部	体性神経系	交感神経

問２　空欄 ア ～ ウ にあてはまるものの組み合わせとして最適なものを下の①～⑧のうちから１つ選べ。 32

誘導とは，接している他の領域からの影響を受け胚の分化が決定されることを指し，例えば眼胞は ア にはたらきかけ イ を誘導する。特に，内胚葉になる細胞が外胚葉になる細胞にはたらきかけ ウ に変化させることを ウ 誘導という。

	ア	イ	ウ
①	神経管	角膜	形成体
②	神経管	角膜	中胚葉
③	神経管	水晶体	形成体
④	神経管	水晶体	中胚葉
⑤	表皮	角膜	形成体
⑥	表皮	角膜	中胚葉
⑦	表皮	水晶体	形成体
⑧	表皮	水晶体	中胚葉

問3　空欄 ア ～ ウ にあてはまるものの組み合わせとして最適なものを下の①～⑧のうちから1つ選べ。 33

被子植物は胚のうの中に ア の核をもっている。受精の際には2つある精細胞の核のうち1つは卵細胞と融合するが，もう1つは イ と融合し，その結果，核相が ウ の胚乳核が生じる。

	ア	イ	ウ
①	4つ	中央細胞	3n
②	4つ	中央細胞	2n
③	4つ	反足細胞	3n
④	4つ	反足細胞	2n
⑤	8つ	中央細胞	3n
⑥	8つ	中央細胞	2n
⑦	8つ	反足細胞	3n
⑧	8つ	反足細胞	2n

問4　空欄 ア ～ ウ にあてはまるものの組み合わせとして最適なものを下の①～⑧のうちから1つ選べ。 34

光発芽種子は ア を照射すると発芽が促される。一方, イ とは一定時間以上, 暗所におかれることにより花芽形成が促進される植物であり, 光中断により花芽形成を止める際には ウ が特に有効である。

	ア	イ	ウ
①	赤色光	短日植物	遠赤色光
②	赤色光	短日植物	赤色光
③	赤色光	長日植物	遠赤色光
④	赤色光	長日植物	赤色光
⑤	遠赤色光	短日植物	遠赤色光
⑥	遠赤色光	短日植物	赤色光
⑦	遠赤色光	長日植物	遠赤色光
⑧	遠赤色光	長日植物	赤色光

問5　空欄 ア ～ ウ にあてはまるものの組み合わせとして最適なものを下の①～⑧のうちから1つ選べ。 35

植物が大気中の窒素や炭素を取り込むことで窒素循環や炭素循環が生じる。植物は土中の細菌のはたらきにより ア された窒素化合物などを根から吸収している。 イ 消費者である草食動物は, 植物を食べることで窒素を体内に取り込むことができる。近年の大規模な森林破壊による二酸化炭素吸収量の減少や化石燃料の消費量が増えることによる二酸化炭素濃度の増加といった炭素循環のバランスが乱れることが ウ の主な原因と考えられている。

	ア	イ	ウ
①	脱窒	一次	富栄養化
②	脱窒	一次	地球温暖化
③	脱窒	二次	富栄養化
④	脱窒	二次	地球温暖化
⑤	硝化	一次	富栄養化
⑥	硝化	一次	地球温暖化
⑦	硝化	二次	富栄養化
⑧	硝化	二次	地球温暖化

問6　空欄［ア］～［ウ］にあてはまるものの組み合わせとして最適なものを下の①～⑧のうちから１つ選べ。［36］

菌類は［ア］栄養生物であり，ほとんどの菌類は陸上生活をし，［イ］という構造で体を形成する。これらのうち，子のう菌類と［ウ］は子実体を形成する。

	ア	イ	ウ
①	独立	維管束	担子菌類
②	独立	維管束	ツボカビ類
③	独立	菌糸	担子菌類
④	独立	菌糸	ツボカビ類
⑤	従属	維管束	担子菌類
⑥	従属	維管束	ツボカビ類
⑦	従属	菌糸	担子菌類
⑧	従属	菌糸	ツボカビ類

物　理

第7問　以下の文章を読み，問いの答えを**解答欄**に記入せよ。ただし，重力加速度の大きさを g とし，空気抵抗は無視できるものとする。

図のように，滑らかな斜面を持つ直角三角形型の台がある。この斜面の長さは $5L$ で，頂点Pの高さは $3L$ である。この台を滑らかで水平な床の上に固定した。斜面上の最下点Qから質量 m の小球に，斜面に沿って上向きに速さ v_0 の初速度を与えたところ，小球は斜面を上り，頂点Pに到達した。

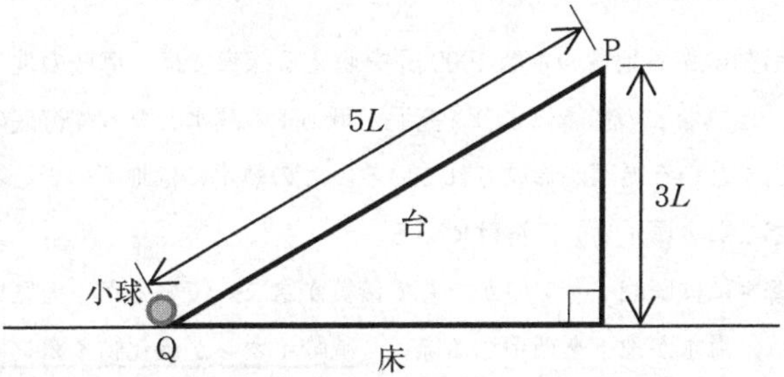

問1　斜面上を運動する小球の加速度の大きさを求めよ。

問2　小球が頂点Pに到達したときの速さを求めよ。

次に，この台の固定を外し，台が床上を自由に運動できるようにした。小球を斜面の最下点Qに静かに置くと同時に，台を水平左向きに一定の大きさの加速度で運動させる。この加速度の大きさを，重力加速度の大きさ g と同じにしたところ，小球は斜面を上った。

問3　小球の台に対する加速度の大きさを求めよ。

問4　小球が斜面の頂点Pに達したときの，小球の台に対する速さを求めよ。

その後，頂点Pに達した小球は台から飛び出した。

問 5　台を飛び出した小球が到達する最高点の，頂点Pからの高さを求めよ。

化　学

第8問　次の記述を読み，問い（**問 1 ～問 8**）の答えを**解答欄**に記入せよ。ただし，ファラデー定数は $F=9.65\times10^4$ C/mol とし，原子量は H＝1.0，O＝16.0，S＝32.1，Fe＝55.9，Cu＝63.6 とする。

海底火山活動のある地域の水深 1000 m を超える深海では，海底の地下にしみこんだ海水が，地熱などの影響により $_{(1)}$高温・低 pH の熱水となって海底の熱水噴出孔から吹き出すという循環が形成されている。この熱水には地下の岩石との反応により，さまざまな金属イオンが溶けている。

もともと海水には硫酸イオンのかたちで硫黄が含まれているが，海底火山活動のある深海では，海水が地下を循環する際に $_{(2)}$硫酸イオンが硫化物イオンに還元される。熱水噴出孔の付近では，熱水がほぼ中性の冷たい海水に触れることで，$_{(3)}$熱水に溶けていた金属イオンが硫化物として沈殿することがあり，金属資源としての利用が期待されている。

銅は熱水噴出孔の周囲に硫化物として見つかることの多い金属である。銅は鉱山では一般に黄銅鉱 $CuFeS_2$ として産出する。これを $_{(4)}$溶鉱炉で空気とともに加熱して，鉄や硫黄を取り除くと，粗銅が得られる。$_{(5)}$粗銅板を陽極，純銅板を陰極として硫酸酸性の硫酸銅（Ⅱ）水溶液の電気分解を行うと，陰極では純度 99.99 %以上の純銅が得られ，陽極の下には $_{(6)}$陽極泥と呼ばれる金属の単体の沈殿が生じる。これを電解精錬という。

日本にはかつて別子，日立，足尾などの大規模な銅の鉱山が存在していたが，粗銅生成の過程で生じる $_{(7)}$二酸化硫黄が大気中に放出され，大気汚染の原因となり深刻な環境問題となった。しかし，第二次大戦後，$_{(8)}$二酸化硫黄が回収されて硫酸製造に用いられるようになり，大気汚染問題は大きく改善された。

問 1　下線部(1)について，熱水噴出孔から吹き出す熱水は 300 ℃以上に達する。日常生活では水は 100 ℃前後で沸騰するが，深海では 300 ℃でも水が液体でいられるのはなぜか。その理由を簡潔に述べよ。

問 2　下線部(2)の還元反応で硫黄原子の酸化数はいくつからいくつへ変化するか。変化前と変化後の酸化数を符号つきの整数で記せ。

問 3　下線部(3)に関連して，金属イオン Na^+，Al^{3+}，Ca^{2+}，Zn^{2+}，Pb^{2+} が溶けた中性の水溶液に硫化物イオンを加えると沈殿が生じる。沈殿する硫化物をすべて挙げ，化学式で記せ。

問 4　下線部(4)について，1000 kg の黄銅鉱 $CuFeS_2$ から得られる粗銅の質量は何 kg か。有効数字 2 桁で求めよ。ただし，粗銅中の銅の割合は質量パーセントで 98 %であり，黄銅鉱中の銅はすべて粗銅に移ったものとする。

問 5　下線部(5)について，20 A の電流で 32 分 10 秒間電気分解したとき，陰極に析出する銅の質量は何 g か。有効数字 2 桁で求めよ。

問 6　下線部(6)の陽極泥となりうる，銅よりもイオン化傾向の低い金属を 1 つ挙げ，元素記号で記せ。

問 7　下線部(7)の二酸化硫黄が水に溶けると亜硫酸 H_2SO_3 となり，亜硫酸は水溶液中で 2 段階で電離して平衡状態となる。反応式と電離定数は以下のとおりである。

第 1 段階：$H_2SO_3 \rightleftarrows H^+ + HSO_3^-$　　$K_1 = 1.3\times10^{-2}$ mol/L

第 2 段階：$HSO_3^- \rightleftarrows H^+ + SO_3^{2-}$　　$K_2 = 5.6\times10^{-8}$ mol/L

1.0×10^{-2} mol/L の亜硫酸水溶液の pH はいくらか。有効数字 2 桁で求めよ。ただし，pH の計算において 1 段階目の電離度 α は $1-\alpha \fallingdotseq 1$ と近似できるものとし，2 段階目の反応は無視できるものとする。また $\log_{10}1.3 = 0.114$ とする。

※問題文に不備があったため受験者全員を正解としたと大学から発表があった。

問8　下線部(8)について，二酸化硫黄を原料とした工業的な硫酸製造法に接触法があり，これは2段階の反応からなる。それらの反応の反応式を記せ。

生　物

第9問　次の記述を読み，問い（**問1**〜**問6**）の答えを**解答欄**に記入せよ。

脊椎動物は，原索動物から進化し，背骨をもち，中枢神経系が発達した動物群である。原索動物も脊椎動物も，発生のいずれかの段階で，からだの支持器官としてはたらく[ア]をもち，背側に管状の神経系をもつ共通点があるが，原索動物には脳と脊髄の分化は見られない。

古生代カンブリア紀に出現した初期の脊椎動物は，[イ]をもたなかったが，シルル紀になると，関節によって開閉できる[イ]をもつ軟骨魚類や硬骨魚類へと進化した。

デボン紀には，硬骨魚類の中から，原始的な両生類が進化した。両生類は，乾燥に弱い皮膚を持ち，受精と胚発生を水中で行うため，水辺に依存していた。しかし，両生類から進化した(1)ハ虫類は，体表に鱗をもち，体内受精を行い，(2)胚を乾燥から保護する膜をもつことで，完全な陸上生活を可能とした。ハ虫類は，中生代を通じて多様化・大型化し，地上の恐竜，水中の魚竜，空中の翼竜などに分かれ，地球上のあらゆる環境に進出していった。ジュラ紀には(3)羽毛をもつ恐竜類から原始的な鳥類が誕生したが，白亜紀末には，大型ハ虫類のほとんどが絶滅した。

新生代になると，多くの絶滅したハ虫類にとって代わって，(4)哺乳類が急速に多様化し，とくに胎盤をもつ真獣類が多くの種に分かれた。オーストラリア大陸では，より原始的な哺乳類である[ウ]が，さまざまな環境に進出した。(5)これらと，他の大陸に生息する真獣類とを比較すると，類似した環境で生活するものは，よく似た形態になっている。

問1　空欄[ア][イ][ウ]に入る用語を記せ。

問 2　下線部(1)について，あてはまる生物を，次の選択肢（①～⑧）の中から全て選べ。

① マッコウクジラ　② アオウミガメ
③ アフリカツメガエル　④ ニホントカゲ
⑤ メキシコサンショウウオ　⑥ アミメニシキヘビ
⑦ オカダンゴムシ　⑧ アカハライモリ

問 3　下線部(2)の膜の名称を記せ。

問 4　下線部(3)について，化石として発見されている，鳥類とハ虫類の中間的な形質を示す原始的な鳥の名称を記せ。

問 5　下線部(4)の過程において，単一の系統の生物がさまざまな環境に適応して多数の系統に分化することを何というか，記せ。

問 6　下線部(5)のように，類似した環境下で個別に進化した異なる生物が，よく似た形質をもつようになることを何というか，記せ。

問十　――線部8「その全て」とは具体的に何を示すか。最も適切なものを、次の①～④のうちから一つ選びなさい。
解答番号は **29** 。

① 一九六〇年の「世界デザイン会議」にて浅田孝によって提唱された「環境」と「メタボリズム」。
② 大阪万博のテーマである「人類の進歩と調和」の理念とそれを具現化した丹下健三による建造物。
③ 方法は異なるものの、西洋思想を乗り越えることを目指した点で共通する丹下健三と岡本太郎による二〇世紀を代表する芸術観。
④ 大阪万博で「贈与と消尽」のシンボルとして表出された「太陽の塔」に潜む、容易には解消できない現代社会の矛盾点。

問十一　次の文は本文中のどこに入るのが最も適切か。本文中の①～④の記号で答えなさい。解答番号は **30** 。

> ですから、これは万博のモニュメントというより、そのような「爆発」が起こった焼け跡の記念碑として考えるべきだというのが私の考えです。

② 岡本太郎をはじめとし、ゴッホやモディリアーニのように死後、その作品や芸術観が高く評価される芸術家は歴史上、数多くおり、芸術を正しく評価する際には長期的視点が欠かせない。

③ 過去において芸術家によるパフォーマンスはサイズや発表方法等に関する既存の枠組みで捉えにくいことを理由に評価が低められてきたが、現代において評価の観点の多様化の恩恵を岡本太郎が享受することになった。

④ 人類史上の古層へのまなざしを獲得していた岡本太郎だからこそ、将来の自らの芸術観に対する評価の変遷を予測し、誤解も甘んじて受ける中で長期的視点に立って自らをプロデュースしたことは驚きに値する。

問九 ――線部7「皮肉なこと」とあるが、その説明として最も適切なものを、次の①～④のうちから一つ選びなさい。
解答番号は 28 。

① 「芸術は爆発だ！」のパフォーマンスによって美術家としての評価を失した岡本太郎が、現代その言葉によって再評価されたこと。

② 丹下健三と岡本太郎が手掛けた建造物の概念には、両人の人生における西洋思想の受容とそれを乗り越えようとする取り組みという共通的課題が潜んでいたこと。

③ 未来都市のモデルが解体された一方で、未来を全く考えなかった《太陽の塔》がコロナ禍の現在、大阪アラートシンボルとして大阪を表象するものとなっていること。

④ 一時的に「対極主義」的な状況を作り出すためにつくられた反万博的建造物が現在も保存され、国家の一大イベントのシンボルのように見えること。

問七 ——線部5「記号として消費される時代」とあるが、どのような時代か。説明として適切でないものを、次の①～④のうちから一つ選びなさい。解答番号は 26 。

① 芸術家によるメッセージ性の高いパフォーマンスが芸人等により面白おかしく模倣されることによって、メッセージの本質よりもイメージが尊ばれる時代。

② その思想の理解はさておき、アカデミズムの世界で話題の哲学書を持ち歩くことが、一種のファッションのように流行する時代。

③ 岡本太郎という芸術家のイメージや個性を離れて、その芸術論的思想を直筆書簡や日記など伝記的記録資料から解読しようと試みる時代。

④ パリでバタイユらとヘーゲルの弁証法を学んだという岡本太郎の経歴が、実際の人物像とは関係なく取り上げられる時代。

問八 ——線部6「この賭けは短期的には完全に失敗し、芸術家としての評価を失いますが、二一世紀までの射程で見た時、実は『芸術は爆発だ!』という言葉によってこそ、岡本太郎の存在が長く語り伝えられる状況が生まれた」とあるが、この状況を筆者はどのように考えているか、筆者の考えとして最も適切なものを、次の①～④のうちから一つ選びなさい。解答番号は 27 。

① 現代でその言葉が再評価されたことが、岡本太郎による「対極主義」の実践に、新しい芸術を切り開く芸術人類学の可能性をみることに繋がっている。

り、「芸術は爆発だ！」のパフォーマンスも意味は捉えがたいが一通りの日本語となっている。あえて言語的説明が困難な概念を言語で説明しようとする点で共通するものがある。

④「対極主義」における「爆発」の発想は、相反する要素がぶつかり合うことによって発生する緊張状態を重要視しており、「芸術は爆発だ！」のパフォーマンスもあえて意味不明さを提示し消尽されつくすことの可能性に賭けている。進歩や調和という概念を無化するような要素を対置しようとする点で共通するものがある。

問六　——線部4「知識がクリエイティブに生産される」とあるが、それが示す具体的な事例として適切でないものを、次の①～④のうちから一つ選びなさい。解答番号は 25 。

① 岡本太郎が、バタイユらとパリでヘーゲルの弁証法を研究した結果、そこに納得のいかない点を発見する過程を経て、独自の「反弁証法」（対極主義）という概念を生みだすこと。

② 建築とは堅牢に築かれた礎であるとする西洋の思想を乗り越えるために、丹下健三らがゆるやかに異質なものを繋げて場を覆っていくものという意味で「環境」という言葉を使うこと。

③ 岡本太郎による「芸術は爆発だ！」という叫びは、ビデオテープのCM内の言葉としては無意味である一方で、今なお一九八〇年代の広告文化を物語る名キャッチコピーとして話題に上ること。

④ 都市の中に築かれた礎のようなものという西洋の従来の建築観に対して、未来都市は新陳代謝を繰り返して頻繁に形が変わり都市を覆いつくす有機体のようなものであるとの考えに基づき、丹下健三が大阪万博で空中都市「大屋根」を設計すること。

問四　空欄 [A] ・ [B] ・ [C] に入る組み合わせとして最も適切なものを、次の①～④のうちから一つ選びなさい。解答番号は [23] 。

① A 根源 ― B 否 ― C 祭り
② A 根本 ― B 可 ― C 計画
③ A 原初 ― B 非 ― C 思潮
④ A 本質 ― B 諸 ― C 宿命

問五　――線部3「根本的な発想において通底するものがある」とあるが、その説明として最も適切なものを、次の①～④のうちから一つ選びなさい。解答番号は [24] 。

① 「対極主義」における「爆発」の発想は、岡本が若かりし頃にパリで受容したヘーゲル思想に対決することを目指したバタイユの思想の影響下にある。「芸術は爆発だ！」のパフォーマンスもアンディ・ウォーホールやフルクサスなどの海外の芸術家によるパフォーマンスアートの影響下にある。いずれも西洋思想の影響下にある点で共通するものがある。

② 「対極主義」における「爆発」の発想は、ヘーゲル弁証法における「合一」に対する岡本の「抵抗」の意志を含むが、「芸術は爆発だ！」のパフォーマンスも一九八〇年代の広告文化に対する岡本の「抵抗」の意志を含む。時代や洋の東西は異なっても文化に対する「抵抗」の意志を貫徹する点で共通するものがある。

③ 「対極主義」における「爆発」の発想は、「透明な中でスーッと空間が広がっていく」という説明が付されてお

問二　——線部1「芸術人類学の目指すところ」とは何か。次の文の空欄 ア に入れるのに最も適切な言葉を本文中の言葉を用いて二十一字以内で記しなさい。句読点や記号も一字に数えます。解答番号は 21 。

ルネサンス以降の芸術表現を［ ア ］こと

問三　——線部2「彼の唱えた『対極主義』」とあるが、その説明として最も適切なものを、次の①～④のうちから一つ選びなさい。解答番号は 22 。

① 一九八一年にTVCMで放映された「芸術は爆発だ！」と叫ぶパフォーマンスの背景に存在した「透明な中でスッーと空間が広がっていく」と説明された岡本太郎の「爆発」に徹底的にこだわる考え方。

② 一九三〇年代にパリで受容したヘーゲル哲学の「正反合」の考えに納得せず、相反する要素の矛盾が解消されないことを重要視する岡本太郎の芸術に対する考え方。

③ 一九七〇年の大阪万博において、丹下健三が設計した「進歩と調和」のシンボルとしての「大屋根」にクロスさせるように《太陽の塔》を対置した思想的根拠となる岡本太郎が唱えた反「環境」の考え方。

④ 一九三〇年代にパリで受容したヘーゲルの弁証法に対してごまかしのようなものがあると岡本太郎が考えたところを起点として、芸術において「正」「反」の矛盾を乗り越え「美や調和」を追求することを目指した考え方。

て消滅するか分からないという冷戦期に特有のカタストロフへの意識から、これからの都市計画家はそのような宿命を前提に、不変の都市を築くのではなく、一種の有機体として存続していく道を探るべきだと考え、そのためには新しい「環境」が重要だと唱えます。実は彼は「環境」という言葉を一般化させた人物でもあるのです。「環境」という言葉は、一九六〇年の「世界デザイン会議」の開催（この事務局長を務めたのも浅田でした）に前後して「メタボリズム」と結びつけられ、後に、いまの私たちが知る概念に変化していきます。「環境」という言葉は、もともと戦時中に帝国日本が西洋の建築思想を乗り越えるために、建築ではなくゆるやかに異質なものを繋げて場を覆っていくものとして、丹下らによってすでに使われていました。その概念が戦後、浅田を介して大阪万博の「大屋根」に繋がるわけです。《太陽の塔》は、8その全てに対し岡本太郎が突き付けた「ベラボーなもの」という無為の概念だったのです。

　こうして太郎が戦後に立ちあげ、他界後の再評価に至るまでの「対極主義」の実践としての「爆発」をさまざまな側面から見ると、そこにはいわゆる戦後美術史だけでなく、建築や環境、テクノロジー、世界の破局、西洋思想のeチョウコクなど、実に多様な要素が流れ込んでいます。ところが、これらを単純に美術史で切り取ってしまうと、そうした背景が全部そぎ落とされてしまうわけです。逆に言えば、こういうところにこそ芸術人類学の芽生える余地があるのではないでしょうか。その意味では芸術人類学には、このような岡本太郎の実践を引き継いで、世紀をこえた新しい芸術を切り開く可能性があるのではないかと思います。

（椹木《さわらぎ》野衣《のい》「爆発、丸石神、グラン＝ギニョルな未来」による）

問一　――線部a～eの漢字は読みをひらがなで、カタカナは漢字に直して楷書で書きなさい。解答番号はa［16］・b［17］・c［18］・d［19］・e［20］。

このように一方は進歩を唱え、他方は進歩なんてないと言う、まったく矛盾した二つを同じ場所でクロスさせることが太郎の実践であり、万博という国家の［C］の中心で、容易には解消できない矛盾を一気に「爆発」させることが彼のcモクロミだったと思われます。「進歩と調和」に対して「贈与と消尽」を対置し、すべてを使い尽くしてご破算にしようとする［C］の中で無化させるわけです。③

当時の様子からは、ちょうど水平軸に丹下健三の空中都市があり、それに対して垂直方向に屹立している《太陽の塔》が窺えます。太郎は、この二つの巨大な軸が矛盾したまま交差する「対極主義」的な状況を作ろうとしたわけです。いま7は皮肉なことに、未来都市のモデルとして作られた空中都市は老朽化して解体され、未来をまったく考えなかった《太陽の塔》が永久保存されることになりました。太郎はこれを残すつもりは全然なかったのですが、現在の万博記念公園を見ると、何か国家の一大イベントのシンボリックな塔が記念碑的な意味合いで作られたように見えます。が、実際には、これは対極的な状況を一時的に作るべく、万博のシンボルである「大屋根」に差し込まれた「［B］！」の一撃だったのです。④

丹下健三が当時考えた空中都市は「メタボリズム」という当時の思潮に基づいています。この発想は名前からも分かるように要は「新陳代謝」ということで、西洋のように建築とは都市の中にd堅牢に築かれた礎ではなく、むしろ頻繁に形が変わったり、細胞のように増殖したり体外に排出されたりしながら、生命体のように都市を覆い尽くしていく有機体で、それが二一世紀の新しい環境となることを唱えました。この「メタボリズム」の実際の仕掛け人は、丹下の右腕として活躍した浅田孝（一九二一―一九九〇）という人物です。彼がこのような住環境が重要だと考えた背景には、一九四五年に海軍将校として広島の原爆跡地を目撃し、救助に携わった体験が関係しています。浅田は、いつ核戦争の危機にさらされ

ピードで消尽されることに賭けたのではないかと思います。実際、「対極主義」という言葉はいかにも知識人の言葉ですが、太郎はそうしたスタイルをある時期から無効とみなしたのではないでしょうか。6 この賭けは短期的には完全に失敗し、芸術家としての評価を失いますが、二一世紀までの射程で見た時、実は「芸術は爆発だ！」という言葉によってこそ、岡本太郎の存在が長く語り伝えられる状況が生まれたのではないかと思います。

さて、太郎はさまざまな形で「対極主義」の実践を行いますが、その最大の実践が一九七〇年の日本万国博覧会（通称「大阪万博」）でした。それが《太陽の塔》と、日本の戦後を代表する建築家・丹下健三（一九一三—二〇〇五）の「大屋根」と呼ばれる構造体との対決です。大阪万博には二つの中心がありました。一つは丹下がプロデューサーを務めたシンボル・ゾーンで、とりわけ「お祭り広場」に地上からの高さ三〇メートルをこえて架けられた巨大な屋根、通称「大屋根」です。が、これは実際には屋根ではなく居住空間でした。七〇年当時から見た未来、つまりちょうどいま頃には、二一世紀の人間は空中に住むだろうという発想がありました。大阪万博のテーマは「人類の進歩と調和」ですから、その理念に極めて忠実なモダニズムの具現化として、丹下はそのような構造体を二一世紀に先駆けて提示したのでした。①

もう一つは太郎が手懸けたテーマ館です。実は《太陽の塔》は、当時は地下と空中をつなぐエスカレーターのシャフトを包む通路で、巨大なテーマ館の一部にすぎません。それを七〇メートルにも拡張して大屋根に穴を開け、突き立てることで、太郎は「人類の進歩と調和」というテーマを担うことを期待されていたにも関わらず、そのようなものは、近代の内側に潜む矛盾を覆い隠す幻想でしかなく、人類は進歩なんかしていないんだと主張したのです。むしろ万博には純粋な消費（＝消尽）の C としての、あらゆるものを無に帰する「ベラボーなもの」が必要とされているとして、万博会場のど真ん中で反万博的なものを突きつけることを考えました。②

にするのが、芸術の最も［A］的な営みだという考えに至ります。ヘーゲルの「合」に反して太郎は、相反する要素がぶつかり合って総合されることなく「爆発」し、解消されない緊張状態が生じることが、芸術にはとても重要だと考えるようになったのです。

　美や調和はヘーゲル的な安易な「合一」の受け入れであり、その内側に元来横たわる矛盾から目をそらす行為であるということで、彼は後に「今日の芸術は、うまくあってはならない、きれいであってはならない、ここちよくあってはならない」と唱えます。つまり、ヘーゲルの弁証法の「合一」に対する「［B］」として「爆発」があったのです。太郎が「爆発」という言葉をいつから使ったのかは定かではありませんが、六〇年代後半にはすでに散見されて、その際に彼は、「『爆発』といっても何か物がバーンと破壊されるようなことではなく、むしろ透明な中でスーッと空間が広がっていく」というふうに言っています。言い換えると、進歩や発展のような美しい言葉の奥底に、あらゆる矛盾が解消されずに沸々とわきたっている、そういう世界を「爆発」と呼んでいたようです。彼は、進歩や発展ではなく、歴史の［A］にある消せないもののほうを重視したのです。「対極主義」にあるこの「爆発」の発想と、後に「芸術は爆発だ！」と唱えたパフォーマンスとの間には、実践にまつわるスタイルの違いはあれど、3根本的な発想において通底するものがあると思います。

　問題は、なぜ岡本太郎が「対極主義」という言葉を捨て、身をもってするパフォーマンスに移っていったかです。七〇年代以降の日本は高度成長が終焉を迎え、あらゆる4知識がクリエイティブに生産されるのではなく、5記号として消費される時代に移ります。八〇年代以降、さらに急速にそれは進むわけですが、太郎はそのとば口を恐らく一九七〇年という分岐点に見て、単に知識人の言葉で啓蒙するのではなく、自らも身をもって実践し、資本主義の流通の中で、もの凄いス

太郎の研究が進み、美術館もでき、著作も誰でも読めるようになりましたが、八〇年代後半は、先ほど話したCMの流れで、芸術家というより芸能人的なニュアンスで、その存在が忘れられていました。ですが、太郎が「爆発」という言葉で示したものは一貫して変わっていないのではないか、と私は考えます。

　岡本太郎の生涯で「爆発」について考える時、[2]彼の唱えた「対極主義」を理解することが重要になります。彼の発想の種の多くは一九三〇年代パリで蒔かれますが、太郎が「対極主義」を唱える上での大きな基礎、乗り越えるべき対象として設定したのが、ドイツの哲学者ヘーゲルの弁証法でした。ヘーゲルの弁証法というのは、ある考え方や事象（正）の中には、必ずそれ自身と相矛盾し、対立する要素が盛り込まれている（反）とした上で、自らの内にあるその異質な要素に気付かないのであれば、そこからの進歩も発展もないというものです。そして、歴史の進歩や発展というものは、この矛盾を乗り越えていく（合）ことにより動いていくと説きます。この「正反合」と呼ばれるプロセスは、あるテーゼに対するアンチテーゼは必ずそこから捻出されるが、その矛盾を乗り越えることによって、両者に孕まれる要素を含みこみ、より高く統合された「合一」というジンテーゼに至ることができるということを意味します。それこそが歴史の積み重ねであり、進歩や発展に内在する論理だということを、弁証法は唱えていることになります。

　これに対して、岡本太郎の「反弁証法」（＝対極主義）は、太郎自身がヘーゲル研究やいろんな講義を通じて弁証法を理解しつつも、そこに納得のいかないものを感じたところから始まります。太郎はこれに対決しようとバタイユらと考えます。先ほど述べた「正反合」は、テーゼとアンチテーゼがぶつかり合うことで生じる矛盾を乗り越えていく歴史の弁証法です。しかし太郎は、これを乗り越えたように見えても、それで矛盾が消えるわけではなく、そこには何かごまかしのようなものがあると考えます。そして、進歩や発展という言葉では決して解消されない、[A]的な矛盾を目の当たり

ことと言ったら、せいぜい祈ることくらいしかありません。人類が人間となってなお、自然を抜本的に克服したわけではない以上、人間はいつでも潜在的には人類なのであって、その意味では人間は人類にとっての上位概念ではないのです。というより、人類は人間にとって潜伏的な概念なのです。この潜伏的な性質を芸術に当てはめ、芸術のなかに隠された「祈り」を浮かび上がらせる試みこそ、芸術人類学と呼ばれるにあたいします。

　ここで、先に少し名前の出た岡本太郎（一九一一―一九九六）について考えてみましょう。彼の発した「芸術は爆発だ！」という言葉はとても有名ですが、その意味は、実はあまりきちんと解釈されていないのです。私はこの言葉こそ、実は「祈り」に近いものを含んでいると考えています。本人がそう言っているわけではありません。実際に太郎が「爆発」とはこういうものである、とは言っていないので、はっきりした答えがあるわけではないのです。この言葉は、一九八一年、日立マクセルのビデオテープのＣＭの中で、太郎が「芸術は爆発だ！」と叫んで天を仰ぐ姿が放送されたことから一躍有名になりました。だけど、これだけだと「爆発」が何なのかよくわからない。それどころか、このＣＭが広く世に流れたことで、岡本太郎はさまざまな意味で芸術家としての苦難を余儀なくされます。そもそも当時、真摯な芸術家がテレビに出てキャッチフレーズを叫び有名になるということに、ひどく周囲の抵抗がありました。実際に、この「芸術は爆発だ！」という言葉はいろいろな人の物真似の対象となり、太郎は芸人とは言わないまでも、次第に風変りな人と位置付けられていきます。なぜ、彼はわざわざこうしたことをしたのか。岡本太郎は一九四〇年代後半から七〇年代を通して、実作を手懸けながら、美術の世界にとても重要な提言や批評を成し、貢献してきた人です。ところが、突然このようないかがわしいことを始めて評価が失われ、私が美術の世界で批評を始めた八〇年代後半には、彼の著作で読めるものはほとんどなく、美術家としての活動が専門的に研究されることもまったく見られない状況になっていました。いまでこそ岡本

第二問　次の文章を読んで、後の問いに答えなさい。

かつて岡本太郎は、薄暗い展示室の片隅で縄文土器と巡り合い、これこそが古代人の芸術であり表現なのだと[a]喝破しました。それまでの日本では考古学資料としてしか扱われることがなく、見る者ひとりひとりが表現として対峙することがなかった縄文土器をそのように見つけ直すことができたのは[b]カッキ的なことですし、とりもなおさずそれは、岡本太郎がパリ時代にマルセル・モースを通じて民族学、文化人類学的なまなざしを獲得していたからにほかなりません。でも、それだけでは芸術人類学を先取りしたということにはならないのです。すでに見てきたとおり、人類史上の古層へと芸術論＝表現論的なまなざしを向けることは、概念の成り立ち上、実はとても難しいのです。無理にそれを行えば、古代の諸相を近代以降の枠組みで捉え直してしまうという過ちを容易におかしてしまうことになるでしょう。だからこそ、私たちにできるのは近代以降、自明のものとなってしまっている芸術や美術、表現といったルネサンス以降の転回をこそ、そのような力を得られずにいた人類の視点から見直してみることなのではないでしょうか。たとえば作品や作者、素材や制作年、展示やサイズといった、芸術（この場合は美術作品）にとってごくごく当たり前の自律した枠組みそのものを疑い、それらをたちどころに霧散させてしまいかねない荒ぶる自然との拮抗のなかで捉え直してみることのなかにこそ、[1]芸術人類学の目指すところがあるのではないでしょうか。

端的に言えば、それは「祈り」ということになるでしょう。祈りと言ってもこの場合、必ずしも信仰に根ざす必要はありません。人類にとっての祈りとは、宗教だけの特権ではないからです。自然が備える計り知れない力に気付くとき、私たち人間は、いついかなるときにあっても、直ちに無力な人類へと還らされてしまいます。そんなとき、私たちにできる

② 異なる状況を共鳴的に並置することで躍動感あふれる文学的描写となっていた表現が、因果関係によって二つの状況を結びつけて固定化することで無味乾燥でつまらない機械的表現へと変わるということ。

③ 継起的連鎖を生み出す一連の線形的な状況をあえて図と地に分けて並置することで余情を生み出していた表現が、元の連結的で線形的な関係に戻され、ノイズが消去された客観的な表現へと変わるということ。

④ 非連続で共鳴的な関係のまま並置されていた表現が、連結的で線形的な関係に還元されることで、図と地として構成された二つの状況の間を跳躍するような表現へと変わるということ。

問十一　空欄 D に入る最も適切なものを、次の①〜④のうちから一つ選びなさい。解答番号は 15 。

① 発信者の認識が受信者に理解されることを、初めから意図しない点

② 非連続的で繋がりのないメッセージを、受信者にそのまま手渡す点

③ 受け手の想像力を掻き立て、感情を揺さぶり、行動を引き起こす点

④ コミュニケーション機能から、言語の修辞的側面のみを取り出す点

問八　——線部6「隠喩が新たに生み出した何かが失われてしまう」とあるが、なぜか。理由として最も適切なものを、次の①～④のうちから一つ選びなさい。解答番号は 12 。

① 隠喩には受け手の解釈による意味生成を促す働きがあるが、直喩には受け手の解釈をノイズとして排除し、コミュニケーションを客観的情報の伝達に限定する働きがあるから。

② 隠喩は本来つながりのない二つの状況を創造的解釈によって結びつけるものだが、直喩はその結びつきを客観的表現に変換することで表現の個性を消去してしまうから。

③ 直喩では二つの状況がなぜつながるかという「答え」をあらかじめ言明してしまうため、隠喩で表現されていたような謎解きの高揚感が生じないから。

④ 直喩は送り手による説明的な表現であるため、隠喩のように受け手の感受性に働きかけて創造的な解釈を生み出す余地がないから。

問九　空欄 C に入る語を、二～四字で答えなさい。解答番号は 13 。

問十　——線部7「右脳的後者が左脳的前者に転じる」とは、どういうことか。説明として最も適切なものを、次の①～④のうちから一つ選びなさい。解答番号は 14 。

① 二つの状況が何の説明もなく並置されることで、それらの類似性や関係性の解釈が受信者に委ねられていた表現が、二つの状況の関係が明示され、受信者による解釈の余地がない表現に変わるということ。

のうちから一つ選びなさい。解答番号は 10 。

① 人間の内部から外部へ表出したものは全て発話であり、一種のメタファーである。

② コミュニケーションにおいては、メッセージそのものだけでなく、媒体も重要な役割を果たす。

③ 無駄のない適切な表現を用いれば、話し手の考えを正確に聞き手に伝えることができる。

④ 語り手と聞き手の協働的関与によって、コミュニケーションの成否が決まってくる。

問七 ——線部5「機械的コミュニケーションであることを批判する」とあるが、なぜか。理由として最も適切なものを、次の①～④のうちから一つ選びなさい。解答番号は 11 。

① シャノン＝ウィーバー理論では、一方通行的なコミュニケーションモデルしか想定されておらず、現代メディアの実態を理解するには時代遅れになっているから。

② シャノン＝ウィーバー理論では、言語から修辞的機能や「意味伝達」機能が排除されており、受信者を意味主体とする文学的コミュニケーションを解明することはできないから。

③ シャノン＝ウィーバー理論では、言葉の意味を発生させる人間の心的機能が無視されており、人間同士のコミュニケーションモデルとしては不十分だから。

④ シャノン＝ウィーバー理論では、左脳的偏向を持つ人間のコミュニケーションなら説明可能だが、芸術的感性を持つ右脳的人間のコミュニケーションまでは説明できないから。

③　文字を持たないがゆえに記憶の天才を数多く輩出したギリシャ民族は、それにより他民族からの文化的影響をほとんど受けず、独自の文化を発展させたということ。

④　無文字文化に由来する古代ギリシャのコミュニケーション技術が下地となって、後代のギリシャの哲学や文学等の興隆が生み出されることになったということ。

問五　——線部3「古代ギリシャの指導者たちはみなすぐれた『物語の話し手』であった」とあるが、どういうことか。説明として最も適切なものを、次の①～④のうちから一つ選びなさい。解答番号は 9 。

①　多種多様な民族が共存していた古代ギリシャにおいては、指導者は領民を一つにまとめるために各々の民族の記憶としての口誦文芸を巧みに利用していたということ。

②　言葉と意味が一体不可分であった古代ギリシャにおいては、指導者が領民の感受性に働きかけるコミュニケーションの方略がとられていたということ。

③　僧侶や官僚といった技能者がまだ存在しなかった古代ギリシャにおいては、領民を支配するためには王自らが僧侶や官僚の役目も同時に果たす必要があったということ。

④　口誦文芸が高く評価されていた古代ギリシャにおいては、民間に伝承された口誦文芸に精通することが王となる人物には必須の教養の一つと考えられていたということ。

問六　——線部4「『意味は言葉の中にある』と考える」とあるが、この考え方と最も関係の深いものを、次の①～④

問三　——線部1「隠喩的に解釈すればこそ意味が生じてくる」とあるが、どういうことか。説明として最も適切なものを、次の①〜④のうちから一つ選びなさい。解答番号は 7 。

① 外国語を翻訳して自国語の中に取り込む際には、必ず二つの文化の軋轢《あつれき》が生じるため、その相克を架橋するような客観的な第三の視点による解釈が必要になるということ。

② 外国語が翻訳され、自国の文化の中でも意味を持つ言葉になるためには、文化的な文脈の違いを乗り越えるような創造的かつ変容的な新しい解釈が必要になるということ。

③ 英語の「翻訳する」という語の語源が示す通り、どのような形であれ、ある国の語を別の国に移して使うこと自体が、隠喩的に解釈することに他ならないということ。

④ 翻訳語を取り入れることによって、自国にこれまで存在しなかった語を創造することになるので、それ自体が自国の文化を変容し隠喩的に再解釈する契機となるということ。

問四　——線部2「あの比類なきギリシャ的知性の源泉は文字を持たなかったゆえの口誦的技術にある」とあるが、どういうことか。説明として最も適切なものを、次の①〜④のうちから一つ選びなさい。解答番号は 8 。

① 口誦的技術の駆使によってフェニキア人から得た文字が元となり、西洋アルファベットの起源となるギリシャ・アルファベットを発明することができたということ。

② 文字を持たなかったことによって育まれた口誦的技術が、文字を使用するようになった後の時代の思想や文化の発展に独特の妙味を加えているということ。

ら。

（中澤豊『哲学者マクルーハン』による）

注1　マクルーハン……ハーバート・マーシャル・マクルーハン（一九一一―一九八〇年）。カナダ出身の英文学者・文明批評家。著書『メディア論』（一九六四年）の中で「メディアはメッセージである」と主張した。

注2　レイコフ……ジョージ・P・レイコフ（一九四一年―）。アメリカの言語学者。

注3　ジョンソン……マーク・L・ジョンソン（一九四九年―）。アメリカの哲学者。

問一　――線部a～eの漢字は読みをひらがなで、カタカナは漢字に直して楷書で書きなさい。解答番号はa［1］・b［2］・c［3］・d［4］・e［5］。

問二　空欄［A］・［B］に入る最も適切な組み合わせを、次の①～④のうちから一つ選びなさい。解答番号は［6］。

① A　外来語　――　B　客観主義者
② A　和製漢語　――　B　左脳人間
③ A　カタカナ英語　――　B　意味の創造者
④ A　アルファベット　――　B　物語の話し手

詩や宗教だけではなく、普通の日常生活の中にも隠喩もしくは比喩的表現でしか語りえないものはいくらでもある。ソムリエがワインの味について語るとき比喩表現を禁じられてはお手上げであろう。字義通りの言葉ではなく、隠喩で「思考」することによって、新しい現実が浮かび上がってくるのである。

マクルーハンは、「輸送のコミュニケーション理論 Communication Theory of Transportation」に対して、隠喩に満ちた表現形式を「変容のコミュニケーション理論 Communication Theory of Transformation」と呼び、7右脳的後者が左脳的前者に転じる様をこう説明する。

> 左脳は抽象と継起性の両方を提供し、弁証学は論理的議論と哲学的推論の長い継起的連鎖を生みだすことができる力で然るべく名高い。しかし、隠喩《メタファー》は、二重の図と地の並置でき、ゆえに形式的には非連続的、かつ共鳴的である。けれども、それを左脳にもち込み、鮮鋭度を図=図のレヴェルまで引き上げると、隠喩的な「アテネの獅子が敵に躍りかかった」という類の表現は、すぐさま「彼は獅子のように躍りかかった」(直喩/類推)へと、あるいは極端な「彼は獅子である」(繋辞《コプラ》)に転ずる。この後の二つは連結的かつ線形的である。それらはまったく隠喩ではなく、隠喩が左脳にもち込まれ、そのことばで処理が施されていくときに左脳がつくり出す、そっくりその何かなのである。

隠喩が線形的な説明と根本的に違うのは、[D]である。マクルーハンの隠喩にインスピレーションを受けた創造者たちは何かに急き立てられるように創作に向かった。「メディアはメッセージ」のe御タクセンは、当時の電子情報技術者、科学者たちを興奮させたことだろう。なにしろ自分たちがつくっているのはただの機械ではなく「メッセージ」なのだか

d代替ではない。マクルーハンが隠喩を好んで使うのは、隠喩が聞き手／読者の感受性と解釈を通じて達成される創造のコミュニケーション技術であるからだ。

　　アテネの獅子が敵に躍りかかった。

というホメロスからの古典的な隠喩は、

　獅子は獰猛《どうもう》に獲物に躍りかかる
　アテネのアキレウスは勇敢に敵に立ち向かう

という、類似した、しかしまったく繋がりのない二つの状況が並置され、その相互作用によって意味が生成される。
「隠喩《メタファー》は、ある事物や状況を、別なものとして装わせたり、別なものを通して見えた状態で示す。それぞれが互いに図と地として構成された二つの状況の間《ま》を越えて、跳躍がつくりだされなければならない」。これを「アキレウスが獅子のように勇敢に敵に立ち向かった」と直喩的な説明で代替しようとすれば、「アテネの獅子が敵に躍りかかった」という6隠喩が新たに生み出した何かが失われてしまう。
　日本の和歌でも、何百年も昔に詠われた歌を地として並置させることで、自身の歌だけでは言い表せない心象を浮かび上がらせる「 C 」という技術がある。「意味」の生成において「地」は重要な役割を果たしている。

し言葉、図、音楽）」が、送信機を通じて『信号』に換えられ、この信号は『通信路』を通じてB地点の受信機に送られる。受信機は信号をメッセージに変換し直し、受信者に手渡す。送信プロセスにおいて、情報源が意図しなかったものが信号に加えられることがある。これらはすべて雑音（ノイズ）と呼ばれる」というものである。通信理論としてはこのノイズを除去することが目標になるが、この理論が人間同士のコミュニケーションにも応用されると、発信者のメッセージだけを「意味」として取り扱うことを含意する、まさに「導管メタファー」になる。

　言葉は人間が対象に対して使うものであるから、言葉の意味は人間の心とその対象の相互関係のなかから生じるもののはずである。一方、人間の心を仲介しない「意味」が発信者と受信者の間を行き来するというモデルであり、ノイズは除去されるべきとするこのモデルは、言語から修辞的・詩的機能が排除され受け手の感受性が無視されることを意味する。マクルーハンは、この理論を「輸送のコミュニケーション理論 Communication Theory of Transportation」と呼び、西洋のあらゆるコミュニケーションモデルが、シャノン＝ウィーバー的な、左脳的偏向を受けたパイプラインモデル、機械的コミュニケーションであることを批判するのである。言うまでもなく、現代のマス・コミュニケーション研究はこのシャノン＝ウィーバー理論が前提になっている。また、マスプロ教育の「教える者（教師）」と「教えられる者（生徒）」の関係もこのモデルを採用している。

　ケンブリッジ時代の師I・A・リチャーズの影響を受けたマクルーハンにとって、意味の主体はメッセージの発信者ではなくその受け手にあった。彼は著作でも講演でも隠喩を多用したが、隠喩を使わなくても字義通りの言葉で言い表せるではないか、との批判は未だにある。そういう批判者は、隠喩はノイズであり、ノイズを除去して字義通りの言葉を用いれば、「意味」はパイプラインの中を流れて受け手に届くものだと思っている左脳人間である。隠喩は字義通りの言葉の

もった王と領土・領民を支配するために不可欠な複雑な書字体系を使いこなす訓練された技能者（僧侶、官僚）に分断されてしまう。ギリシャの初期のポリス共同体ではコミュニケーションの完全な「口誦性」のために、こうした分裂は起きなかった。

古代ギリシャにおいて、言葉と意味は一体不可分であった。「言葉と意味が分離したのはアルファベットの発明の影響である」とレイコフ(注2)&ジョンソン(注3)は言っている。言葉と意味が分離し、4「意味は言葉の中にある」と考えることを「導管メタファー」と呼ぶ。文字の発明以降、言語についての概念は、「考え（意味）はモノである」「言語は考えを入れる容器である」「コミュニケーションは送ることである」という複合的な隠喩によって構造が与えられ、理解されるようになった。

「導管メタファー」によって、我々は「彼の考えは我々に伝わってきた」「その考えを君にあげるよ」「彼の言葉はからっぽだ」という表現を違和感なく理解する。この隠喩は、コミュニケーションの「意味伝達」の側面を強調する一方、送り手と受け手の対話的側面、聞き手の共感や考え方・行動の変化というコミュニケーションの修辞的・変容的側面を隠した。つまり、この隠喩は「意味が人間や文脈と関わりなく存在すること」を含意している。これをひとたび受け入れれば、人間は「　B　」となるのである。

この導管メタファーは、シャノン＝ウィーバーの通信理論に応用され、情報工学発展の基礎となっただけでなく、人文・社会科学においても支配的な考え方となった。数学者のクロード・シャノン（一九一六―二〇〇一）とウォーレン・ウィーバー（一八九四―一九七八）が『コミュニケーションの数学的理論』（一九四九年）で提唱したいわゆるシャノン＝ウィーバー理論は、簡略化すれば、「A地点の情報源から『送信者によって選択されたメッセージ（書かれた言葉、話

の文献を翻訳する過程で、ものすごい解釈／創造が起きていたはずである。明治の秀才たちは欧米の文脈と日本の文脈を並行して見ながら「新しい意味」を発見していたのである。翻訳もまた「隠喩」であり、新しい現実を創っている。今日、外国語を翻訳せず、そのままカタカナ語を使用することが多くなっているが、そのbヘイガイは、カタカナ英語を多用する人間のつまらなさを見れば明らかである。

西洋アルファベットの母体となったギリシャ・アルファベットは、海洋民族であるフェニキア人が使っていた文字から取り入れたものである。フェニキア人は紀元前一一〇〇年頃にはすでに彼らのアルファベットを使っていたが、ギリシャ人のアルファベットが現れるのは最も古くて紀元前八〇〇年頃であり、なぜ三〇〇年もの遅れがあったのかその理由は分かっていない。

文字を持たない民族が文字を持つ民族よりも劣等と考えるのは現代の偏見である。2「あの比類なきギリシャ的知性の源泉は文字を持たなかったゆえの口誦《こうしょう》的技術にある」と言ったのは、古典学者のエリック・ハヴロック（一九〇三―一九八八）であった。叙事詩学者のミルマン・パリー（一九〇二―一九三五）とその弟子アルバート・ロード（一九一二―一九九一）は、紀元前八世紀に生まれた『イリアス』、『オデュッセイア』は書かれたものではなく、吟唱詩人ホメロスの口誦の記憶の天才によるものであったことを発見した。

それまでホメロスは、西洋文学最古の二大cケッサクを書いた「作家」だと思われてきた。だが、『イリアス』と『オデュッセイア』は書かれたものではなく、民間に伝承された民族の記憶（エンサイクロペディア）としての口誦文芸であった。ギリシャは文字を持たなかったゆえに豊かな社会を維持できた。

3古代ギリシャの指導者たちはみなすぐれた「物語の話し手」であった。文字を持った社会の権力機構は、物理的力を

釈／創造」することに他ならない。1隠喩的に解釈すればこそ意味が生じてくる。

英語の「マーケティング」は最も日本語に翻訳しにくい言葉である。ウィキペディアではこうある。「マーケティングとは、企業などの組織が行うあらゆる活動のうち、〈顧客が真に求める商品やサービスを作り、その情報を届け、顧客がその価値を効果的に得られるようにする〉ための概念である。また顧客のニーズを解明し、顧客価値を生み出すための経営哲学、戦略、仕組み、プロセスを指す」。

日本語にするとなんと長いことか。松下幸之助が、米国で流行しているマーケティング理論について社内の専門家から長々と説明を聞いた後、一言、「要するにお客様は神様です、ってことでんな」と言ったという。名経営者は翻訳《メタファー》が上手い。日本文化を通して米国文化を「解釈」しているからこそこう言えるのである。もっともこの話、うまく出来すぎていて真偽のほどは怪しいのだが、翻訳の創造性を語るときこれほど格好の逸話もないであろう。

明治政府は欧米文化を摂取するため大勢の国費留学生を送り込んだ。その分野は法学、経済学、物理学、化学、工学、医学、農学、兵学、文学、芸術などあらゆる分野に及んだ。帰国後彼らは、欧米の知的資産の学術書を日本語に翻訳した。日本の翻訳文化を揶揄《やゆ》する向きもあるが、欧米の文献がこれほど大量に自国語で読めるのは日本だけである。中国の俊英たちは日本語に翻訳された欧米の文献に接するために日本に留学してきた。かれらによって中国語に持ち込まれた和製漢語は、例えば、科学、経済、計画、権威、市場、思想、主観、客観、資本主義、文明、a形而上学、現実、原理、右翼、栄養、環境、交際、演繹、帰納、義務、意味、暗示、運動などいくらでもあり、現代中国語にとって欠かせない基本概念となっている。

明治期の日本の躍進は、単に欧米の「最先端情報」を日本が手に入れて、そのまねをして発展したとは思わない。大量

国語

（九〇分）

第一問　次の文章を読んで、後の問いに答えなさい。

(注1)マクルーハンのメディア論の特徴は、メディアをコミュニケーション「媒体」に止まらず、技術一般、さらには人間のつくった「概念」をも含む「人工物《アーティファクト》」にまで拡張し、それらが人間の身体ないし精神が外部へ表出したものととらえる点である。人間の内部から外部へ表出したものである人工物は、それゆえ発話《スピーチ》であり、それらの使用者である人間の認識のある一つの形式から別の形式への移行《トランスレーション》／翻訳、すなわちメタファーであるとする。

外国語の翻訳《トランスレーション》は、ひとつの言語技術（人工物）から別の言語技術（人工物）へのメタファーであることは、翻訳を経験した人なら誰もが感じることであろう。 A は隠喩に失敗した語である。翻訳《トランスレーション》が、メタファーに他ならないことは、そもそも「翻訳する」translate という英語の語源が示している。英語の「翻訳する」という語は、ドイツ語では übersetzen（über〔変化・移行を示す接頭辞〕＋setzen〔移す〕）であり、それはギリシャ語の meta phorein すなわちメタファー metaphor を翻訳したものである。

外国語を自国語に翻訳するということは、二つの国の文化が並置され、ひとつの文化をもうひとつの文化を通して「解

解答編

英語

I 解答　1 ―②　2 ―①　3 ―②　4 ―①　5 ―④　6 ―②
7 ―①

8 ― 1．海洋熱波によって海水温が上がると，種によっては生息地を変更するか，または絶滅に至ることもあって，漁業に深刻な影響を与える。

8 ― 2．グレートバリアリーフは世界遺産であり，多くの観光客をひきつけるが，海洋熱波によって海水温が上がり，多くのサンゴが破壊された場合，その魅力を失い，観光産業が衰えることになる。

9 ― 1．③　9 ― 2．⑥　9 ― 3．⑧

◀解　説▶

≪海洋熱波≫

1．第 2 段（Marine heatwaves are …）では，海洋熱波について述べられている。第 2 段最終文（However, the extra …）で「温室効果ガスの排出によって発生した大気の余分な熱が，海洋の温度上昇を加速させ，風が弱まると，温かい海水が表面に止まり，さらに多くの熱を蓄積させる」とある。したがって，②の「より温かい大気は海洋熱波の発生を加速させうる」が適切。

2．第 1 段第 3 文（Why so many …）と第 1 段最終文（A study concludes …）によると，非常に広い地域で海鳥が死んだのは，ある研究によれば，2013 年から 2016 年まで北東太平洋に影響を与えた海洋熱波，ブロブが原因である。①の「ブロブは海鳥の死の原因となった」が適切。

3．第 4 段の第 1・2 文（The one million … starved to death.）に，ブロブによって 100 万羽の海鳥が餓死したとあり，同段第 3 文以後（Seabirds feed on …）に死んだ原因が述べられている。②の「ブロブの期間中に生存していくだけの十分な餌を見つけることができなかった」が適切。①の「2015 年と 2016 年に，およそ 100 万羽の海鳥が海岸で死んでいるのが発見された」は，第1段第1文より，約62000羽であるので，不適。

4．ブロブの期間中，クジラが海岸に接近した理由は，第5段第3文（As the surface…）より，海の表面温度が上昇し，クジラの餌が涼しい場所を求めて海岸に近づき，それをクジラが追ってきたとある。したがって，①の「クジラは餌を追ってやってきたから」が適切。

5．第5段の最終2文（Seagrasses, kelp forests…the marine ecosystem.）に,「海藻や昆布林，サンゴは，他の海洋生物に生息地や食料，避難場所を与える。そうしたものがなくなると，海の生態環境が危険に曝される」とある。したがって，④の「海藻や昆布林，サンゴは他の海洋生物の生活を支える」が適切。

6．nail down「釘を打つ→はっきり掴む，確定する」は，②の identify「確認する」が最も近い。fasten「しっかり固定する」 strike「ぶつける」 value「評価する」

7．下線部(7)を含む文は「それにもかかわらず，陸上の熱波についてのニュースは度々聞くが，海洋の熱波についてはあまり聞かない」という意味になる。代名詞 ones は既出の複数名詞の代わりとなる。①の heatwaves を指す。marine heatwaves「海洋の熱波」と，ones on land「陸上の熱波」の対応に注意。

8－1．最終段第3文（When ocean warming…）を中心にまとめる。

8－2．具体例としてグレートバリアリーフがあげられている。最終段第5文（The Great Barrier…）を中心にまとめる。

9－1．第2段第1文（Marine heatwaves are…）に「海洋熱波は…と定義される」とある。また，第2段第2～最終文（They are caused by … accumulates more heat.）まで，海洋熱波が起こる過程について説明されている。したがって，③の「海洋熱波の定義と原因」が適切。

9－2．第4段（The one million seabirds…）において，ブロブが引き起こした海水温の上昇によって，プランクトンが乏しくなり，それを食べるイワシなどの魚が減少。さらに，魚を多量に食べるタラやマグロなどの大型魚と競合となり，百万羽もの海鳥が餓死する結果となったことが述べられている。したがって，⑥の「どのようにして，ブロブが海鳥を死なせる原因となったのか」が適切。

9－3．第5段第2文（A study group found …）より，熱波によって，ウエストコースト沖のカニ網にかかるクジラの数が増えたこと，第5段第6・7文（In another case, … of its corals.）より，オーストラリア西海岸の海藻と昆布林，グレートバリアリーフのサンゴの被害があげられている。したがって，⑧の「海洋熱波によって生じた他の被害」が適切。

Ⅱ　**解答**　10. expected　11. related　12. around
13. sitting　14. uncomfortable　15. deal
16. happen　17. bothering　18. during　19. concentrating

◀解　説▶

≪騒がしい中での試験≫

10.「試験はうまくいっていると思ったが，思ったよりも得点が低かった」と推測できるので，動詞 expected を入れて，your score was lower than you expected とする。

11.「試験の失敗は，知識や記憶力とは関係がない場合があるかもしれない」の意味。be related to ～「～と関係がある」

12.「ひとつの起こりうる要素は周りの騒音の程度である」と考えられるので，前置詞 around が適切。

13.「隣に座っている人が喋り続ける」と推測できるので，sitting が適切。

14.「その状況では，あなたは大丈夫かもしれないが，たいていの人は騒がしい部屋で試験を受けるのは快適でないと思うだろう」と推測できる。文中の okay「大丈夫だ」と対立の関係にある uncomfortable「不快である」が適切。

15. deal with ～「～に対処する」から，deal が適切。

16. 助動詞＋動詞の原形の疑問文。また，this が指す内容は「あなたは他の人に邪魔されながらも，聞こえる音（試験の音声）に対処しなければならない」状況のこと。空欄を含む文に続く文（On some English …）では，具体例が出ている。「こうしたことは実際起こりうるだろうか」という意味にする。したがって，happen が適切。

17.「リスニングパートを続けている他の人を邪魔し始める」と推測できる。bothering が適切。

18.「試験の間に」の意味で，前置詞 during「～の間に」が適切。

19.「準備する際に，教材に集中する練習をやり続けなさい」の意味にとれるので，concentrating が適切。practice *doing*「～することを練習する」 concentrate on ～「～に集中する」

Ⅲ 解答

20―②　21―②　22―④　23―③　24―②　25―④
26―③　27―④　28―①　29―①

◀解　説▶

≪リーダーに必要な 5 つの要素≫

20. 第 1 段では，よきリーダーとは何かについて述べられている。「直面した困難に対処するやり方を見ることで，よいリーダーかどうかがわかる」と推測できるので，②の handle「対処する」が適切。overlook「大目に見る」 praise「褒める」

21. 第 2 段では，EI「感情的知性」として知られるリーダーシップのスキルについて述べられている。「多くの成功したリーダーたちが共通にもつ幾つかの内面的資質がある」と推測できる。したがって，②の inner qualities「内面的資質」が適切。

22. 第 3 段では self-awareness「自己認識」について述べられている。高い自己認識をもつリーダーは，危機に際して，「自分の強みを利用し弱みを補って行動をする」と推測できる。したがって，④の making use of「～を利用する」が適切。

23. 第 4 段では 2 番目の要素として，self-regulation「自己制御」が述べられている。「一般的に，心理的に困難な状況に面している人々はイライラする傾向にある。しかしながら，自己制御力のあるリーダーは…」と推測できる。したがって，③の offensive「イライラする」が適切。

24. 第 5 段は self-motivated leader「前向きな気持ちをもつリーダー」について述べられている。「達成することになっていることを簡単に見限ることはない」と推測できる。②の give up on「～を見捨てる」が適切。catch up with「～に追いつく」 run back to「走って～に戻る」

25.「共感力をもったリーダーは他人の立場に立って考えることができる」という意味なので，④の with「～をもった」が適切。

26.「人々は連帯感をもち危機に立ち向かう勇気をもつことができる」と推測できる。meet the crisis「危機に立ち向かう」より③の meet が適切。

27. 空欄を含む文は「人々が緊急事態に意思疎通の経路を容易に使うことができないとき，リーダーは人々を社会共同体に繋げておく最も良い方法を見つけていかなければならない」という意味であると推測できる。④の接続詞 When が適切。

28. 人々が gossip or rumor「ゴシップや噂話」に依存する傾向があるなかで，「リーダーは強いメッセージを発し不正確であったり誇張されていたりする情報を訂正すべき」である。①の inaccurate or exaggerated が適切。

29. 空欄の直後にある例示を示す such as に注目して，「自然災害やウイルス感染のような予測できない出来事に対処する」の意味にする。したがって，①の unforeseen events「予測できない出来事」が適切。

Ⅳ　解答　30−③　31−①　32−④　33−④

◀解　説▶

30. 空欄の後，長く待たされたというアマンダに対して，ケビンはもう 10 分待ってくれと食い下がる。すると，アマンダは「すぐに行く必要があると言ったわよね」と空欄と同じ内容を言ったと考えられる。よって，③の「もうあなたをここで待っていられないわ」が適切。

31. ジャッキーは空欄の発言の後，以前は嫌いだったその映画の主演俳優が，今は素晴らしい俳優だと思うようになって，映画を絶対に見るべきだと言う。したがって，①の「その映画は見る価値があるよ」が適切。③の It could have been better. は「いまいちだ」の意味で不適。

32. 空欄のビルの発言に対して，リズは試験があるのにどうやって時間をやりくりするのかと否定的に言う。したがって，④「お金が必要だから，来月はもっとシフトを増やしてもらおうと考えている」が適切。

33. タカシは学校まで車で連れて行けと母親に依頼している。それに対して，母親は空欄の後，9 時からオンラインで重要な会議があるという。したがって，タカシを連れて行けないという内容。④の「私の用事がなければ，喜んで学校に連れて行くのに」が適切。

V **解答** 34. (He is) calculating the sales of the shop which was run by (Takashi's class at the school festival.)

35. (She pointed out the fact) that they sold the potatoes at fifty yen (off in the afternoon on the second day.)

36. (He asked her to) do the calculation instead of him because (she is good at numbers.)

◀解　説▶

34. 隆は，文化祭で隆のクラスが運営した模擬店の売り上げの計算をしている。calculating の後，the sales of the shop「店の売上」とまとめる。run the shop「店を運営する」で，was run by と受身形にする。

35. 有紀子は二日目の午後に「50円引きのポテトを売った」という事実を指摘する。the を potatoes につけ at fifty yen off と続ける。off は「割り引いて」。

36. 有紀子は数字に強いので，隆は「自分の代わりに計算をしてくれる」ように頼んだ。ask *A* to *do* の形から do the calculation として，instead of ～「～の代わりに」と続ける。

日本史

1 解答

問1．③　問2．①　問3．①　問4．③　問5．②
問6．④　問7．②　問8．③

◀解　説▶

≪和歌・連歌・俳諧・俳句の歴史≫

問6．④正答。松永貞徳は江戸時代寛永期の俳人。俳諧を連歌から独立させた。彼に始まる一派を貞門派という。→西山宗因は江戸時代前期（活躍時期は4代将軍徳川家綱の時代が中心）の俳人・連歌師である。貞門派に比べ自由な用語を用い，日常を題材とした。彼の一派を談林派という。→松尾芭蕉は江戸時代元禄期の俳人。俳諧を和歌と対等の芸術的地位に引き上げた。彼の作風を蕉風という。→与謝蕪村は江戸時代天明期の俳人・画家。俳諧に絵画的描写を取り入れた。→小林一茶は江戸時代化政期の俳人。庶民的作風を特徴とし，俳句俳文集の『おらが春』が著名である。

問7．②正文。正岡子規は明治時代の俳人・歌人。万葉調を重んじて写生に基づく短歌の革新を提唱し，俳句雑誌『ホトトギス』に数多くの作品を発表した。このほか『歌よみに与ふる書』『病牀六尺』などの著作がある。

2 解答

問1．④　問2．③　問3．④　問4．④　問5．③
問6．②　問7．④　問8．①　問9．③

◀解　説▶

≪古代国家の政治と東アジア社会≫

問2．③誤文。「朝鮮諸国全体」が誤り。朝鮮半島北部の高句麗と対抗した倭は，朝鮮半島南部に対する支配的地位の承認を宋に要求した。

問3．④誤文。史料から武は済の子であるが，第二子とは判断できない。

問4．④正答。X．誤文。冠位十二階の冠位は個人の才能や功績に応じて与えられるものであった。Y．誤文。神祇官と太政官の二官とその他八省が置かれたのは，厩戸王の時期ではなく，701 年の大宝律令制定の時期である。

問6．②正答。やや細かい知識だが百済大寺は舒明天皇の創建と伝えられる寺院である。のちに大官大寺と改称され，平城京遷都により移転した際に大安寺と呼ばれるようになった。

問７．④誤文。法成寺は，藤原道長によって建立された寺院である。

問９．③正文。南都六宗は南都仏教の６学派によって形成された教理研究集団である。

①誤文。現存最古の漢詩集は，『懐風藻』。『凌雲集』は嵯峨天皇の命で編纂された最初の勅撰漢詩集である。

②誤文。大官大寺や薬師寺が建立されたのは，天平文化の時期ではなく，天武・持統朝を中心とする白鳳文化の時期である。

④誤文。源信が『往生要集』を著したのは，平安時代中期の国風文化の時期である。

3 解答

問１．④　問２．③　問３．①　問４．③　問５．③
問６．②　問７．②　問８．④

◀解　説▶

≪鎌倉幕府の政治史≫

問２．③誤文。「土御門上皇が院政を行う」が誤り。承久の乱後，土御門上皇を含む三人の上皇は配流された。

問３．①正文。３代執権の北条泰時は，重要政務や裁判を合議するために11 名からなる評定衆を設置した。

②誤文。「初めて」が誤り。源頼朝の時代から大犯三カ条は慣習として定まっていた。なお，成文化されたのは御成敗式目においてである。

③誤文。引付衆が設置されたのは，５代執権北条時頼の時代である。

④誤文。初代連署に任じられたのは北条泰時の叔父の北条時房である。

問５．③正答。X．誤文。鎌倉幕府は，朝廷支配下の国衙領（公領）や荘園領主が支配する荘園においては，それぞれ律令の系統を引く公家法や本所法の適用を優先させ，幕府がそれらの所領相論に積極的に関与することはなかった。Y．正文。

問７．②誤文。御内人である平頼綱は，1293 年に北条貞時によって討伐された。これを頼綱の法名をとって平禅門の乱とよぶ。

4 解答

問1．④　問2．③　問3．②　問4．③　問5．④
問6．②　問7．②　問8．③

◀解　説▶

≪元禄期の政治と文化≫

問1．④誤文。田畑永代売買禁止令は，3代将軍徳川家光の時代の1643年に出された。

問5．④誤文。史料文の項目の4つ目には，飼犬が死んだ場合の届け出は原則として無用と記載されている。

問6．②正答。かぶき者は江戸時代初期にみられた反体制的な行動をとる者たちをさし，彼らは放火や殺人などを繰り返し，社会治安を乱す存在となっていた。

①誤り。バサラとは南北朝時代から室町時代にかけて流行した華美で人目をひく風体をした者のこと。近江の佐々木高氏（導誉）のようなバサラ大名も存在した。

③誤り。悪党は鎌倉時代後期から南北朝時代に幕府や荘園領主に敵対し蜂起した集団。幕府はたびたび守護に悪党鎮圧を指令した。

④誤り。一揆とは土着武士や農民が，地縁的結合をもとに共通の目的を達成するため意を一つにした集団をさす。中世以降，こうした一揆が形成され，領主などに対してたびたび抵抗運動を起こした。

問8．③誤り。塙保己一は，18世紀後半～19世紀前半の国学者である。7歳で失明したが，1793年に和学講談所を設立し，1819年には古典を収集・分類した『群書類従』を編纂し，歴史学や国文学の発展に寄与した。

5 解答

問1．⑤　問2．①　問3．⑥　問4．④　問5．②
問6．③　問7．①　問8．④　問9．②

◀解　説▶

≪近代の日露関係≫

問2．②誤文。日露和親条約で開港された港は下田，箱館，長崎の3つである。

③誤文。条約により日本領と定められたのは択捉島以南の地域である。

④誤文。勅許が得られないまま調印されたのは，日米修好通商条約などである。

問３．⑥正答。Ⅲ．江華島事件（1875 年）。日本の軍艦雲揚号の江華島付近での挑発行為に端を発した日朝間の武力衝突事件である。これを機に翌年，日朝修好条規が結ばれた。Ⅱ．壬午軍乱（1882 年）。朝鮮で親日政策をとる閔妃に対して，守旧派兵士が大院君を担いでクーデタを決行したが，清の出兵により鎮圧された。Ⅰ．甲申政変（1884 年）。親日派である金玉均ら独立党が朝鮮の近代化をめざし，親清派の閔妃政権に対してクーデタを起こしたが，清国軍の介入により失敗に終わった。

問４．④誤文。下関条約は，日本全権の伊藤博文・陸奥宗光と清国全権の李鴻章との間で締結された。

問５．②正答。A．旅順。日本軍は，旅順港を見渡す二〇三高地を多大な犠牲を払って攻略した後，1905 年 1 月に旅順要塞を陥落させた。E．奉天。1905 年 3 月，南満州の奉天で日露戦争における最大の陸上戦が行われた。日本は大山巌が指揮をとり，激戦の末，奉天を占領した。

問７．①正答。X．正文。問題文（前半）から，鼠を捕獲しようと勇敢に挑む吾輩（猫）を，日露戦争時の東郷平八郎と重ねていることがわかる。Y．正文。問題文（後半）の「大和魂」についての記述から，日本人の「大和魂」という言葉を多用している状況を揶揄していることが読み取れる。

問９．②誤文。朝鮮総督府は，韓国併合条約調印後の 1910 年に設置された。1905 年に設置されたのは統監府である。

6 解答

問１．②　問２．②　問３．④　問４．③　問５．②
問６．④　問７．①　問８．②

◀解　説▶

≪戦前と戦後の政治経済情勢≫

問１．②正答。山本権兵衛は，首相であった 1913 年に軍部大臣現役武官制を改正し，軍部大臣任用資格を予備役・後備役まで拡大した。

問５．②正答。松岡洋右は，日独伊三国同盟にソ連を加え，日・独・伊・ソの四国同盟により英米と対峙しようと考えていたが，1941 年 6 月に独ソ戦争が始まり，松岡のこの構想は水泡に帰した。こういった状況のなか，首相の近衛文麿は，対米強硬派の松岡を内閣から排除し，日米交渉を継続して戦争を回避しようとした。

問７．①正答。高度経済成長期には，日本的経営を軸とする企業社会が形成された。日本的経営の特徴としては，正社員として採用した従業員を定年まで雇用し続ける終身雇用制，賃金が年齢や勤続年数に応じて上昇する年功序列賃金制，企業と従業員組合の話し合いのもとで経営が進められる労使協調主義があげられる。

世界史

1 解答

問1．②　問2．③　問3．②　問4．①　問5．③
問6．②　問7．④　問8．⑥　問9．②　問10．②

◀解　説▶

≪紙と印刷の歴史≫

問2．③誤文。衛氏朝鮮は前漢の武帝の時に滅ぼされ，楽浪郡など4郡が置かれた。

問3．X．正しい。Y．誤り。チベットに建設されたのは，渤海ではなく吐蕃。

問4．①正答。②会子は南宋で発行。③交鈔は元朝で発行。④飛銭は唐代に発行された手形。

問5．X．誤文。「祈り，働け」は托鉢修道会ではなく，ベネディクト修道会のモットーである。Y．正文。

問6．X．正しい。Y．誤り。王建が都をおいたのは開城。

問10．X．正文。Y．誤文。トマス=ジェファソンは，独立宣言を起草したメンバーで，ヴァージニアの出身。ヨーロッパ人で独立戦争に参加したことで有名なのはフランス人のラ=ファイエット。

2 解答

問1．③　問2．②　問3．④　問4．①　問5．②
問6．②　問7．③　問8．①　問9．④　問10．④

◀解　説▶

≪ムガル帝国史とオスマン帝国史≫

問2．②誤文。ペルシア語と北インドの地域語が融合して誕生したのはウルドゥー語。

問3．①誤文。プラッシーの戦いは，七年戦争と連動している。

②誤文。イギリス軍はクライヴに，フランス軍はデュプレクスに率いられた。

③誤文。フレンチ=インディアン戦争は，パリ条約で講和した。

問4．①誤文。反穀物法同盟はコブデンとブライトが指導した。

問 5．①誤文。インド人傭兵はシパーヒー。

③誤文。ムガル帝国滅亡後，東インド会社は解散した。以後，イギリスはインドを直接支配した。

④誤文。インド帝国成立は 1877 年。

問 7．③誤文。エジプトの事実上の保護国化は，1882 年にイギリス軍がウラービー革命を鎮圧し占領下においたことで成し遂げられた。

問 10．④誤文。ワフド党はエジプトの組織。

3 解答

問 1．③　問 2．⑤　問 3．②　問 4．③　問 5．③
問 6．⑥　問 7．③　問 8．①　問 9．②　問 10．④

◀解　説▶

≪『オリエント急行殺人事件』の時代背景≫

問 3．②正答。①ロシアの農奴解放は 1861 年。③太平天国の乱が鎮圧されたのは 1864 年。④スエズ運河開通は 1869 年。

問 4．③誤文。第 4 回十字軍は，ヴェネツィア商人の意向を受け，コンスタンティノープル（イスタンブール）を占拠して，ラテン帝国を建てた。

問 5．X．誤文。ナイティンゲールは，クリミア戦争で看護活動に従事した。Y．正文。

問 6．⑥正答。戦時共産主義は 1918～1921 年。新経済政策（ネップ）採用は 1921 年。ソヴィエト社会主義共和国連邦樹立宣言は 1922 年。

問 9．X．正しい。Y．誤り。シリアはフランスの委任統治領。

問 10．④誤文。平和十原則は，アジア・アフリカ会議（バンドン会議）で採択された。

4 解答

問 1．①　問 2．①　問 3．④　問 4．⑤　問 5．③
問 6．①　問 7．①　問 8．⑤　問 9．④　問 10．③

◀解　説▶

≪宋代史≫

問 2．①正文。オットー 1 世の戴冠は，962 年。その他の選択肢はいずれも 11 世紀の出来事。

問 3．④誤文。武官は文官より格下の扱いであった。

問 6．①誤文。遼を建国したのは耶律阿保機。完顔阿骨打は金の建国者である。

問9．④誤文。『三国志演義』『西遊記』などの小説は，明の時代に流行した。

問10．③誤文。金と南宋は，淮河を両国間の境とした。

5 解答

問1．②　問2．③　問3．⑥　問4．④　問5．④
問6．⑥　問7．①　問8．③　問9．④　問10．④

◀解　説▶

≪19世紀南北アメリカ史・近代イタリア史≫

問2．X．誤り。モンロー教書は1823年発表。Y．正しい。

問3．⑥正答。テキサス併合は1845年。アメリカ=メキシコ戦争は1846年。ゴールドラッシュは1848年。

問5．④誤文。門戸開放宣言は，1899～1900年に出されているが，日英同盟締結はそのあとの1902年。

問7．①正答。ファシスト党の組織化は1921年。ローマ進軍は1922年。一党独裁体制確立は1928年。

問9．④誤り。トルストイは1910年没。スペイン内戦は1936年に始まる。

問10．X．誤り。イタリア上陸はシチリア島から始まる。Y．誤り。降伏を宣言したのはバドリオ政権。

数学

◀理工・建築都市デザイン・情報工学部▶

1 解答 (1) kを整数とする。

(i) $m=9k$のとき　$m^2=(9k)^2=9\cdot 9k^2$

よって9で割った余りは0。

(ii) $m=9k+1$のとき　$m^2=(9k+1)^2=9(9k^2+2k)+1$

よって9で割った余りは1。

(iii) $m=9k+2$のとき　$m^2=(9k+2)^2=9(9k^2+4k)+4$

よって9で割った余りは4。

(iv) $m=9k+3$のとき　$m^2=(9k+3)^2=9(9k^2+6k+1)$

よって9で割った余りは0。

(v) $m=9k+4$のとき　$m^2=(9k+4)^2=9(9k^2+8k+1)+7$

よって9で割った余りは7。

(vi) $m=9k+5$のとき　$m^2=(9k+5)^2=9(9k^2+10k+2)+7$

よって9で割った余りは7。

(vii) $m=9k+6$のとき　$m^2=(9k+6)^2=9(9k^2+12k+4)$

よって9で割った余りは0。

(viii) $m=9k+7$のとき　$m^2=(9k+7)^2=9(9k^2+14k+5)+4$

よって9で割った余りは4。

(ix) $m=9k+8$のとき　$m^2=(9k+8)^2=9(9k^2+16k+7)+1$

よって9で割った余りは1。

以上より，m^2を9で割った余りは0，1，4，7のいずれかである。

（証明終）

(2) $\begin{cases}(\log_2 x)^2+\log_2 y=1 & \cdots\cdots ① \\ x^2y=\dfrac{1}{4} & \cdots\cdots ②\end{cases}$

真数条件より　$x>0$かつ$y>0$　……③

②の両辺の底を2とする対数をとると

$$\log_2 x^2 y = \log_2 \frac{1}{4}$$

$$2\log_2 x + \log_2 y = -2$$

$$\log_2 y = -2\log_2 x - 2$$

①に代入すると

$$(\log_2 x)^2 - 2\log_2 x - 3 = 0$$

$$(\log_2 x - 3)(\log_2 x + 1) = 0$$

$$\log_2 x = 3,\ -1$$

$$x = 8,\ \frac{1}{2}$$

$x=8$ のとき，$y=\frac{1}{256}$，$x=\frac{1}{2}$ のとき，$y=1$ となり，いずれも③を満たしている。

以上より　　$(x,\ y)=\left(8,\ \frac{1}{256}\right),\ \left(\frac{1}{2},\ 1\right)$　……(答)

(3)　$C_1 : y=x^2+a$ より　　$y'=2x$

$C_2 : y=(x-2)^2=x^2-4x+4$ より　　$y'=2x-4$

交点Pの座標を $\mathrm{P}(p,\ q)$ とすると，点Pにおいて，C_1 の接線と C_2 の接線が垂直に交わることから

$$\begin{cases} p^2+a=p^2-4p+4 & \cdots\cdots① \\ 2p\times(2p-4)=-1 & \cdots\cdots② \end{cases}$$

②より　　$4p^2-8p+1=0$

$$p=\frac{4\pm2\sqrt{3}}{4}=\frac{2\pm\sqrt{3}}{2}$$

①に代入すると，$p=\frac{2+\sqrt{3}}{2}$ のとき　　$a=-2\sqrt{3}$

$p=\frac{2-\sqrt{3}}{2}$ のとき　　$a=2\sqrt{3}$

以上より　　$a=\pm2\sqrt{3}$　……(答)

◀解　説▶

≪小問3問≫

(1)　m を9で割った余りで分類し，それぞれ証明する。

(2)　底を2とする対数をとり，連立方程式を解く。

(3)　C_1 と C_2 が点Pを共有することと，C_1 の接線と C_2 の接線が点Pで垂直に交わることを立式し，a を求める。

2　**解答**　(1)　$\dfrac{\log(2a+h)-\log a-\log 2}{\log(a+h)-\log a}$

$$=\frac{\log\left(1+\dfrac{h}{2a}\right)}{\log\left(1+\dfrac{h}{a}\right)}$$

$$=\frac{\dfrac{2a}{h}\log\left(1+\dfrac{h}{2a}\right)}{\dfrac{a}{h}\log\left(1+\dfrac{h}{a}\right)}\times\frac{1}{2}$$

$$=\frac{\log\left(1+\dfrac{h}{2a}\right)^{\frac{2a}{h}}}{\log\left(1+\dfrac{h}{a}\right)^{\frac{a}{h}}}\times\frac{1}{2}$$

ここで，$a>0$ より

$h\to0$ のとき，$\dfrac{h}{2a}\to0$ で $\left(1+\dfrac{h}{2a}\right)^{\frac{2a}{h}}\to e$,

また，$\dfrac{h}{a}\to0$ で $\left(1+\dfrac{h}{a}\right)^{\frac{a}{h}}\to e$ なので

$$(\text{与式})=\lim_{h\to0}\frac{\log\left(1+\dfrac{h}{2a}\right)^{\frac{2a}{h}}}{\log\left(1+\dfrac{h}{a}\right)^{\frac{a}{h}}}\times\frac{1}{2}=\frac{1}{2}\quad\cdots\cdots(\text{答})$$

(2)　$f(x)=x^3-x+1$ より　　$f'(x)=3x^2-1$

$f'(x)=0$ とすると　　$x=\pm\dfrac{1}{\sqrt{3}}$

$0\leqq x\leqq1$ における増減表は次のようになる。

x	0	$\cdots$	$\frac{1}{\sqrt{3}}$	$\cdots$	1
$f'(x)$		$-$	0	$+$	
$f(x)$	1	↘	$\frac{-2\sqrt{3}+9}{9}$	↗	1

したがって

$$\begin{cases} x=0,\ 1 \text{ で最大値 } 1 \\ x=\dfrac{1}{\sqrt{3}} \text{ で最小値 } \dfrac{-2\sqrt{3}+9}{9} \end{cases} \quad \cdots\cdots\text{(答)}$$

(3)　$\displaystyle\int_0^2 \sqrt{x^2-2x+1}\,dx$

$\displaystyle = \int_0^2 |x-1|\,dx$

ここで，$0 \leqq x \leqq 1$ のとき　$|x-1| = -x+1$

$1 \leqq x \leqq 2$ のとき　$|x-1| = x-1$　より

$$\begin{aligned}(\text{与式}) &= \int_0^1 (-x+1)\,dx + \int_1^2 (x-1)\,dx \\ &= \left[-\frac{x^2}{2}+x\right]_0^1 + \left[\frac{x^2}{2}-x\right]_1^2 \\ &= \left(-\frac{1}{2}+1\right) + (2-2) - \left(\frac{1}{2}-1\right) \\ &= 1 \quad \cdots\cdots\text{(答)}\end{aligned}$$

◀解　説▶

≪小問 3 問≫

(1)　$\displaystyle\lim_{t\to 0}(1+t)^{\frac{1}{t}} = e$ が利用できるように与式を変形する。

(2)　$f(x)$ を微分し，増減表を作成して，最大値と最小値を求める。

(3)　$\sqrt{x^2-2x+1} = |x-1|$ となることに注意して，$x-1$ の正負により，2 つの区間の定積分に分けて計算する。

3 解答

(1)　①の判別式を D_1 とすると，①が虚数解をもつ条件は $D_1<0$ である。つまり

$$\frac{D_1}{4}=4a^2-(-2a+6)$$

$$=4a^2+2a-6<0$$

$$2a^2+a-3<0$$

$$(2a+3)(a-1)<0$$

$$-\frac{3}{2}<a<1 \quad \cdots\cdots ④ \quad \cdots\cdots(答)$$

(2)　②，③の判別式をそれぞれ D_2，D_3 とすると，②，③が虚数解をもつ条件は，それぞれ $D_2<0$，$D_3<0$ である。つまり

$$\frac{D_2}{4}=a^2-3a<0$$

$$a(a-3)<0$$

$$0<a<3 \quad \cdots\cdots ⑤$$

$$D_3=a^2-4<0$$

$$(a+2)(a-2)<0$$

$$-2<a<2 \quad \cdots\cdots ⑥$$

④，⑤，⑥より，①，②，③のうち少なくとも 1 つが虚数解をもつ a の範囲は

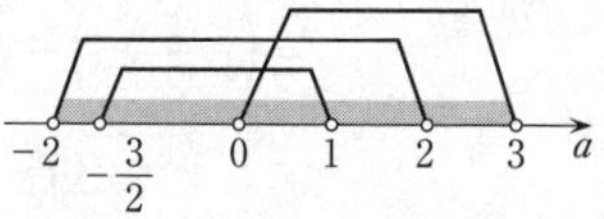

$$-2<a<3 \quad \cdots\cdots(答)$$

(3)　④，⑤，⑥より，①，②，③のうち 1 つだけが虚数解をもつ a の範囲は

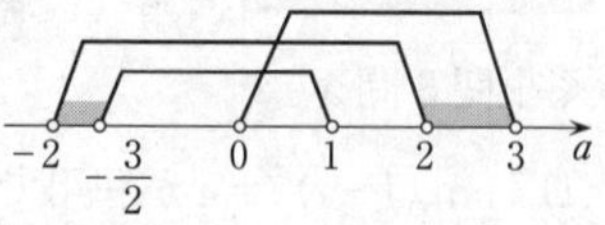

$$-2<a\leqq-\frac{3}{2},\ 2\leqq a<3 \quad \cdots\cdots(答)$$

◀解　説▶

≪虚数解をもつ条件≫

(2)・(3)　3 つの 2 次方程式がそれぞれ虚数解をもつ a の範囲を数直線上に図示し，設問の条件に該当する a の範囲を求める。

4

解答　(1)　$f(x)=\sin^2 x+a\cos x+b$　$(0\leqq x\leqq 2\pi)$　が $x=\dfrac{\pi}{3}$ で極値 $\dfrac{1}{4}$ をとることより

$$f'(x)=2\sin x\cos x-a\sin x$$

$f'\left(\dfrac{\pi}{3}\right)=0$, $f\left(\dfrac{\pi}{3}\right)=\dfrac{1}{4}$ が必要条件である。

$$f'\left(\frac{\pi}{3}\right)=2\cdot\frac{\sqrt{3}}{2}\cdot\frac{1}{2}-\frac{\sqrt{3}}{2}\cdot a$$

$$=\frac{\sqrt{3}}{2}-\frac{\sqrt{3}}{2}a=0$$

$\therefore\quad a=1$

$$f\left(\frac{\pi}{3}\right)=\frac{3}{4}+1\cdot\frac{1}{2}+b$$

$$=b+\frac{5}{4}=\frac{1}{4}$$

$\therefore\quad b=-1$

このとき

$$f(x)=\sin^2 x+\cos x-1$$

$$f'(x)=2\sin x\cos x-\sin x$$

$$=\sin x(2\cos x-1)$$

$f'(x)=0$ とすると　　$\sin x=0$, $\cos x=\dfrac{1}{2}$

$0\leqq x\leqq 2\pi$ において $x=0$, $\dfrac{\pi}{3}$, π, $\dfrac{5\pi}{3}$, 2π

増減表は以下のようになる。

x	0	$\cdots$	$\dfrac{\pi}{3}$	$\cdots$	π	$\cdots$	$\dfrac{5}{3}\pi$	$\cdots$	2π
$f'(x)$	0	$+$	0	$-$	0	$+$	0	$-$	0
$f(x)$	0	↗	$\dfrac{1}{4}$	↘	-2	↗	$\dfrac{1}{4}$	↘	0

$a=1$, $b=-1$ のとき，たしかに $f(x)$ は $x=\dfrac{\pi}{3}$ で極値 $\dfrac{1}{4}$ をとる。

以上より　　$a=1$, $b=-1$　……(答)

(2)　(1)の増減表を考慮して，$f(x)$ は

$$\begin{cases} 0\leqq x\leqq\dfrac{\pi}{3},\ \pi\leqq x\leqq\dfrac{5}{3}\pi \text{ で単調増加} \\ \dfrac{\pi}{3}\leqq x\leqq\pi,\ \dfrac{5}{3}\pi\leqq x\leqq 2\pi \text{ で単調減少} \end{cases}$$

……(答)

また，$f(x)$ のグラフは下のようになる。

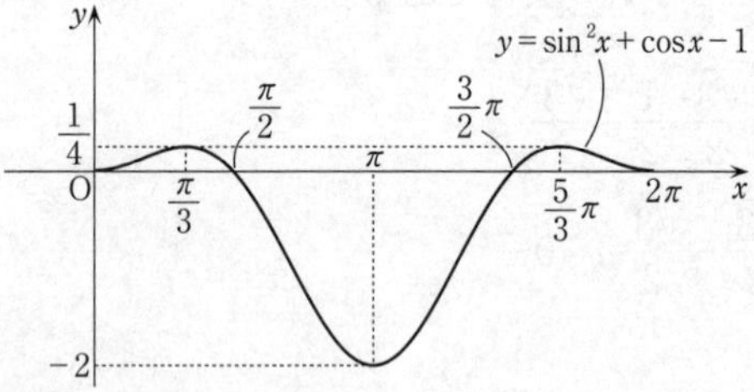

(3)　$f(x)$ と x 軸との交点の x 座標は

$$\sin^2 x+\cos x-1=0$$

$$1-\cos^2 x+\cos x-1=0$$

$$-\cos x(\cos x-1)=0$$

$$\cos x=0,\ 1$$

$0\leqq x\leqq 2\pi$ より　　$x=0,\ \dfrac{\pi}{2},\ \dfrac{3}{2}\pi,\ 2\pi$

(2)のグラフを考慮して，求める面積の和を S とすると

$$S=\int_0^{\frac{\pi}{2}}(\sin^2 x+\cos x-1)\,dx+\int_{\frac{\pi}{2}}^{\frac{3}{2}\pi}\{-(\sin^2 x+\cos x-1)\}\,dx$$

$$+\int_{\frac{3}{2}\pi}^{2\pi}(\sin^2 x+\cos x-1)\,dx$$

ここで

$$\int(\sin^2 x+\cos x-1)\,dx$$

$$=\int\left(\frac{1-\cos 2x}{2}+\cos x-1\right)dx$$

$$=\int\left(-\frac{1}{2}\cos 2x+\cos x-\frac{1}{2}\right)dx$$

$$=-\frac{1}{4}\sin 2x+\sin x-\frac{1}{2}x+C$$ （C は積分定数）

よって

$$S=\left[-\frac{1}{4}\sin 2x+\sin x-\frac{1}{2}x\right]_0^{\frac{\pi}{2}}+\left[\frac{1}{4}\sin 2x-\sin x+\frac{1}{2}x\right]_{\frac{\pi}{2}}^{\frac{3}{2}\pi}+\left[-\frac{1}{4}\sin 2x+\sin x-\frac{1}{2}x\right]_{\frac{3}{2}\pi}^{2\pi}$$

$$=\left(1-\frac{\pi}{4}\right)+\left(1+\frac{3}{4}\pi\right)-\left(-1+\frac{\pi}{4}\right)+(-\pi)-\left(-1-\frac{3}{4}\pi\right)$$

$$=4$$ ……(答)

◀解　説▶

≪三角関数を含む関数の増減, 極値, グラフと x 軸で囲まれる部分の面積≫

(1)　$f'\left(\frac{\pi}{3}\right)=0$, $f\left(\frac{\pi}{3}\right)=\frac{1}{4}$ は必要条件であるので，求めた a, b の値で，増減表を作成し，十分性を示す。

(2)　(1)の増減表を利用し，グラフを図示する。

(3)　$f(x)$ と x 軸の共有点の x 座標を求め，グラフを考慮しながら，面積を与える定積分を立式する。

◀環境・メディア情報・都市生活学部▶

1 **解答** (1)ア．2　イ．-2　ウ．-2　エ．-6

(2)オ．$\sqrt{15}$　カ．$\dfrac{17}{10}$　キ．2

(3)ク．31　ケ．32　コ．7　サ．5

(4)シ．$(1,\ 5)$，$(3,\ 3)$，$(-1,\ -1)$，$(-3,\ 1)$

ス．$(-2,\ -9)$，$(4,\ -3)$，$(-4,\ 5)$，$(-10,\ -1)$

(5)セ．$0\leqq\theta\leqq\dfrac{\pi}{6}$，$\dfrac{\pi}{3}\leqq\theta\leqq\dfrac{\pi}{2}$　ソ．$\dfrac{\pi}{6}\leqq\theta<\dfrac{\pi}{4}$，$\dfrac{\pi}{4}<\theta\leqq\dfrac{\pi}{3}$

(6)タ．$(-1,\ 4)$　チ．1　ツ．-2　テ．$\sqrt{17}-1$

(7)ト．$\dfrac{3}{2}n^2-\dfrac{3}{2}n-10$　ナ．$\dfrac{1}{2}n(n^2-21)$　ニ．$3\cdot2^{n-1}-13$

(8)ヌ．$\dfrac{1}{9}$　ネ．$\dfrac{31}{81}$　ノ．$\dfrac{1}{4}$

各問について計算過程を示す。

(1)　$x=a+bi$，$y=c+di$（a，b，c，d は実数）とおく。

$x+y=-8i$ より

$$a+c+(b+d)i=-8i$$

$a+c$，$b+d$ は実数より

$$a+c=0\quad\cdots\cdots①$$

$$b+d=-8\quad\cdots\cdots②$$

$\dfrac{y}{x}=1-2i$ より　　$y=x(1-2i)$

$$c+di=(a+bi)(1-2i)$$

$$c+di=(a+2b)+(-2a+b)i$$

$$c=a+2b\quad\cdots\cdots③$$

$$d=-2a+b\quad\cdots\cdots④$$

③，④を①，②に代入すると

$$2a+2b=0$$

$$-2a+2b=-8$$

よって　　$a=2,\ b=-2,\ c=-2,\ d=-6$　→ア～エ

(2)　　$$((\sqrt{2}^{\sqrt{3}})^{\sqrt{4}})^{\sqrt{5}}=(((2^{\frac{1}{2}})^{\sqrt{3}})^{2})^{\sqrt{5}}$$
$$=2^{\frac{1}{2}\times\sqrt{3}\times 2\times\sqrt{5}}$$
$$=2^{\sqrt{15}}$$

$2^{\sqrt{15}}=2^x$ より　　$x=\sqrt{15}$　→オ

$$\sqrt[3]{1331}\times\sqrt[4]{121}\times\sqrt[5]{11}$$
$$=11\times 11^{\frac{1}{2}}\times 11^{\frac{1}{5}}$$
$$=11^{1+\frac{1}{2}+\frac{1}{5}}$$
$$=11^{\frac{17}{10}}$$

$11^{\frac{17}{10}}=11^y$ より　　$y=\dfrac{17}{10}$　→カ

$$2^{\log_{\sqrt{2}}3}=3^z$$

両辺の底を3とする対数をとると

$$\log_3 2^{\log_{\sqrt{2}}3}=\log_3 3^z$$
$$\log_{\sqrt{2}}3\cdot\log_3 2=z$$
$$\frac{1}{\log_3\sqrt{2}}\cdot\log_3 2=z$$
$$\frac{1}{\frac{1}{2}\log_3 2}\cdot\log_3 2=z$$

$z=2$　→キ

(3)　剰余の定理より，$x^4+x^3+x^2+x+1$ を $x-2$ で割った余りは

$$2^4+2^3+2^2+2+1=\frac{1(2^5-1)}{2-1}=32-1=31$$　→ク

$P(x)$ を x^2-64 で割ったときの商を $Q(x)$ とすると

$$P(x)=(x^2-64)Q(x)+4x$$

$P(x)$ を $x-8$ で割ったときの余りは

$P(8)=32$　→ケ

$ax+b$ を $x-1$ で割ったときの余りが12より

$$a+b=12$$

また，$x+3$ で割ったときの余りが -16 より

$-3a+b=-16$

よって　$a=7,\ b=5$　→コ，サ

(4)　a と $b-2$ は整数であることから

$(a,\ b-2)=(1,\ 3),\ (3,\ 1),\ (-1,\ -3),\ (-3,\ -1)$

よって　$(a,\ b)=(1,\ 5),\ (3,\ 3),\ (-1,\ -1),\ (-3,\ 1)$　→シ

$cd+2c+3d=-13$ より

$(c+3)(d+2)=-7$

$c+3$ と $d+2$ は整数であることから

$(c+3,\ d+2)=(1,\ -7),\ (7,\ -1),\ (-1,\ 7),\ (-7,\ 1)$

よって　$(c,\ d)=(-2,\ -9),\ (4,\ -3),\ (-4,\ 5),\ (-10,\ -1)$　→ス

(5)　$|2\cos^2\theta-1|\geqq\frac{1}{2}$

$|\cos2\theta|\geqq\frac{1}{2}$

$0\leqq\theta\leqq\frac{\pi}{2}$ より，$0\leqq2\theta\leqq\pi$ を考慮して

$\cos2\theta\leqq-\frac{1}{2},\ \frac{1}{2}\leqq\cos2\theta$

$0\leqq2\theta\leqq\frac{\pi}{3},\ \frac{2}{3}\pi\leqq2\theta\leqq\pi$

よって，$0\leqq\theta\leqq\frac{\pi}{6},\ \frac{\pi}{3}\leqq\theta\leqq\frac{\pi}{2}$　→セ

$\left|\frac{\tan\theta}{1-\tan^2\theta}\right|\geqq\frac{\sqrt{3}}{2}$

$\left|\frac{1}{2}\tan2\theta\right|\geqq\frac{\sqrt{3}}{2}$

$0\leqq\theta\leqq\frac{\pi}{2}$ より，$0\leqq2\theta\leqq\pi$ を考慮して

$\tan2\theta\leqq-\sqrt{3},\ \sqrt{3}\leqq\tan2\theta$

$\frac{\pi}{3}\leqq2\theta<\frac{\pi}{2},\ \frac{\pi}{2}<2\theta\leqq\frac{2}{3}\pi$

よって　$\frac{\pi}{6}\leqq\theta<\frac{\pi}{4},\ \frac{\pi}{4}<\theta\leqq\frac{\pi}{3}$　→ソ

(6)　直線 AB の方程式は

$$y-2=\frac{10-2}{3+6}(x+6)$$

$$y=\frac{8}{9}x+\frac{22}{3}$$

$$8x-9y+66=0$$

円 $x^2+y^2=9$ の中心である原点と直線 AB との距離は

$$\frac{|66|}{\sqrt{8^2+9^2}}=\frac{66}{\sqrt{145}}>3$$

したがって，円 $x^2+y^2=9$ と直線 AB は共有点をもたない。

P $(s,\ t)$，Q $(x,\ y)$ とすると

$$s^2+t^2=9$$

$$x=\frac{-6+3+s}{3},\ y=\frac{2+10+t}{3}$$

$$s=3x+3,\ t=3y-12$$

$$(3x+3)^2+(3y-12)^2=9$$

$$(x+1)^2+(y-4)^2=1$$

よって，点Qの軌跡は，中心 $(-1,\ 4)$，半径 1 の円　→タ，チ

右の図より

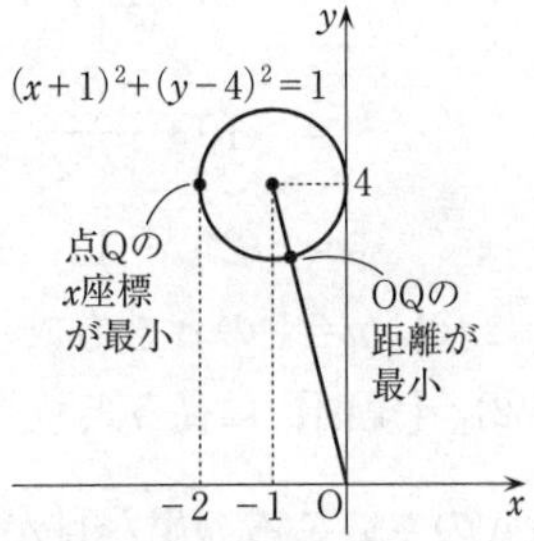

点Qの x 座標の最小値は -2　→ツ

原点Oと点Qの距離が最小となるのは，原点Oと円の中心を結んだ線分上に点Qがあるときで，原点と円の中心との距離は $\sqrt{(-1)^2+4^2}=\sqrt{17}$ であるから，最小値は

$$\sqrt{17}-1\quad →テ$$

(7)　数列 $\{a_n\}$ の階差数列を $\{c_n\}$ とすると　　$c_1=3,\ c_2=6$

$\{c_n\}$ が等差数列であるとき，初項 3，公差 3 なので　　$c_n=3n$

よって，$n\geqq 2$ のとき

$$\begin{aligned}a_n&=a_1+\sum_{k=1}^{n-1}c_k\\&=-10+\sum_{k=1}^{n-1}3k\\&=-10+\frac{3}{2}(n-1)\cdot n\end{aligned}$$

$$=\frac{3}{2}n^2-\frac{3}{2}n-10 \quad \to ト$$

これは，$n=1$ のときも成り立つ。

また

$$S_n=\sum_{k=1}^{n}\left(\frac{3}{2}k^2-\frac{3}{2}k-10\right)$$

$$=\frac{3}{2}\cdot\frac{1}{6}n(n+1)(2n+1)-\frac{3}{2}\cdot\frac{1}{2}n(n+1)-10n$$

$$=\frac{1}{4}n(2n^2+3n+1-3n-3-40)=\frac{1}{4}n(2n^2-42)$$

$$=\frac{1}{2}n(n^2-21) \quad \to ナ$$

数列 $\{b_n\}$ の階差数列を $\{d_n\}$ とすると　　$d_1=3,\ d_2=6$

$\{d_n\}$ が等比数列であるとき，初項 3，公比 2 なので　　$d_n=3\cdot 2^{n-1}$

よって，$n\geqq 2$ のとき

$$b_n=b_1+\sum_{k=1}^{n-1}d_k$$

$$=-10+\sum_{k=1}^{n-1}3\cdot 2^{k-1}$$

$$=-10+\frac{3(2^{n-1}-1)}{2-1}$$

$$=3\cdot 2^{n-1}-13 \quad \to ニ$$

これは $n=1$ のときも成り立つ。

(8)　【規則】に従うと

Aのさいころの出た目が，1，4のとき，$a-1=0$ で，確率は　$\frac{1}{3}$

Aのさいころの出た目が，2，5のとき，$a-1=1$ で，確率は　$\frac{1}{3}$

Aのさいころの出た目が，3，6のとき，$a-1=-1$ で，確率は　$\frac{1}{3}$

Bのさいころについても同様である。

1回目および2回目の $a-1$ を p_1，p_2 とし，$b-1$ を q_1，q_2 とする。

$$x_1=p_1,\ x_2=p_1+p_2,\ y_1=q_1,\ y_2=q_1+q_2$$

$(x_2,\ y_2)=(0,\ 0)$ となるのは，$p_1+p_2=0$ かつ $q_1+q_2=0$ より

$(p_1,\ p_2)=(0,\ 0),\ (1,\ -1),\ (-1,\ 1)$

$(q_1,\ q_2)=(0,\ 0),\ (1,\ -1),\ (-1,\ 1)$

となるときであるから，その確率は

$$\frac{1}{3}\times\frac{1}{3}\times3\times\frac{1}{3}\times\frac{1}{3}\times3=\frac{1}{9}\quad\to ヌ$$

$y_2<x_2$ となるのは，$q_1+q_2<p_1+p_2$ のときである。

$p_1+p_2=-2$ となるのは，$(p_1,\ p_2)=(-1,\ -1)$ で　$\frac{1}{3}\times\frac{1}{3}=\frac{1}{9}$

$p_1+p_2=-1$ となるのは，$(p_1,\ p_2)=(-1,\ 0),\ (0,\ -1)$ で

$$\frac{1}{3}\times\frac{1}{3}\times2=\frac{2}{9}$$

$p_1+p_2=0$ となるのは，$(p_1,\ p_2)=(-1,\ 1),\ (0,\ 0),\ (1,\ -1)$ で

$$\frac{1}{3}\times\frac{1}{3}\times3=\frac{3}{9}$$

$p_1+p_2=1$ となるのは，$(p_1,\ p_2)=(0,\ 1),\ (1,\ 0)$ で　$\frac{1}{3}\times\frac{1}{3}\times2=\frac{2}{9}$

$p_1+p_2=2$ となるのは，$(p_1,\ p_2)=(1,\ 1)$ で　$\frac{1}{3}\times\frac{1}{3}=\frac{1}{9}$

同様に

$q_1+q_2=-2$ となるのは　$\frac{1}{9}$

$q_1+q_2=-1$ となるのは　$\frac{2}{9}$

$q_1+q_2=0$ となるのは　$\frac{3}{9}$

$q_1+q_2=1$ となるのは　$\frac{2}{9}$

$q_1+q_2=2$ となるのは　$\frac{1}{9}$

以上を考慮すると

$q_1+q_2<p_1+p_2$ となるのは

$$\frac{1}{9}\times\left(\frac{2}{9}+\frac{3}{9}+\frac{2}{9}+\frac{1}{9}\right)+\frac{2}{9}\times\left(\frac{3}{9}+\frac{2}{9}+\frac{1}{9}\right)+\frac{3}{9}\times\left(\frac{2}{9}+\frac{1}{9}\right)+\frac{2}{9}\times\frac{1}{9}$$

$$=\frac{1}{9}\times\frac{8}{9}+\frac{2}{9}\times\frac{6}{9}+\frac{3}{9}\times\frac{3}{9}+\frac{2}{9}\times\frac{1}{9}$$

$=\dfrac{31}{81}$　→ネ

3点 $(0,\ 0)$，$(x_1,\ y_1)$，$(x_2,\ y_2)$ を頂点とする三角形の面積が1となるのは，以下の8通りである。

$(x_1,\ y_1)=(1,\ 1)$

↗ $(x_2,\ y_2)=(0,\ 2)$　$p_1=1,\ p_2=-1,\ q_1=1,\ q_2=1$

↘ $(x_2,\ y_2)=(2,\ 0)$　$p_1=1,\ p_2=1,\ q_1=1,\ q_2=-1$

$(x_1,\ y_1)=(-1,\ 1)$

↗ $(x_2,\ y_2)=(0,\ 2)$　$p_1=-1,\ p_2=1,\ q_1=1,\ q_2=1$

→ $(x_2,\ y_2)=(-2,\ 0)$　$p_1=-1,\ p_2=-1,$
$q_1=1,\ q_2=-1$

$(x_1,\ y_1)=(-1,\ -1)$

↗ $(x_2,\ y_2)=(-2,\ 0)$　$p_1=-1,\ p_2=-1,$
$q_1=-1,\ q_2=1$

↘ $(x_2,\ y_2)=(0,\ -2)$　$p_1=-1,\ p_2=1,$
$q_1=-1,\ q_2=-1$

$(x_1,\ y_1)=(1,\ -1)$

↗ $(x_2,\ y_2)=(0,\ -2)$　$p_1=1,\ p_2=-1,$
$q_1=-1,\ q_2=-1$

↘ $(x_2,\ y_2)=(2,\ 0)$　$p_1=1,\ p_2=1,\ q_1=-1,\ q_2=1$

このうち，$(x_2,\ y_2)=(2,\ 0)$ となるのは2通りである。

したがって，求める確率は

$$\frac{\frac{1}{3}\times\frac{1}{3}\times\frac{1}{3}\times\frac{1}{3}\times 2}{\frac{1}{3}\times\frac{1}{3}\times\frac{1}{3}\times\frac{1}{3}\times 8}=\frac{1}{4}\quad \to ノ$$

◀解　説▶

≪小問8問≫

(1)　$a,\ b,\ c,\ d$ を実数として $x=a+bi,\ y=c+di$ とおき，条件式を満たすような $a,\ b,\ c,\ d$ を求める。

(2)　底をそろえながら指数計算を行う。

(3)　剰余の定理を利用する。

⑷　整数同士の積の形になるように式を変形し，それぞれの整数の組から解を求めればよい。

⑸　θ の範囲と絶対値の記号に注意しながら不等式を解く。tan の２倍角の公式を用いれば扱いやすくなる。

⑹　P$(s,\ t)$，Q$(x,\ y)$ とおき，それぞれが満たす式から s，t を消去し x，y の式を求める。

⑺　階差数列が等差の場合では初項が３，公差が３，等比の場合は初項が３，公比が２となることに注意しながら階差数列の一般項を求め，a_n の一般項を求める。その際，$n=1$ のときも満たすかどうか確認が必要である。

⑻　P の座標は x 座標，y 座標で分けて考えると扱いやすい。

2　解答

⑴　$f(x)=x^3+2ax^2+8f'(a)x$ より

$$f'(x)=3x^2+4ax+8f'(a)$$

$x=a$ を代入すると

$$f'(a)=3a^2+4a^2+8f'(a)$$

$$f'(a)=-a^2 \quad \cdots\cdots（答）$$

⑵　$f(x)=x^3+2ax^2-8a^2x$

$$=x(x+4a)(x-2a)$$

$y=f(x)$ と x 軸との共有点の x 座標は　　$x=-4a,\ 0,\ 2a$

$a>0$ より

$-4a\leqq x\leqq 0$ で　　$f(x)\geqq 0$

$0\leqq x\leqq 2a$ で　　$f(x)\leqq 0$

グラフは右の図のようになる。

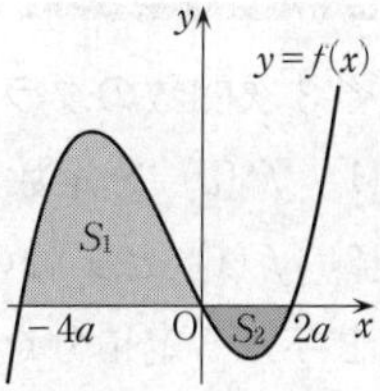

$$S_1=\int_{-4a}^{0}(x^3+2ax^2-8a^2x)\,dx$$

$$=\left[\frac{x^4}{4}+\frac{2a}{3}x^3-4a^2x^2\right]_{-4a}^{0}$$

$$=-\left(64a^4-\frac{128}{3}a^4-64a^4\right)$$

$$=\frac{128}{3}a^4 \quad \cdots\cdots（答）$$

$$S_2=\int_{0}^{2a}\{-(x^3+2ax^2-8a^2x)\}\,dx$$

$$= -\left[\frac{x^4}{4} + \frac{2a}{3}x^3 - 4a^2x^2\right]_0^{2a}$$

$$= -\left(4a^4 + \frac{16}{3}a^4 - 16a^4\right)$$

$$= \frac{20}{3}a^4 \quad \cdots\cdots(\text{答})$$

(3)　$f'(x) = 3x^2 + 4ax - 8a^2$ より　　$f'(0) = -8a^2$

直線 l の方程式は

$$y = -8a^2x$$

$y = f(x)$ と直線 l の共有点の x 座標は

$$x^3 + 2ax^2 - 8a^2x = -8a^2x$$

$$x^2(x + 2a) = 0$$

$$x = 0,\ -2a$$

$-2a \leqq x \leqq 0$ で　　$f(x) - (-8a^2x) = x^2(x + 2a) \geqq 0$

右の図を参照して

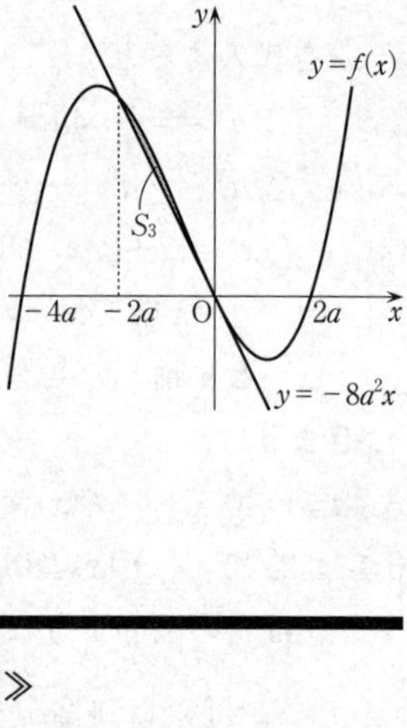

$$S_3 = \int_{-2a}^{0} \{x^3 + 2ax^2 - 8a^2x - (-8a^2x)\}\,dx$$

$$= \int_{-2a}^{0} (x^3 + 2ax^2)\,dx$$

$$= \left[\frac{x^4}{4} + \frac{2a}{3}x^3\right]_{-2a}^{0}$$

$$= -\left(4a^4 - \frac{16}{3}a^4\right)$$

$$= \frac{4}{3}a^4 \quad \cdots\cdots(\text{答})$$

◀解　説▶

≪3 次関数のグラフと直線で囲まれた部分の面積≫

(1)　$f'(a)$ を定数とみて微分し，$x = a$ を代入する。

(2)　$f(x)$ と x 軸の共有点の x 座標を求め，グラフを考慮しながら，面積を与える定積分を立式する。

(3)　$f(x)$ と接線である直線 l の共有点の x 座標を求め，グラフを考慮しながら，面積を与える定積分を立式する。$f(x)$ と直線 l の上下関係をしっかり把握する。

理科

〔物　理〕

1 解答

問1．1－④　問2．2－②　問3．3－⑥　4－②
問4．5－①　6－⑤

◀解　説▶

≪終端速度，棒のつり合い，ドップラー効果，変圧器≫

問1．終端速度に達したとき，小球にはたらく力がつり合っているので

$$mg=kv \qquad \therefore \quad v=\frac{mg}{k}$$

問2．ばね1，ばね2の伸びを x とする。棒におもりを糸でつるした点のまわりの力のモーメントのつり合いより

$$k_2x\cdot(L-a)-k_1x\cdot a=0 \qquad \therefore \quad a=\frac{Lk_2}{k_1+k_2}$$

問3．観測者の聞く振動数を f'〔Hz〕とすると，ドップラー効果の式より

$$f'=\frac{340}{340-30}\times5.0\times10^2=5.48\times10^2\fallingdotseq5.5\times10^2\text{〔Hz〕}$$

観測者がこの音を聞く時間を t〔s〕とすると，音源が出す音波の数と観測者が聞く音波の数は等しいので

$$5.0\times10^2\times10=5.48\times10^2\times t \qquad \therefore \quad t=9.12\fallingdotseq9.1\text{〔s〕}$$

問4．二次コイル側の電圧の実効値を V_{2e}〔V〕とすると，変圧器での一次コイルと二次コイルの交流電圧の比は，コイルの巻き数の比に等しいので

$$1.0\times10^2:V_{2e}=1000:200 \qquad \therefore \quad V_{2e}=20\text{〔V〕}$$

求める電力を $\overline{P}$〔W〕とすると，$\overline{P}=I_eV_e=\frac{V_e{}^2}{R}$ より

$$\overline{P}=\frac{20^2}{4.0\times10^3}=0.10\text{〔W〕}$$

求める電流を I_{1e} とすると，変圧器による電力損失がないので

$$I_{1e}\cdot1.0\times10^2=0.10 \qquad \therefore \quad I_{1e}=1.0\times10^{-3}\text{〔A〕}=1.0\text{〔mA〕}$$

〔物　理〕

2 解答

問1．7―②　8―①　問2．9―②　10―③
問3．11―④　12―⑤

◀解　説▶

≪斜方投射，2乗平均速度，コンデンサーを含む直流回路≫

問1．投げ出してから衝突するまでの時間を t，小球Bの初速度の大きさを v とする。小球A，Bともに最高点で衝突するので，小球A，Bの鉛直方向の速度成分について，等加速度運動の式より

$$0=v_0\sin 60^\circ-gt \qquad \therefore \quad t=\frac{\sqrt{3}\,v_0}{2g}$$

$$0=v\sin 30^\circ-gt \qquad \therefore \quad t=\frac{v}{2g}$$

よって　$v=\sqrt{3}\,v_0$

PQ間の距離は小球A，Bが衝突するまでに進んだ距離の和になるので

$$\mathrm{PQ}=v_0\cos 60^\circ\cdot\frac{\sqrt{3}\,v_0}{2g}+\sqrt{3}\,v_0\cos 30^\circ\cdot\frac{\sqrt{3}\,v_0}{2g}=\frac{\sqrt{3}\,{v_0}^2}{g}$$

問2．求める物質量，質量をそれぞれ n〔mol〕，m〔g〕とすると，理想気体の状態方程式より

$$n=\frac{1.0\times10^5\times2.0\times10^{-3}}{8.31\times(273+27)}=8.02\times10^{-2}\fallingdotseq 8.0\times10^{-2}\text{〔mol〕}$$

分子量が4.0なので

$$m=4.0\times8.02\times10^{-2}=0.32\text{〔g〕}$$

2乗平均速度は絶対温度の平方根に比例するので

$$\frac{\sqrt{\overline{{v_1}^2}}}{\sqrt{\overline{{v_0}^2}}}=\frac{\sqrt{273+327}}{\sqrt{273+27}}=\sqrt{2}=1.41=1.4$$

問3．スイッチを閉じた瞬間，コンデンサーCには電荷が蓄えられておらず電位降下もないため導線とみなすことができる。抵抗 R_B は短絡され電流は流れない。求める電流を I_0〔A〕とすると，オームの法則より

$$12=2.0\times I_0 \qquad \therefore \quad I_0=6.0\text{〔A〕}$$

十分時間が経過すると，コンデンサーCの充電が完了され，コンデンサーCには電流が流れなくなる。このとき回路に流れる電流を I_1〔A〕とすると，オームの法則より

$12=(2.0+3.0)\times I_1 \quad \therefore \quad I_1=2.4$〔A〕

抵抗 R_B の電圧を V_2〔V〕とすると，オームの法則より

$V_2=3.0\times2.4=7.2$〔V〕

コンデンサーCは抵抗 R_B と並列接続されている。求める電気量を Q〔C〕とすると

$Q=2.0\times10^{-6}\times7.2=14.4\times10^{-6}\fallingdotseq14\times10^{-6}$〔C〕

〔化　学〕

3 解答

問1．⑥　問2．⑥　問3．③　問4．②　問5．④
問6．③

◀解　説▶

≪小問6問≫

問1．水酸化カリウム KOH の式量は 56.1 なので，モル濃度は次のように求められる。

$$\frac{11.2}{56.1}\div\frac{100}{1000}=1.99\fallingdotseq2.0\text{〔mol/L〕}$$

問2．過酸化水素は分解により，酸素を発生させて水になる。また，触媒を用いない場合は活性化エネルギーが大きくなるため，反応速度が小さくなる。k（反応速度定数）は，反応の種類と温度，活性化エネルギーに依存する定数であるから，触媒を用いない場合はその値は小さくなる。

問3．ア．正しい。炭酸カリウム K_2CO_3 は弱酸の塩である。電離により生じる炭酸イオン CO_3^{2-} が加水分解により，水酸化物イオン OH^- を生じるために水溶液は塩基性を示す。

$K_2CO_3 \longrightarrow 2K^+ + CO_3^{2-}$

$CO_3^{2-} + H_2O \longrightarrow HCO_3^- + OH^-$

イ．誤り。硫化水素 H_2S は二価の弱酸であるから，水溶液は酸性を示す。

ウ．正しい。シュウ酸ナトリウム $Na_2C_2O_4$ は弱酸の塩である。電離により生じるシュウ酸イオン $C_2O_4^{2-}$ が加水分解により，水酸化物イオン OH^- を生じるために水溶液は塩基性を示す。

$Na_2C_2O_4 \longrightarrow 2Na^+ + C_2O_4^{2-}$

$C_2O_4^{2-} + H_2O \longrightarrow HC_2O_4^- + OH^-$

問4．$(COOH)_2\cdot2H_2O$（式量：126）1mol から $(COOH)_2$ は 1mol 生じ

るので，調整したシュウ酸水溶液のモル濃度は，次のように求まる。

$$\frac{0.756}{126}\div\frac{100}{1000}=0.0600\,[\mathrm{mol/L}]$$

つぎに，硫酸酸性下でのシュウ酸および二クロム酸カリウムが，還元剤および酸化剤としてはたらくときの反応を電子を含むイオン反応式で表すと

還元剤：$(COOH)_2 \longrightarrow 2CO_2 + 2H^+ + 2e^-$

酸化剤：$Cr_2O_7^{2-} + 14H^+ + 6e^- \longrightarrow 2Cr^{3+} + 7H_2O$

酸化還元反応では，還元剤（$(COOH)_2$）が与える電子の数と，酸化剤（$K_2Cr_2O_7$）が受け取る電子の数が等しいので，反応する二クロム酸カリウム水溶液の体積を x〔mL〕とすると，次の式が成り立つ。

$$0.0600\times\frac{10}{1000}\times2=0.010\times\frac{x}{1000}\times6 \qquad \therefore\quad x=20\,[\mathrm{mL}]$$

問５．ア．正しい。黄リンは空気中で自然発火して危険なため，水の中にいれて保存する。

イ．誤り。リン酸 H_3PO_4 は，３価の酸である。

ウ．誤り。十酸化四リン P_4O_{10} のリン原子Ｐの酸化数は＋5である。

問６．炭酸カルシウム $CaCO_3$ は，熱分解により酸化カルシウム（生石灰）CaO と二酸化炭素 CO_2 を生じる。

$$CaCO_3 \longrightarrow CaO + CO_2$$

CaO は，水との反応で大量の熱を出しながら水酸化カルシウム（消石灰）を生じる。

$$CaO + H_2O \longrightarrow Ca(OH)_2$$

$Ca(OH)_2$ の水溶液（石灰水）に CO_2 を吹き込むと $CaCO_3$ が生じて白濁するが，過剰に吹き込んでいくと，$CaCO_3$ は炭酸水素カルシウム $Ca(HCO_3)_2$ となり溶解して，無色の溶液となる。

$$Ca(OH)_2 + CO_2 \longrightarrow CaCO_3 + H_2O$$

$$CaCO_3 + CO_2 + H_2O \longrightarrow Ca(HCO_3)_2$$

〔化　学〕

4 解答

問1．③　問2．⑤　問3．⑧　問4．⑦　問5．⑤
問6．③

◀解　説▶

≪小問6問≫

問1．二酸化窒素の生成熱を Q〔kJ/mol〕とすると

反応熱＝(生成物の生成熱の和)－(反応物の生成熱の和）の関係から

$$200 = Q - (-90 - 143) \qquad \therefore \quad Q = -33\text{〔kJ/mol〕}$$

問2．ア．誤り。炭素原子間に電子対が多くあるほど，共有結合は強くなり炭素原子同士が強く引きつけ合うため，炭素間の結合が単結合のエタンが最も長く，次いでエチレン，アセチレンの順となる。

イ．正しい。炭化水素を完全燃焼すると，二酸化炭素と水を生じる。

ウ．誤り。不飽和結合をもつエチレン（二重結合），アセチレン（三重結合）は付加反応をするが，エタンはしない。

エ．正しい。分子量の小さい炭化水素は，分子間力が小さいため気体である。

問3．化合物に含まれるC，H，Oの質量は，以下のとおり。

$$\text{C}:26.4\times\frac{12.0}{44.0}=7.2\text{〔mg〕},\ \text{H}:8.1\times\frac{2.0}{18.0}=0.9\text{〔mg〕},$$

$$\text{O}:15.3-(7.2+0.9)=7.2\text{〔mg〕}$$

物質量比は，以下のようになる。

$$\text{C}:\text{H}:\text{O}=\frac{7.2}{12.0}:\frac{0.9}{1.0}:\frac{7.2}{16.0}=0.6:0.9:0.45=4:6:3$$

よって，組成式は $C_4H_6O_3$（＝102）となる。

問4．油脂Aはグリセリン $C_3H_5(OH)_3$（分子量：92）と高級脂肪酸が脱水縮合したトリエステルである。リノール酸 $C_{17}H_{31}COOH$（分子量：280）のみからなる油脂Aの分子量は次のように求められる。

$$92+280\times3-18\times3=878$$

リノール酸の不飽和度は2で，油脂1molに対し3mol分含まれるから，H_2 は最大 $2\times3=6$mol付加する。また，飽和脂肪酸と不飽和脂肪酸では，飽和脂肪酸の方が融点は高い。

問5．ベンゼン環に直結した炭素原子は酸化されやすく，穏やかに酸化す

ると，アルデヒドとなり，最終的にはカルボン酸となる。
問6．セルロースは，β-グルコースが縮合重合した直線状の構造をしている。分子内には，ヒドロキシ基が多く存在し，分子間で多くの水素結合を形成するため強い繊維状の物質として知られている。このヒドロキシ基を反応により変化させることで，アセテート繊維などの繊維として利用している。

〔生　物〕

5 解答

問1．⑤　問2．⑧　問3．⑦　問4．④　問5．⑤
問6．⑦

◀解　説▶

≪呼吸と光合成，細胞と DNA，自然免疫≫

問2．呼吸や光合成は，全体的には酸素を放出または吸収する反応である。また，反応経路上で脱水素反応があり，電子の受け渡しもある。よって酸化還元反応である。
問5．イ．DNA の塩基は A，T，G，C の 4 種類あるので，4 塩基の並び方は，4^4 通りになる。よって，ある特定の並び方が現れる確率は $\frac{1}{4^4}=\frac{1}{256}$ となる。

ウ．イと同様に 6 塩基の配列で特定の並び方が現れる確率は $\frac{1}{4^6}$ である。

制限酵素は特定の並び方のみを切断するから，約 460 万塩基対の DNA が制限酵素で切断される箇所は

$$\frac{460\text{万}}{4^6}=\frac{4.6\times10^6}{4.1\times10^3}=1.12\times10^3 \fallingdotseq 1.1\times10^3$$

となり，断片の数もほぼこの数と同じになる。

〔生　物〕

6 解答

問1．⑦　問2．⑧　問3．⑤　問4．②　問5．⑥
問6．⑦

◀解　説▶

≪体温調節，誘導の連鎖，植物の発生，光周性，窒素の循環，菌類≫

問2．イ．眼胞がはたらきかけて表皮が水晶体になり，さらに水晶体のはたらきかけで表皮が角膜になる。ここは，眼胞のはたらきかけによるものなので水晶体を選ぶ。

問4．ア・ウ．光発芽種子も花芽形成もフィトクロムが関与するので，赤色光が有効である。

イ．暗所に一定時間以上置かれて花芽形成が起きるということは，限界暗期以上の暗期で花芽形成が起きるということなので，ここは短日植物である。

問6．ウ．子実体は胞子形成のためにつくる構造物のことで，担子菌類は一般的にきのこと呼ばれる子実体をつくるので，これを選ぶ。ツボカビ類は菌類の系統であるが，子実体をつくらない。

〔物　理〕

7 解答

問1．$\frac{3}{5}g$　問2．$\sqrt{v_0{}^2-6gL}$　問3．$\frac{1}{5}g$

問4．$\sqrt{2gL}$　問5．$\frac{9}{25}L$

◀解　説▶

≪斜面上の物体の運動≫

問1．床と斜面との間の角を θ，小球の加速度を a とする。最下点Qから頂点Pの向きを正の向きとすると，小球の運動方程式は

$$ma=-mg\sin\theta \qquad \therefore \quad |a|=|-g\sin\theta|=\left|-g\cdot\frac{3L}{5L}\right|=\frac{3}{5}g$$

問2．頂点Pに達したときの速度を v とすると，等加速度運動の式より

$$v^2-v_0{}^2=2\cdot\left(-\frac{3}{5}g\right)\cdot 5L \qquad \therefore \quad |v|=\sqrt{v_0{}^2-6gL}$$

問3．台上の観測者から見ると，慣性力も含め，図のように力がはたらいているように見える。この観測者から見た小球の加速度をa'とすると，小球の運動方程式は

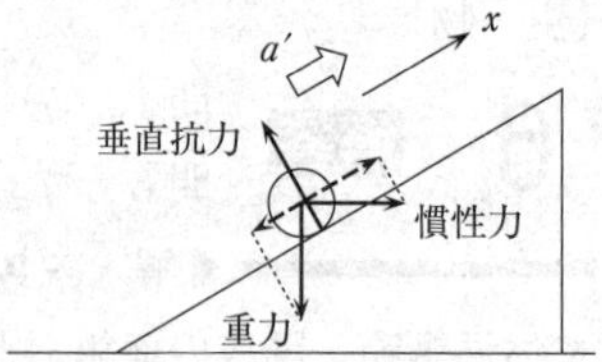

$$ma' = mg\cos\theta - mg\sin\theta$$

$$\therefore\quad |a'| = |(\cos\theta - \sin\theta)g| = \left|\left(\frac{4L}{5L} - \frac{3L}{5L}\right)g\right| = \frac{1}{5}g$$

問4．頂点Pに達したときの台上の観測者から見た速度をv'とすると，等加速度運動の式より

$$v'^2 - 0^2 = 2\cdot\left(-\frac{1}{5}g\right)\cdot 5L \qquad \therefore\quad |v'| = \sqrt{2gL}$$

問5．鉛直方向の速度成分は床に対しても台に対しても変わらないので，頂点Pでの速度の鉛直成分をv_yとすると

$$v_y = v'\sin\theta = \sqrt{2gL}\cdot\frac{3L}{5L} = \frac{3\sqrt{2gL}}{5}$$

最高点では速度の鉛直成分が0になるので，求める高さをhとすると，鉛直方向について等加速度運動の式より

$$0^2 - \left(\frac{3\sqrt{2gL}}{5}\right)^2 = 2\cdot(-g)h \qquad \therefore\quad h = \frac{9}{25}L$$

〔化　学〕

8

解答　問1．深海は，水の重さ（水圧）により，高圧下の条件となっているため。

問2．変化前：+6，変化後：−2

問3．PbS，ZnS

問4．3.5×10^2 kg

問5．13g

問6．Ag，Pt，Auのいずれか

問7．(※)

問8．第1段階：$2SO_2 + O_2 \longrightarrow 2SO_3$

第2段階：$SO_3 + H_2O \longrightarrow H_2SO_4$

※問7．問題文に不備があったため，受験者全員を正解としたと大学から発表があった。

◀解　説▶

≪硫黄の反応，銅の精錬≫

問１．物質の状態（固体・液体・気体）は，温度と圧力に依存する。物質にもよるが，高温でも，高圧下であれば液体の状態をとる。

問２．硫酸イオン$\underline{S}O_4{}^{2-}$中のＳ原子の酸化数は＋6，硫化物イオン$\underline{S}^{2-}$のＳ原子の酸化数は−2である。

問３．硫化物の沈殿は次のように，イオン化傾向とセットで考える。

K, Ca, Na, Mg, Al	Zn, Fe, Ni	Sn, Pb, (H), Cu, Hg, Ag	Pt, Au
沈殿しない	塩基性・中性で沈殿する	酸性・中性・塩基性で沈殿する	硫化物をつくらない

これより，与えられたイオンのうち，中性の条件で沈殿が生じるものは，Pb^{2+}とZn^{2+}である。

問４．黄銅鉱$CuFeS_2$（式量：183.7）1mol から銅 Cu（式量：63.6）1 mol ができると考えると，得られる 98％の粗銅の質量は次のように求められる。

$$\frac{1000}{183.7}\times 63.6\times\frac{100}{98}=353\fallingdotseq 3.5\times 10^2\,[\mathrm{kg}]$$

問５．陰極で起こる反応は，次のとおり。

$$Cu^{2+}+2e^-\longrightarrow Cu$$

流れた電子は，$\dfrac{20\times(32\times 60+10)}{9.65\times 10^4}=0.40\,[\mathrm{mol}]$なので，析出する銅 Cu は

$$0.40\times\frac{1}{2}\times 63.6=12.72\fallingdotseq 13\,[\mathrm{g}]$$

問６．銅よりイオン化傾向が小さい金属は，イオンとなって溶解せずに陽極の下に堆積するため，陽極泥とよばれる。

問８．$2SO_2+O_2\longrightarrow 2SO_3$

この反応は，容易には起こらないため，触媒に酸化バナジウム(V) V_2O_5をもちいて，高温・高圧下で行う。

$$SO_3+H_2O\longrightarrow H_2SO_4$$

この反応に登場するH_2Oは，濃硫酸中の水であることに注意したい。純粋な水に溶かしてしまうと発熱量が大きいため濃硫酸に吸収させる。

〔生　物〕

9　**解答**　問1．ア．脊索　イ．あご　ウ．有袋類

問2．②・④・⑥　問3．胚膜（羊膜）

問4．シソチョウ　問5．適応放散　問6．収束進化（収れん）

◀解　説▶

≪脊椎動物の進化，適応放散と収束進化≫

問1．イ．初期の脊椎動物は魚類であり，魚類の中でも原始的なものは無顎類というあごのない魚類である。

問2．①クジラは哺乳類，③カエル・⑤サンショウウオ・⑧イモリは両生類，⑦ダンゴムシは節足動物である。これらをハ虫類として選ばないようにする。

問4．シソチョウは中生代の地層から化石で発見され，翼やくちばしをもち鳥類とされているが，翼の先に指があって，くちばしに歯があるなど，ハ虫類の特徴も残しているとされている。

問6．例えば，オーストラリア大陸で有袋類が樹上に適応したフクロモモンガが見られ，ほかの大陸で真獣類が同じような環境に適応したモモンガが見られる。両者の起源は違うが，形質がよく似る。このような現象を収束進化または収れんという。

葉が再評価された」ことがポイントになる。①が適切。

問九　「皮肉」の意味の一つに、〝期待していたものと異なる結果になること〟というものがある。ここはその用法であり、未来を期した「空中都市」が解体され、未来を考えなかった「太陽の塔」が永久保存されることになったことを指す。③は「大阪アラートシンボル」が間違い。

問十　「その全てに対し岡本太郎が突き付けた」ものであるので「その全て」は岡本に属するものではあり得ない。よって、③・④は不適切。①は②の「理念」に含まれると考えてよい。また、設問に「具体的に何を示すか」とあるように、「丹下健三による建造物」つまり「『大屋根』」を解答から外すわけにはいかない。

問十一　脱文中の「これ」は「太陽の塔」のことである。また、「そのような『爆発』が起こった」とあるので、「太陽の塔」が岡本太郎の「爆発」として提示されているはずである。とすると、④の前にある「万博のシンボルである『大屋根』に差し込まれた『[B]!』の一撃」が該当する。

問十一　④

▲解　説▼

問二　同段落の最後から二文目の「そのような力を得られずにいた人類の視点から見直してみること」を前提に解答をつくる。「そのような力を得られずにいた人類」が指す内容を復元し、指定された前後の語句に適切につながるようにまとめる。

問三　次の段落の「岡本太郎の『反弁証法』（＝対極主義）は」以下に着目する。特に最後の一文「ヘーゲルの『合』に反して太郎は……芸術にはとても重要だと考えるようになった」の部分。①が切りにくいが「こだわる」かどうかが問題ではない。③「反『環境』」、④「『美や調和』を追求すること」が不適切。

問四　空欄Aは決めづらい。空欄Bについては、岡本太郎が「『合一』」を拒否していることから、①「否」か③「非」が入る。空欄Cの二つ目「万博という国家の[C]の中心で」に着目すると①「祭り」の方が③「思潮」よりも適切なのは明らかだろう。

問五　選択肢文末の、どのような点で共通しているかに着目するとよい。傍線部のすぐ前にある本文「彼は、進歩や発展ではなく……消せないもののほうを重視したのです」を手がかりにするなら、④「進歩や調和という概念を無化するような要素を対置しようとする点で共通するものがある」が適切。

問六　傍線部の反対の内容として「記号として消費される」ことがある。「八〇年代以降」に進むものである。つまり③「一九八〇年代の広告文化を物語る名キャッチコピー」なるものは傍線部の事例としては「適切でないもの」である。

問七　①「イメージ」、②「ファッション」がいずれも「記号」に属する。④「岡本太郎の経歴が、実際の人物像とは関係なく取り上げられる」というのも「記号」である。

問八　「この賭け」の指示内容である傍線部の二文前「単に知識人の言葉で啓蒙するのではなく……もの凄いスピードで消尽されることに賭けたのではないかと思います」を手がかりにする。当時は評価されなかったが、「現代でその言

問八　①・②で「直喩」について述べられているが、選択肢中で述べられているような「直喩」の機能は本文中で書かれていない。③「隠喩で表現されていたような謎解きの高揚感」が不適切。

問十　引用部分から「右脳的後者」に当たる用語と「左脳的前者」に当たる用語を整理するとよい。「右脳的後者」には「二重の図と地の並置」「非連続的」「共鳴的」、「左脳的前者」には「抽象」「継起性」「継起的連鎖」「連結的」「線形的」である。それをもとに、「右脳的後者が左脳的前者に」変化している選択肢を選ぶ。

問十一　空欄の後にある「マクルーハンの隠喩にインスピレーションを受けた創造者たちは何かに急き立てられるように創作に向かった」を導く選択肢を選ぶ。

二

出典　椹木野衣「爆発、丸石神、グラン＝ギニョルな未来」（鶴岡真弓編『芸術人類学講義』ちくま新書）

解答

問一　a、かっぱ　b、画期　c、目論見　d、けんろう　e、超克

問二　ルネサンス以前の人類の視点から見直してみる（二十一字以内）

問三　②

問四　①

問五　④

問六　③

問七　③

問八　①

問九　④

問十　②

または「カタカナ英語」があてはまる。Bについては、直前の「これ」が「意味が人間や文脈と関わりなく存在すること」を指すことをまず押さえる。「人間や文脈と関わりなく」という状況に合うのは、「客観主義」と考えられるので、答えは①に確定する。

問三　①「客観的な第三の視点」が明らかに間違いなので不適切。②選択肢前半が傍線部「意味が生じてくる」の説明であり適切。選択肢後半は「隠喩的に解釈すればこそ」の説明として「隠喩的」が十分に説明されているかといえば微妙であるがこれを許容し正解とする。③選択肢は〈翻訳とは隠喩的に解釈することだ〉と述べているに過ぎず、傍線部の説明になっていない。④自国の文化ではなく外国文化を隠喩的に解釈するのである。

問四　傍線部2を含む段落から傍線部3を含む段落までの範囲で考える。①は前半が不適切。②「独特の妙味を加えている」程度ではなく「源泉」と述べられている。③「他民族からの文化的影響をほとんど受けず、独自の文化を発展させた」というような独自性が問題なのではない。④が適切。傍線部3を含む段落の「コミュニケーションの完全な『口誦性』」に着目。

問五　「古代ギリシャの」が意味するところとして、①「多種多様な民族が共存していた」、④「口誦文芸が高く評価されていた」が不適切。「口誦文芸」しかなかったのである。『物語の話し手』の意味するところとして、③「王自らが僧侶や官僚の役目も同時に果たす必要があった」が不適切。

問六　傍線部は「『導管メタファー』」のことであり、それは「送り手と受け手の対話的側面」を無視している。よって、受け手の側面を考慮していない③が傍線部の考え方と最も関係が深い。

問七　全ての選択肢を眺めると、「シャノン＝ウィーバー理論」のどのような点を筆者が問題と考えているかを押さえるとよいことがわかる。それは同段落の前半にある「人間の心を仲介しない…というモデル」に端的に現れている。①「現代メディアの実態を理解する」、②「文学的コミュニケーションを解明する」、④「芸術的感性を持つ右脳的人間のコミニュケーション」などが不適切。

国語

一

出典 中澤豊『哲学者マクルーハン――知の抗争史としてのメディア論』〈第3章　レトリックとは思考方法の問題である〉(講談社選書メチエ)

解答

問一　a、けいじじょう　b、弊害　c、傑作　d、だいたい(「だいがえ」も可)　e、託宣

問二　①

問三　②

問四　④

問五　②

問六　③

問七　③

問八　④

問九　本歌取り

問十　①

問十一　③

◀解　説▶

問二　空欄Aについては「隠喩に失敗した語」と述べられている。ここで「隠喩」とは「翻訳」のことであるから、「隠喩に失敗した語」とは〈翻訳しそこなった語〉と考えるとよい。とすると、外国語をカタカナで音写した「外来語」

MEMO

MEMO

MEMO

MEMO

MEMO

2024年版　大学入試シリーズ（赤本）

国公立大学 その他

169 〔国公立大〕医学部医学科 総合型選抜・学校推薦型選抜 医 総推
170 看護・医療系大学〈国公立 東日本〉
171 看護・医療系大学〈国公立 中日本〉
172 看護・医療系大学〈国公立 西日本〉
173 海上保安大学校／気象大学校
174 航空保安大学校
175 国立看護大学校
176 防衛大学校 総推
177 防衛医科大学校（医学科） 医
178 防衛医科大学校（看護学科）

※No.169〜172の収載大学は赤本ウェブサイト（http://akahon.net/）でご確認ください。

私立大学①

北海道の大学（50音順）

201 札幌大学
202 札幌学院大学
203 北星学園大学・短期大学部
204 北海学園大学
205 北海道医療大学
206 北海道科学大学
207 北海道武蔵女子短期大学
208 酪農学園大学（獣医学群〈獣医学類〉）

東北の大学（50音順）

209 岩手医科大学（医・歯・薬学部） 医
210 仙台大学 総推
211 東北医科薬科大学（医・薬学部） 医
212 東北学院大学
213 東北工業大学
214 東北福祉大学
215 宮城学院女子大学 総推

関東の大学（50音順）

あ行（関東の大学）

216 青山学院大学（法・国際政治経済学部−個別学部日程）
217 青山学院大学（経済学部−個別学部日程）
218 青山学院大学（経営学部−個別学部日程）
219 青山学院大学（文・教育人間科学部−個別学部日程）
220 青山学院大学（総合文化政策・社会情報・地球社会共生・コミュニティ人間科学部−個別学部日程）
221 青山学院大学（理工学部−個別学部日程）
222 青山学院大学（全学部日程）
223 麻布大学（獣医、生命・環境科学部）
224 亜細亜大学
225 跡見学園女子大学
226 桜美林大学
227 大妻女子大学・短期大学部

か行（関東の大学）

228 学習院大学（法学部−コア試験）
229 学習院大学（経済学部−コア試験）
230 学習院大学（文学部−コア試験）
231 学習院大学（国際社会科学部−コア試験）
232 学習院大学（理学部−コア試験）
233 学習院女子大学
234 神奈川大学（給費生試験）
235 神奈川大学（一般入試）
236 神奈川工科大学
237 鎌倉女子大学・短期大学部
238 川村学園女子大学
239 神田外語大学
240 関東学院大学
241 北里大学（理学部）
242 北里大学（医学部） 医
243 北里大学（薬学部）
244 北里大学（看護・医療衛生学部）
245 北里大学（未来工・獣医・海洋生命科学部）
246 共立女子大学・短期大学
247 杏林大学（医学部） 医
248 杏林大学（保健学部）
249 群馬医療福祉大学・短期大学部 新
250 群馬パース大学 総推
251 慶應義塾大学（法学部）
252 慶應義塾大学（経済学部）
253 慶應義塾大学（商学部）
254 慶應義塾大学（文学部） 総推
255 慶應義塾大学（総合政策学部）
256 慶應義塾大学（環境情報学部）
257 慶應義塾大学（理工学部）
258 慶應義塾大学（医学部） 医
259 慶應義塾大学（薬学部）
260 慶應義塾大学（看護医療学部）
261 工学院大学
262 國學院大學
263 国際医療福祉大学 医
264 国際基督教大学
265 国士舘大学
266 駒澤大学（一般選抜T方式・S方式）
267 駒澤大学（全学部統一日程選抜）

さ行（関東の大学）

268 埼玉医科大学（医学部） 医
269 相模女子大学・短期大学部
270 産業能率大学
271 自治医科大学（医学部） 医
272 自治医科大学（看護学部）／東京慈恵会医科大学（医学部〈看護学科〉）
273 実践女子大学 総推
274 芝浦工業大学（前期日程〈英語資格・検定試験利用方式を含む〉）
275 芝浦工業大学（全学統一日程〈英語資格・検定試験利用方式を含む〉・後期日程）
276 十文字学園女子大学
277 淑徳大学
278 順天堂大学（医学部） 医
279 順天堂大学（スポーツ健康科・医療看護・保健看護・国際教養・保健医療・医療科・健康データサイエンス学部） 総推
280 城西国際大学 新
281 上智大学（神・文・総合人間科学部）
282 上智大学（法・経済学部）
283 上智大学（外国語・総合グローバル学部）
284 上智大学（理工学部）
285 上智大学（TEAPスコア利用方式）
286 湘南工科大学
287 昭和大学（医学部） 医
288 昭和大学（歯・薬・保健医療学部）
289 昭和女子大学
290 昭和薬科大学
291 女子栄養大学・短期大学部
292 白百合女子大学
293 成蹊大学（法学部−A方式）
294 成蹊大学（経済・経営学部−A方式）
295 成蹊大学（文学部−A方式）
296 成蹊大学（理工学部−A方式）
297 成蹊大学（E方式・G方式・P方式）
298 成城大学（経済・社会イノベーション学部−A方式）
299 成城大学（文芸・法学部−A方式）
300 成城大学（S方式〈全学部統一選抜〉）
301 聖心女子大学
302 清泉女子大学
303 聖徳大学・短期大学部
304 聖マリアンナ医科大学 医
305 聖路加国際大学（看護学部）
306 専修大学（スカラシップ・全国入試）
307 専修大学（学部個別入試）
308 専修大学（全学部統一入試）

た行（関東の大学）

309 大正大学
310 大東文化大学
311 高崎健康福祉大学 総推
312 拓殖大学
313 玉川大学
314 多摩美術大学
315 千葉工業大学
316 千葉商科大学
317 中央大学（法学部−学部別選抜）
318 中央大学（経済学部−学部別選抜）
319 中央大学（商学部−学部別選抜）
320 中央大学（文学部−学部別選抜）
321 中央大学（総合政策学部−学部別選抜）
322 中央大学（国際経営・国際情報学部−学部別選抜）
323 中央大学（理工学部−学部別選抜）
324 中央大学（6学部共通選抜）
325 中央学院大学
326 津田塾大学
327 帝京大学（薬・経済・法・文・外国語・教育・理工・医療技術・福岡医療技術学部）
328 帝京大学（医学部） 医
329 帝京科学大学 総推
330 帝京平成大学 総推
331 東海大学（医〈医〉学部を除く−一般選抜）
332 東海大学（文系・理系学部統一選抜）
333 東海大学（医学部〈医学科〉） 医
334 東京医科大学（医学部〈医学科〉） 医
335 東京家政大学・短期大学部 総推
336 東京経済大学
337 東京工科大学
338 東京工芸大学
339 東京国際大学
340 東京歯科大学
341 東京慈恵会医科大学（医学部〈医学科〉） 医
342 東京情報大学
343 東京女子大学
344 東京女子医科大学（医学部） 医
345 東京電機大学
346 東京都市大学
347 東京農業大学
348 東京薬科大学（薬学部） 総推
349 東京薬科大学（生命科学部） 総推
350 東京理科大学（理学部〈第一部〉−B方式）
351 東京理科大学（創域理工学部−B方式・S方式）
352 東京理科大学（工学部−B方式）
353 東京理科大学（先進工学部−B方式）
354 東京理科大学（薬学部−B方式）
355 東京理科大学（経営学部−B方式）
356 東京理科大学（C方式、グローバル方式、理学部〈第二部〉−B方式）

私立大学②

357 東邦大学（医学部） 医
358 東邦大学（薬学部）
359 東邦大学（理・看護・健康科学部）
360 東洋大学（文・経済・経営・法・社会・国際・国際観光学部）
361 東洋大学（情報連携・福祉社会デザイン・健康スポーツ科・理工・総合情報・生命科・食環境科学部）
362 東洋大学（英語〈3日程×3カ年〉） 新
363 東洋大学（国語〈3日程×3カ年〉） 新
364 東洋大学（日本史・世界史〈2日程×3カ年〉） 新
365 東洋英和女学院大学
366 常磐大学・短期大学 総推
367 獨協大学
368 獨協医科大学（医学部） 医

な行（関東の大学）

369 二松学舎大学
370 日本大学（法学部）
371 日本大学（経済学部）
372 日本大学（商学部）
373 日本大学（文理学部〈文系〉）
374 日本大学（文理学部〈理系〉）
375 日本大学（芸術学部）
376 日本大学（国際関係学部）
377 日本大学（危機管理・スポーツ科学部）
378 日本大学（理工学部）
379 日本大学（生産工・工学部）
380 日本大学（生物資源科学部）
381 日本大学（医学部） 医
382 日本大学（歯・松戸歯学部）
383 日本大学（薬学部）
384 日本大学（医学部を除く−N全学統一方式）
385 日本医科大学 医
386 日本工業大学
387 日本歯科大学
388 日本社会事業大学 新 総推
389 日本獣医生命科学大学
390 日本女子大学
391 日本体育大学

は行（関東の大学）

392 白鷗大学（学業特待選抜・一般選抜）
393 フェリス女学院大学
394 文教大学
395 法政大学（法〈法律・政治〉・国際文化・キャリアデザイン学部−A方式）
396 法政大学（法〈国際政治〉・文・経営・人間環境・グローバル教養学部−A方式）
397 法政大学（経済・社会・現代福祉・スポーツ健康学部−A方式）
398 法政大学（情報科・デザイン工・理工・生命科学部−A方式）
399 法政大学（T日程〈統一日程〉・英語外部試験利用入試）
400 星薬科大学 総推

ま行（関東の大学）

401 武蔵大学
402 武蔵野大学
403 武蔵野美術大学
404 明海大学
405 明治大学（法学部−学部別入試）
406 明治大学（政治経済学部−学部別入試）
407 明治大学（商学部−学部別入試）
408 明治大学（経営学部−学部別入試）
409 明治大学（文学部−学部別入試）
410 明治大学（国際日本学部−学部別入試）
411 明治大学（情報コミュニケーション学部−学部別入試）
412 明治大学（理工学部−学部別入試）
413 明治大学（総合数理学部−学部別入試）
414 明治大学（農学部−学部別入試）
415 明治大学（全学部統一入試）
416 明治学院大学（A日程）
417 明治学院大学（全学部日程）
418 明治薬科大学 総推
419 明星大学
420 目白大学・短期大学部

ら・わ行（関東の大学）

421 立教大学（文系学部−一般入試〈大学独自の英語を課さない日程〉）
422 立教大学（国語〈3日程×3カ年〉）
423 立教大学（日本史・世界史〈2日程×3カ年〉）
424 立教大学（文学部−一般入試〈大学独自の英語を課す日程〉）
425 立教大学（理学部−一般入試）
426 立正大学
427 早稲田大学（法学部）
428 早稲田大学（政治経済学部）
429 早稲田大学（商学部）
430 早稲田大学（社会科学部）
431 早稲田大学（文学部）
432 早稲田大学（文化構想学部）
433 早稲田大学（教育学部〈文科系〉）
434 早稲田大学（教育学部〈理科系〉）
435 早稲田大学（人間科・スポーツ科学部）
436 早稲田大学（国際教養学部）
437 早稲田大学（基幹理工・創造理工・先進理工学部）
438 和洋女子大学 総推

中部の大学（50音順）

439 愛知大学
440 愛知医科大学（医学部） 医
441 愛知学院大学・短期大学部
442 愛知工業大学 総推
443 愛知淑徳大学
444 朝日大学 総推
445 金沢医科大学（医学部） 医
446 金沢工業大学
447 岐阜聖徳学園大学・短期大学部 総推
448 金城学院大学
449 至学館大学 総推
450 静岡理工科大学
451 椙山女学園大学
452 大同大学
453 中京大学
454 中部大学
455 名古屋外国語大学 総推
456 名古屋学院大学 総推
457 名古屋学芸大学 総推
458 名古屋女子大学・短期大学部 総推
459 南山大学（外国語〈英米〉・法・総合政策・国際教養学部）
460 南山大学（人文・外国語〈英米を除く〉・経済・経営・理工学部）
461 新潟国際情報大学
462 日本福祉大学
463 福井工業大学
464 藤田医科大学（医学部） 医
465 藤田医科大学（医療科・保健衛生学部）
466 名城大学（法・経営・経済・外国語・人間・都市情報学部）
467 名城大学（情報工・理工・農・薬学部）
468 山梨学院大学

近畿の大学（50音順）

469 追手門学院大学 総推
470 大阪医科薬科大学（医学部） 医
471 大阪医科薬科大学（薬学部） 総推
472 大阪学院大学 総推
473 大阪経済大学 総推
474 大阪経済法科大学 総推
475 大阪工業大学 総推
476 大阪国際大学・短期大学部 総推
477 大阪産業大学 総推
478 大阪歯科大学（歯学部）
479 大阪商業大学 総推
481 大阪成蹊大学・短期大学 総推
482 大谷大学 総推
483 大手前大学・短期大学 総推
484 関西大学（文系）
485 関西大学（理系）
486 関西大学（英語〈3日程×3カ年〉）
487 関西大学（国語〈3日程×3カ年〉）
488 関西大学（文系選択科目〈2日程×3カ年〉）
489 関西医科大学（医学部） 医
490 関西医療大学 総推
491 関西外国語大学・短期大学部 総推
492 関西学院大学（文・社会・法学部−学部個別日程）
493 関西学院大学（経済・人間福祉・国際学部−学部個別日程）
494 関西学院大学（神・商・教育・総合政策学部−学部個別日程）
495 関西学院大学（全学部日程〈文系型〉）
496 関西学院大学（全学部日程〈理系型〉）
497 関西学院大学（共通テスト併用日程・英数日程）
498 畿央大学 総推
499 京都外国語大学・短期大学 総推
500 京都光華女子大学・短期大学部 総推
501 京都産業大学（公募推薦入試） 総推
502 京都産業大学（一般選抜入試〈前期日程〉）
503 京都女子大学 総推
504 京都先端科学大学 総推
505 京都橘大学 総推
506 京都ノートルダム女子大学 総推
507 京都薬科大学 総推
508 近畿大学・短期大学部（医学部を除く−推薦入試） 総推
509 近畿大学・短期大学部（医学部を除く−一般入試前期）
510 近畿大学（英語〈医学部を除く3日程×3カ年〉） 新
511 近畿大学（理系数学〈医学部を除く3日程×3カ年〉） 新
512 近畿大学（国語〈医学部を除く3日程×3カ年〉） 新
513 近畿大学（医学部−推薦入試・一般入試前期） 医 総推
514 近畿大学・短期大学部（一般入試後期） 医
515 皇學館大学 総推
516 甲南大学 総推
517 神戸学院大学 総推
518 神戸国際大学 総推
519 神戸女学院大学 総推
520 神戸女子大学・短期大学 総推
521 神戸薬科大学 総推
522 四天王寺大学・短期大学部 総推
523 摂南大学（公募制推薦入試） 総推
524 摂南大学（一般選抜前期日程）
525 帝塚山学院大学 新 総推
526 同志社大学（法、グローバル・コミュニケーション学部−学部個別日程）
527 同志社大学（文・経済学部−学部個別日程）
528 同志社大学（神・商・心理・グローバル地域文化学部−学部個別日程）
529 同志社大学（社会学部−学部個別日程）

2024年版 大学入試シリーズ（赤本）

私立大学③

530 同志社大学（政策・文化情報〈文系型〉・スポーツ健康科〈文系型〉学部－学部個別日程）
531 同志社大学（理工・生命医科・文化情報〈理系型〉・スポーツ健康科〈理系型〉学部－学部個別日程）
532 同志社大学（全学部日程）
533 同志社女子大学 総推
534 奈良大学 総推
535 奈良学園大学 総推
536 阪南大学 総推
537 姫路獨協大学 総推
538 兵庫医科大学（医学部） 医
539 兵庫医科大学（薬・看護・リハビリテーション学部） 総推
540 佛教大学 総推
541 武庫川女子大学・短期大学部 総推
542 桃山学院大学／桃山学院教育大学 総推
543 大和大学・大和大学白鳳短期大学 総推
544 立命館大学（文系－全学統一方式・学部個別配点方式）／立命館アジア太平洋大学（前期方式・英語重視方式）
545 立命館大学（理系－全学統一方式・学部個別配点方式・理系型3教科方式・薬学方式）
546 立命館大学（英語〈全学統一方式3日程×3カ年〉）
547 立命館大学（国語〈全学統一方式3日程×3カ年〉）
548 立命館大学（文系選択科目〈全学統一方式2日程×3カ年〉）
549 立命館大学（IR方式〈英語資格試験利用型〉・共通テスト併用方式）／立命館アジア太平洋大学（共通テスト併用方式）
550 立命館大学（後期分割方式・「経営学部で学ぶ感性＋共通テスト」方式）／立命館アジア太平洋大学（後期方式）
551 龍谷大学・短期大学部（公募推薦入試） 総推
552 龍谷大学・短期大学部（一般選抜入試）

中国の大学（50音順）

553 岡山商科大学 総推
554 岡山理科大学 総推
555 川崎医科大学 医
556 吉備国際大学 総推
557 就実大学 総推
558 広島経済大学
560 広島国際大学 総推
561 広島修道大学
562 広島文教大学 総推
563 福山大学／福山平成大学
564 安田女子大学・短期大学 総推

四国の大学（50音順）

565 徳島文理大学
566 松山大学

九州の大学（50音順）

567 九州産業大学
568 九州保健福祉大学 総推
569 熊本学園大学
570 久留米大学（文・人間健康・法・経済・商学部）
571 久留米大学（医学部〈医学科〉） 医
572 産業医科大学（医学部） 医
573 西南学院大学（商・経済・法・人間科学部－A日程）
574 西南学院大学（神・外国語・国際文化学部－A日程／全学部－F日程）
575 福岡大学（医学部医学科を除く－学校推薦型選抜・一般選抜系統別日程） 総推
576 福岡大学（医学部医学科を除く－一般選抜前期日程）
577 福岡大学（医学部〈医学科〉－学校推薦型選抜・一般選抜系統別日程） 医 総推
578 福岡工業大学
579 令和健康科学大学 総推

医 医学部医学科を含む
総推 総合型選抜または学校推薦型選抜を含む
DL リスニング音声配信　新 2023年 新刊・復刊

掲載している入試の種類や試験科目，収載年数などはそれぞれ異なります。詳細については，それぞれの本の目次や赤本ウェブサイトでご確認ください。

akahon.net
赤本　検索

難関校過去問シリーズ

出題形式別・分野別に収録した
「入試問題事典」 19大学 71点
定価2,310～2,530円（本体2,100～2,300円）

先輩合格者はこう使った！
「難関校過去問シリーズの使い方」

61年，全部載せ！
要約演習で，
総合力を鍛える
東大の英語
要約問題 UNLIMITED

国公立大学

東大の英語25カ年［第11版］
東大の英語リスニング20カ年［第8版］ CD
東大の英語 要約問題 UNLIMITED
東大の文系数学25カ年［第11版］
東大の理系数学25カ年［第11版］
東大の現代文25カ年［第11版］
東大の古典25カ年［第11版］
東大の日本史25カ年［第8版］
東大の世界史25カ年［第8版］
東大の地理25カ年［第8版］
東大の物理25カ年［第8版］
東大の化学25カ年［第8版］
東大の生物25カ年［第8版］
東工大の英語20カ年［第7版］
東工大の数学20カ年［第8版］
東工大の物理20カ年［第4版］
東工大の化学20カ年［第4版］
一橋大の英語20カ年［第8版］
一橋大の数学20カ年［第8版］
一橋大の国語20カ年［第5版］
一橋大の日本史20カ年［第5版］
一橋大の世界史20カ年［第5版］
京大の英語25カ年［第12版］ 改
京大の文系数学25カ年［第12版］ 改
京大の理系数学25カ年［第12版］ 改
京大の現代文25カ年［第2版］ 改
京大の古典25カ年［第2版］ 改
京大の日本史20カ年［第3版］ 改
京大の世界史20カ年［第3版］ 改
京大の物理25カ年［第9版］ 改
京大の化学25カ年［第9版］ 改
北大の英語15カ年［第8版］ 改
北大の理系数学15カ年［第8版］ 改
北大の物理15カ年［第2版］ 改
北大の化学15カ年［第2版］ 改
東北大の英語15カ年［第8版］ 改
東北大の理系数学15カ年［第8版］ 改
東北大の物理15カ年［第2版］ 改
東北大の化学15カ年［第2版］ 改
名古屋大の英語15カ年［第8版］ 改
名古屋大の理系数学15カ年［第8版］ 改
名古屋大の物理15カ年［第2版］ 改
名古屋大の化学15カ年［第2版］ 改
阪大の英語20カ年［第9版］ 改
阪大の文系数学20カ年［第3版］ 改
阪大の理系数学20カ年［第9版］ 改
阪大の国語15カ年［第3版］ 改
阪大の物理20カ年［第8版］ 改
阪大の化学20カ年［第6版］ 改
九大の英語15カ年［第8版］ 改
九大の理系数学15カ年［第7版］ 改
九大の物理15カ年［第2版］ 改
九大の化学15カ年［第2版］ 改
神戸大の英語15カ年［第9版］ 改
神戸大の数学15カ年［第5版］ 改
神戸大の国語15カ年［第3版］ 改

私立大学

早稲田の英語［第10版］
早稲田の国語［第8版］
早稲田の日本史［第8版］
早稲田の世界史
慶應の英語［第10版］
慶應の小論文［第2版］
明治大の英語［第8版］
明治大の国語
明治大の日本史
中央大の英語［第8版］
法政大の英語［第8版］
同志社大の英語［第10版］ 改
立命館大の英語［第10版］ 改
関西大の英語［第10版］ 改
関西学院大の英語［第10版］ 改

CD リスニングCDつき
改 2023年 改訂